普通高校"十二五"规划教材
国际经济与贸易系列

国际货物贸易实务

林　涛　郭雅欣　李传芳　主编

清华大学出版社
北　京

内 容 简 介

　　本书借鉴国内外先进教材的体例,对传统教材的原有体系进行革新,按照进出口业务"准备阶段—谈判阶段—签约阶段—履约阶段"的顺序系统介绍了国际货物贸易的全程。全书共分二十章,内容涵盖业务准备、商务谈判、合同订立、合同标的、贸易术语、价格、运输、保险、货款收付、争议的预防与处理、合同履行等章节。每一章后均附上"应知应会术语"及双语"财富箴言"板块,旨在提升学习者在国际贸易语境下运用英语的专业水准及跨文化商务交际能力。

　　本书是编者多年从事进出口业务实践工作、教学工作及担任大型进出口公司培训师的经验总结及心血之作,它既适合作为高等院校国际商务、国际经济与贸易、国际金融、商务英语等涉外经济专业的本科教材,也可用于经贸界、物流界、银行界从业人员的培训学习用书。

图书在版编目(CIP)数据

　　国际货物贸易实务/林涛,郭雅欣,李传芳主编.—北京:清华大学出版社,2014(2022.1重印)
　　(普通高校"十二五"规划教材·国际经济与贸易系列)
　　ISBN 978-7-302-34834-4

　　Ⅰ. ①国… Ⅱ. ①林… ②郭… ③李… Ⅲ. ①国际贸易－贸易实务－高等学校－教材 Ⅳ. ①F740.4

　　中国版本图书馆 CIP 数据核字(2013)第 310726 号

责任编辑:彭　欣
封面设计:汉凤唐韵
责任校对:宋玉莲
责任印制:杨　艳

出版发行:清华大学出版社
　　　　　网　　　址:http://www.tup.com.cn,http://www.wqbook.com
　　　　　地　　　址:北京清华大学学研大厦 A 座　　　　　邮　　编:100084
　　　　　社 总 机:010-62770175　　　　　　　　　　　　邮　　购:010-62786544
　　　　　投稿与读者服务:010-62776969,c-service@tup.tsinghua.edu.cn
　　　　　质量反馈:010-62772015,zhiliang@tup.tsinghua.edu.cn
印 装 者:涿州市京南印刷厂
经　　销:全国新华书店
开　　本:185mm×260mm　　印　张:25.25　　　　字　　数:578 千字
版　　次:2014 年 1 月第 1 版　　　　　　　　　　　印　　次:2022 年 1 月第 5 次印刷
定　　价:65.00 元

产品编号:051172-02

前　言

作为世界第二大经济体,中国已不再是刚加入世贸组织时的"走向世界",而是以快速的经济发展和巨大的国际贸易规模真正"走进世界",全方位、多领域地参与全球化的世界经济。作为贸易大国,中国是许多产品的世界工厂和主要供应商,由此,社会对从事国际货物贸易人才的要求越来越高,企业需要具有外经贸理论素养,又有务实实战经验,同时掌握娴熟外语技能的高层次应用型人才。《国际货物贸易实务》正是为培养贴近企业需求的高素质人才而编写的。

本书有别于同类教材的主要特色是:

第一,体系新。本书打破了传统教材固有的体系,真正按照实际业务流程系统介绍了国际货物贸易的全程。教材体系调整后,全书的脉络更为分明、可读性更强、更易于学生理解。

第二,实用性与时效性强。本书是相关编写人员多年从事进出口业务实践工作、教学工作及担任培训师的经验总结及心血之作,书中很多案例和相关单据都是根据编者多年积累的第一手资料进行改编。为了编写本书,我们发放了 600 多份问卷进行需求分析,走访了近 20 家进出口企业进行实地调研。通过了解企业经营现状和问题,关注企业需求。

第三,强调职业基因的养成。不同学科所蕴含的积极的情感品质也应成为教育教学的目标。本书每一章节所奉上的双语"财富箴言"板块,选自财富期刊网近五年的名人名言。希望通过有意识的强化,让学习者浸润西方文明,从而助益跨文化商务交际能力的培养。"应知应会专业术语"则旨在提升学习者在国际贸易语境下运用英语的专业水准与流利程度。

本书由质量工程教学团队三位资深双师型教师鼎力合作编写。团队教师均具有丰富的外经贸实战工作经验,分别有国内外高校外经贸教与学的学科背景。在教学和业务实践中,我们一直想把多年的进出口贸易业务经验和对国际贸易实务的理解编写为一本具有鲜明实务性的教材。国内现有一些教材内容与实际业务操作有一定距离,"实务性"、"启发性"相对不足,且课程体系存在不合理的情况。传统教材有的以"国际贸易术语"作为开篇,有的以"商品的品名、品质、数量及包装"作为开篇,我们从事国际贸易实务操作和教学多年,深感这与进出口业务的实际流程有出入,且与学习者的认知顺序不符,因此觉得有必要彻底改革教材体系,完全按照进出口业务"准备阶段—谈判阶段—签约阶段—履约阶段"的顺序来写。国际贸易发展至今,中国的国际贸易手段、方法和政策已经发生很大变化,国际贸易实务的教材应该反映中国外贸业务的飞速发展,适应国内国际贸易的教学和业务培训需要。基于这几点,编写一本体系新颖、实用性强的国际货物贸易实务教材对于总结国内国际贸易做法、改革课程教学,以及对于提高国际商务等相关专业学生和业务人员的专业知识和从业能力、适应中国目前国际贸易发展都具有重要意义。

　　林涛负责全书框架总体设计,主要编写导论,以及第1~4、9、13~20章,并负责全书有关章节的修改。郭雅欣完成了国际货物买卖合同第5~8、10~12章的编写,并承担大量的前期和后期编排工作。李传芳负责每一章节"财富箴言"和专业术语英文部分的编写和校对。三位教师的合作是"尺码相同"人的缘聚,在近几年的教学团队建设、共同下班授课、联合示范授课中,结下深厚情谊。在编写期间,因团队成员获省学科带头人访学项目资助在国外访学,我们常像国际贸易业务那般在地球两端轮番不停歇工作。团队成员用心力认真编写,是出于对学习者的尊敬,更是对自己工作的热爱。

　　本书的编写得到厦门理工学院教材基金、福建省高等学校学科带头人培养计划(2013)资助和许多领导老师的关心和支持。在编写过程中,叶若兰、马玉两位同学协助教师做了大量收集及整理资料的工作,在此一并致谢!本书参考了国内大量的国际贸易实务相关教材,我们已列在书后的参考书目中。同时,还参阅了相关网站和信息资料。由于编者水平有限,加上国际国内贸易形势多变,贸易政策不断调整,本书难免有误,请有关专家、学者和业务人员批评指正!

编　者

目 录

第一篇　业务准备

第一章　开办进出口贸易公司的前期手续 ···························· 15

第三篇　国际货物买卖合同条款

第四篇　国际货物买卖合同的履行

第五篇 国际贸易其他方式

导　论

Foreign trade represents not only billions in realized profits but also millions of individual deals and contracts. Each deal or contract, in its turn, contains countless details.

国际贸易不仅意味着创造出几十亿的利润,更意味着几百万笔交易合约的签署,而每笔交易与合约背后是对无数细节的关注。

——国际贸易专家 Jeffrey Edmund Curry

这是美国资深国际经济与贸易专家、美国工商管理学博士对于国际贸易在企业运营中的理解。企业的国际贸易业务是企业的重要利润来源,而整个国际贸易业务则是由企业大量业务运作人员经手大量的业务操作而组成。他们是企业国际贸易业务运作的重要力量,通过他们对每份订单的认真具体操作,汇成企业日益壮大的国际贸易业务,使企业得到发展。伴随着世界经济的发展,目前经济的全球化使国际贸易成为每个国家每个企业的重要经济活动。企业已经把国际贸易活动当成自己的日常经营业务,国际市场是很多企业的营销目标。经过 30 多年的经济改革,中国已然是世界的经济和贸易大国,成为世界经济的重要一员。特别是加入世界贸易组织以后,中国的发展成就和对世界的影响力已经为世界所瞩目。目前经济全球化的重要表现是国际货物贸易、服务贸易和技术贸易的迅速发展。而国际货物贸易发展最早、规模最大,依然是当前国际经济的重要内容。本书重点讨论国际货物贸易的理论和实际运作业务,结合企业实践,探讨国际货物贸易的基本知识、重要规则和操作方法。

国际贸易是一个国家和企业参与世界经济和国际分工的重要形式,因此学习国际贸易的实务运作对企业国际化、增强国际竞争力具有重要意义。"国际货物贸易实务"是国际商务和国际经济与贸易专业学生的专业核心课程,也是国际化企业人员从事国际经济业务必备的专业知识。国际货物贸易实务以国际货物买卖为主要内容,研究国际货物买卖的具体交易过程和相关运作规范,是一门具有很强商务实践性和操作性的综合应用学科。为了更好地掌握国际货物贸易实务内容,本导论简要总结国际货物贸易的特点,概述中国参与国际贸易活动的发展变化,介绍国际货物买卖合同和国际贸易常用的法律、法规,以及国际货物贸易的主要流程和操作方法等内容,系统概括本课程的研究内容、学习方法和从事国际贸易人员的素质要求。

一、国际货物贸易的特点

国际贸易是指从国际范围来看一个国家或地区与别的国家或地区进行货物和服务交换的活动。而国际货物贸易是国际贸易的重要形式,是指两个或两个以上国家或地区之间进行的商品买卖活动。国际贸易在交易环境、交易条件、贸易做法等方面所涉及的问题远比国内贸易复杂,其主要特点表现如下:

1. 国际贸易属跨国交易,情况错综复杂

国际贸易的交易双方身处不同的国家或地区,在交易洽商和履约的过程中,涉及各自不同的政策措施、法律规定、贸易惯例和习惯做法。因此国际贸易远比国内贸易复杂。

2. 国际贸易线长面广,中间环节多

在国际贸易中,交易双方相距甚远,包括许多中间环节,涉及面很广,除了买卖双方、批发商、代理商外,还涉及商检、仓储、运输、保险、银行、港口、海关等部门,若其中一个环节出现问题,就会影响整笔交易的正常进行。

3. 国际贸易风险大,不稳定性强

国际贸易易受国际政治、经济形势和各国政策及其他客观条件变化的影响,交易的商品通常需要经过长途运输。在远距离的运输过程中,可能遇到各种外来风险,加之国际市场情况复杂、变幻莫测,从而更加大了国际贸易的风险程度。

4. 国际市场商战不止,竞争激烈

在国际贸易中,存在着争夺市场的激烈竞争,其表现形式为商品竞争、技术竞争、服务竞争、市场竞争以及人才竞争等,因此,市场竞争程度无论从广度还是深度看都比国内贸易更激烈。企业必须提高外经贸人员的整体素质,增强竞争能力。

二、国际货物贸易的主体

参与国际贸易的主体,我国规定是指依照中国法律办理工商登记或其他执业手续,依照我国《对外贸易法》和其他相关法律、法规从事对外贸易活动的法人、其他组织或个人。中国对外贸易的发展成就在国际贸易主体管理方面体现得最清楚。中国对国际贸易参与主体的管理主要经历以下几个阶段。

(一) 国家集权垄断经营阶段

新中国成立后,国家基于当时的国际国内政治经济形势和国家安全考虑,对我国对外贸易实行统一管制政策。国内所有对外贸易业务统一由指定的国营外贸公司垄断经营。由国家自上而下设立各大类产品的专业国营外贸公司,各省、市、县设立分公司,统一外贸收购和出口。同时指定专业国营外贸公司经营国家紧缺的物质进口。由于期间的历史原因,我国在这一阶段的对外贸易发展曲折,处于初级阶段。其功能主要是配合我国对外政策,调剂国内余缺。它采取的外贸方式也极为简单,对西方国家实行现汇贸易,对苏联、东欧和亚非拉国家实行记账贸易。

(二) 改革开放后的审批制度阶段

1979 年开始,配合中国的改革开放政策,我国进行外贸体制的改革,以适应国内经济

政策的重大变化。对外贸易在此政策下迅速发展,成为中国经济的重要组成部分。但原有的外贸体制无法满足其迅速发展的需要,并日益成为发展的障碍。通过改革高度集中的外贸经营体制,外贸经营权快速下放。一大批国有大中型企业、科研院所相继获得进出口经营权。紧接着私有企业、外资企业也相应获得外贸经营权。由此形成了多种所有制共同发展中国对外贸易的局面,参与国际贸易活动的主体空前复杂化、多样化。中国对外贸易迅速发展,成为拉动中国经济的一辆马车。

(三) 外贸经营权登记阶段

进入 21 世纪,经济的全球化成为趋势。中国日益融入全球经济,对外贸易成为我国重要的经济活动。2001 年 7 月 10 日,我国政府颁布了《关于进出口经营资格管理的有关规定》,外贸经营权的审批制度改为登记核准制。2004 年 4 月颁布的《中华人民共和国对外贸易法》的修改本明确规定,"从事货物进出口或者技术进出口的对外贸易经营者,应当向国务院对外贸易主管部门或者其委托的机构办理备案登记"。我国对外贸易经营权全面与国际接轨,从审批核准制度转变为备案登记制度。外贸经营主体包含了国内外公司、法人和自然人。2004 年 6 月 25 日,《对外贸易经营者备案登记办法》正式出台。这标志着我国对外贸易领域的全面开放,中国遵守国际惯例和法规,作为世贸组织的一员全面融入世界经济。我国对外贸易经营权完全放开,经营权全面"解禁",外贸经营准入门槛完全取消。中国的对外贸易发展进入新的里程碑,进入高速发展的轨道。中国成为世界贸易领先的国家,是世界经济贸易的重要成员。

三、国际货物买卖合同

(一) 国际货物买卖合同的含义

国际货物买卖合同是指营业地处于不同国家的当事人为了买卖一定的货物,他们之间所订立的货物买卖协议。它是买卖双方履行约定义务、行使各自权利的法律依据。买卖合同的卖方负有将出卖的物品交付给买方的义务,同时享有请求买方支付价款的权利;买方负有向卖方支付价款的义务,同时享有请求卖方交付出卖物归其所有的权利。一旦发生违约行为时,双方可以依据买卖合同进行补救和处理争议。

(二) 国际货物买卖合同的特点

1. 交易具有国际性
国际货物买卖与国内货物买卖的基本区别就在于其具有国际性。国际性通常采用的衡量标准有:交易双方当事人的营业地处于不同的国家,或者当事人具有不同的国籍,或者订立合同的行为完成于不同的国家,或者货物经由一国运往另一国。但究竟采用哪一种标准,各国均有不同的规定。按照我国的有关法律规定,国际性的标志采用交易双方当事人的营业地必须处于不同的国家。

2. 交易的标的物是货物
货物买卖合同的标的物是货物,但《联合国国际货物销售合同公约》(以下简称《公约》）采取了排除法，即将下列产品排除在该《公约》的适用范围之外：供私人、家属或家庭使用而进行的购买；经由拍卖方式进行的买卖；根据法律规定应进行的买卖；各种债券或者货币的买卖；船舶、气垫船或者飞机的买卖；电力的买卖。也就是说，交易上述货物时买卖双方不能用《公约》来规范，而可以使用相关的专门法律。

3. 交易的性质为买卖

按照《英国货物买卖法》的规定，买卖合同是指由卖方将货物的所有权转移给买方，以换取买方的金钱作为对价。

(三) 国际货物买卖遵循的原则

订立与履行合同，应当遵循有关国际公约和当事人选择的合同法的基本原则。这些基本原则包括：

1. 平等原则

平等原则是指地位平等的合同当事人，在权利义务对等的基础上，经充分协商达成一致，以实现互惠互利的经济利益目的的原则。

2. 自愿原则

自愿原则是合同法的重要基本原则，合同当事人通过协商，自愿决定和调整相互之间的权利和义务关系。合同当事人从事何种经济交易，是否订立合同，与谁订立合同，都是当事人自己的事。

3. 公平原则

公平原则主要是指合同当事人对经济活动所带来的预期利益，不能存在显失公平的情形。它要求合同双方当事人之间的权利义务要公平合理，强调一方给付与对方给付之间的等值性，以及合同上的负担和风险的合理分配。

4. 诚实信用原则

诚实信用原则要求当事人在订立、履行合同，以及合同终止后的全过程中，都要诚实，讲信用，相互协作。

5. 合法和尊重社会公德的原则

合法和尊重社会公德的原则主要指合同当事人的主体资格要合法，合同内容要合法，履行合同要合法。如果违反合法原则，合同就失去了法律效力，失去了合同存在的基础，也就得不到法律的保护。

(四) 国际货物买卖合同的形式

合同的形式是交易双方当事人就确立、变更、终止民事权利和义务关系达成一致的方式，是合同当事人内在意思的外在表现形式。根据《公约》和《中华人民共和国合同法》的有关规定，当事人订立合同，有书面形式、口头形式和其他形式。合同的上述形式均具有相同的法律效力，都是合同的法定形式。当事人通常可以根据需要进行选择。

(五) 国际货物买卖合同的内容

合同的内容，又称合同条款，是确定合同双方当事人权利与义务关系的重要依据，同时也是判断合同是否有效的客观依据。根据《中华人民共和国合同法》和其他国家民商法的规定,合同的内容由双方当事人约定,一般包括以下条款:当事人的名称或者姓名和住所、标的、数量、质量、价款或报酬、履行期限、地点和方式、违约责任、解决争议的方法。需要指出的是以上合同条款是合同中通常包括的内容,并不是必须包含所有条款,合同才成立、有效。买卖双方当事人可根据交易货物的特点和实际需要,对合同的内容条款作出增加或减少的约定。

国际货物买卖合同中各项条款的法律含义及其所体现的权利和义务关系,是本课程最基本的内容。包括:商品的名称、品质、数量、包装、价格、运输、保险、支付、检验、索赔、不可抗力和仲裁等。

四、国际货物贸易的基本流程

国际贸易是处于不同国家的买卖双方当事人所进行的经济交换活动,它涉及的面广线长,各个环节之间具有密切的内在联系。为使国际贸易能够顺利进行,了解国际贸易的基本流程是非常必要的。

(一) 出口贸易的基本流程

出口贸易的基本流程在通常情况下可分为出口交易前的准备工作阶段、交易磋商和签订合同阶段以及出口合同履行阶段三大环节。

1. 出口交易前的准备工作阶段

为了做好国际贸易这项艰难复杂而又十分重要的工作,必须事先做好充分准备。出口交易前需要准备的事项很多,主要包括下列工作:选配参加谈判的人员、选择目标市场、选择交易对象、制定出口商品经营方案、做好出口商品商标的国外注册工作等。

2. 交易磋商和签订合同阶段

交易磋商的目的是买卖双方通过磋商能够取得一致意见,达成交易。交易磋商具有高度的政策性、策略性和技术性,只有真正做到知己知彼,使自己尽可能处于主导地位,方能稳操胜券。交易的一般程序应包括邀请发盘、发盘、还盘、接受和签订合同等环节,其中发盘和接受是交易成立的基本环节,也是合同成立的必要条件。

3. 出口合同履行阶段

在国际贸易中,买卖合同一经依法有效成立,有关当事人必须履行合同规定的义务。本书对出口合同履行的论述,以 CIF 出口合同,并且采用信用证付款方式为例,强调在履行这类合同时,必须切实做好各个环节的工作。在这些环节中,以货(备货)、证(审证和改证)、船(租船订舱与保险)、款(制单结汇)四个环节的工作最为重要。其次,公司还需进行退税和核销等相关后续工作。

(二) 进口贸易的基本流程

与出口贸易类似,进口贸易的基本流程也包括三个阶段,但在具体内容上与出口贸易又有所不同。进口贸易的基本流程一般分为:进口交易前的准备工作阶段、交易磋商和签订进口合同阶段以及进口合同履行阶段三大环节。

1．进口交易前的准备工作阶段

进口交易前的准备工作阶段主要有制定商品经营计划和方案、选择目标市场和交易对象、灵活选择交易条件与贸易方式等。

2．交易磋商和签订进口合同阶段

进口交易磋商与出口交易磋商的程序基本相同。但在实际业务中，进口交易磋商还应注意的问题有：不要向同一地区过多询盘，防止国外商人乘机抬价；对不同国家或地区的报价要仔细综合比较，做好"货比三家"的工作。

3．进口合同履行阶段

进口合同的履行本书是按 FOB 条件并采用信用证方式成交为例来论述，按此条件签订的进口合同，其履行的一般程序包括：申办进口管理手续、开立信用证、租船订舱、接运货物、办理货运保险、审单付款、报关提货、验收与拨交货物以及办理进口索赔等。

五、国际货物贸易所适用的法律、法规

国际贸易具有不同于国内贸易的许多特点，远比国内贸易复杂。为保证国际贸易顺利进行，使国际贸易得到法律的承认与保护，国际贸易业务必须符合法律规范。国际贸易所适用的法律、法规主要有国际条约、国际贸易惯例、国内法等。

(一) 国际条约

国际条约是指两个或以上的主权国家为确定彼此的政治、经济、贸易、文化、军事等方面的权利和义务而缔结的诸如公约、协定的议定书等各种协议的总称。国际条约依法缔结生效后，即对当事各方具有拘束力，必须由当事各方善意的履行。对此，国际法上有一项"条约必须遵守"的基本原则，即缔结条约以后，各方必须按照条约规定行使自己的权利，履行自己的义务，不得违反。因此，国际条约是国际贸易所应遵守的重要法律之一。

目前，国际商事中的主要国际条约有：

1．关于国际货物买卖的公约

(1)《国际货物买卖统一法公约》(海牙,1964 年)；

(2)《联合国国际货物销售合同公约》(维也纳,1980 年)；

(3)《联合国国际货物买卖时效期限公约》(纽约,1974 年)。

2．关于国际货物运输的公约

(1)《统一提单的若干法律规则的国家公约》(简称海牙规则,1924 年)；

(2)《有关修改统一提单的若干法律规则的国家公约的议定书》(简称维斯比规则,1968 年)；

(3)《联合国海上货物运输公约》(简称汉堡规则,1978 年)；

(4)《统一国际航空运输某些规则的公约》(简称华沙公约,1929 年)；

(5)《修改华沙公约的议定书》(简称海牙议定书,1955 年)；

(6)《国际铁路货物联运协定》(简称国际货协,1951 年)；

(7)《关于铁路货物运输的国际公约》(简称国际货约,1961 年)；

(8)《联合国国际货物多式联运公约》(1980 年)。

3．关于国际支付的公约

（1）《汇票、本票统一法公约》（日内瓦，1930 年）；

（2）《解决汇票、本票法律冲突公约》（日内瓦，1930 年）；

（3）《统一支票法公约》（日内瓦，1931 年）；

（4）《解决支票法律冲突公约》（日内瓦，1933 年）；

（5）《联合国国际汇票与国际本票公约》（纽约，1988 年）。

4．关于对外贸易管理的公约

《世界贸易组织协议》（马拉喀什，1994 年）。

5．关于贸易争端解决的公约

（1）《关于承认和执行外国仲裁裁决的公约》（纽约，1958 年）；

（2）《关于争端解决规则和程序的谅解》（马拉喀什，1994 年）。

6．关于知识产权的公约

（1）《保护工业产权巴黎公约》（巴黎，1967 年）；

（2）《商标注册马德里公约》（马德里，1995 年）；

（3）《伯尔尼公约》（伯尔尼，1971 年）；

（4）《世界版权公约》（日内瓦，1971 年）。

（二）国内法

国内法是指由某一国家制定或认可，并在本国主权管辖内生效的法律。

由于国际条约和国际贸易惯例并不能包括国际贸易各个领域中的一切问题，而且个人或企业在从事超越国境的国家贸易活动时，也可能选择某一国家的国内法作为准则，因此，国内法在国际贸易活动中仍占有一定的重要地位。

目前，我国的国内法中，涉及国际贸易的主要法律有：

（1）关于适用于国际货物买卖的国内立法：《中华人民共和国合同法》；

（2）关于适用于国际货物运输与保险的国内立法：《中华人民共和国海商法》；

（3）关于适用于国际货款收付的国内立法：《中华人民共和国票据法》；

（4）关于适用于对外贸易管理的国内立法：《中华人民共和国对外贸易法》、《中华人民共和国海关法》、《中华人民共和国进出口商品检验检疫法》；

（5）关于适用于国际商事仲裁的国内立法：《中华人民共和国仲裁法》。

（三）国际贸易惯例

国际贸易惯例一般是指在国际贸易业务中，经过反复实践形成的，并经过国际组织加以解释和编纂的一些行为规范和习惯做法。

目前，在国际贸易领域常见的国际贸易惯例有：

1．国际贸易术语方面

（1）国际商会制定的《2010 年国际贸易术语解释通则》；

（2）国际法协会制定的《1932 年华沙—牛津规则》；

（3）美国全国对外贸易协会制定的《美国对外贸易定义修正本》。

2．国际货款的收付方面

（1）国际商会制定的《跟单信用证条约惯例》2007 年修订本（国际商会第 600 号出版物）；

（2）国际商会制定的《托收统一规则》1995 年修订本（国际商会第 522 号出版物）。

3．运输与保险方面

（1）英国伦敦保险协会制定的《伦敦保险协会货物保险条款》；

（2）中国人民保险公司制定的《国际货物运输保险条款》；

（3）国际海事委员会制定的《约克—安特卫普规则》。

4．国际仲裁方面

国际仲裁方面的国际贸易惯例有联合国国际贸易法委员会制定的《联合国国际贸易法委员会仲裁规则》。

应该指出，随着国际经济与贸易的快速发展，国际贸易惯例的作用越来越明显。这主要表现在：

首先，国际贸易惯例有利于买卖合同的顺利磋商与订立。因为国际贸易惯例可以简化进出口交易的相关手续，节省费用开支，缩短商务谈判的时间，促进国际贸易的发展。

其次，通过理解和掌握国际贸易惯例，可以帮助解决履行合同中的争议与纠纷。当订立某些国际贸易合同时，由于考虑不严谨，法律适用不明确，使履约当中的争议与纠纷不能依照合同的规定得到很好的解决，国际贸易惯例可以弥补不足，避免争端。

最后，通过国际贸易惯例的运用，有利于国际贸易中各个环节的相互衔接，从而促进国际贸易正常有序的进行和确保其持续和发展。

六、课程研究对象和学习方法

(一) 课程研究对象

国际货物贸易实务是一门主要研究国际商品交换具体过程的学科，是具有涉外活动特点、实践性很强的综合性应用科学。课程主要集中研究：国际货物贸易相关法律与惯例运用，如贸易术语等；国际货物买卖合同条款，研究合同中各项条款的法律含义及其所体现的权利和义务关系，是本课程最基本的内容。包括：商品的名称、品质、数量、包装、价格、运输、保险、支付、检验、索赔、不可抗力和仲裁等条款；合同的商订和履行，订立合同的过程可能包括邀请发盘、发盘、还盘和接受各环节，合同履行是实现货物和资金按约定方式转移的过程；其他贸易方式，除一般进出口贸易外，还包括包销、代理、寄售、展卖、商品期货交易、招投标、拍卖、对销、加工贸易等贸易方式，需了解这些贸易方式的基本性质、特点、作用、基本做法及适用场合。

(二) 学习本课程的方法与注意事项

1．贯彻理论联系实际的原则

课程学习以国际贸易理论和我国现行对外贸易法规和政策为指导，结合我国外贸企业国际货物贸易经营实际情况，融入当前国际货物贸易的实践内容，培养学生理论联系实际的能力和从事国际贸易的动手操作能力。本课程的内容很多来自企业国际贸易实践，学习国际贸易实务知识应该将实践内容结合起来学习，并在实践中不断完善国际货物贸易知识。

2．要注意业务同法律、惯例的联系

国际货物贸易实务与国内外法规和惯例关系特别紧密，学习过程中应该注意这些法规和惯例在国际货物贸易中的具体规定。如《中华人民共和国合同法》《联合国国际货物销售合同公约》《国际贸易术语解释通则》《跟单信用证统一惯例》《托收统一惯例》等，将在具体章节中具体结合起来学习，以法规和惯例来指导国际贸易业务实践。

3．注意操作能力训练，将学与用结合起来

国际货物贸易实务是一门实践性很强的综合应用科学，因此学习过程中要注意所学与所用的高度结合。课堂教学应该有大量来自企业业务实践的案例，通过分析和讨论，掌握国际贸易业务的操作处理方法，在运用中学习相关知识点。本书已通过企业实践调研，收集大量贸易案例用于学习。目的在于帮助学生通过企业业务实践案例，能体会企业业务实践内容，加深对知识点的理解，提高学生分析和处理国际贸易业务的能力。另外，目前在各高校国际商务等涉外专业引进了大量国际贸易业务操作软件，通过学生上机模拟国际贸易业务操作，对学生学以致用、提高国际贸易业务操作技能、有重要的意义。

4．关注目前企业国际贸易业务发展，充实新知识、新内容

当前的国际经济贸易形势不断发展变化，经济的全球化使世界各国联系紧密。随着国际贸易的飞快发展和国际政治经济环境的复杂化，国际贸易从形式到内容不断变化。它要求我们在国际货物贸易实务教学中应该密切关注新变化，不断更新新内容，以适应企业国际贸易业务的发展。应该关注国内外动态，把企业最新的贸易做法不断充实到教学内容，保持对企业业务的关注和深度调研，借助现代资讯网络和相关贸易行业网络平台，这是了解最新经贸动态的最好方式。教材的内容不可能随时根据实际情况不停更新，但师生都应该不停跟进新情况，不停补充新内容，保持与企业国际贸易业务的同步。本书提供一些相关网站，可供师生教学参考。

七、从事国际贸易人员需具备的基本素质

国际货物贸易业务需要具有很强的实践能力和综合运用各学科的能力，它要求从事国际贸易业务的业务人员必须具备较好的综合素质，具备从事国际贸易业务的各种能力。最主要的素质要求是：

1．熟悉产品知识——产品特性、生产流程、质量标准

产品是国际贸易的核心内容，作为企业从事国际贸易业务的人员，应该十分熟悉经营产品的特性，它关系到产品质量的把控和订单的跟踪。必须了解该产品的质量标准和要求，并按照标准，从原料开始全程跟踪产品的生产和检验，保证将合格优质的产品交到客户手中。产品是企业经营的生命线，如果业务人员没有产品知识，将严重影响买卖的成交、产品交货质量，直至产品的创新。因此业务人员应该有相应的产品知识，并在业务实践中不断学习，把产品做好做精，并在专业化经营的基础上，达到产品的全程供应链监控

和不断创新。

2. 掌握国际贸易知识——基本理论、基本知识、操作技巧

从事国际贸易业务的人员应该有相应的国际贸易知识,不懂得国际贸易业务的知识点、业务操作流程、各环节操作要求和技巧,则不可能顺利地开展国际贸易业务,而且会给企业带来业务经营的风险和损失。

3. 具备外语能力——外贸术语、产品术语、沟通能力

国际贸易活动是一项涉外经济活动,掌握一门流利的外语,特别是掌握作为国际语言的英语,这是从业人员的必备素质。除了掌握英语基本的听说读写技能,更重要的是在国际贸易语境下提升使用英语的流利程度。其中,约定俗成的外经贸专业术语双语互译最能直接体现业务人员的专业水准。

因此,国际贸易业务人员应该根据从事业务的素质要求,认真学习和提高自己的业务能力和水平,以便熟练地开展国际贸易业务,为国家的国际贸易发展和企业的业务增长作出贡献。

专 业 术 语

1. international trade　国际贸易
2. international trade practice　国际贸易实务
3. international trade customary rule　国际贸易惯例
4. domestic law　国内法
5. international treaty　国际条约
6. export business　出口贸易
7. import business　进口贸易
8. contracts for the international sale of goods　国际货物买卖合同

思 考 题

1. 国际货物贸易的特点与国内贸易有什么不同?
2. 国际货物贸易实务有哪些基本研究内容?
3. 结合课程教学方法,谈谈你如何学好国际货物贸易实务。
4. 谈谈你对自己未来从事国际贸易业务的设想(思路与方案)。
5. 团队讨论作业:主要出口产品经营情况调研与分析报告。

要求:(1) 分组,分产品通过调研做团队报告,需提交书面报告;

(2) 选择若干小组做 PPT 宣讲,班级讨论。

目的:了解我国目前出口产品经营现状和存在的问题,为未来从事进出口业务做产品准备。

相 关 网 站

www. mofcom. gov. cn   （商务部）

www. ibdaily. com. cn   （国际商报）

www. wto. org   （世界贸易组织）

www. alibaba. com   （阿里巴巴）

www. iccwbo. org   （国际商会）

www. google. com   （谷歌）

www. baidu. com   （百度）

财 富 箴 言

1. Entrepreneurship is the largest creator of wealth.

创业精神是财富的第一创造者。

——格伦·奥利弗(Glenn Oliver，美国 H2bid. com 网站创始人)

2. You're in the game of life to fight. If you're in business and you're not aggressively building，you shouldn't be in.

你是在生死攸关的游戏中搏斗。你如果从商，就得积极进取，否则就别干这一行。

——大乔恩·米德·亨茨曼(Jon Meade Huntsman Sr. ，Huntsman Corp. 创始人)

第一篇

业务准备

第一章

开办进出口贸易公司的前期手续

改革开放后,我国对外贸易迅速发展,贸易规模不断扩大和从事进出口业务的企业不断增加。除了长期占有对外贸易垄断经营权的国有专业外贸公司,各地自营进出口贸易企业、生产企业、外商投资企业和个体经营者纷纷涉足进出口贸易业务,形成国内庞大的对外贸易经营队伍。随着我国外贸经营权的放开,国内从事对外贸易业务的审批简化,准入门槛放低。2004 年 7 月 1 日开始我国全面实现对外贸易经营者的登记备案制度,中国对外贸易全面进入快速增长的通道。本章系统介绍开办进出口企业的相关手续,它是企业从事国际贸易业务的前提。

第一节 办理组织机构代码手续

在中国经营进出口业务的企业必须按照国家法律和规定,到工商管理部门办理企业的成立和经营范围的审批手续。在经营范围中,明确企业经营进出口业务的权利。如果原来内贸企业准备从事国际贸易业务,应该对经营范围进行变更,增加企业经营进出口业务的相关内容。凡依法成立的各种组织机构,均应当自批准成立之日起 30 日内到当地质量技术监督部门申请办理组织机构代码登记手续。因此,从事进出口业务的企业在工商部门办理了公司成立或变更的手续,取得工商营业执照后,需要到所在地技术监督部门办理组织机构代码证。

一、组织机构代码

"统一代码标识制度"规定由政府标准化行政主管部门对中华人民共和国国内依法注册、依法登记的机关、企事业单位、社会团体和民办非企业单位等机构颁发一个在全国范围内唯一的、始终不变的法定代码标识。目前实施的组织机构代码(organization code)由国家质量技术监督部门根据国家标准编制,覆盖所有单位(包括法人和非法人以及内设机构),并通过政府部门在有关业务工作中的强制应用,建立企事业单位和社会团体一切社会经济活动的档案,以实现管理的社会化和现代化。

$$\underline{\times\times\times\times\times\times\times\times} - \times$$

校验码
连字符
本体代码

图 1-1 组织机构代码

我国的机关、企事业单位和社会团体代码由八位数字(或大写拉丁字母)本体代码和一位数字(或大写拉丁字母)校验码组成,如图 1-1 所示。

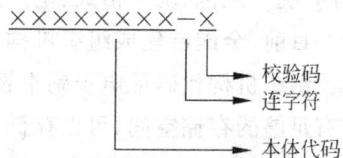

对单位法人实行组织机构代码制度,是国家整个经济和社会实现现代化管理的基本制度,对建立社会主义市场经济体制和推动社会进步具有十分重要的意义。这一制度目前已在工商、税务、银行、公安、财政、人事劳动、社会保险、统计、海关、外贸和交通等40余个部门广泛应用。我国工商企业登记、事业编制管理、社会团体登记、银行账号管理、税收、社会治安、计划工作、统计工作、物资调拨、财政拨款、社会保障工作和知识产权登记等都使用统一的代码标识。它已成为单位在进行社会交往、开展商务活动时所必需的"身份证明",是连接政府各职能部门之间的信息管理系统的桥梁和不可替代的信息传输纽带。

二、组织机构代码验证

1. 定义和作用

"组织机构代码证"是标准化行政主管部门向每个机关、企事业单位和社会团体颁发的,是证明持证单位具有法定代码标识的凭证和传递代码信息的载体,被人们称为"社会经济活动中的通行证"。

颁发代码证书,不仅有利于代码的统一管理,保证代码的唯一性和稳定性,而且企业、事业单位和社会团体持有代码证书也为各有关部门强制应用代码提供了查验依据。银行、税务、计划、统计、财政、物资、公安等部门强制应用代码后,机关、企事业单位和社会团体到有关部门联系业务,就需要出示代码证书,经查验登记后,才能办理各项业务手续。这样,一个单位的活动情况就会被储存到有关部门的数据库中。机关、企事业单位和社会团体有了代码证书,也为它们参与社会经济活动提供了便利条件。随着我国现代化建设的加快,代码证书将与居民身份证一样广泛应用于各种场合,成为每个机关、企事业单位和社会团体在社会经济生活中的"身份证"。

2. 组织机构代码证电子副本

1999年3月,国务院召开专门会议决定在我国实施对财政、税务、金融、外贸等部门间及系统间的联网工程。组织机构代码作为沟通不同系统之间互通互联的纽带,实时、动态、准确地维护和传递组织机构信息,为财政、税务、金融、外贸等部门间的业务联动服务,在协助国家对财政、税务、金融、外贸领域的监管,加强宏观经济调控,准确及时地获取决策信息以及进一步发展电子政务、电子商务中具有不可替代的重要作用。它符合国家电子信息化要求,是国民经济信息化发展的需要,是国家信息化最重要的基础信息。

组织机构代码证电子副本IC卡制度是国务院总理办公会议决定的、经国家集成电路卡(IC卡)注册中心批准注册的国家第一张行业大卡,按照国家质量监督检验检疫总局规定的"统一规范、统一格式、统一发放和统一管理"的原则组织实施。

目前,全国已建成组织机构代码基础信息管理网络系统,网络覆盖全国各省、市、自治区。组织机构代码证电子副本智能型IC卡可直接与计算机信息管理系统交换信息,并预留有足够的存储空间,可以存储各应用部门的数据信息,做到一卡多用。组织机构代码证电子副本智能型IC卡在电子商务活动中能确定交易双方身份的真实性,保证传递信息的完整性和交易的不可抵赖性,保证信息在传输过程中不被篡改,保证发送和接收的信息不被他人知悉,因此能保证交易的安全性,满足国际贸易电子数据交换的需要。

三、组织机构代码证的办理程序

组织机构代码证书是企业的"身份证",是办理后续手续所必需的。企业办理组织机构代码证书应到所在地技术监督局组织机构代码管理中心有关窗口办理。以厦门组织机构代码管理中心的规定为例,企业办理组织机构代码证应注意以下几点。

1. 规定和要求

(1) 新建单位申办:组织机构应在核准登记或批准成立之日起三十日内申办代码标识。

(2) 单位变更换证:单位名称、地址、类型、法人代表的任一项变更,须办理换证手续。

(3) 证卡到期换证:持证单位应在代码证卡有效期满后的三十日内办理到期换证手续。

2. 应提交的资料

(1) 企业、事业、机关、社团分别为营业执照、事业登记证、机关成立批文、社团登记证副本原件及有效复印件,其他单位提供成立或执业证明及能证明单位主要情况的辅助材料。属变更的要持变更后的成立文件,机关持变更证明文件,企业名称变更加附工商局变更通知。

(2) 填报的代码申报表。受他人委托代办的,须持有委托单位出具的代办委托书面证明。

(3) 变更换证卡或到期换证卡的,应交回原颁发的所有代码证卡,有遗失毁损的证卡须登报公告并提交其复印件和补发申请书;逾期换证的,须提交逾期补办申请或接受相关处理。

(4) 单位法人代表或负责人身份证复印件、经办人身份证及复印件(外籍人士提供护照,台胞提供台胞证);分支机构需提供上级主管部门代码证复印件。

3. 代码申办步骤

(1) 申办单位凭上述成立文件到"领表交费"窗口领取代码申请资料,缴纳证卡费用。

(2) 按"填表说明"填写申报表,填报内容经单位负责人审核签字认可后加盖单位公章。

(3) 将填写好的申请表及应提交的文件交"表格初审"窗口初审,同时出示经办人身份证明;非本单位人员代办的须带有该单位出具的代办委托书。对初审合格的,窗口人员接收申报资料并开具领取代码证卡凭单。

(4) 办证单位凭领取证卡凭单及交费单据在预约时间或五个工作日内在"发证"窗口领取证卡并验核签字。对个别经复审建库发现不符合条件的,说明不予颁证理由并办理退费手续。

四、组织机构代码证的年审和换证制度

由于组织机构的名称、法定代表人、机构类型、经济行业、经济类型以及地址等信息项经常发生变化,因此,为确保代码所标识的对象相关信息的准确性,避免政府管理部门在应用组织机构代码过程中产生歧义,对代码证书和相关信息项必须实施年审制度。

（1）自颁证之日起每隔一年的当月实施一次复审（年检）。

（2）参加复审应带的资料有：本单位的所有代码证卡、法定代表人或负责人身份证复印件（外籍人士提供护照，台胞提供台胞证）以及单位有效成立文件。其中，工商企业需提交营业执照副本原件；事业单位需提交事业登记证副本原件；机关单位提交机构设置的最新批文复印件；社会团体持社团登记证副本原件；工会组织持工会法人资格证书副本原件；其他单位提供相关设立登记证或许可证原件。

（3）持上述资料在"代码年检"窗口办理复审。按时年审且经办人熟悉本单位情况的，可不须填表直接申报；逾期办理的，须递交单位出具的逾期补办申请并按相关规定处理。

（4）代码管理部门审核登录建档合格后在代码证卡上作复审合格标记并退还证卡资料。

按照规定，组织机构代码证书4年换证一次，期限届满30日内，组织机构应持代码证书的正本和副本到颁发证书的质量技术监督部门申请换发新证，登记、变更、注销和换发新证的费用按物价部门核定标准执行。

五、组织机构代码注销

（1）组织机构依法终止，其负责人应在终止之日起三十日内办理注销代码手续。

（2）注销责任人提交原核准成立部门出具的机构终止证明文件、经办人身份证复印件及原颁发的所有代码证卡，在"代码注销"窗口办理注销。原代码证卡有遗失损毁的，应登报公告。

（3）代码管理部门经审核后对相关代码标识及数据进行废置处理并开具注销证明。

第二节　办理对外贸易经营资格备案手续

2004年以前，我国外贸经营权由政府授予一部分国有企业，成为它们独享的权力。由政府垄断外贸经营权的做法，造成有外贸经营权和无外贸经营权的企业之间事实上的不平等。外贸管理方式单一，一直实行的是严格的企业对外贸易经营权审批制度，在限定外贸经营者范围的同时还规定了对外贸易经营者许可制度，并对生产企业、商业企业、物资企业的自营进出口权规定了严格的审批制度。随着我国对外贸易的迅速发展和入世进程的加快，以往这种制度已经不能再适应外贸形势发展的需要。自1998年后，我国连续颁布了几个规定以逐步下放外贸经营权，如1999年1月1日开始执行的《关于赋予私营生产企业和科研院所自营进出口权的暂行规定》，2001年7月颁布的《关于进出口经营资格管理的有关规定》，以及2003年9月1日颁布的《商务部关于调整进出口经营资格标准和核准程序的通知》等。

2004年，十届全国人大常委会八次会议正式通过《对外贸易法》（修订草案）。新《对外贸易法》是对我国1994年生效的《对外贸易法》的全面修订，其中一项重大修订就是要便利对外贸易管理，为企业特别是中小企业从事对外贸易大开方便之门，降低门槛，以更快、更好地促进对外贸易健康发展，同时也是更好地兑现我国的入世承诺。

新《对外贸易法》规定，对外贸易经营者是指依法办理工商登记或者其他执业手续，依照修订后《对外贸易法》和其他相关法律、行政法规的规定从事对外贸易经营活动的法人、其他组织或者个人。将对外贸易经营者的范围扩大到依法从事对外贸易经营活动的法人、其他组织或者个人,取消了个人从事对外贸易经营活动的限制,使外贸领域的门槛基本消失,外贸经营主体实现市场化,不再有所有制形式的限制。同时,新《对外贸易法》将从事外贸经营权由审批制改为备案登记制。2004 年 6 月 25 日,商务部颁布了《对外贸易经营者备案登记办法》,明确规定自 2004 年 7 月 1 日起,进一步放宽申领对外贸易经营资格的条件,实现"备案登记"后的企业均可自营进出口业务。对外贸易经营者应当办理备案登记;但是,法律、行政法规和国务院对外贸易主管部门规定不需要备案登记的除外。

一、新办备案企业登记程序

对外贸易经营者可以通过中华人民共和国商务部对外贸易经营者备案登记系统(http://iecms.ec.com.cn/iecms/index.jsp),点击左侧"备案登记",进入选择"所属省市——××省××市",选择"备案登记机关——××市贸易发展局",按要求规范填写后提交,保存成功后可直接打印,或可记录下系统自动生成的 16 位"登记表系统编号",凭编号进行《对外贸易经营者备案登记表》正面打印和背面打印,对照对外贸易经营者实际情况按新办备案登记所需提交的材料要求,提交申请。

二、新办备案登记企业需提交的材料

(1) 已在外贸备案表背面条款上法人签字(不可用签章)、加盖公司公章的《对外贸易经营者备案登记表》一份;

(2) 加盖公章、经营范围包含进出口贸易的营业执照(副本)复印件,及企业工商营业执照副本原件;

(3) 加盖公章的组织机构代码证复印件,及企业组织机构代码证书原件;

(4) 已设立的外商投资(经营范围包含进出口)企业,还需提交加盖公章的外商投资企业的批准证书复印件,及外商投资企业批准证书原件,并提交主管部门的批复文件(含进出口经营范围)复印件;

(5) 依法办理工商登记的个体工商户(非法人企业),还须提交合法公证机构出具的、经会计师事务所或律师事务所评估的其个人所有合法财产(包括动产和不动产)的公证证明原件。

三、《对外贸易经营者备案登记表》变更、遗失办理

1. 若《对外贸易经营者备案登记表》(含原进出口资格证书,下同)的内容发生变更,必须提交变更申请

2. 变更申请需提交的材料

(1) 浏览器搜索《对外贸易经营者备案登记表》,下载并在电脑上进行正确填写后打印表格,背面法人签字(不可用签章)、加盖公章一份;

(2) 变更后加盖公章、经营范围包含进出口业务的营业执照(副本)复印件;

(3) 变更后加盖公章的组织机构代码证书复印件;

（4）外商投资企业还需提交变更后的外商投资企业批准证书复印件，及含进出口经营范围的批复文件（如未变更经营范围，则附企业成立时含进出口经营范围的批复文件）；

（5）如有变更中文名称的，还需附上加盖公章的工商准予变更登记通知书复印件；

（6）依法办理工商登记的个体工商户（非法人企业），还须提交合法公证机构出具的、经会计师事务所或律师事务所评估的其个人所有合法财产（包括动产和不动产）的公证证明原件；

（7）原《对外贸易经营者备案登记表》原件。

3．遗失办理

发生《对外贸易经营者备案登记表》遗失的，对外贸易经营者须在有关报刊刊登有关所丢失备案登记表编号的《对外贸易经营者备案登记表》作废的遗失声明。对外贸易经营者须持刊登遗失声明的当日报刊，按外贸备案变更所需提交的材料要求准备，方可重新办理备案登记。

审批部门自收到对外贸易经营者提交的备案登记材料之日起两个工作日内办理备案登记手续并在《对外贸易经营者备案登记表》上加盖备案登记印章。

对外贸易经营者应凭加盖备案登记印章的《对外贸易经营者备案登记表》，在 30 日内到海关、检验检疫、电子口岸、外汇、税务等部门办理开展对外贸易业务所需的有关手续，逾期未办理的，《对外贸易经营者备案登记表》自动失效。

第三节　办理海关注册登记手续

根据《中华人民共和国海关法》和《中华人民共和国海关对报关单位注册登记管理规定》，为规范海关对报关单位的注册登记管理，办理报关业务的报关单位应当到所在地海关办理注册登记。注册登记后可以在中华人民共和国关境内各个口岸地或者海关监管业务集中的地点办理本企业的报关业务。向海关注册登记（customs registration）的单位一般分两类：一类是办理报关注册登记单位；另一类是办理代理报关注册登记单位。报关业务应由报关企业和代理报关企业指派专人即报关员办理。报关员必须经过海关培训、考核合格并获得由海关颁发的报关员证才可以从事报关工作。

一、办理进出口收发货人报关注册登记的具体流程

（1）在所在地海关门户网站下载报关单位注册登记申请书、报关单位情况登记表、报关单位管理人员情况登记表，填写企业基本信息并加盖企业公章及法人印鉴章。

（2）到企业所在地主管海关业务现场的金关中心或在授权报关行的"中国电子口岸报关行专用版"预录入上述三张表格所有信息并获取预录入编码。

（3）持已录入的表格及相关材料向主管海关企业备案窗口办理报关单位海关注册登记审核手续。

（4）申请材料齐全、符合法定形式的申请人由注册地海关审核并登记备案后核发中华人民共和国海关进出口货物收发货人报关注册登记证书，以及报关专用章刻制式样，具名签收，并在启用前向海关备案印模，报关单位凭以办理报关业务。

在海关办完进出口收发货人报关注册登记手续之后,企业需要到所在地电子口岸数据分中心办理电子口岸入网手续,办理过程中企业需要到国税、外汇等部门进行审核。

二、申请办理注册登记应当提交的文件材料

(1) 企业法人营业执照副本原件及复印件(个人独资、合伙企业或者个体工商户提交营业执照副本);

(2) 对外贸易经营者登记备案表原件及复印件(法律、行政法规或者商务部规定不需要备案登记的除外);

(3) 中华人民共和国外商投资企业批准证书原件及复印件(外商投资企业提交);

(4) 企业章程原件及复印件(非企业法人免提交);

(5) 税务登记证书副本原件及复印件;

(6) 以人民币为基本账户的银行开户证明原件及复印件;

(7) 组织机构代码证书副本原件及复印件;

(8) 报关单位注册登记申请书、报关单位情况登记表、报关单位管理人员情况登记表;

(9) 办理报关单位海关注册登记手续的人员须携带本人身份证件原件及单位出具的加盖公章的介绍信。

三、一般进出口企业注册登记换证、变更和注销

(一) 注册登记换证

根据海关总署《中华人民共和国海关对报关单位注册登记管理规定》和《中华人民共和国海关报关员执业管理办法》的有关要求,中华人民共和国海关进出口货物收发货人报关注册登记证书有效期限为 3 年,进出口货物收发货人在海关办理注册登记手续后,每 3 年到海关办理换证手续,不需要每年年审。进出口货物收发货人应当在有效期届满前 30 日到注册地海关办理换证手续,逾期未到海关办理换证手续的,中华人民共和国海关进出口货物收发货人报关注册登记证书自动失效。

进出口货物收发货人换证时应当向注册地海关递交下列材料:

(1) 企业法人营业执照副本复印件(个人独资、合伙企业或者个体工商户提交营业执照);

(2) 对外贸易经营者登记备案表复印件(法律、行政法规或者商务部规定不需要备案登记的除外);

(3) 中华人民共和国外商投资企业批准证书,中华人民共和国台、港、澳、侨投资企业批准证书复印件(限外商投资企业提交);

(4) 报关单位情况登记表;

(5) 报关员情况登记表(无报关员的免提交);

(6) 报关单位管理人员情况登记表。

以上需提交复印件的,海关收取复印件,企业提供原件备核。

材料齐全、符合法定形式的报关单位由注册地海关换发中华人民共和国海关进出口货物收发货人报关注册登记证书。

(二) 注册登记变更

在海关注册登记后,如果进出口货物收发货人的单位名称、企业性质、企业住所、法定代表人(负责人)等海关注册登记内容需要发生变更的,应当自批准变更之日起30日内,向注册地海关提交变更后的工商营业执照或者其他批准文件及复印件,办理变更手续。

(三) 注册登记注销

进出口货物收发货人发生下列情形之一的,应当以书面形式向注册地海关报告。海关在办结有关手续后,应当依法办理注销注册登记手续:

(1) 破产、解散、自行放弃报关权或者分立成两个以上新企业的;

(2) 被工商行政管理机关注销登记或者吊销营业执照的;

(3) 丧失独立承担责任能力的;

(4) 进出口货物收发货人的对外贸易经营者备案登记表或者外商投资企业批准证书失效的;

(5) 其他依法应当注销注册登记的情形。

四、办理中国电子口岸入网手续

(一) 中国电子口岸概述

中国电子口岸是经国务院批准,由海关总署牵头,会同其他11个部委共同开发建设的公众数据中心和数据交换平台。它依托国家电信公网,实现工商、税务、海关、外汇、外贸、质检、公安、铁路、银行等部门以及进出口企业、加工贸易企业、外贸中介服务企业、外贸货主单位的联网,将进出口管理流信息、资金流信息、货物流信息存放在一个集中式的数据库中,随时提供国家各行政管理部门进行跨部门、跨行业、跨地区的数据交换和联网核查,并向企业提供利用互联网办理报关、结付汇核销、出口退税、进口增值税联网核查、网上支付等实时在线业务。

"电子口岸"是我国"金关"工程的重要组成部分,也是海关信息化建设的"品牌"工程。中国电子口岸的建设有利于增强管理部门的管理综合效能。企业只要与电信公网"一点接入"就可以透过公共数据中心在网上直接向海关、国检、外贸、外汇、工商、税务、银行等政府管理机关申办各种进出口手续,从而真正实现了政府对企业的"一站式"服务。中国电子口岸有利于管理部门加强进出口环节的管理。管理部门实行"电子+联网核查"的新型管理模式,从根本上解决业务单证弄虚作假问题,严厉打击走私、骗汇、骗税违法犯罪活动,创造公平竞争市场环境。通过中国电子口岸网上办理业务,企业既节省时间,又减少奔波劳累之苦,提高贸易效率,减低贸易成本,方便企业进出口。

(二) 企业办理中国电子口岸入网流程

开展中国电子口岸业务的企业一般分为以下四类:进出口企业、外贸中介服务企业、加工贸易企业、外贸货主单位。各类企业除了提供的资格审查文件和业务部门审批有所

差异外,开展中国电子口岸业务的前期准备工作和注意事项基本相同,具体程序如下:

1. 企业提出入网申请

企业到所在地的数据分中心或制卡代理点领取并如实填写中国电子口岸企业情况登记表和中国电子口岸企业 IC 卡登记表,由企业法人签字并加盖公章。

2. 企业信息备案

企业到所在地的数据中心或制卡代理点进行企业信息备案工作,数据分中心或制卡代理点根据企业提供的材料开展企业信息备案工作,并生成中国电子口岸企业入网资格审查记录表,交企业到技术监督局、工商局、税务局审批。

3. 企业入网资格审批

企业持中国电子口岸入网资格审查记录表,并分别携带中华人民共和国组织机构代码证、企业法人营业执照或企业营业执照、税务登记证或外商投资企业税务登记证到所在地技术监督局、工商局、税务部门进行企业入网资格审批工作。

4. 制作企业法人卡和操作员卡

中国电子口岸企业 IC 卡是指需使用中国电子口岸的企业及其人员,通过备案申请取得的存储有用户信息的智能卡。企业 IC 卡是企业在网上使用的身份证和印章,其内部存有企业用户的密钥和证书,可进行身份认证及数字签名,是企业办理网上业务时明确法律责任、保护企业合法权益的重要工具。中国电子口岸企业 IC 卡又可分为企业法人卡和企业操作员卡两种。

企业持经所在地技术监督局、工商局、税务局审批的中国电子口岸企业入网资格审查记录表到所在地的数据分中心或制卡代理点制作企业法人卡。企业法人卡又称公章卡,是指在中国电子口岸中唯一代表企业身份的 IC 卡,必须由企业法人或其指定的代表亲自领取,指定专人妥善保管并明确规定使用管理制度。法人卡可以对本企业操作员卡进行停用、注销等管理,并可以法人名义对本企业的电子文件进行数字签名。

企业持法人卡登录中国电子口岸身份认证系统,使用"制卡发卡"功能导入(或在线录入)企业操作员信息并申报。数据分中心或制卡代理点工作人员在线审批操作员信息后,即可制作企业操作员卡。企业操作员卡相当于持卡人私章,用于企业内部人员身份认证和数字签名。其持有者经法人卡申请和主管部门批准后可以在中国电子口岸综合服务网站进行具体业务操作,并可以对所填写和修改的电子文件进行个人名义的数字签名。经法人卡授权登记,操作员卡也可代表企业对授权范围内的电子文件进行数字签名。

各类 IC 卡均要严防保密口令泄露,避免使用电话号码、出生日期作口令字。同时,IC 卡应妥善保管,防止丢失。

5. 业务部门审批

进出口企业、外贸中介服务企业开展海关业务之前必须由海关部门进行相关审批工作。此外,各类企业如需办理海关、外汇、外贸等相关业务,也必须分别向上述业务部门进行审批。

企业持法人卡登录中国电子口岸身份认证系统,使用"数据备案"功能向相关业务部门进行企业和 IC 卡等信息的备案。

企业分别携带报关单位登记注册证明、中华人民共和国进出口企业资格证书或中华人民共和国外商投资企业批准证书或对外贸易经营者备案登记表、外汇核销资格证明等文件到所在地海关、外贸部门、外汇部门进行相关的审批工作。

6. 企业上网

企业领卡人持单位介绍信、本人身份证明到所在地的数据分中心或制卡代理点,领取相关软硬件设备,在安装中国电子口岸系统客户端程序及相关硬件设备后即可通过95199系统登录中国电子口岸网站办理各项业务。

第四节　办理检验检疫部门备案手续

新修订的《中华人民共和国进出口商品检验法实施条例》于2005年12月1日起施行,根据新条例的规定,进出口商品的收货人或者发货人可以自行办理报检手续,也可以委托代理报检企业办理报检手续。进出口商品的收货人或者发货人自行办理报检手续的,应当依法向出入境检验检疫机构备案。

根据自2000年1月1日起施行的我国《出入境检验检疫报检规定》,从事出入境检验检疫报检工作的自理报检单位首次报检时须持本单位营业执照和政府批文办理登记备案手续,取得报检单位备案登记号,方可办理相关检验检疫报检、申报手续。其报检人员经检验检疫机构培训合格后领取"报检员证",凭证报检。另根据国家质量监督检验检疫总局(简称国家质检总局)的有关规定,从2004年11月1日起,自理报检单位的备案登记须在"中国电子检验检疫业务网"(网址:http://www.ecip.cn)提出申请。

国家质检总局的《出入境检验检疫自理报检单位管理工作规范(试行)》也规定,国家质检总局负责全国自理报检单位的统一管理工作;各直属检验检疫局负责所辖地区自理报检单位备案登记等工作的组织实施;各地检验检疫机构负责辖区内自理报检单位的备案登记、信息更改、日常监督管理等具体管理工作。

一、自理报检单位的范围

(1) 有进出口经营权的国内企业;

(2) 进口货物的收货人或其代理人;

(3) 出口货物的生产企业;

(4) 出口货物运输包装及出口危险运输包装生产企业;

(5) 中外合资、中外合作、外商独资企业;

(6) 国外(境外)企业、商社常驻中国代表机构;

(7) 进出境动物隔离饲养和植物繁殖生产单位;

(8) 进出境动植物产品的生产、加工、存储、运输单位;

(9) 对进出境动植物、动植物产品进行药剂熏蒸和消毒服务的单位;

(10) 从事集装箱的储存场地和中转场(库)清洗、卫生除害处理、报检的单位;

(11) 有进出境交换业务的科研单位;

(12) 其他报检单位。

二、备案登记申请时应提交的材料

凡纳入自理报检单位范围的单位,首次办理报检业务时,须向当地检验检疫机构申请办理备案登记手续。申请单位一律在网上申请(包括已备案登记单位的更改申请、备案年审申请、备案登记终止申请)。栏目名称:报检单位报检员注册申请(企业用户)。

办理备案登记申请时应提交的材料包括:

(1) 出入境检验检疫自理报检单位备案登记申请书;

(2) 无进出口经营权的进出口货物生产企业及其他企业,办理备案登记时,交验加盖企业公章的企业工商营业执照复印件(同时交验原件),以及与出入境事项有关的文件或合同等;

(3) 有进出口经营权的国内企业及中外合资、中外合作、外商独资企业办理备案登记时,交验加盖企业公章的企业工商营业执照复印件(同时交验原件)和政府批文如资格证书或批准证书或对外贸易经营者备案登记表复印件,加盖企业公章,同时交验原件;

(4) 加盖企业公章的组织机构代码证复印件(同时交验原件);

(5) 加盖企业公章的海关注册登记证明书;

(6) 事业单位需要提供行政属地县(处)级单位以上主管部门的证明材料;

(7) 单位公章印模备案;

(8) 检验检疫机构要求的其他相关资料。

申请单位提交的材料齐备真实的,检验检疫机构应当及时予以备案登记,并告知申请单位备案登记号,颁发出入境检验检疫自理报检单位备案登记证明书。

自理报检单位备案登记编号为10位数字:前四位为自理报检单位备案地检验检疫局代码(以CIQ02000检验检疫综合业务计算机管理系统为准);后六位为流水号,但第五位不得为"9"(注:"9"为代理报检单位标识)。

对自理报检单位的名称、注册地址、企业性质、法定代表人、报检员、营业场所、注册资金、电话号码、传真号码、电子信箱、联系人、邮政编码等内容更改的,各地检验检疫机构应根据自理报检单位提出的更改申请及时办理信息变更手续,确保其准确性。自理报检单位名称、地址、法定代表人更改的,应重新颁发出入境检验检疫自理报检单位备案登记证明书。

三、自理报检单位的异地备案

已经在报检单位工商注册所在地辖区的检验检疫机构办理过备案手续的自理报检单位,去往其他口岸出入境检验检疫机构报检时,无须重新登记,只需要带"自理报检单位备案登记证明书"副本或者复印件,填写异地备案登记表,履行异地备案手续。

第五节　办理外汇账户开户手续

一、我国的贸易外汇管理制度

从新中国成立之初的禁止外汇流通到统收统支、统一分配,再到当前经常项目下人民币可自由兑换,我国的外汇管理制度(management system of foreign exchange)经历了一个从完全管制到有限制放松直到部分领域完全放松管制的发展变迁过程。

随着我国外贸体制和金融体制改革的进一步深化,我国外汇制度进行了多次重大的调整和改革。我国现行贸易外汇管理主要遵循以下三个重要原则:一是实行银行结汇制。境内机构贸易项下的外汇收入,除国家规定准许保留的外汇可以在外汇指定银行开立外汇账户外,都必须及时调回境内,按市场汇率卖给外汇指定银行。二是对贸易项下外汇支付不施加限制。境内机构贸易项下用汇可以按照市场汇率凭相应的有效凭证和商业单据,用人民币向外汇指定银行购汇或从其外汇账户上对外支付。三是实行以事后监管为主的真实性审核。通过对银行付汇数据和进口报关到货数据的核对审核进口付汇的贸易真实性;以出口收汇核销单为主线对出口外汇收入的真实性进行事后核查。与贸易外汇管理的原则相适应,我国的贸易外汇管理制度以银行结售付汇制为核心划分为三个主要部分:一是出口收汇核销(verification for export income)管理;二是进口付汇核销(verification for import payment)管理;三是贸易外汇账户管理。

根据目前的外汇收支状况,我国同时采用强制结汇和意愿结汇两种方式,即对一般中资企业经常项目外汇收入实行强制结汇,而年进出口总额和注册资本达到一定规模、财务状况良好的中资企业以及外商投资企业可以开立外汇账户,实行限额结汇。境内机构的经常项目外汇收入,应当卖给外汇指定银行,或者经批准在外汇指定银行开立外汇账户;外商投资企业办理账户并进行账户区分后,其经常项目的外汇收入可在外汇账户核定的最高限额内保留,超过部分须结汇。

二、经常项目外汇账户管理

按照我国《结汇、售汇及付汇管理规定》,对暂不结汇和无须结汇的经常项目外汇收入,可以开立外汇账户,实行账户管理,以达到对不结汇外汇收入的监管。

2006 年 4 月,为进一步满足境内机构和个人的用汇需求,促进贸易便利化,国家外汇管理局发布《关于调整经常项目外汇管理政策的通知》,自 2006 年 5 月 1 日起执行。该通知取消了经常项目外汇账户开户的事前审批,规定外汇管理局不再对境内机构经常项目外汇账户的开立、变更、关闭进行事先核准。境内机构凡已经开立过经常项目外汇账户的,如需开立新的经常项目外汇账户,可持开户申请书、营业执照(或社团登记证)和组织机构代码证直接到外汇指定银行办理开户手续,由银行按外汇管理要求和商业惯例直接办理并向外汇管理局备案,无须经外汇管理局审批;凡未开立过经常项目外汇账户的,则需要持营业执照(或社团登记证)和组织机构代码证先到外汇管理局进行机构基本信息登记,再到外汇指定银行办理相关开户手续。同时提高境内机构经常项目外汇账户保留外汇的限额,按上年度经常项目外汇收入的 80% 与经常项目外汇支出的 50% 之和确定。对于上年度没有经常项目外汇收支且需要开立账户的境内机构,开立经常项目外汇账户的初始限额,调整为不超过等值 50 万美元。

境内机构有真实贸易背景且有对外支付需要的,可在开户银行凭《结汇、售汇及付汇管理规定》及其他有关外汇管理法规规定的有效凭证和商业单据提前办理购汇,并存入其经常项目外汇账户。

另外,根据2004年8月国家外汇管理局《关于个人对外贸易经营有关外汇管理问题的通知》规定,个人对外贸易经营者从事对外货物贸易经营活动,应当在海关办理"中国电子口岸"入网手续后,到工商登记或者取得其他执业资格所在地的外汇管理局办理"对外付汇进口单位名录"或者出口收汇核销备案登记手续。办理上述手续后,个人对外贸易经营者才能开立个人对外贸易结算账户,办理外汇收付。

个人对外贸易经营者办理"对外付汇进口单位名录"或出口收汇核销备案登记时,应当向外汇管理局提供下列材料:①申请书;②个人有效身份证明正本及复印件;③依法取得的工商营业执照或者其他执业证明(副本)及复印件;④加盖备案登记印章的对外贸易经营者备案登记表正本及复印件;⑤海关注册登记证明书以及复印件;⑥组织机构代码证书及复印件;⑦中国电子口岸IC卡;⑧外汇管理局要求的其他材料。

外汇管理局审核上述材料无误后,为个人对外贸易经营者办理相应手续。

个人对外贸易经营者经外汇管理局批准,可以按实际经营需要开立个人对外贸易结算账户。开立个人对外贸易结算账户,应当凭下列材料向外汇管理局申请:①开户申请书;②本人有效身份证明正本及复印件;③加盖备案等级印章的对外贸易经营者备案登记表正本及复印件;④组织机构代码证书及复印件;⑤外汇管理局要求的其他材料。

外汇管理局审核无误后颁发"经常项目业务核准件",个人对外贸易经营者凭该核准件到所在地经营外汇业务的银行办理开户手续。银行开立个人对外贸易结算账户时,应当在账户名称中加注"个人"字样的标识。个人对外贸易经营者对外贸易结算账户纳入外汇账户管理信息系统管理,其限额按个人对外贸易经营者货物贸易实际外汇收入的100%核定。

第六节　办理出口退税认定手续

我国的出口货物退税制度是根据我国国情建立起来的、相对独立于其他国内税收管理的一种专项税收制度。对出口产品实行退税政策是国际惯例,是国家支持外贸出口的重要手段。

为了更好地适应加入WTO的要求,提高我国对外贸易的便利程度,我国对原有的出口退税登记手续进行了调整和改革。根据《国家税务总局关于贯彻〈中华人民共和国对外贸易法〉、调整出口退(免)税办法的通知》(国税函〔2004〕955号)和国家税务总局关于印发《出口货物退(免)税管理办法(试行)的通知》(国税发〔2005〕51号)的相关规定,将以前对出口企业办理核准退税登记证转变为办理出口退税认定手续,并要求出口企业应先办理出口退(免)税认定手续,再从事出口业务。

《国家税务总局关于贯彻〈中华人民共和国对外贸易法〉、调整出口退(免)税办法的通知》规定,从2004年7月1日起,从事对外贸易经营活动的法人、其他组织和个人(以下简称"对外贸易经营者"),按《外贸法》和《对外贸易经营者备案登记办法》的规定办理备案登记后,应在30日内持已办理备案登记并加盖备案登记专用章的《对外贸易经营者备案登记表》、工商营业执照、税务登记证、银行基本账户号码和海关进出口企业代码等文件,填写《出口货物退(免)税认定表》(由主管出口退税的税务机关印制),到所在地主管出口退税的税务机关办理出口货物退（免）税认定手续。办理出口货物退（免）税认定手续后，出口的货物可按规定办理退（免）税。

　　在这一办法实施前已办理出口退税登记证，且在原核准经营范围内从事进出口经营活动的对外贸易经营者，不再办理退税认定手续；对外贸易经营者如超出原核准经营范围从事进出口经营活动的，仍需按本办法办理出口退税认定手续。

　　对外贸易经营者应按照备案登记的身份名称开展出口业务和申请出口退（免）税。个人（包括外国个人，下同）须注册登记为个体工商户、个人独资企业或合伙企业，方可申请出口退（免）税。

　　对于没有出口经营资格的生产企业委托出口自产货物（含视同自产产品），应分别在备案登记、代理出口协议签订之日起 30 日内持出口货物退（免）税认定手续要求的有关资料，填写《出口货物退（免）税认定表》，到所在地税务机关办理。

　　已办理出口货物退（免）税认定的企业，其认定内容发生变化的（包括变更、解散、破产、撤并等），须自有关管理机关批准变更之日起 30 日内，持相关证件向税务机关申请办理出口货物退（免）税认定变更手续。

本章应知应会术语

1. organization code　组织机构代码
2. operation qualification records　经营资格备案
3. management system of foreign exchange　外汇管理制度
4. verification for import payment　进口付汇核销
5. verification for export income　出口收汇核销
6. customs registration　海关登记注册
7. export tax rebate　出口退税

思　考　题

1. 什么是组织机构代码？它对进出口企业管理有何作用？
2. 进出口企业如何办理对外贸易经营资格备案登记手续？
3. 进出口企业如何办理海关登记注册手续？
4. 我国目前的贸易外汇管理制度是什么？如何进行出口收汇核销和进口付汇核销？

财　富　箴　言

1. If you want to build a ship, don't drum up the men to gather the wood, divide the work and give the work and give orders. Instead, teach them to yearn for the vast and endless sea.

　　想造一艘船，你要做的不是催促人们收集木材，也不是忙着分配工作和发布命令。而是去激起他们对大海的向往。

——安东尼·德·圣·埃克苏佩里（Antoine de Saint-Exupéry，法国著名作家）

2. Coming together is a beginning. Keeping together is progress. Working together is success.

走到一起是开始，凝聚一心是进步，携手合作才是成功。

——亨利·福特（Henry Ford，福特公司创始人）

第二章

国际货物贸易交易前准备

国际货物贸易的基本程序主要包括交易前的准备、交易磋商、合同签订、合同履行、交易善后等五个阶段。交易前的准备是进出口公司整个国际货物买卖交易的基础和重要的准备工作,它主要包括国外市场调查,选择合适的产品、市场与客户,制订进出口商品经营方案,与客户建立业务关系和进出口公司人员配备等工作。

第一节 国际商品市场调研

国际商品市场调研是指企业或个人为了研究交易商品的销售趋势、寻求营销成功的方法,对某种产品或一组产品进行国际市场调研的活动。通过调研,企业不仅可以获取市场状况和相关统计数字,而且通过全面分析和研究,获得相应的结论用于企业营销决策和科学管理。国际商品市场是世界各国企业间产品买卖的场所。由于国际市场环境和变动规律不同于国内市场,企业加入国际市场营销必须对国际商品市场进行认真调研,并以此为基础制定国际营销策略。国际商品市场调研主要包括:国际商品市场环境和国际商品市场行情的调研。

一、国际商品市场环境调研

任何产品和任何人都是处在市场上进行交易的,因此市场环境的优劣对交易的成功与否至关重要。市场环境通常包括政治与法律环境、经济环境、文化环境、人口与自然环境及竞争环境等。

(一) 政治与法律环境

政治环境是市场环境的重要因素,因为在国外进行营销活动,东道国会根据本国的经济发展、经济结构、资源配置和发展目标采取不同的态度。企业要了解分析贸易国家和地区的政治局势,目的在于防范政治风险。如政局变动、社会动荡、武装冲突与战争等。一国政局是否稳定,直接关系到贸易利益的安全。政治环境主要包括社会政体状况、政局稳定性和经济同盟的关系等。

法律环境是指当地颁布的各种经济法规法令,它直接影响贸易活动的顺利开展。国际贸易应该考虑的法律环境主要包括:反不正当竞争法、反垄断法、产品责任法、价格法、知识产权保护法、投资法、外汇管理法等。

(二) 经济环境

经济环境是指一个国家或地区经济发展已达到的水平和未来的发展前景。它与企业经济活动的关系甚密,直接关系到该国或地区商品市场的现状和发展变动趋势。经济环境具体包括一国的经济结构、经济发展水平、经济发展前景、产业结构特点、就业、收入分配等。另外,对于该国的对外贸易状况也应加以关注,如进出口商品的贸易额和商品结构、贸易主要对象的国别地区、外汇收支能力等。

1. 经济体制

不同的经济体制对国际市场营销和经济活动有不同的影响。在市场经济体制下,价值规律调节着市场的供求关系,市场供求又自发地调节生产和资源配置,企业可根据自身的发展目标来制定市场销售策略,其产品也容易进入市场。而在计划经济体制下,由国家下达指令性计划,对资源的分配和产品的生产都统一进行安排,并调节市场的供求关系,企业的经济活动也就必须服从国家计划,因此市场开拓相对就比较困难。

2. 经济发展水平

不同的经济发展阶段和经济发展水平对国际市场营销也产生直接或间接的影响。在世界各国中,经济发展阶段与水平差别较大,概括起来有三大类:一是发达国家,如美国、日本、英国、法国、德国、加拿大、澳大利亚等;二是准发达国家或新兴工业化国家和地区,如南欧各国、"亚洲四小龙"和拉美一些国家;三是发展中国家,为除上述两类国家以外的国家。发展中国家为数众多,发展不平衡,人多比较贫穷,人均国民生产总值较低。

由于各国经济发展水平不同,对商品的需求也不相同。如汽车、高档家电对发达国家来说是日常生活用品,而对发展中国家来说则是高档消费品,只有少数人才买得起。但发展中国家却孕育着巨大的商品市场,他们经济水平在不断提高,对产品的需求也在不断变化。这样,对开拓海外市场的企业来讲,机会就不断增多,应该用长远的眼光来看待发展中国家的市场。

在微观层次上,对经济环境的调研包括对该目标市场的人口及增长趋势、国民生产总值和国内生产总值、个人收入和城乡居民存款、消费水平和消费结构、物价水平和物价指数、能源和资源状况等的调查。

(三) 文化环境

文化环境是指一个国家的社会结构、社会行为、教育水平及人民的知识水平和生活方式的总和。不同国家的文化环境代表着不同的生活和消费模式,也就必然对经济活动带来不同的影响。所以,国民收入水平相似的两个国家,可能消费结构有很大不同。在文化环境中,物质文化、文化教育水平、宗教信仰和社会风俗习惯、审美观念与语言等对经济活动带来的不同影响尤其突出。

1. 物质文化

物质文化包括工艺学和经济学两部分。前者指一个国家的生产技术水平;后者指生产、消费、交易及分配的方式。物质文化影响着消费者对商品的需求水平与结构、质量与式样等。例如,汽车在经济发达国家需求量大,被人们广泛使用,因而市场容量就较大;

而在经济落后国家,人民大多生活贫困,这类产品的需求有限,其相应的市场容量就小。

2. 文化教育水平

一国人民所受的文化教育程度是其文化素养的决定因素。不同的教育文化水平,会表现出不同的消费行为、审美观念、价值取向等,从而影响着企业的经济活动。例如,现代化机械要求有较高文化程度的人来掌握,受教育少的人就难以接受这种商品。再如,在文化水平较高的地区,商品的促销宜用印刷宣传品;而在文化水平较低、文盲率较高的地区,商品的宣传就要用广播、电视和电影等有声工具。

3. 宗教信仰和社会风俗习惯

宗教信仰与社会风俗习惯较大地影响着当地人们的生活,影响着他们对生活的看法、对事业的态度及对产品的需求。

4. 审美观念与语言

世界各国和各民族有着不同的审美观念,因而形成了对产品的不同需求和偏好。因此,在国外进行营销活动时,若不懂该国语言,将面临极大的困难。

(四) 人口与自然环境

人口是一国经济最基本的因素。在其他条件相同的情况下,一国人口越多,潜在的市场就越大,尤其与人口数量有关的食品、服装等消费品市场。同时,人口的年龄结构和性别结构也是影响市场需求结构的重要因素。

自然环境包括该国的地理交通环境、自然资源供给结构、气候条件等。这些自然环境直接影响生产和运输成本,影响市场需求规模和需求结构。

1. 气候

气候对商品的需求有明显的影响,如电风扇主要销往热带国家,而寒带国家需求就少;羽绒服装则适合于寒冷国家,在热带国家就没有销路。

2. 地形

地形对市场营销活动的影响更为直接。如在沿海和平原地带交通便利,城市集中,经济就相对发达;而多山内陆地区则交通闭塞,经济落后,形成了营销活动的天然障碍。对此应充分考虑,制定相应的策略。

3. 交通运输

目前,国际商品流动主要依靠海运、空运和陆运等三种形式。在选择交通运输时,其运输的方式、距离、运费将直接影响运输成本,也影响到货时间。在进行商品市场开拓时,调研人员应把这一因素考虑进去。

(五) 竞争环境

竞争环境是一个企业在决定开拓海外市场前必须考虑的重要问题,因为任何商品在任何市场都会面临竞争,能够正确认识和利用竞争,是企业市场营销能否成功的关键。

1. 市场调研人员在研究竞争环境时应考虑的问题

(1) 是否存在直接竞争,即生产同样产品的各国厂商之间的竞争;

(2) 是否存在间接竞争,即各国生产互相替代产品的厂商之间的竞争;

（3）这些直接或间接竞争的供应商是谁？各供应商所占的份额及其变动情况如何？

（4）市场是否被少数几个大供应商垄断？

（5）每个竞争者在生产、销售、成本方面存在的优势和劣势及它们生产能力的前景；

（6）目前的市场是否还有机会？所有的细分市场是否已被有效地占领？能不能开拓出一片市场？

2．总结竞争对手成功的经验

通过调研，有效地学习竞争对手的经验，总结其成功和失败的原因。这是一条捷径，会帮助企业更有效地找到打入竞争市场的机会，避免重蹈覆辙。

3．把握战胜竞争对手的机会

市场调研人员要想帮助企业找到一条行之有效的途径，进入市场，与竞争者一决高低，应该在多方面了解市场竞争者的条件下，就本企业的产品质量、产品定价、产品销售渠道、产品促销方式等作出相应的决策，把握住竞争的机会。

二、国际商品市场行情调研

国际商品市场行情调研的内容主要包括市场营销活动的各个方面。目的是为了帮助企业在真正了解市场商品供求关系和情况、出口商品的生产与消费及选择合适的销售渠道和促销方式之后，使企业的产品进入国际市场而取得预期的经济效益。它概括起来有以下几个方面。

(一) 出口商品生产的调研

出口商品是企业为国外顾客提供服务的对象。在调查分析出口商品的生产历史、发展趋势、产品质量和本企业所占份额的同时，还要掌握生产波动的规律，以及商品生产的一些特点。

1．商品的生产周期

它是指商品从开始生产到完成生产的时间。商品不同，生产周期的长短也不同，如制造飞机、船舶需要几年时间，而生产服装在短时间内就可生产几百件。生产周期长的商品其变动小，在短时间内不能大量增加或减少，也不能马上适应需求的变化；而生产周期短的商品则相反。

2．商品生产的季节性

一些农副产品如粮食、水果等季节性强，收获时供给量增大，而种植期没有或很少供给。这种生产的季节性使商品不能迅速适应需求的变化，有时供给只能依靠库存或其他替代产品。

3．商品生产的技术条件

这表现在当改进生产技术，提高生产效率时，就能增加商品的产量、改善商品的品质，直至促使替代产品的出现；有时在某种程度上可以改变自然条件，突破季节性生产的限制。

(二) 出口商品消费调研

商品消费是需求的基础，它的变化会引起需求的变化。在市场调研时，除了要分析商品的消费趋势、消费习惯和消费对象外,还要掌握这些商品消费的特点。

1. 商品消费的结构

商品消费主要分为企业消费和家庭消费。企业消费是指在生产和经营过程中所进行的生产资料的消费,其结构一般为三类:动力和燃料、原料和半成品、机器设备。家庭消费是指家庭或个人所进行的生活和劳务用品的消费品,其结构也有三类:耐用消费品,如汽车、家电、房屋等;非耐用消费品,如食品、服装、鞋帽等;劳务,如交通、医疗、教育、娱乐等。

因此,在消费调研时,应着重分析本企业经销产品所确定的消费主体及所属类型。

2. 商品消费的周期

一般来说,消费周期长的商品,其需求波动幅度大。因为当经济好转时,周期长的商品更新快,需求增加;当经济衰退时,由于减缓更新,则需求减少。消费周期短的商品,其需求波动幅度小,因为无论经济好坏,它都要随时更新。

(三) 国际商品市场供求情况的调研

国外市场商品供给情况,包括市场现实和潜在的供应量,进口数量状况,商品供应的渠道、来源,国外主要生产厂家、生产能力、数量及库存情况和本企业所占份额等,还要掌握生产波动的规律、生产周期、生产的季节性以及生产的技术条件等。

国外市场商品需求情况。商品消费是需求的基础,它的变化就会引起需求的变化。市场的需求是企业活动的中心,对市场需求潜力的调研就成为整个市场调研的首要任务。影响市场需求潜力的主要因素如下:

1. 当前市场需求状况

包括当地收入水平和消费水平;消费需求构成和购买意向;消费者层次;当年的年消费量等。

2. 商品占有市场的情况

包括进口商品的种类和数量;进口国别;进口量占当地市场的比率;同类产品不同经营者的价格和交易条件;当地同类商品的生产数量;当地产品占市场的比率,影响进口的因素。

3. 市场潜力的评估

市场存在多少潜在的购买者;能增加多少数量;哪些市场还未被占领;进口商品是否普及;能否避开进口限制;提高占有率;等等。

(四) 商品价格调研

商品价格直接关系到商品的销售和企业的经济利益。由于影响价格的因素很多,只有深入分析研究,才能灵活应变。价格调研的具体内容包括:影响价格变化的具体因素;商品需求的弹性大小和波动幅度;国际商品市场供求关系的状况及发展变化趋势;不同的价格政策对商品定价及销售量的影响;新产品的定价策略;商品生产周期与消费周期不同阶段的定价原则。

(五) 营销方式调研

商品的营销方式主要是指营销商或企业积极宣传产品并说服消费者购买所进行的一系列活动。其调研的主要内容是：在国外市场对客户可能进行的营销组合；能促进营销的推广方法，如佣金、折扣、示范、赠样本、赞助等；分析雇用或选派的推销员的素质、水平、训练费用及能起到的作用等；营销活动中可以使用的有效广告宣传方式等。

(六) 商品销售渠道调研

畅通的销售渠道有利于企业加速资金周转，降低成本，提高销售效率和经济效益。其调研内容主要包括：了解国外各市场零售网点的分布和潜在的营销场所；对国外各类代理商、批发商、零售商进行评估和选择；了解各类中间商所经销的产品，并掌握他们在人员、设施、服务、信用等方面的情况；了解国外市场所能使用的运输工具，以及商品运输的方式等；分析中间商在包销或代理时能否利用他们的销售渠道为本企业产品服务。

第二节　制订进出口商品经营方案

在国际商品市场调研完成之后，为了更好地对外交易，企业应该就所经营的产品制订进出口商品经营方案。即以具体进出口商品为中心，在广泛调研基础上，根据国别政策、客户政策和经营意图，结合企业经营计划和国际经济贸易动向、市场趋势，在对外成交前，制定一定时期内相关进出口商品营销的设想、做法和全面安排。不同的商品所制订的经营方案是不同的，其内容繁简也不同。另外，出口商品的经营方案和进口商品的经营方案也不同。企业通过事先制定进出口商品经营方案，并对有关交易客户进行资信调查，以保证其经营意图的贯彻和实施。

一、出口商品经营方案

出口商品经营方案是对外洽商交易、推销商品和安排出口业务的依据。其主要内容大致包括：

(1) 货源情况。包括国内生产能力、可供出口的数量，以及出口商品的品质、规格和包装等情况。

(2) 国外市场情况。主要包括国外市场需求情况和价格变动的趋势。

(3) 出口经营情况。包括出口换汇成本、盈亏额、盈亏率的情况，并提出经营的具体意见和安排。

(4) 推销计划和措施。包括分国别和地区，按品种、数量或金额列明推销的计划进度，以及按推销计划采取的措施，如对客户的利用，贸易方式、收汇方式的运用，对价格佣金和折扣的措施。对于大宗商品或重点推销的商品通常是逐个制订出口商品经营方案；对其他一般商品可以按商品大类制订经营方案；对中小商品，则仅制订内容较为简单的价格方案即可。此外，出口商在出口交易前，还应在国内外进行商标注册，及时做好广告宣传工作。

二、进口商品经营方案

进口商品经营方案是对外洽商交易、采购商品和安排进口业务的依据,其主要内容包括:数量的掌握;采购市场的安排;交易对象的选择;价格的掌握;贸易方式的运用;交易条件的掌握等。

(1) 数量的掌握。根据国内需要的轻重缓急和国外市场的具体情况,适当安排订货数量和进度。在保证满足国内需要的情况下,争取在有利的时机成交。既要防止前松后紧,又要避免过分集中,从而杜绝饥不择食和盲目订购的情况出现。

(2) 采购市场的安排。根据国别或地区政策和国外市场条件,合理安排进口国别或地区,既要选择对我们有利的市场,又不宜过分集中在某一市场,力争使采购市场的布局合理。

(3) 交易对象的选择。要选择资信好、经营能力强并对我们友好的客户作为成交对象。为了减少中间环节和节约外汇,一般应向厂家直接采购;在直接采购确有困难的情况下,也可通过中间代理商订购。

(4) 价格的掌握。根据国际市场近期价格并结合采购意图,拟订出价格掌握的幅度,以作为洽商交易的依据。在价格的掌握上,既要防止价格偏高,又要避免价格过低。

(5) 贸易方式的运用。通过何种贸易方式进口,应根据采购的目的、数量、品种、贸易习惯做法等酌情掌握。例如,有的可以通过招标方式采购,有的可以按补偿贸易或易货方式进口,更多的是采用一般的单边进口方式订购。在经营方案中,对贸易方式的运用问题,一般应提出原则性意见,以利安排进口。

(6) 交易条件的掌握。交易条件应根据商品品种、特点、进口地区、成交对象和经营意图,在平等互利的基础上酌情确定和灵活掌握。

三、对客户的资信调查

在国际贸易中,贸易双方发生索赔纠纷、履约发生障碍或收回货款方面发生阻碍,而使交易一方遭受风险及损失,都与不了解交易对方的资信情况有直接关系。因此,进行资信调查(credit investigation)对于国际贸易的顺利进行有着重要作用。

1. 资信调查的内容

(1) 国外企业的组织机构情况。包括企业的性质、创建历史、内部组织机构、主要负责人及担任的职务、分支机构等。调查中,应弄清厂商的中英文名称、详细地址,防止出现差错。

(2) 政治情况。主要指企业负责人的政治背景、与政界的关系及对我国的政治态度等。凡愿意在平等互利的原则下进行贸易合作的客户,都应积极与其友好交往。

(3) 资信情况。包括企业的资金和信用两个方面。资金是指企业的注册资本、借贷能力、财产及资产负债情况等;信用是指企业的经营作风、商业道德、履约信誉及公共关系水平等。这是客户资信调查的主要内容,特别是对中间商更应重视。

(4) 经营范围。主要是指企业生产或经营商品的品种、业务范围、经营的性质,是代理商、生产商,还是零售批发商等,以及是否与我国做过生意。

（5）经营能力。主要包括客户每年的营业额、销售渠道、经营方式，以及在当地和国际市场上的贸易关系等。

2．资信调查与咨询的途径

（1）通过银行调查。这是一种常见的方法，按照国际习惯，调查客户的情况属于银行的业务范围。在我国，一般委托中国银行办理。向银行查询客户资信，一般不收费或少量收费。

（2）通过国外的工商团体进行调查。这些团体包括商会、同业公会、贸易协会等，但通过这种渠道得来的信息要经过认真的分析，不能轻信。

（3）通过举办的国内外交易会、展览会、技术交流会、学术讨论会主动接触客户，并进行了解。

（4）通过实际业务的接触和交往活动考察客户。

（5）通过我驻外机构和实际业务活动中对客户进行考察所得的材料考察客户。

（6）通过国外的咨询机构调查。国外有名的咨询机构，不仅组织庞大，效率高，而且调查报告详细且准确。如麦肯锡就是一家国际知名的咨询公司。另外，还可以参考评级公司的评级。经过长期的优胜劣汰，现在国际上脱颖而出少数几家信誉较高的评级公司，主要有美国的穆迪投资者服务公司（Moody's）、标准-普尔（Standard & Poor's）、欧美合营的费奇（Fitch IBCA）、美国的汤臣百卫（Thomson Bank Watch）等。这些评级机构的评级结果也极具参考价值。

第三节　对外客户联系和业务人员准备

一、寻找目标客户

每个商品都有自己的销售（进货）渠道，销售（进货）渠道是由不同客户所组成的。企业进出口商品必须选择合适的销售（进货）渠道与客户。

寻找目标客户是进出口企业日常的重要工作。在经过详细的市场调查确定目标市场后，出口商即可寻找交易对象。在国际贸易中，企业寻找交易对象的渠道和方法很多，归纳起来大体有如下几种途径：

（1）出国访问。

（2）根据国内外出版的各种进口商名录、国内外报刊上的广告和出版物中的"贸易机会"，直接以函电进行接洽。

（3）邀请国内外进出口同业公会、商会、银行或有关贸易促进机构代为介绍。

（4）请本国驻外国使领馆的商务参赞、代办处或外国驻本国使领馆的商务参赞、代办处代为介绍。

（5）利用国内外的专业咨询公司介绍客户，它们的业务关系中有许多具有一定影响、专业经验和能力的客户。

（6）在国外刊登广告，招揽生意。

（7）参加各种机构（如贸易中心、外贸协会）举办的商展，包括我国的出口商品展销会

（如一年两度的广交会、一年一度的华东出口商品交易会和华北出口商品交易会），以及在国外举办的展销会，这类活动的优点是能和客户直接见面，联系的范围广。

（8）利用互联网上各种交易平台的计算机数据库中提供的客户信息。

（9）设立企业网站，将自己公司的简要情况以及目标商品的有关情况输入，建立自己的搜索引擎，也可以向一些著名的公用搜索引擎网站提供自己网站的信息，以便国外进口商选择。对于那些刚开始进行网上信息发布的企业而言，通过在公用搜索引擎网站上进行登记来推广，不失为一种简便易行的好办法。企业对于网站访问者的任何提问应及时予以回复。对于常见问题，可以使用专门的提问与回答栏目，由客户自动查询。

（10）直接走访进口公司在我国设立的办事处。

（11）到国外设立办事处，联络客户。

二、发出联络函电

出口商通过上述途径确定多个客户以后，与客户的联络和洽谈是业务人员的重要工作。对外联络一般是直接发出联络信。由于与客户互不熟悉，业务人员在最初的联络函电中，应该表达公司与客户建立业务关系的真诚意愿。联络函电的内容不应仅仅提出交易条件，更应介绍本企业的业务情况以及告知本企业的习惯做法。概括而言，主要包括：

（1）表示与对方交易的意愿，希望与对方建立贸易关系。

（2）自我介绍，告知对方本公司的经营产品、经营历史，以及经营经验等经营背景。

（3）提供公司网页、目录、报价或具参考性质的其他资料。

（4）说明付款条件等贸易做法。

（5）告知自己的开户银行，如在信中写明："关于敝公司的财务状况，请向××银行查询。"争取客户的信任。

以上是公司开始跟客户联络的函电内容。出口商应针对本公司的具体情况和商品特性，有针对性的介绍公司和产品。通过联络函电的沟通，如果显示出双方均有合作的诚意，则可将对方视为目标客户。在以后的业务中，如可供应对方感兴趣的商品，则可向对方发盘，以开展具体交易。

三、业务人员的准备

国际贸易业务如前所述要求业务人员具有较高的从业素质。国际贸易企业一般需要的业务人员主要有：

（1）外销人员：具备国际贸易业务知识，懂业务操作流程，掌握熟练的外语。

（2）跟单人员：具有产品专业知识，熟悉生产流程和质量控制。

（3）物流操作人员：熟悉国际贸易物流工作，特别是报关、报检、保险、货运等具体操作。

（4）制单和后勤人员：熟练掌握信用证和单据制作，公司内部文件归档整理，包括企业退税和外汇核销单据准备工作等。

各个企业应该针对自身情况配备相关人员，并加强业务人员的培养和训练，形成一支高素质的团队。这是企业国际贸易业务顺利开展和取得成功的关键因素。

本章应知应会术语

1. market investigation　市场调研
2. competition environment　竞争环境
3. market price investigation　行情调研
4. production cycle　生产周期
5. credit investigation　资信调查
6. target customers　目标客户

思 考 题

1. 企业进行国际商品市场调研的主要内容有哪些？
2. 如何制订出口经营方案？
3. 如何制订进口经营方案？
4. 企业如何寻找目标客户？
5. 你如何理解国际贸易企业的岗位设置？

财 富 箴 言

1. I'll be treading more carefully in bringing in senior people and look for different qualities. I'll focus less on experience and skill set and be more interested in personality, raw intelligence, and drive to make the person a better fit with the existing team.

我在聘请高级人员时，不再把经验和技巧当作重点，而是更看重人品、天赋，并且努力促使员工更好地融入现有的团队。

——杰夫·弗勒(Jeff Fluhr，美国 StubHub. com 联合创始人)

2. As a leader, you need to learn to adjust to those strengths and assign people a job that fits their talent.

作为领导，你需要学会根据员工的强项做出调整，给员工分配适合发挥他们才干的工作。

——布拉德·安德森(Brad Anderson，百思买公司 CEO)

第二篇

国际商务谈判与国际货物买卖合同的订立

第三章

国际商务谈判

第一节　交易磋商的形式与内容

一、交易磋商的含义及谈判前准备

(一) 含义

　　交易磋商是买卖双方就拟订贸易合同的各项条款,如品名、品质、包装、数量、价格、装运、支付、保险、检验、不可抗力、索赔以及仲裁等有关内容进行洽谈,以便达成交易的过程,又称贸易谈判。与客户进行交易磋商是达成交易的重要环节,是订立合同的基础。国际商务谈判是国际货物贸易实务的一个重要环节。国家与国家之间,地区与地区之间,组织与组织之间,公司与公司之间,直至贸易当事人之间通常需要反复交换意见,讨价还价,最后达成协议以实现双方共同利益。贸易谈判是一门高超的艺术,也是企业的一项重要业务活动。从事商务活动的业务人员必须具有商务谈判的基本知识,掌握谈判规律和技巧,争取国际商务业务的成功。

(二) 谈判前准备

1. 选配谈判人员

　　谈判团队的选配是谈判成功的关键保障。企业在挑选谈判队伍时应该考虑主要谈判人员的业务素质和谈判团队的整体结构。一般正式的谈判团队由图 3-1 所示的几个层面人员组成。

　　谈判小组领导主要负责谈判的总体组织和方案的制定,应该选择业务主要负责人担任。重大项目的谈判应由企业业务领导担任谈判领导。参加谈判的人员应该熟悉我国对外贸易政策和各项有关法规,熟悉各种有关业务知识,如产品知识、国际贸易知识和业务操作技能,以及与贸易业务相关的知识如国际货运、保险、金融、报关,国际贸易惯例和法规等。一般商品的贸易谈判,谈判人员应能熟练掌握

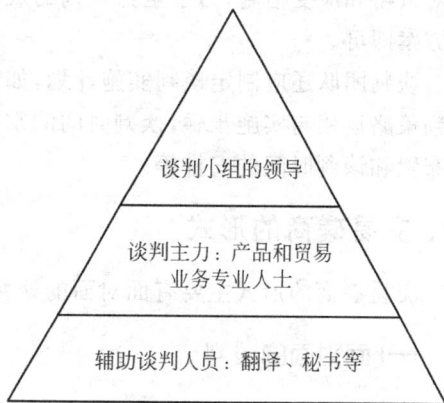

图 3-1　谈判团队人员构成

外语,以便直接与外商交流,并起草贸易文件。在大型的贸易谈判中,还应有辅助的谈判人员,如翻译和文秘人员,协作业务人员做好谈判工作。

2.熟悉目标市场

谈判之前,企业应该通过各种途径广泛收集信息资料,加强对国外市场供销状况、价格走向、相关国家政策措施和贸易习惯等方面的调研。通过熟悉目标市场情况,更清楚了解谈判对手的实际和潜在需求情况和他所处的贸易环境,以便把握谈判进程。具体主要通过以下几方面的调研:第一,国外市场进出口商品调研,掌握该市场商品的供需情况;第二,加强对市场供求关系调研,掌握市场价格走向和影响供求关系的因素,如政府政策变化、消费者需求、企业投资需求、工资水平等;第三,对目标市场竞争情况进行调研,掌握目标市场的竞争状况,以便合理确定谈判价格水平,以免过高过低报价。定价过高可能丧失成交机会或影响谈判效率。定价过低,又会使企业业务利润受损失。同时,了解国外市场竞争情况可以让谈判有多种方案和选择,为谈判获取更多讨价还价的筹码,有利于货比三家,维护我方企业的利益。

3.了解交易对象

商务谈判之前,企业应该做到"知己知彼",以便在谈判中心中有数,准备好相应的谈判方案。首先,应该通过各种途径了解谈判对方背景、经营范围、经营能力、经营作风。由此分析企业在贸易中的支付能力,和与其进行贸易业务的风险大小,能否建立长期贸易关系。其次,了解谈判对手的真实需要和习惯做法。针对对手的真实需要和潜在需要,来制定谈判方案和计划。尽量尊重对手的贸易习惯做法,以加快双方的谈判速度,提高谈判效率。

4.准备谈判方案和计划

商务谈判方案是指为了完成某种或某类商品的进出口任务而确定的经营意图、需要达到的最高或最低目标,以及为实现该目标所应采取的策略、步骤和做法,它是对外洽谈人员遵循的依据。方案的内容根据谈判标的的大小,可以是详尽的谈判方案,也可以是较为简单的计划。一般来说,大宗进出口商品方案比较详细具体。如某些大宗商品的交易或重点产品的谈判,应该考虑详细周全。对需要谈判的系列问题,应该分清主次,合理安排谈判次序。要明确对有关重要问题的把握尺度,准备好谈判中可能出现某些变化时的应对策略和应变措施,力争全盘谈判的成功。一般中小商品进出口,则只要拟定简单的价格方案即可。

谈判团队还应制定谈判实施计划,如谈判目的的明确,谈判对方与我方的实力分析,谈判策略运用与实施步骤,谈判时间的掌握,谈判的最低和最高目标,甚至细到谈判地点的布置和谈判时间的安排等。

二、交易磋商的形式

交易磋商的形式主要有面对面的谈判、电话谈判和函电谈判 3 种。

(一) 面对面的谈判

面对面的谈判是上述三种谈判方式中应用得最广泛、最普遍、最经常的一种方式。即使在信息技术较发达的今天,面对面的谈判仍因其综合优势全面而在三种谈判方式中居首要位置。该种谈判方式的特点是双方人员面对面在一起,直接以口头语言交流信息和协商交易条件。这种方式便于双方交流信息和思想感情,有利于成交。双方当面洽谈,能够对所提条件充分发表意见和建议,对有关内容作详细说明,有利于双方互相了解,促成交易。同时,面对面的谈判有利于观察对方的表情和动作,掌握对方心理,及时根据对方反应来调整谈判策略。能够使谈判的内容深入细致,便于施展谈判的策略和技巧,及时了解交易方的态度和诚意,尤其适合于谈判内容复杂、涉及问题较多的交易。各种形式的展览会、客户来访、拜访客户和推销就是面对面谈判的主要形式。

1. 展览会

展览会是企业寻找客户,促进贸易业务扩展的主要形式。它的好处在于:第一,有利于宣传出口产品,扩大影响,招揽潜在的买主,促进交易;第二,建立和发展客户关系,扩大销售地区和范围;第三,有利于市场调研,听到买家意见,改进质量,提高竞争力。

(1) 国际展览会。国际展览会包括在国外举行的各种专业展、综合展和博览会。综合性展览一般各种商品均可参展,而专业性展览只限某类专业性商品参展。

国际展览会非常多,企业应该根据自己经营的产品和营销计划,有选择地参加国际展览会,为企业产品拓展国际市场寻找合适的平台。国外主要展览会如下:

①伯明翰春季国际博览会;②米兰马契夫春秋季国际博览会;③法兰克福春秋季国际消费品博览会;④南非国际贸易博览会;⑤法兰克福国际礼品办公用品博览会;⑥德国杜塞尔多夫春秋季国际时装博览会;⑦德国慕尼黑夏冬季国际体育用品及运动时装贸易博览会;⑧美国拉斯维加斯春秋季国际鞋展;⑨美国纽约国际玩具博览会;⑩德国科隆国际五金工具展览会;⑪美国芝加哥国际五金工具展览会;⑫日本国际家用及室内纺织品博览会;⑬美国亚特兰大国际礼品及家庭装饰用品展览会;⑭美国拉斯维加斯国际礼品及消费品展览会;⑮德国科隆国际体育、露营用品及花园家具贸易博览会;⑯日本东京国际礼品展览会;⑰法国国际食品展。

(2) 国内展览会。它是指在中国国内举行的各种展览会,如广交会。广交会是中国也是世界规模最大的展览会。展馆按商品类别设置展区,分工业、纺织服装、食品医药、日用消费品、礼品等五大类,在商品类下设35个商品展区。展会分为每年4月份春交会和10月份秋交会,每次展览分三期。

(3) 企业参展几个关键问题。

第一,企业应做好参展前准备。它包括以下几项准备工作:

① 样品准备。它是参展成功的基础。送展样品应专业化,反映企业生产与工艺水平。外贸公司因一般没有自己的产品,经营产品多样化,更要注意根据展览会的专业性质选择专业产品。同时,注意使展品成系列化,品种齐,利于客户挑选。

② 人员准备。参展人员需熟悉参展产品、价格、交货期等成交条件,提高在展会的促销能力。参展人员除了应具备国际营销人才需具备的素质外,还应根据展览会的专业性配备专业人才。

③ 布展(摊位设计与展品安排)。专业设计能很好体现公司的实力与产品特色,吸引客人,从而达到较好的参展效果。布展一定要认真细致,使公司展品的展示达到好的效果。同时,注意新样的保护,不要让同行随意参观、拍照。

第二,参展期间应注意的问题。

① 了解同行竞争对手(展品、价格)。企业参展人员应该利用布展机会,了解生产同类产品企业的展品情况。对比自己的产品,分析出长短处,以利与客户洽谈时心中有数。有特色的产品,可以坚持好价钱。相同的产品,应懂得以自己的长处比别人的短处,争取在竞争中获胜。

② 了解客户的商业经历、背景,以及同中国企业的贸易状况。知道客户的信誉,有利于掌握谈判策略和成交分寸。了解客户在中国的贸易状况,有助于掌握你所处的竞争状况。了解客户的渠道可以是与客人洽谈了解、通过银行和商会等。

③ 了解客户的订货意图、价格目标和质量要求。谈判人员应该通过展会了解客户这次到展会手头有没有现成的订单,还是只有意向或只想建立关系。如有订单在手,谈判人员应通过沟通了解客人的价格目标及对产品的质量要求,以便迅速判断成交的可能性。

第三,参展后总结。

① 展览会后,企业主管应会同参展人员总结展会情况。总结包括:参展样品的情况、与同行比较的竞争力高低、公司报价水平及利润情况、客户的来源和客户反映的问题等。同时,应该会同有关部门和人员总结摊位布置、展品准备、人员安排、价格制订等问题,以利今后参展时注意改进。

② 提出新产品的设计思路,公司产品的开发方案。

第四,展后客户与订单跟踪。

① 在展会上签定的订单,业务人员回公司后应认真落实履行。认真对待客人的第一次订单,给客人留下好的印象,争取以后再下单,发展成长期客户。

② 对待没落单的客人,应对照参展笔记记下的询问内容认真落实。如客户在展会通常要求送样、进一步核算报价、交货期落实、产品改进等。

③ 对有下单意向但在展会上未下单的客人要重点跟踪,以免订单旁落。

参展业务人员应注意避免"会上积极,会后怠慢客人"的状况。会后的跟踪在一定程度上说更为重要,否则会前功尽弃。

2. 客户来访

企业接待国外客户来访是日常的一项重要工作。业务人员在接待外商来访时,要注意企业形象,积极向客人推荐公司与产品,对客人有礼有度有序的接待。这有助于企业推销与形象的树立,发现潜在的贸易机会。客户来访最能发现企业的管理水平和企业文化,应该充分重视。重要的客户要有企业的主管参加洽谈,以示重视。

3. 出国推销与拜访客户

企业出国参展或直接出国推销拜访客户是了解客户经营情况和需求的重要渠道。拜访是相互的,双方通过相互拜访可增强联系,巩固贸易关系。重要的客户或老客户,可定期出国拜访或登门推销产品。很多企业利用展览会后行程顺道拜访客户,这对企业增加展会效果,在当地拓展市场至关重要。通过上门推销与拜访客户,应达到如下目的:

(1) 了解客户公司的实力和信誉,其经营商品和经营规模;

(2) 了解客户的需求和动态;

(3) 增进双方了解与信赖度。

(二) 电话谈判

电话谈判是随着电话通信的广泛采用和日益普及而产生的,在当今生活、工作节奏不断加快的时代,为现代人所青睐。该种谈判方式的优势是快速方便,联系广泛。但电话磋商也有一定的缺陷,电话谈判双方相距较远,只能听到,不能看到对方的表情、手势等,容易造成磋商双方的误解。某些事情很容易被遗漏和删除,注意力难以集中,有时还增加了风险。同时,电话谈判需要当事人有良好的语言沟通能力和较好的外语口语水平。

(三) 函电谈判

函电谈判是国际营销商务和地区营销商务中进行业务沟通、磋商交易的一种谈判方式,这种谈判方式在各国进出口公司、外贸部门、涉外企业中应用最普遍、最频繁,它包括信件、传真、电子邮件等书面外贸函电联系。企业通过各种渠道了解外商名址,或平时与客户联络,需要利用信件、传真、E-mail等方式,向客户介绍公司、产品、报价,及其他贸易条件,以争取订单。外贸函电联络基本上以外文作工具,业务人员应该学习外经贸函电知识,掌握对外联络的本领。

一方通过函电发盘或还盘,另一方以函电的形式表示接受,从而双方达成交易,签订协议或者合同,我们把这种函电来往的过程称做函电谈判。函电谈判有快速、准确无误、材料齐全、有据可查的优点,特别需要指出的是函电具有法律效力。

三、交易磋商的内容

磋商的内容一般分为两部分:一部分是带有变动性的主要交易条件,如货物品质、规格、标准、数量、包装、价格、交货、支付等。这些交易条件因货物种类、交易数量及时间等因素不同,每笔交易也不尽相同。另一部分是相对固定的交易条件,称为一般交易条件,如商品检验、申诉索赔、仲裁和不可抗力等,它是由进出口商共同拟订的对每笔交易都适用的一套共性的交易条件,大多印在合同的背面或格式正面的下部。主要交易条件与一般交易条件的区分并不是绝对的。在实际业务中,买卖双方在初次接触时可就一般交易条件进行洽商,经双方共同确认后,作为将来交易的基础,在洽商具体交易时则不必逐条重复这些条件,只洽商主要条件即可,这样可以节省往来函电的费用和交易磋商的时间。双方通过交易磋商达成合同需明确的主要交易条件,即买卖合同的各项条款,包括:品名、品质、数量、包装、价格、装运、保险、支付、商检、索赔、仲裁和不可抗力等合同内容。

第二节 交易磋商的一般程序

国际货物买卖的交易磋商一般包括询盘(inquiry)、发盘(offer)、还盘(counter offer)和接受(acceptance)四个环节,其中,发盘和接受是达成交易、合同成立不可缺少的基本环节和必经的法律步骤。当交易双方通过洽商就各项交易条件达成一致协议后,合同即告成立,交易双方当事人即存在合同关系。

一、询盘

询盘是准备购买或出售商品的人向潜在的供货人或买主探询该商品的成交条件或交易的可能性的业务行为,它不具有法律上的约束力。在国际贸易中,一般多由买方主动向卖方发出询盘。

询盘的内容可以涉及某种商品的品质、规格、数量、包装、价格和装运等成交条件,也可以索取样品,其中多数是询问成交价格,因此在实际业务中也有人把询盘称做询价。如果发出询盘的一方只是想探询价格,并希望对方开出估价单(estimate),则对方根据询价要求所开出的估价单只是参考价格,它并不是正式的报价,因而也不具备发盘的条件。

在国际贸易业务中,发出询盘的目的,除了探询价格或有关交易条件外,有时还表达了与对方进行交易的愿望,希望对方接到询盘后及时作出发盘,以便考虑接受与否。这种询盘实际上属于邀请发盘。

询盘不是每笔交易必经的程序,如交易双方彼此都了解情况,不需要向对方探询成交条件或交易的可能性,则不必使用询盘,可直接向对方作出发盘。

二、发盘

(一) 发盘的含义

发盘又称发价或报价,在法律上成为要约。根据《联合国国际货物销售合同公约》第14条第1款的规定:"凡向一个或一个以上特定的人提出的订立合同的建议,如果其内容十分确定并且表明发盘人有在其发盘一旦得到接受就受其约束的意思,即构成发盘。"发盘既可由卖方提出,也可由买方提出,因此,有卖方发盘和买方发盘之分。后者习惯上称为递盘(bid)。

发盘应向一个或一个以上特定的人(specific persons)提出。向特定的人提出,即是向有名有姓的公司或个人提出。提出此要求的目的在于,把发盘同普通商业广告及向广大公众散发的商品价目单等行为区别开来。对广大公众发出的商业广告是否构成发盘的问题,各国法律规定不一。大陆法规定,发盘需向一个或一个以上特定的人提出,凡向公众发出的商业广告,不得视为发盘。如北欧各国认为,向广大公众发出的商业广告原则上不能作为发盘,而只是邀请看到广告的公众向登广告的人提出发盘。英美法的规定则与此相反,如英国有的判例认为,向公众作出的商业广告,只要内容确定,在某些场合下也可视为发盘。《联合国国际货物销售合同公约》(以下简称《公约》)对此问题持折中态度,该《公约》第14条第2款规定:"非向一个或一个以上特定的人提出的建议,仅应视为邀请发盘,除非提出建议的人明确地表示相反的意向。"根据此项规定,商业广告本身并不是一项发盘,通常只能视为邀请对方提出发盘。但是,如商业广告的内容符合发盘的条件,而且登此广告的人明确表示它是作为一项发盘提出来的,如在广告中注明"本广告构成发盘"或"广告项下的商品将售给最先支付货款或最先开来信用证的人"等,则此类广告也可作为一项发盘。

鉴于《公约》对发盘的上述规定既原则又具体,且有一定的灵活性,加之世界各国对发盘又有不同的理解,因此,在实际应用时要特别小心。我方对外做广告宣传和寄发商品价目单,不要使对方理解我方有"一经接受,即受约束"的含义。在寄发商品价目单时,最好在其中注明"可随时调整,恕不通知"或"需经我方最后确认"等字样。

(二) 构成发盘(实盘)的要件

1. 发盘的内容必须十分确定

根据《公约》第 14 条第 1 款的规定,发盘的内容必须十分确定(sufficiently definite)。所谓十分确定,指在提出的订约建议中,至少应包括下列三个基本要素:

(1) 标明货物的名称;

(2) 明示或默示地规定货物的数量或规定数量的方法;

(3) 明示或默示地规定货物的价格或规定确定价格的方法。

凡包含上述三项基本因素的订约建议,即可构成一项发盘。如该发盘被对方接受,买卖合同即告成立。

在实际业务中,发盘人发盘时,如能明确标明要出售或要购买的货物的价格和数量,当然是最好的处理办法。但是,合同项下货物的数量,有时只能由当事人酌情处理或只能在交货时具体确定。例如,某商人向对方提出,在一年内向对方提供或购买一年生产的某项产品,可以认为在数量问题上是十分确定的。同样,确定价格也是如此。例如,在远期交货的情况下,交易双方为了避免承担价格波动的风险,可采取较为灵活的作价办法,即不规定具体价格,只规定一个确定价格的办法,如规定按交货时某个市场的价格水平来确定该货物的价格。

在这里需要特别指出的是,订约建议中关于交货时间、地点及付款时间、地点等其他内容虽然没有提到,并不妨碍它作为一项发盘,因而也不妨碍合同的成立。因为,发盘中没有提到的其他条件,在合同成立后,可以双方当事人建立的习惯做法及采用的惯例予以补充,或者按《公约》中关于货物销售部分的有关规定予以补充。

构成一项发盘应包括的内容,各国的法律规定不尽相同。有些国家的法律要求对合同的主要条件,如品名、品质、数量、包装、价格、交货时间与地点以及支付办法等,都要有完整、明确肯定的规定,并不得附有任何保留条件,以便受盘人一旦接受即可签订一项对买卖双方均有约束力的合同。《公约》关于发盘内容的上述规定,只是对构成发盘的起码要求。在实际业务中,如发盘的交易条件太少或过于简单,会给合同的履行带来困难,甚至容易引起争议。因此,在对外发盘时,最好将品名、品质、数量、包装、价格、交货时间、地点和支付办法等主要交易条件一一列明。

2. 表明经受盘人接受发盘人即受约束的意思

必须表明发盘人对其发盘一旦被受盘人接受即受约束的意思。发盘是订立合同的建议,这个意思应当体现在发盘之中,如发盘人只是就某些交易条件建议同对方进行磋商,而根本没有受其建议约束的意思,则此项建议不能被认为是一项发盘。例如,发盘人在其提出的发盘建议中加注诸如"仅供参考"、"须以发盘人的最后确认为准"或其他保留条件,这样的订约建议就不是发盘,而只是邀请对方发盘。

在公司业务中,确定的发盘一般表达为"Our offer is subject to your confirmation

reaching here on or before the 25th this month. (本报盘以你方在本月 25 日之前确认复到本地为有效)"。如果对方在此日期之前确认接受该发盘,双方即确立买卖合同关系。

在此需要指出,我国《合同法》对发盘及构成要件的规定同上述《公约》的规定与解释基本上是一致的。我国《合同法》第 14 条规定:要约是希望和他人订立合同的意思表示,该意思表示应当符合下列规定:内容具体确定;表明经受要约人承诺,要约人即受该意思表示约束。

在公司业务中,业务人员由于各种不确定因素的影响和以发盘作为联络客户、推销产品的一种办法,往往在发盘中加入很多条件和不确定性内容。我们把这类发盘称为虚盘,以便与上述实盘区别开来。虚盘的特点主要是:

1. 内容不明确、不肯定

发盘内容含糊不清,没有在发盘中有订立合同的肯定表示。如在发盘中加上"以现行国际市场价格为参考"、"此报盘仅供参考"等。

2. 主要交易条件不完整

发盘中未列出交易的主要条件,除非双方对未在发盘中列明的条件事先已有约定,或是双方的习惯做法,否则都属于虚盘的性质。

3. 有保留条件

发盘中写明一些保留条件,如"This offer is subject to our final confirmation. (本报盘以我方最后确认为准)"、"This offer is subject to the goods being unsold. (本报盘以我方货未售出为准)",等等。这类发盘对发盘人没有约束力,在受盘人表示接受后,还需要发盘人表示确认同意才有效,否则合同不成立。

(三) 发盘的有效期

在通常情况下,发盘都具体规定一个有效期,作为对方表示接受的时间限制,超过发盘规定的时限,发盘人即不受约束,当发盘未具体列明有效期时,受盘人应在合理时间内接受才能有效。何谓"合理时间",需根据具体情况而定。根据《公约》的规定,采用口头发盘时,除发盘人发盘时另有声明外,受盘人只能当场表示接受方为有效。采用函电成交时,发盘人一般都明确规定发盘的有效期,其规定方法有以下几种。

1. 规定最迟接受的期限

例如,限 6 月 6 日复,或限 6 月 6 日复到此地。当规定限 6 月 6 日复时,按有些国家的法律解释,受盘人只要在当地时间 6 月 6 日 24 点以前将表示接受的通知投邮或发出即可。但在国际贸易中,由于交易双方所在地的时间大多存在差异,所以发盘人往往采取以接受通知送达发盘人为准的规定方法。按此规定,受盘人的接受通知不得迟于 6 月 6 日内送达发盘人。

2. 规定一段接受的期限

例如,发盘有效期为 6 天,或发盘限 8 天内复。采取此类规定方法,其期限的计算按《公约》规定,这个期限应从发盘发出时刻或信上载明的发信日期起算。如信上未载明发信日期,则从信封所载日期起算。采用电话、电传发盘时,则从发盘送达受盘人时起算。如果由于时限的最后一天在发盘人营业地是正式假日或非营业日,则应顺延至下一个营业日。

此外,当发盘规定有效期时,还应考虑交易双方营业地点不同而产生的时差问题。

(四) 发盘生效的时间

发盘生效的时间有各种不同的情况:以口头方式作出的发盘,其法律效力自对方了解发盘内容时生效。以书面形式作出的发盘,其生效时间,主要有两种不同的观点与做法:一是发信主义,即认为发盘人将发盘发出的同时,发盘就生效;另一种是受信主义,又称到达主义,即认为发盘必须到达受盘人时才生效。根据《公约》规定,发盘送达受盘人时生效。我国合同法关于发盘生效时间的规定同上述《公约》的规定是一致的,即也采取到达主义。此外,我国《合同法》第16条还同时对采用数据电文方式的到达时间如何确定作出了具体规定,即:"采用数据电文形式订立合同,收件人指定特定系统接收数据电文的,该数据电文进入特定系统的时间,视为到达时间;未指定特定系统的,该数据电文进入收件人的任何系统的首次时间,视为到达时间。"明确发盘生效的时间具有重要的法律和实践意义,这主要表现在下列两个方面。

1. 关系到受盘人能否表示接受

一项发盘只有在送达受盘人时才能发生效力。即只有当受盘人收到发盘之后,也就是发盘生效之后,受盘人才能表示接受,从而导致合同的成立。在受盘人收到发盘之前,即使受盘人通过其他途径已经知道发盘的发出及发盘的内容,也不能作出接受。

2. 关系到发盘人何时可以撤回发盘或修改其内容

一项发盘即使是不可撤销的,只要在发盘生效之前,发盘人仍可随时撤回或修改其内容,但撤回通知或更改其内容的通知,必须在受盘人收到发盘之前或同时送达受盘人。如发盘一旦生效,那就不是撤回发盘的问题,而是撤销发盘的问题。发盘的撤回(withdrawal)与撤销(revocation)是两个不同的概念:前者是指在发盘送达受盘人之前,将其撤回,以阻止其生效;后者是指发盘已送达受盘人,即发盘生效之后将发盘取消,使其失去效力。

(五) 发盘的撤回与撤销

1. 发盘的撤回

发盘发出后,发盘人是否可以撤回发盘或变更其内容,在这个问题上,英美法与大陆法两大法系之间存在着尖锐的矛盾。英美法认为,发盘原则上对发盘人没有约束力。发盘人在受盘人对发盘表示接受之前的任何时候,都可撤回发盘或变更其内容。而大陆法则认为,发盘对发盘人有约束力,如《德国民法典》规定,除非发盘人在发盘中订明发盘人不受发盘的约束,否则发盘人就要受到发盘的约束。

根据《公约》的规定,一项发盘(包括注明不可撤销的发盘),只要在其尚未生效以前,都是可以修改或撤回的。因此,如果发盘人发盘内容有误或因其他原因想改变主意,可以用更迅速的通信方法,将发盘的撤回或更改通知赶在受盘人收到该发盘之前或同时送达受盘人,则发盘即可撤回或修改。了解这一点,对我国从事进出口业务的工作人员具有实际意义,假如想撤回或修改已经发出的发盘,就必须要有准确的时间概念,例如发盘是何时发出的,预计何时可送达对方,然后再考虑采取最快的通信方法是否可以撤回或修改发盘。

2. 发盘的撤销

关于发盘能否撤销的问题,英美法和大陆法存在严重的分歧。英美法认为,在受盘人表示接受之前,即使发盘中规定了有效期,发盘人也可以随时予以撤销,这显然对发盘人片面有利。这种观点在英美法系国家中也不断受到责难。有的国家在制定或修改法律时,实际上已在不同程度上放弃了这种观点。大陆法系国家对此问题的看法相反,认为发盘人原则上应受发盘的约束,不得随意将其发盘撤销。例如,德国法律规定,发盘在有效期内,或没有规定有效期,则依通常情况在可望得到答复之前不得将其撤销;法国的法律虽规定发盘在受盘人接受之前可以撤销,但若撤销不当,发盘人应承担损害赔偿的责任。

为了调和上述两大法系在发盘可否撤销问题上的分歧,《公约》采取了折中的办法,其中第16条规定,在发盘已送达受盘人,即发盘已经生效,但受盘人尚未表示接受之前这一段时间内,只要发盘人及时将撤销通知送达受盘人,仍可将其发盘撤销。如一旦受盘人发出接受通知,则发盘人无权撤销该发盘。

此外,《公约》还规定,并不是所有的发盘都可撤销,下列两种情况下的发盘,一旦生效,则不得撤销:

(1) 在发盘中规定了有效期,或以其他方式表示该发盘是不可能撤销的;

(2) 受盘人有理由信赖该发盘是不可撤销的,并本着对该发盘的信赖采取了行动。

(六) 发盘效力的终止

任何一项发盘,其效力均可在一定条件下终止。发盘效力终止的原因,一般有以下几个方面:

(1) 在发盘规定的有效期内未被接受,或虽未规定有效期,但在合理时间内未被接受,则发盘的效力即告终止。

(2) 发盘被发盘人依法撤销。

(3) 被受盘人拒绝或还盘之后,即拒绝或还盘通知送达发盘人时,发盘的效力即告终止。

(4) 发盘人发盘之后,发生了不可抗力事件,如所在国政府对发盘中的商品或所需外汇发布禁令等。在这种情况下,按出现不可抗力可免除责任的一般原则,发盘的效力即告终止。

(5) 发盘人或受盘人在发盘被接受前丧失行为能力(如精神病等),则该发盘的效力也可终止。

三、还盘

还盘又称还价,在法律上称为反要约。还盘是指受盘人不同意或不完全同意发盘提出的各项条件,并提出了修改意见,建议原发盘人考虑,即还盘是对发盘条件进行添加、限制或其他更改的答复。受盘人的答复如果在实质上变更了发盘条件,就构成对发盘的拒绝,其法律后果是否定了原发盘,原发盘即告失效,原发盘人就不再受其约束。根据《公约》的规定,受盘人对货物的价格、付款、品质、数量、交货时间与地点、一方当事人对另一方当事人的赔偿责任范围或解决争端的办法等条件提出添加或更改,均视为实质性变更发盘条件。

此外,对发盘表示有条件的接受,也是还盘的一种形式。例如受盘人在答复发盘人时,附加有"俟最后确认为准"、"未售有效"等规定或类似的附加条件,这种答复只能视作还盘或邀请发盘。还盘的内容,凡不具备发盘条件,即为"邀请发盘"。如还盘的内容具备发盘条件,就构成一个新的发盘,还盘人成为新发盘人,原发盘人成为新受盘人,他有对新发盘作出接受、拒绝或再还盘的权利。

在国际贸易业务中,一方发盘,如果另一方对其内容不同意,可以进行还盘。同样,一方还盘后,另一方如果对其内容不同意也可以进行还盘或再还盘,直至双方同意达成协议或无法达成协议而放弃为止。还盘不是一笔交易必须经过的步骤,有些交易可以不经过还盘即接受成交,有些交易则要经过多次还盘才能达成协议。

四、接受

(一) 接受的含义

接受在法律上称为承诺,它是指受盘人在发盘规定的时限内,以声明或行为表示同意发盘提出的各项条件。可见,接受的实质是对发盘表示同意。这种同意,通常应以某种方式向发盘人表示出来。根据《公约》的规定,受盘人对发盘表示接受,既可以通过口头或书面向发盘人发表声明的方式接受,也可以通过其他实际行动来表示接受。沉默或不行为本身,并不等于接受,如果受盘人收到发盘后,不采取任何行动对发盘作出反应,而只是保持缄默,则不能认为是对发盘表示接受。因为,从法律责任来看,受盘人一般并不承担对发盘必须进行答复的义务。但是,如沉默或不行为与其他因素结合在一起,足以使对方确信沉默或不行为是同意的一种表示,即可构成接受。假定交易双方有协议或按业已确认的惯例与习惯做法,受盘人的缄默也可以变成接受。例如,交易双方均为老客户,根据原定协议、惯例或习惯做法,几年来卖方一直按买方的定期订货单发货,并不需要另行通知对方表示接受其订货单。若卖方收到买方订货单后,既不发货,也不通知买方表示拒绝其订货单,则卖方的缄默就等于接受,买方就可以控告卖方违约。

(二) 构成接受的条件

构成一项有效的接受,必须具备下列各项要件:

1. 接受必须由受盘人作出

发盘是向特定的人提出的,因此,只有特定的人才能对发盘作出接受。由第三者作出的接受,不能视为有效的接受,只能作为一项新的发盘。

2. 接受的内容必须与发盘相符

根据《公约》的规定,一项有效的接受必须是同意发盘所提出的交易条件,只接受发盘中的部分内容,或对发盘条件提出实质性的修改,或提出有条件的接受,均不能构成接受,而只能视作还盘。但是,若受盘人在表示接受时,对发盘内容提出某些非实质性的添加、限制和更改(如要求增加重量单、装箱单、原产地证明或某些单据的份数等),除非发盘人在不过分延迟的时间内表示反对其间的差异外,仍可构成有效的接受,从而使合同得以成立。在此情况下,合同的条件就以该项发盘的条件以及接受中所提出的某些更改为准。

3. 接受必须在发盘规定的时效内作出

当发盘规定了接受的时限时,受盘人必须在发盘规定的时限内作出接受,方为有效。如发盘没有规定接受的时限,则受盘人应在合理的时间内表示接受。对何谓"合理时间",往往有不同的理解。为了避免争议,最好在发盘中明确规定接受的具体时限。

接受通知在规定时限内到达发盘人,对于合同的成立具有重要作用。各国法律通常都对接受到达发盘人的期限作出了规定。我国《合同法》第23条也对此作了明确规定,即:承诺应当在要约确定的期限内到达要约人。要约没有确定承诺期限的,承诺应依照下列规定到达:(1)要约以对话方式作出的,应当及时作出承诺,但当事人另有约定的除外;(2)要约以非对话方式作出的,承诺应在合理期限内到达。

4. 接受必须表示出来

接受应由受盘人以声明或实际行动的方式表示出来,并传达到发盘人才能生效。默认或不行动不构成接受。所谓声明,即用口头或书面文字表达出接受的意思;所谓做出行动,即根据该发盘的意思或双方之间已经确立的习惯做法或惯例所做出的行动,如卖方发运货物或买方开出信用证,或支付货款等行为来表示同意。

(三) 接受生效的时间

接受是一种法律行为,这种行为何时生效,各国法律有不同的规定。在接受生效的时间问题上,英美法与大陆法存在着严重分歧。英美法采用"投邮生效"的原则,即接受通知一经投邮或电报发出,则立即生效;大陆法系采用"到达生效"的原则,即接受通知必须送达发盘人时才能生效。《公约》第18条第2款明确规定,接受送达发盘人时生效。如接受通知未在发盘规定时限内送达发盘人,或者发盘没有规定时限,且在合理时间内未曾送达发盘人,则该项接受称做逾期接受(late acceptance)。按各国法律规定,逾期接受不是有效的接受。由此可见,接受时间对双方当事人都很重要。

此外,接受还可以在受盘人采取某种行为时生效。《公约》第8条第3款规定,如根据发盘或依照当事人业已确定的习惯做法或惯例,受盘人可以作出某种行为来表示接受,无须向发盘人发出接受通知。例如,发盘人在发盘中要求"立即装运",受盘人可作出立即发运货物的行为对发盘表示同意,而且这种以行为表示的接受在装运货物时立即生效,合同即告成立,发盘人就应受其约束。

(四) 逾期接受

逾期接受又称迟到的接受。虽然各国法律一般认为逾期接受无效,它只能视作一个新的发盘,但《公约》对这个问题作了灵活的处理。该《公约》第21条第1款规定,只要发盘人毫不迟延地用口头或书面通知受盘人,认为该项逾期的接受可以有效,愿意承受逾期接受的约束,合同仍可于接受通知送达发盘人时订立。如果发盘人对逾期的接受表示拒绝或不立即向受盘人发出上述通知,则该项逾期的接受无效,合同不能成立。《公约》第

21条第2款规定,如果载有逾期接受的信件或其他书面文件显示,依照当时寄发情况,只要传递正常,它本来是能够及时送达发盘人的,则此项逾期的接受应当有效,合同于接受通知送达发盘人时订立,除非发盘人毫不迟延地用口头或书面通知受盘人,认为其发盘因逾期接受而失效。以上表明,逾期接受是否有效,关键要看发盘人如何表态。

(五) 接受的撤回或修改

在接受的撤回或修改的问题上,《公约》采取了大陆法"送达生效"的原则。《公约》第22条规定:"如果撤回通知于接受原发盘应生效之前或同时送达发盘人,接受得予撤回。"由于接受在送达发盘人时才产生法律效力,故撤回或修改接受的通知,只要先于原接受通知或与原发盘接受通知同时送达发盘人,则接受可以撤回或修改。如接受已送达发盘人,即接受一旦生效,合同即告成立,就不得撤回或修改其内容,因为这样做无异于撤销或修改合同。

需要指出的是,在当前通信设施非常发达和各国普遍采用现代化通信手段的条件下,当发现接受中存在问题而想撤回或修改时,往往已经来不及了。为了防止出现差错和避免发生不必要的损失,在实际业务中,应当审慎行事。

本章应知应会术语

1. business negotiation　交易磋商
2. target market　目标市场
3. inquiry　询盘
4. offer　发盘
5. counter offer　还盘
6. acceptance　接受

思　考　题

1. 如何进行商务谈判前的准备?
2. 什么是成功的谈判团队?你认为作为商务谈判的成员必须具备哪些素质?
3. 如何选择参展样品?你如何认识样品选择的重要性?
4. 参展之前业务人员需要做哪些准备?
5. 业务人员参加展览会如何提高参展效果?
6. 交易磋商的主要内容是什么?
7. 交易磋商要经过哪几个阶段?你认为最重要的程序是什么?
8. 如何判断发盘属于实盘或虚盘?请举例说明。

案例分析题

1. 我 A 公司向国外 B 公司发盘,报谷物 300 公吨,每公吨 250 美元,发盘有效期 10 天。3 天后,B 公司复电称,对该货物感兴趣,但要进一步考虑。2 天后,B 公司两次来电,要求将货物数量增至 600 吨,价格降至 230 美元/公吨。3 天后,我公司将这批谷物卖给另一外商,并在第 10 天复电 B 公司,通知货已售出。但外商坚持要我方交货,否则以我方擅自撤约为由,要求赔偿。试问:我方应否赔偿?为什么?

2. 我某进出口公司向国外某商人询购某商品。不久,我方收到对方 8 月 15 日发盘,发盘有效期至 8 月 22 日。我方于 8 月 20 日复电"若价格能降至每件 56 美元,我方可以接受"。对方未作答复。8 月 21 日我方得知国际市场行情有变,于当日又去电表示完全接受对方 8 月 15 日发盘。问:我方的接受能否使合同成立?为什么?

3. 香港某中间商 A,就某商品以电传方式邀请我方发盘,我方于 6 月 8 日向 A 方发盘限 6 月 15 日复到有效。12 日我方收到美国 B 商人按我方发盘规定的各项交易条件开来的信用证,同时收到中间商 A 的来电称:"你方 8 日发盘已转美国 B 商人。"经查,该商品的国际市场价格猛涨,于是我方将 L/C 退回开证行,再按新价直接向美商 B 发盘。而美商 B 以 L/C 于发盘有效期内到达为由,拒绝接受新价,并要求我方按原价发货。否则将追究我方责任。问:对方要求是否合理?为什么?

财 富 箴 言

1. The most important thing in communication is to hear what isn't being said.
沟通中最重要的是要听出言下之意。

——彼得·德鲁克(Peter Drucker,美国管理大师)

2. When you're leading a company,if you work with people you trust,letting them speak their mind allows you to get good ideas on the table,even if they conflict with yours.

当你担任公司领导时,如果与信任的人一同工作,让他们畅所欲言,你就能从中获得想法,即便他们与你意见不合。

——杰夫·弗勒(Jeff Fluhr,美国 StubHub.com 联合创始人)

第 四 章

国际货物买卖合同的订立

第一节　合同成立的时间与合同生效的要件

买卖双方经过交易磋商,交易的一方所做的发盘一经对方有效接受,合同即告成立。依法成立的合同,具有法律约束力,合同自成立时生效。但合同成立与合同生效是两个不同的概念。合同成立的判断依据是接受是否生效;而合同生效是指合同是否具有法律上的效力。在通常情况下,合同成立之时就是合同生效之日,二者在时间上是同步的。但有时,合同虽然成立却不立即产生法律效力,而是需要其他条件成立时,合同才开始生效。

一、合同成立的时间

在国际贸易中,合同成立的时间是一个十分重要的问题。根据《公约》的规定,合同成立的时间为接受生效的时间,而接受生效的时间,又以接受通知到达发盘人或按交易习惯及发盘要求作出接受的行为为准。在实际业务中,有时双方当事人在洽商交易时约定,合同成立的时间以订约时合同上所写明的日期为准,或以收到对方确认合同的日期为准。我国《合同法》第32条规定:"当事人采用合同书形式订立合同的,自双方当事人签字或盖章时合同成立。"签字或盖章不在同一时间的,最后签字或盖章时合同成立。

二、合同生效的要件

买卖双方就各项交易条件达成协议后,并不意味着此项合同一定有效。根据各国合同法规定,一项合同,除买卖双方就交易条件通过发盘和接受达成协议外,还需具备以下要件才是一项有效的合同,才能得到法律上的保护。

1. 合同当事人必须具有签约的行为能力

签订买卖合同的当事人主要为自然人或法人。按各国法律的一般规定,自然人签订合同的行为能力,是指精神正常的成年人才能订立合同;未成年人、精神病人订立合同必须受到限制。关于法人签订合同的行为能力,各国法律一般认为,法人必须通过其代理人,在法人的经营范围内签订合同,即越权的合同不能发生法律效力。如规定只有经过政府允许和批准的有外贸经营权的企业才能从事对外贸易活动,才能就其有权经营的商品订立销售合同。没有取得外贸经营权的企业或经济组织如果要签订对外贸易合同,必须委托有外贸经营权的企业代理。

我国《合同法》第9条规定:"当事人订立合同,应当具有相应的民事权利能力和民事行为能力。"

2. 合同必须有对价或约因

英美法认为,对价(consideration)是指当事人为了取得合同利益所付出的代价。大陆法认为,约因(cause)是指当事人签订合同所追求的直接目的。按照英美法和大陆法的规定,合同只有在有对价或约因时,才是法律上有效的合同。

3. 合同的标的或内容必须合法

标的合法是指合同涉及的买卖货物和货款必须合法。合同内容合法包括不得违反法律,不得违反公共秩序或公共政策,以及不得违反善良风俗或道德三个方面。

我国《合同法》第 7 条规定:"当事人订立、履行合同应当依照法律、行政法规,尊重社会公德,不得扰乱社会经济秩序,损害社会公共利益。"

4. 合同必须符合法律规定的形式

世界上大多数国家,只对少数合同才要求必须按法律规定的特定形式订立,而对大多数合同,一般不从法律上规定应当采取的形式。我国《合同法》第 10 条规定:"当事人订立合同,有书面形式、口头形式和其他形式。"

5. 合同当事人的意思表示必须真实

各国法律都认为,合同当事人的意思表示必须是真实的才能成为一项有约束力的合同。买卖双方必须在自愿和真实的基础上达成协议。任何一方采取欺诈、威胁或暴力行为订立的合同无效。

我国《合同法》第 52 条还具体列明造成合同无效的下列几种情况:

(1) 一方以欺诈、胁迫的手段订立合同,损害国家利益;

(2) 恶意串通,损害国家、集体或者第三人利益;

(3) 以合法形式掩盖非法目的;

(4) 损害社会公共利益;

(5) 违反法律、行政法规的强制性规定。

第二节　合同的形式与内容

一、合同的形式

在国际贸易中,订立合同的形式有三种:书面形式,口头形式,以行为表示。随着国际贸易的迅速发展和国际通信技术的不断改进,当前国际货物买卖合同一般都是通过现代化的通信方法达成的,在此情况下,很难要求一定要用书面形式订立合同。为了加速成交和简化订立合同的手续,许多国家对于国际货物买卖合同一般不作形式上的要求,即使要求书面形式,也只是起证据作用。

根据国际贸易的一般习惯做法,交易双方通过口头或来往函电磋商达成协议后,多数情况下还签订一定格式的正式书面合同。签订书面合同具有以下三方面的意义。

(一) 合同成立的证据

合同是否成立,必须要有证明,而书面合同即可以作为合同成立的证明。尤其是口头磋商达成的协议更需要签订一份书面的合同。否则,一旦买卖双方发生纠纷和争议,需要提交仲裁或诉讼时就缺少充足的证据来证明双方的买卖关系和责任,难以得到法律保护。

(二) 合同生效的条件

交易双方在发盘或接受时,如声明以签订一定格式的正式书面合同为准,则在正式签订书面合同时合同方为成立。

(三) 合同履行的依据

交易双方通过口头谈判或函电磋商达成交易后,把彼此磋商一致的内容集中订入一定格式的书面合同中,双方当事人可以以此书面合同为准,作为合同履行的依据。

在我国对外贸易实践中,书面合同的形式包括合同(contract)、确认书(confirmation)、协议书(agreement)和订单(order)等,其中以采用"合同"和"确认书"两种形式的居多。从法律效力来看,这两种形式的书面合同没有区别,所不同的只是格式和内容的繁简有所差异。在我国对外贸易业务中,合同或确认书通常一式两份,由双方合法代表分别签字盖章后各执一份,作为合同订立的证据和履行合同的依据。

二、合同的内容

我国对外贸易企业与外商签订的买卖合同,不论采取哪种形式,都是调整交易双方经济关系和规定彼此权利与义务的法律文件。其内容通常包括约首、基本条款和约尾三部分。

(一) 约首部分

一般包括合同名称、合同编号、缔约双方名称和地址、电话号码、电传号码等项内容。

(二) 基本条款

这是合同的主要内容,它包括品名、品质规格、数量(或重量)、包装、价格、交货条件、运输、保险、支付、检验、索赔、不可抗力和仲裁等项内容。商定合同,主要是指洽商如何约定这些基本条款。各个具体合同条款的内容和注意问题将在下一篇专门阐述。

(三) 约尾部分

一般包括订约日期、订约地点和双方当事人签字等项内容。合同的订约地点往往涉及合同准据法的问题,应该重视。我国出口合同的订约地点一般都写中国。

为了提高履约率,在规定合同内容时应考虑周全,力求使合同中的条款明确、具体、严密和相互衔接,且与洽商的内容一致。双方应该争取在平等互利的基础上达成协议和签订书面合同,并使约定的合同条款既公平合理又切实可行。

三、合同的格式

在国际货物贸易中,合同的名称与格式并无统一规定,合同格式的繁简程度也不一致,究竟采用详细的买卖合同格式,还是简易的销售确认书,取决于贸易习惯做法和交易双方的意愿。重要的贸易合同应该会同法律专家、会计师、专业技术人员和资深业务人员等一起研究。

由于合同是很重要的法律文件,企业应加强对贸易合同的管理工作,例如合同编号和档案管理。应该把与合同相关的往来函电、单据、资料一起存档,以便日常业务管理,这些也是企业日后一旦发生贸易纠纷的重要法律证据。

本章应知应会术语

1. execution of contract　合同生效
2. establishment of contract　合同成立
3. consideration　对价
4. cause　约因
5. contract　合同
6. confirmation　确认书
7. agreement　协议书
8. order　订单
9. preface of contract　约首
10. end of contract　约尾
11. basic terms　基本条款

思　考　题

1. 我国有关合同成立的时间是怎样规定的?
2. 合同生效需要哪些条件?
3. 如何认识签订书面合同的重要意义?
4. 合同的基本内容是什么?
5. 企业如何加强合同管理?

财 富 箴 言

1. The most intelligent person is not the one who's best at doing any specific task, but the one who's best at picking up new things quickly.

聪明绝顶的人不一定擅长某项具体工作,但能善于迅速接受新事物。

——托马斯·马龙(Thomas Malone,麻省理工学院商学院教授)

2. The real voyage of discovery consists not in seeking new landscapes, but in having new eyes.

真正的探索之旅并不在于寻找新的风景,而是要有新的眼光。

——马赛尔·普鲁斯特(Marcel Proust,20 世纪法国最伟大的小说家)

第三篇

国际货物买卖合同条款

第 五 章

商品的品名、品质、数量与包装

第一节 商品的品名

一、商品的品名与 H.S.编码制度

商品的名称，或称品名(name of commodity)，是指能使某种商品区别于其他商品的一种称呼或概念。商品的品名在一定程度上体现了商品的自然属性、用途以及主要的性能特征，它是国际贸易合同中不可缺少的主要交易条件之一，是进出口双方交接货物的基本依据，关系到买卖双方的权利和义务。

国际上为了便于以共同的标准对商品进行统计和征税，早在 1950 年由联合国经济理事会发布了《国际贸易标准分类》(Standard International Trade Classifications，SITC)。其后，世界各主要贸易国又在比利时布鲁塞尔签订了《海关合作理事会商品分类目录》(Customs Co-operation Council Nomenclature，CCCN)，又称《布鲁塞尔海关商品分类目录》。CCCN 与 SITC 对商品的分类有所不同，为了避免采用不同目录分类在关税和贸易、运输中产生分歧，在上述两个规则的基础上，海关合作理事会主持制定了《协调商品名称及编码制度》(Harmonized Commodity Description and Coding System，H.S.编码制度)，该制度于 1988 年 1 月 1 日生效，它可用于商品的计费与统计、计算机数据传递、国际贸易单证简化、普惠制的利用、海关税则、贸易统计等方面，目前广泛地应用于世界各国的航运业、国际经济分析及国际贸易中。我国于 1992 年 1 月 1 日起采用 H.S.编码制度，我国的进出口商在为商品命名时，应与该制度规定的品名相对应。

二、国际货物买卖合同中的品名条款

合同中的品名条款，通常是写在"商品名称"标题下，也有的只在合同的开头部分载明交易双方同意买卖某种商品的文句。对于一般商品而言，订立品名条款时，只要列明商品名称即可。但有些商品为明确起见，需要将有关商品的品种、等级或型号包括进去，以便作进一步限定，有时甚至把商品的质量规格也包括进去。在此情况下，它实际就是品名、质量条款的合并。

三、规定品名条款的注意事项

1. 品名应具体明确

在规定品名条款时，必须订明交易标的物的具体名称，避免宽泛、笼统或含糊的规定，

以确切地反映商品的用途、性能和特点,便于合同的履行。例如,合同中不能简单笼统地将商品命名为 Beans,而应具体明确地注明是 Green Beans、Red Beans、Kidney Beans 还是 Broad Beans 等。

2. 切实反映商品的实际情况

条款中规定的品名,必须是卖方能够供应而买方所需要的商品,凡做不到或不必要的描述性词句都不应列入,以免给履行合同带来困难。

3. 使用国际上通用的名称

有些商品的品名,各地叫法不一,为了避免误解,应尽可能使用国际上通行的名称。若使用地方性的名称,交易双方应事先就其含义达成共识。对于某些新商品的定名及其译名,应力求准确、易懂,并符合国际上的习惯称呼。

4. 注意选用合适的品名

有些商品具有不同的名称,因而存在着同一商品因名称不同而交付关税和班轮运费不一的现象,且其所受的进出口限制也不同。例如,20 世纪 90 年代,我国纺织企业大量进口瑞士、意大利等国的清钢联。清钢联生产线由开棉机、清棉机、梳棉机等一系列设备组成,并由一个控制系统控制。当时的情况是,如果在合同中将控制系统命名为电脑或计算机,则需办理进口许可证且进口关税税率不低于 70%;如命名为"数字控制系统",则不需要办理进口许可证,且关税税率约为 14%[1]。可见,在订立国际货物买卖合同时,应注意选用合适的品名以减低关税、方便进出口和节省运费开支。

第二节　商品的品质

一、商品品质的重要性

商品的品质(quality of goods)是指商品内在品质和外观形态的综合表现,是进口商在选择商品时的主要关注因素,品质的优劣是决定商品使用效能和影响商品市场价格的重要因素。在国际市场竞争日趋激烈和贸易保护主义盛行的形势下,提升商品品质是企业打开国际市场、提高声誉、增强出口竞争力的重要手段,也是企业应对"绿色壁垒"、"技术壁垒"等非关税壁垒的重要举措。

合同中的品质条款不仅是构成商品说明的重要组成部分,也是买卖双方交接货物的主要依据。《联合国国际货物销售合同公约》(以下简称《公约》)第 35 条及第 46 条规定,如果卖方交付的货物不符合合同的品质规定,即构成根本性违约(fundamental breach of contract),买方有权要求损害赔偿,也可要求修理或交付替代物,甚至拒收货物、解除合同。

二、表示品质的方法

在国际货物买卖中,商品种类繁多、特点各异,表示商品品质的方法也多种多样,归纳起来可分为两大类:一是以实物表示,二是以文字说明表示。

---

〔1〕　资料来源:李昭华,潘晓春.《国际贸易实务》(2012),第 11 页。

(一) 以实物表示商品质量

以实物表示商品品质的方法,是指以作为交易对象的实际商品或以代表商品品质的样品来表示商品的品质,它包括"看货买卖"和"凭样品买卖"两种。

1. 看货买卖

看货买卖是根据现有商品的实际品质进行的交易。采用这种方法时,通常是先由买方(或其代理人)在卖方所在地验货,交易达成后,只要卖方交付的是经买方验看过的商品,买方就不得对交货品质提出异议。实务中,由于交易双方距离遥远,看货成交的情况较少,主要在处理库存、拍卖、寄售、展卖等业务中采用。

2. 凭样品买卖

样品(sample)通常是指从一批商品中抽出来的或由生产使用部门设计加工出来的、足以反映和代表整批商品质量的少量实物。凭样品买卖(sale by sample)是指买卖双方按约定的足以代表实际货物的样品作为交货品质依据的交易。在国际货物贸易中,有些商品的品质难以用文字说明,无法确定固定的标准或难以用科学的指标说明其质量的,只能借助样品来确定其品质。还有一些商品出于市场习惯而采用凭样品买卖的方法。凭样品买卖一般适用于在造型上有特殊要求的商品。目前,我国出口的某些工艺品、服装、轻工业品等,常用这种方式来表示其品质。

在实际业务中,"凭样品买卖"按样品提供者的不同,可分为下列几种:

(1) 凭卖方样品买卖(seller's sample)。指按卖方提供的样品进行磋商和订立合同,并以卖方样品作为交货的品质依据。凭卖方样本成交时,卖方提供的必须是能充分代表日后交货品质的代表性样品(representative sample)。在向买方送交代表性样品时,应留存一份或数份相同的样品,即复样(duplicate sample),或留样(keep sample),以备将来组织生产、交货或处理质量纠纷时作核对之用。

(2) 凭买方样品买卖(sale by buyer's sample)。在我国又称"凭来样成交",指按买方提供的样品进行磋商和订立合同,并以买方样品作为交货品质的依据。由于买方熟悉目标市场的需求状况,来样往往能更直接地反映当地市场的需求,因此采用这种方法可提高出口货物的适应性和竞争能力。采用来样成交时,卖方应充分考虑按来样生产特定商品的可能性及可行性,即是否具备按来样生产的原材料、技术、设备和生产能力,还应考虑购置所需原料、设备需花费的成本是否超过交易的收益等。此外,还需防止被卷入侵犯第三者工业产权的纠纷。

(3) 凭对等样品买卖(sale by counter sample)。所谓对等样品,是指卖方根据买方提供的样品,加工复制出一个类似的样品提供买方确认,经确认后的样品就是对等样品,有时也称"回样",或"确认样"(confirming sample)。凭对等样品买卖适用于卖方认为按来样成交无确切把握时,这种交易方式相当于把"凭买方样品买卖"转变为"凭卖方样品买卖"。

样品除了按提供方可分为"买方样品"与"卖方样品"之外,还可按用途分为"参考样品"(reference sample)与"标准样品"(standard sample)。参考样品是促成交易的媒介,它的作用在于使交易对方对商品的品质有一个大致的了解,以便考虑是否可能谈成交易,因此参考样品仅供参考,不作为交货的最终依据。标准样品又称成交样品,是买卖双方成交货物品质的最后依据,采用这种方式时,卖方要保证其所交的货物与样品完全一致。

采用凭样品买卖时,应当注意以下事项:第一,凡凭样品买卖,卖方交货品质必须与样品完全一致;第二,采用凭样品成交而对品质无绝对把握时,在合同中应约定交货品质与样品大体相同或相似;第三,凡能用科学的指标表示商品质量时,不宜采用凭样品买卖,此法只能酌情使用。

(二) 以文字说明表示商品品质的方法

国际货物买卖中,大多数商品采用文字说明来规定其质量。具体包括下列几种。

1. 凭规格买卖(sale by specification)

商品的规格是指用以反映商品质量的主要指标,如化学成分、含量、纯度、性能、容量、长短、粗细等。在国际贸易中,买卖双方洽谈交易时,对适于凭规格买卖的商品,应提供具体规格来说明商品的基本品质状况,并在合同中订明。用规格表示商品品质的方法具备科学性且简单易行、明确具体,故在国际贸易中使用最为广泛。

例1. 100% Pure Cotton Apron Art. No.49394

例2. Grey Fabric, Poly/Cotton 65/35

例3. Wheat Flour Wet Gluten(湿面筋) 28%~30%

　　　　　　　　Ash(灰分) 0.5%~0.55%

　　　　　　　　Moisture(水分) 13.5%±0.5%

2. 凭等级买卖(sale by grade of goods)

商品的等级(grade of goods)是指同一类商品,按其规格上的差异,分为品质优劣各不相同的若干等级,如特级、一级、二级等。等级的产生是长期生产与贸易实践的结果,等级不同的商品规格不同。按此方法成交的前提条件是买卖双方对等级的含义理解一致,如双方不熟悉等级的内容或对等级的含义有不同看法,则合同中应同时列明每一等级对应的规格。

例1.

Name of Commodity (品名)	Grade (等级)	Weight per cherry (单果重)	Malformation (畸形果)
Lapin Cherry (拉宾斯樱桃)	Special Grade(特级)	10.4gm up	0%
	First Grade(一级)	7.9~10.4gm	0%
	Second Grade(二级)	4.8~7.9gm	5% max.

例2.

Name of Commodity (品名)	Grade (等级)	Net Weight (净重)
Frozen Rabbit With Bones (带骨冻兔)	Extra Large (特大)	1 500gm min.
	Large (大)	1 000gm min.
	Medium (中)	600gm min.
	Small (小)	400gm min.

3．凭标准买卖（sale by standard of goods）

商品的标准（standard of goods）是指将商品的规格和等级予以标准化。商品的标准有国际标准、国外先进标准、本国标准、同业工会标准等。国际标准如国际标准化组织（ISO）标准，国外先进标准如英国的 BS、美国的 ANSI、日本的 JIS 等，这些标准均在国际贸易中被广泛采用。我国有国家标准、行业标准、地方标准和企业标准。

在国际贸易中，买卖一些质量容易变化的农副产品，以及品质构成条件复杂的某些工业制成品，由于长期形成的习惯或出口国家尚未对该产品予以等级化或标准化，采用以下方法说明其品质。

（1）良好平均品质（Fair Average Quality，FAQ）。所谓"良好平均品质"，主要指一定时期内某地出口货物的平均品质水平，一般是指中等货而言，主要适用于品质变化较大而难以规定统一标准的农副产品。对于这类商品，同业公会或检验机构从一定时期或季节、某地装船的各批货物中分别抽取少数实物加以混合拌制，并由该机构封存保管，以此实物所显示的平均品质作为该季同类商品质量的比较标准。

在我国出口的农副产品中，也有用 FAQ 来说明品质的，习惯上称其为"大路货"，是与"精选货"（selected goods）相对而言的。采用这种方法时，除在合同中注明 FAQ 字样，一般还要订明该商品的主要规格指标，以作为交货时的主要依据。

例 1. Tapioca Chips，2009 Crop. ，FAQ，moisture 16％ max.

例 2. Chinese Rice　F. A. Q.

　　　　Broken Grains（max. ）20％

　　　　Admixture（max. ）0. 2％

　　　　Moisture（max. ）10％

（2）尚好可销品质（Good Merchantable Quality，GMQ）。"尚好可销品质"是指卖方交货时只需保证商品的品质适于销售。在国际上，有些商品没有公认的规格和等级（如冷冻鱼、冻虾等），对于这些商品，卖方在交货时只要保证所交商品在品质上具有"商销性"即可。由于这种表示方法的含义笼统，难以掌握，履约时容易引起争议，故不宜采用。如果卖方交货时因采用这一标准而发生争议，通常由同业公会以仲裁方式解决。

4．凭品牌或商标买卖（sale by trade mark or brand）

品牌是指工商企业给其制造或销售的商品所冠的名称，以便与其他企业的同类产品区别开来。商标是指生产者或商号用来说明其所生产或出售的商品的标志，它可由一个或几个具有特色的单词、字母、数字、图形或图片等组成。凭品牌或商标买卖，主要适用于在市场上行销已久、质量稳定、信誉良好、为消费者熟悉喜爱的工业制成品或经科学加工的初级产品。

例 1. Forever Brand Bicycle 26 Men's Style

例 2. MAXAM Brand Dental Cream

例 3. OMEGA Brand Men's Watch

5．凭产地名称买卖（sale by name of origin）

在国际货物买卖中，有些产品（尤其是传统农副产品）因产区的自然条件、传统加工工艺等因素的影响，在品质方面具有其他产区的产品所不具有的独特风格和特色，对于这类产品，一般可用产地名称来表示其品质，称为凭产地名称买卖，例如，四川榨菜（Shichuan preserved vegetable）、中国东北大米（Chinese northeast rice）等。

6. 凭说明书和图样买卖（sale by illustrations and description）

在国际贸易中，有些机器、电器、仪表、大型设备等技术密集型产品，因其结构复杂，制作工艺不同，无法用几个简单的指标来反映其质量的全貌。因此，对这类商品的品质，通常是以说明书并附以图样、照片、图纸、分析表及各种数据来完整说明其具有的质量特征。按此方式进行的交易，称为凭说明书和图样买卖。

例 1. Multi-shuttle Box Loom, Model HV22

Quality and technical data as per attached descriptions & illustrations

上述表示商品品质的六种方法可以单独运用，也可以根据商品的特点、市场或交易的习惯，将几种方式结合运用。但要注意，在规格与样品同时使用的进出口贸易中，必须明确表明是以规格为准还是以样品为准。因为根据国外一些法律的规定，凡是既凭样品、又凭规格达成的交易，卖方所交货物必须既符合样品，又要与规格保持一致，否则买方有权拒收货物，并可以提出索赔要求。

三、国际货物买卖合同中的品质条款

(一) 品质条款的基本内容

在国际货物买卖合同中，品质条款的内容有繁有简，视不同商品和不同表示品质的方法而定，一般包括商品的品名、规格、等级、标准、品牌、商标或产地名称等内容。凭样品买卖时，除了列明商品名称外，还应列明样品的编号、寄送日期，有时还要加列交货品质与样品"大致相符"或"完全相符"的说明等。

(二) 品质公差与品质机动幅度

在国际货物买卖中，卖方交货品质必须与合同规定的质量条款相符。但是，由于商品自身特点、生产工艺、自然损耗、受天气影响等诸多方面原因，有时难以保证交货质量与合同规定完全一致。对于这些商品，如质量指标订得过于绝对化，必然会给卖方履约带来困难。为了避免交货品质与合同稍有不符而造成违约，保证交易的顺利进行，可以在合同条款中做出某些变通规定。常见的规定办法有以下两种。

1. 品质公差（quality tolerance）

"品质公差"指工业制成品的质量由于科技水平或生产水平所限制而产生的国际上公认的误差。这种公认的误差，即使合同没有规定，只要卖方交货在公差范围内，也不视为违约，买方不得拒收货物。但为了明确起见，最好在合同中规定一定幅度的品质公差，如"货物尺寸允许有±（3%～5%）的合理公差"等类似条款。

2. 品质机动幅度（quality latitude）

对某些初级产品，由于卖方所交货物品质难以完全与合同规定的品质相符，为便于卖方交货，合同中规定允许所交货物的特定质量指标在一定范围内灵活浮动。机动幅度的规定方法主要有以下两种：一是规定一定的差异范围；二是规定上下极限，如最大、最高、最多(maximum；max),最小、最低、最少(minimum；min)等。卖方交货质量在品质公差或品质机动幅度允许的范围内时,一般均按合同单价计价,通常不再按质量高低另作调整。

例 1. Grey Duck Feather,Down content 18％,allowing 1％ more or less.

例 2. Green Bean,Moisture 15％ max. ,Admixture 1％ max.

(三)订立品质条款的注意事项

1. 品质条款应具体明确

为防止品质纠纷,合同中的品质条款应尽量具体、明确,避免采用"大约"、"左右"之类笼统含糊或模棱两可的措辞,以免在交货品质问题上引起争议。例如,采用"凭标准买卖"的方法时,不仅要订明是哪个国家、哪个行业的标准,而且还要订明是哪一年度的版本,以利于合同的履行。

2. 正确选用表示品质的方法

规定品质条款时,应根据商品的特性和行业习惯选择表示品质的方法。对于可用科学的指标来说明其质量的商品,尽量用"凭规格买卖"等文字说明的方法,不要轻易采用看货成交或凭样品成交的方法。因为看货成交一般用于库存处理、寄售、展卖、拍卖等业务中,其使用具有局限性;而"凭样品买卖"的做法在双方交接货物的过程中很容易引起争议,故不宜随意使用。

3. 实事求是地约定品质条件

订立品质条款时,要根据需要和可能,实事求是地确定品质条件,避免品质条件出现偏高或偏低的现象。例如,在出口业务中,订立商品的品质条件除考虑客户的需求外还应考虑自身的供货能力,如客户对品质要求过高,而属我方做不到的条件,则不应接受。反之,在进口业务中,订立商品的品质条件也应从实际需要出发,防止盲目提高质量要求,从而造成不必要的浪费。

4. 合理选订质量指标

在品质条款中,凡对品质有重大影响的重要指标应当具体订明,相对次要的质量指标可少订,与品质无关紧要的条件和说明则不宜订入,以免条款过于繁琐。此外,订立品质条款时还应注意各项质量指标之间的内在联系,避免出现指标间相互矛盾的情况。

5. 合理采用品质机动幅度条款

对于受商品特性、生产加工工艺、气候等因素影响,难以保证交货质量与合同规定完全一致的商品,应在合同中加列品质机动幅度条款,避免把商品质量订得过死或绝对化。采用凭样品成交的方式时,往往买卖双方带有一些主观因素,对所交货物是否达到质量标准意见不一,容易引起争议。买卖双方应该在订立品质条款时加上"交货品质与样品大致相同或相似"之类的条文,以利于生产加工和合同履行。

第三节　商品的数量

商品的数量是指以一定的计量单位所表示的合同标的物的量的测度,主要体现为一定的重量、个数、长度、面积、容积、体积等。

在国际货物买卖中,商品的数量不仅是国际货物买卖合同的主要交易条件之一,而且是构成有效合同的必备条件。《公约》把商品数量作为构成发盘内容不可缺少的基本要素之一,要求在提出的订约建议中,必须明示或默示地规定货物的数量或规定数量的方法。《公约》第 35 条规定,卖方交付的货物必须与合同所规定的数量相符。如果卖方交货数量少于约定的数量,卖方应在规定的期限内补交,由此造成的损失,买方有权提出损害赔偿要求[1];如果卖方交货数量多于约定的数量,买方可以拒收多交的部分,也可收取多交部分的全部或一部分,但买方对其多收的货物仍应按合同价格付款[2]。

一、国际贸易中常见的度量衡制度

在国际贸易中,各国使用的度量衡制度不同,目前常用的有四种:

(1) 公制(或米制)(Metric System),例如,千克、公吨、公里等;

(2) 美制(U. S. System),例如,短吨等;

(3) 英制(British System),例如,英尺、英寸、长吨等;

(4) 国际单位制(International System of Units)。国际单位制在公制的基础上发展起来,现已为越来越多的国家所采用,这标志着计量制度的日趋国际化和标准化。

我国采用的是以国际单位制为基础的法定计量单位。在进出口业务中,我国出口商品除照顾对方国家的贸易习惯采用公制、英制或美制计量单位者外,应使用法定计量单位。我国进口的机器设备和仪器等,应使用法定计量单位,除非确有特殊需要并经有关标准计量管理部门核准,否则一般不允许进口。

二、计量单位

国际货物贸易中不同类型的商品需要采用不同的计量单位,常见的计量单位如表 5-1 所示。

表 5-1　国际货物贸易中常用的计量单位及适用商品

计量单位	常见单位	适用的进出口商品
重量单位	克(gram),千克(kilogram),吨(ton),公吨(metric ton, M/T),长吨(long ton),短吨(short ton),磅(pound),盎司(ounce)	主要适用于一般天然产品,以及部分工业制成品。例如:羊毛、谷物、矿产品、盐、油类、钢铁等
容积单位	公升(litre)、加仑(gallon)、蒲式耳(bushel)	主要适用于小麦、玉米、汽油、天然瓦斯、化学气体、煤油、酒精、啤酒、双氧水等谷物类,以及部分流体、气体物品
个数单位	只(piece),件(package),双(pair),台(set),打(dozen),罗(gross),大罗(great gross),令(ream),卷(roll),辆(unit),头(head),箱(case),包(bale),桶(barrel),袋(bag),盒(box),听(tin,can)	主要适用于成衣、文具、纸张、玩具、车辆、拖拉机、活牲畜、机器零件等杂货类商品及一般制成品

---

〔1〕　参见《联合国国际货物销售公约》第 37 条。

〔2〕　参见《联合国国际货物销售公约》第 52 条。

计量单位	常见单位	适用的进出口商品
长度单位	码（yard），米（meter），英尺（foot），厘米（centimeter）	主要适用于布匹、塑料布、电线电缆、绳索、纺织品等
面积单位	平方码（square yard），平方米（square meter），平方英尺（square foot），平方英寸（square inch）	主要适用于玻璃、地毯、铁丝网、纺织品、塑料板、皮革等板型材料，皮制商品和塑料制品
体积单位	立方码（cubic yard），立方米（cubic meter，CM），立方英尺（cubic foot），立方英寸（cubic inch）	主要适用于化学气体、木材等

三、计量方法

国际货物贸易中使用的计量方法多种多样，例如：按重量（weight）计量、按容积（capacity）计量、按个数（numbers）计量、按长度（length）计量、按面积（area）计量、按体积（volume）计量等，其中，按重量计量的商品为数众多。根据商业习惯，计算重量的方法有：

（1）毛重（gross weight）。毛重是指商品本身的重量加皮重，即商品连同外包装的重量。这种计重方法一般适用于价值较低的商品（例如大米、蚕豆等用麻袋包装的农产品），它以毛重作为计算价格和交付货物的计量基础。

（2）净重（net weight）。用净重计量主要适用于价值较高的商品。用净重计量时，应在毛重的基础上扣除皮重（即外包装的重量）。去除皮重的方法有四种：一是实际皮重（actual tare），指将所有商品的包装逐一称重，取得实际皮重。二是平均皮重（average tare），指从整批商品中抽取一定件数，称出皮重，除以抽取的件数，即得到平均皮重，再乘以整批商品的总件数，作为整批商品的总皮重。三是习惯皮重（customary tare），某些商品的包装形成规格化，皮重成为市场所公认的固定值。四是约定皮重（computed tare），即按买卖双方事先约定的包装重量。在国际货物贸易中，大部分按重量成交的商品都是以净重作价。有些价值较低的农产品及其他商品有时采用"以毛作净"（gross for net）的方法计量。所谓"以毛作净"，实际上就是把毛重当作净重计价。由于这种计重方法直接关系到价格的计算，因此，在销售这类商品时不仅在规定数量时需明确"以毛作净"，在规定价格时也应加注此条款。

（3）法定重量（legal weight）。按照一些国家海关法的规定，在征收从量税时，商品的重量是以法定重量计算的。所谓法定重量是纯商品的重量加上直接接触商品的包装物料，如销售包装等的重量。

（4）净净重（net net weight）。指去除内外包装后纯商品的重量，又称为"实物净重"。

（5）理论重量（theoretical weight）。适用于有固定规格和固定体积的商品。规格一致、体积相同的商品，每件重量也大致相等，根据件数即可算出其总重量。如马口铁、钢板等。

（6）公量（conditioned weight）。国际货物贸易中棉花、羊毛、生丝等商品具有较强的吸湿性，其所含的水分受客观环境的影响较大，故其重量很不稳定。为准确计算这类商品的重量,国际上通常采用按公量计算的方法,即以商品的干净重(指烘去商品水分后的净重)加上国际公定回潮率与干净重的乘积所得出的重量。其计算公式有下列两种:

① 公量＝商品干净重×(1＋公定回潮率)

② 公量＝商品净重×$\dfrac{1+公定回潮率}{1+实际回潮率}$

例题:我某公司从澳大利亚进口羊毛,双方约定单价为 6 200 美元每公吨(公量),羊毛的公定回潮率为 10%。该批羊毛测得实际净重(含水分的重量)为 50 公吨,实际回潮率为 8%。问该批货物的总价为多少?

解　公量＝商品净重×$\dfrac{1+公定回潮率}{1+实际回潮率}$

$$=50×\dfrac{(1+10\%)}{(1+8\%)}$$

$$=50.93(公吨)$$

总价＝50.93×6 200＝315 766.00(美元)

四、国际货物买卖合同中的数量条款

(一) 数量条款的基本内容

合同中的数量条款主要包括成交数量和计量单位,有的合同还需规定确定数量的方法。以下是数量条款的一些实例。

例1. 100% Pure Cotton Apron Art. No. 49394,3 000　PCS

例2. Plush Twin Bear Art. No. KB0278,504　SETS

例3. Chinese Rice F. A. Q.

　　　 200M/T gross for net,5% more or less allowed at Seller's option

(二) 溢短装条款

在国际货物买卖中,有些商品是可以精确计量的,如金银、药品、生丝等。但在实际业务中,有许多商品受本身特性、生产、运输或包装条件以及计量工具的限制,在交货时不易精确计算。如散装谷物、油类、水果、粮食、矿砂、钢材等,交货数量往往难以完全符合合同约定的某一具体数量。为了便于合同顺利履行,减少争议,买卖双方通常都要在合同中规定数量的机动幅度条款,允许卖方交货数量可以在一定范围内灵活掌握。买卖合同中的数量机动幅度条款一般就是溢短装条款(more or less clause),卖方交货数量只要在允许增减的范围内即为符合合同有关交货数量的规定。溢短装条款的内容主要包括:

1. 溢短装幅度

溢短装幅度通常由当事人在合同中订明。在合同中未明确规定机动幅度的情况下,根据国际商会《跟单信用证统一惯例》(第 600 号出版物)第 30 条第 b 款的规定,只要总支取金额不超过信用证金额,货物的数量可允许有不超过 5% 的增减幅度,但货物数量按包装单位或个体计数时,此项规则不适用。根据这一规定,凡属散装货物,在信用证未规定增减幅度、也未使用"约"量时,可以有 5% 的数量机动幅度。

2. 溢短装的选择权

合同中规定有溢短装条款,具体伸缩量的掌握大都由卖方决定(at seller's option),在由买方派船装运时,也可由买方决定(at buyer's option)。在采用租船运输时,为了充分利用船舱容积,便于船长根据轮船的运载能力考虑装运数量,也可授权船方掌握并决定装运增减量。在此情况下,买卖合同应明确由承运人决定伸缩幅度(at carrier's option)。

3. 溢短装数量的价格

在数量机动幅度范围内,多装或少装货物一般都按合同价格结算货款。但是,实务中溢短装条款存在被一方当事人刻意利用的可能。例如,就卖方而言,在市场价格下跌时大都按照最高约定数量交货,反之则往往尽量争取少交货,从而使买方处于不利地位。据此,为了防止拥有数量增减选择权的当事人利用数量机动幅度,根据市场价格情况故意多装或少装货物以获取额外收益,买卖双方可在合同中规定多装或少装数量的价款不按合同计价,而是按装运日或到货日的市场价格计算,以体现公平合理的原则。

(三)"约"数条款

约数条款(approximate clause)是指在合同数量前冠以"大约"、"近似"、"左右"等伸缩性的字眼,用以说明合同的数量只是一个约数,从而使卖方交货的数量可以有一定范围的灵活性。对于"约"字,国际商会《跟单信用证统一惯例》(第 600 号出版物)第 30 条第 a 款关于信用证金额、数量与单价的伸缩度有如下规定:"约"(about)或"大约"(approximately)用于涉及信用证金额或信用证规定的数量或单价时,应解释为允许有关金额、数量或单价可有 10%的增减幅度。由于"约数"的含义在国际贸易中有不同解释,容易引起纠纷,一般不宜采用。

(四) 约定数量条款的注意事项

1. 正确把握成交量

影响买卖双方成交数量的因素很多。国内货源的供应情况、销售商的营销意图、国外的供求情况、国际市场价格走势、外商的资信及经营能力、运输条件等,都是卖方在确定具体销售量时要考虑的因素。如果卖方忽视对上述经济因素的分析,一味追求扩大销量,不仅会对卖方顺利履约、收汇产生负面作用,还有可能影响到卖方在目标市场上的售价与利润。买方在商订进口数量时,则要考虑自身的实际支付能力及当地市场的需求等。此外,买卖双方商品成交数量的多寡,还常常受到各国政府进出口商品管理政策、产业政策等宏观经济因素的影响。因此,正确把握成交数量具有十分重要的意义。

2. 合理订立溢短装条款

对于需要订立溢短装条款的商品买卖,合同中应合理规定溢短装的幅度、选择权及溢短装数量的计价方法,尽量体现公平合理的原则,避免溢短装条款被一方当事人利用。

3. 数量条款应当具体明确,尽量避免使用"约数条款"

为了避免买卖双方日后的争议,合同中的数量条款应当完整准确,对计量单位的实际含义双方应理解一致,对成交数量一般不宜采用"大约"、"近似"、"左右"等带伸缩性的字眼。

第四节　商品的包装

包装条款是国际货物买卖合同中的一项主要条款,按照合同约定的包装要求提交货物,是卖方的主要义务之一。《联合国国际货物销售合同公约》第 35 条规定:"卖方必须按照合同规定的方式装箱或者包装","卖方必须按照同类货物通用的方式装箱或包装,如果没有此种通用方式,则按照足以保全和保护货物的方式装箱和包装","否则即为与合同不符"。许多国家的法律也规定,如卖方交付的货物未按约定包装,或者货物包装不符合行业习惯,买方有权拒收货物。由此可见,重视出口商品包装工作对顺利履行合同具有重要意义。

一、包装的种类

根据包装在流通过程中所起作用的不同,可将商品包装分为运输包装(即外包装)和销售包装(即内包装)两大类。前者的作用在于保护商品、防止出现货损货差;后者除起保护商品的作用外,还有促销功能。

(一) 运输包装

运输包装(transport packing)又称外包装(outer packing)、大包装(big packing),它是将货物装入特定的容器,或以特定的方式成件或成箱的包装。

国际贸易中的货物,除无须包装,可直接装入运输工具中的散装货物(bulk cargo,如矿石、煤等),和在形态上自成件数,不必包装或者只需略加捆扎即可成件的裸装货物(nude cargo,如钢材、铝锭、巨型设备)以外,其他绝大多数商品都需要包装。表 5-2 所示为常见的运输包装。

表 5-2　运输包装的常见种类

类别	常用运输包装	适用商品
箱类	木箱(wooden case) 板条箱(crate) 纸箱(carton) 瓦楞纸箱(corrugated carton)	广泛适用于各种不能紧压的货物
桶类	木桶(wooden drum) 铁桶(iron drum) 塑料桶(plastic cask)	液体、半液体、粉状货物、粒状货物
袋类	麻袋(gunny bag) 布袋(cloth bag) 纸袋(paper bag) 塑料袋(plastic bag)	粉状、颗粒状、块状的农产品及化学原料
包类	包(bale)	羽毛、羊毛、棉花、生丝、布匹等可以紧压的货物

(二) 销售包装

销售包装又称"内包装"(inner packing)或"小包装"(small packing),其主要作用是美化商品、便于陈列展销、促进商品销售。

二、运输包装的标志

运输包装的标志是指货物因运输、装卸、仓储的识别需要，在运输包装上刷写的文字和图形。根据其用途，运输包装的标志可分为运输标志（shipping mark）、指示性标志（indicative mark）和警告性标志（warning mark）三类。

(一) 运输标志

运输标志又称唛头（shipping mark），通常由一个简单的几何图形和一些英文字母、数字及简单的文字组成，其作用在于使货物在运输过程中的每个环节便于识别，例如在装卸、运输、存放、保管等过程中易于被有关人员辨别，以防发生错装、错运、错转、错交和无法交付等情况。此外，当由于某种原因发生票货分离时，运输标志也便于港务工作人员能很快地确认货物所有人。

运输标志的主要内容包括：

（1）收货人代号；

（2）发货人代号；

（3）目的港（地）名称；

（4）件数、批号。

此外，有的运输标志还包括合同号、许可证号、体积与重量、原产地等内容。运输标志的内容繁简不一（如图5-1及图5-2所示），由买卖双方根据商品特点和具体需要商定。

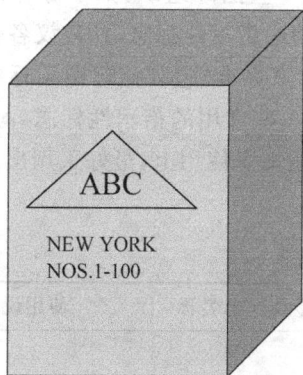

图 5-1　唛头样式（一）　　　　图 5-2　唛头样式（二）

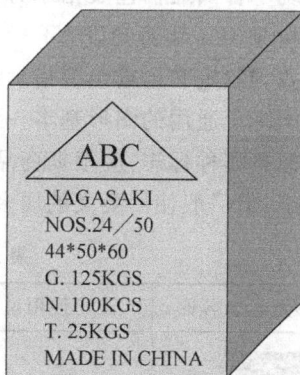

鉴于运输标志的内容差异较大，有的过于繁杂，联合国欧洲经济委员会简化国际贸易程序工作组在国际标准化组织和国际货物装卸协调协会的支持下，制定了一项运输标志向各国推荐使用。该"标准化运输标志"包括四个组成部分：

1. 收货人代号。即收货人或买方名称的英文缩写字母或简称。

2. 参考号。如贸易合同号、订单号、发票号或运单号。

3. 目的地。货物运送的最终目的地或目的港的名称。

4. 件数代号。本批每件货物的顺序号和该批货物的总件数。

应当注意的是,为了便于刷唛、刻唛,节省时间和费用,"标准运输标志"不使用几何图形或其他图形。

现举例说明简化后的标准运输标志:

```
FLK ·················································· 收货人代号
S/C TEA-78 ······································· 参考号
ROTTERDAM ······································ 目的地
C/NO. 1-100 ········································ 件数代号
```

运输标志在国际贸易中还有其特殊的作用。按《公约》规定,在商品特定化以前,风险不转移到买方承担。而商品特定化最常见的有效方式,是在商品外包装上标明运输标志。此外,国际贸易中采用凭单付款的方式时,主要的出口单据如发票、提单、保险单上都必须显示出运输标志。商品以集装箱方式运输且是"整箱货"时,运输标志可被集装箱号码和封铅号码取代。

(二) 指示性标志

指示性标志(indicative mark)是指根据商品的特性,在外包装上用醒目的图形或文字标出的操作标志,用以提示人们在搬运、装卸、存放和保管货物过程中需要注意的事项。例如,在易碎商品的外包装上标以"小心轻放"(handle with care),在受潮后易变质的商品外包装上标以"保持干燥"(keep dry),在倒置后箱内货物功能易受影响的商品外包装上标以"此端向上"(this way up)等,并配以图形指示。

为了统一各国运输包装指示标志的图形与文字,一些国际组织,如国际标准化组织(ISO)、国际航空运输协会(LATA)分别制定了包装储运指示性标志,并建议各会员国予以采纳。我国制定有运输包装指示性标志的强制性国家标准《包装储运图示标志》,其所用图形与国际上通用的图形基本一致。表5-3列举了一些常用的指示性标志。至于在运输包装上标打哪种标志,应根据商品性质正确选用。在文字使用上,最好采用出口国和进口国的文字,但一般使用英文的居多。

表 5-3　常用的指示性标志

标志图形及标志名称	使用说明	标志图形及标志名称	使用说明
易碎 (FRAGILE)	运输包装件内装易碎品,因此搬运时应小心轻放	禁用手钩 (USE NO HOOK)	搬运运输包装时禁用手钩

续表

标志图形及标志名称	使用说明	标志图形及标志名称	使用说明
向上 (THIS WAY UP)	表明运输包装件的正确位置是竖直向上	怕晒 (KEEP COOL)	表明运输包装件不能直接照射
怕辐射 (STOW AWAY FROM RADIATION)	包装物品一旦受辐射便会完全变质或损坏	怕雨 (KEEP DRY)	包装件怕雨淋

资料来源：《包装储运图示标志》(GBT 191—2008)

(三) 警告性标志

警告性标志(warning mark)又称危险品标志(dangerous cargo mark)，是指在装有爆炸品、易燃物品、有毒物品、腐蚀物品、氧化剂和放射性物质等危险货物的运输包装上用图形或文字表示各种危险品的标志，以示警告，使装卸、运输和保管人员按货物特性采取相应的防护措施，以保护物资和人身的安全。

为保证国际危险货物运输的安全，联合国政府间海事协商组织规定了一套《国际海运危险品标志》(部分标志如图 5-3 所示)，现已被许多国家采用。我国国家质量检验检疫总局也于 2000 年发布了《危险货物包装标志》。在我国出口的危险货物的运输包装上，为防止出现问题，一般要标打我国和联合国政府间海事协商组织所规定的两套危险品标志。

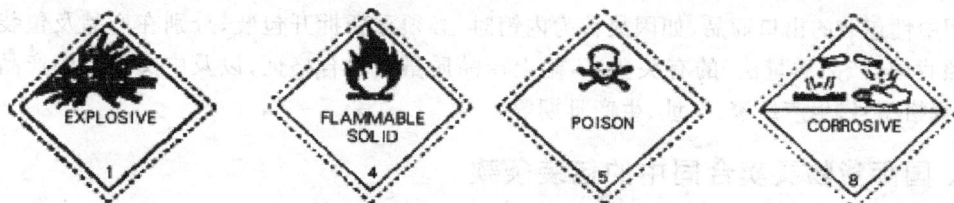

图 5-3　部分危险品标志

三、定牌、无牌与中性包装

(一) 定牌

定牌是指卖方按照买方的要求,在其出售的商品或包装上标明买方指定的商标或牌号。定牌在国际贸易中并不少见,出口方使用定牌包装的主要原因是利用买方的企业商誉或品牌声誉,以提高商品售价和扩大销售数量。有时出口商为迎合进口国在商品包装上及商标品牌上的特殊要求,也可使用定牌包装。从进口商角度看,采用定牌方式交易则往往是在自身无生产能力或生产能力不足时委托出口方代工生产。在我国出口贸易中,接受定牌生产的通常做法是,在商品或包装上采用买方指定商标或品牌,同时注明"中国制造"字样。

定牌生产从法律意义上看属于以委托加工形式出现的一种劳务合同关系。在这一法律关系中,加工方按照委托方的要求完成合同规定的生产任务,无权以自己的名义销售这些委托加工的产品。

(二) 无牌

无牌是指按照买方的要求在出口商品或包装上免除任何商标或牌名的做法。它主要用于一些尚待进一步加工的半制成品,如供印染用的棉坯布,或供加工成批服装用的呢绒、布匹和绸缎等。其目的主要是避免浪费,降低成本。除非另有约定,采用无牌时,在我出口商品和/或包装上均须标明"中国制造"字样。

(三) 中性包装

中性包装(neutral packing)是指商品的内外包装上不标明生产国别、地名和厂商名称的包装。中性包装有"无牌中性包装"和"定牌中性包装"之分。前者是指包装上既无生产国别和厂商名称,又无商标和牌名;后者是指包装上仅有买方指定的商标或牌名,但无生产国别和厂商的名称。

中性包装的做法是国际贸易中常见的包装方式,其目的是避开某些进口国家或地区的关税和非关税壁垒,以及适应交易的特殊需要(如转口销售等),它是出口国厂商加强对外竞销和扩大出口的一种手段。

值得注意的是,近年来中性包装的做法在国际上屡遭非议,中性包装商品的出口受到种种限制,因此,出口商品采用中性包装时应了解进出口国的相关规定、谨慎从事。此外,采用中性包装的出口商品,如因故转为内销时,必须重新拆开包装,分别在产品及包装上依照我国《产品质量法》的有关要求,附上产品质量检验合格证,以及中文书写的产品名称、规格型号、生产厂家、厂址、生产日期等。

四、国际货物买卖合同中的包装条款

(一) 包装条款的基本内容

包装是国际货物买卖合同的主要交易条件之一,买卖双方必须认真协商,取得一致意

见,并在合同中作出明确具体的规定。合同中的包装条款主要包括包装材料、包装方式、包装规格、包装标志,有时也包括包装费用等内容。包装条款举例如下:

　　例: Ladies' Silk Garments,Art. No. JFSE 022,

　　　　Quantity: 6 000PCS

　　　　Packing: each in a plastic bag,6 pieces in different colors to a cardboard box,
　　　　　　　　　10 cardboard boxes to a carton,lined with waterproof paper and
　　　　　　　　　secured by two metal straps outside,total 100 cartons.

　　Shipping mark:　　　BTC
　　　　　　　　　　　S/C No. QJC0659
　　　　　　　　　　　SYDNEY
　　　　　　　　　　　CARTON NO. 1-100

(二) 订立包装条款的注意事项

　　根据《公约》的规定,商品包装是确定所交货物与合同规定是否相符的内容之一。因此,对合同中的包装条款的订立应慎重,并须注意以下几点。

1. 考虑商品特点和不同运输方式的要求

　　商品种类繁多、特性形状各异,因而对包装的要求各不相同,订立包装条款时应根据商品特点确定采用何种包装方式和包装材料等。此外,由于不同运输方式对包装的要求各不相同,订立的包装条款应与成交商品所用的运输方式相符。

2. 包装的规定应明确具体

　　订立包装条款时,应明确规定包装材料、方式和规格,切忌使用笼统含糊的词语。例如,一般不宜采用"惯常包装"(customary packing)、"适合海运包装"(seaworthy packing)或"卖方习惯包装"(seller's usual packing)等含糊的包装术语。

3. 明确由何方提供运输标志

　　按照国际贸易习惯,运输标志一般由卖方决定,并无必要在合同中作具体规定。如买方要求,唛头也可由买方提供,此时合同中应作出相应的规定。运输标志规定不要过于复杂,在可能的情况下,尽量采用由联合国推荐的标准唛头。

4. 明确包装费用由何方负担

　　按照国际贸易惯例,包装费用一般包括在货价之内,不另计价,在包装条款中无须另行订明。但有些情况下,买方不愿接受卖方的通常包装,而要求特殊的包装,则超出的包装费用原则上应由买方承担。如双方商定由买方负责供应全部或部分包装材料,合同中应同时规定包装材料最迟送达卖方的时限和逾期到达责任。

5. 考虑有关国家的法律规定及消费习惯

　　订立包装条款时,还应考虑进口国对包装的有关法律规定及消费习惯。例如:日本、加拿大及欧美各国,禁用稻草、干草和报纸等作包装衬垫物;澳大利亚等多个国家规定含有木质包装的货物进口时需提供熏蒸证明;阿拉伯国家规定进口商品的包装禁用六角星图案(阿拉伯国家对有六角星图案的东西非常反感和忌讳);德国对进口商品的包装禁用类似纳粹和军团符号的标志等。可见,出口商应注意不同国家对包装的有关规定,以免造成不必要的损失。

本章应知应会术语

1. sale by sample   凭样品买卖
2. representative sample   代表性样品
3. original sample   原样
4. type sample   标准样品
5. duplicate sample   复样
6. keep sample   留样
7. counter sample   对等样品
8. reference sample   参考样品
9. sale by specification   凭规格买卖
10. sale by standard   凭标准买卖
11. Fair Average Quality,F.A.Q   良好平均品质
12. Good Merchantable Quality,G.M.Q   尚好可销品质
13. sale by brand or trade mark   凭牌名或商标买卖
14. sale by description and illustration   凭说明书和图样买卖
15. quality tolerance   质量公差
16. gross weight   毛重
17. tare weight   皮重
18. net weight   净重
19. gross for net   以毛作净
20. legal weight   法定重量
21. net net weight   净净重
22. conditioned weight   公量
23. metric ton,M/T   公吨
24. piece,PC.   只(件)
25. gross,GR.   罗
26. great gross,G.GR.   大罗
27. square meter   平方米
28. cubic meter   立方米
29. more or less clause   溢短装条款
30. approximate clause   "约"数条款
31. at seller's option   由卖方决定
32. at buyer's option   由买方决定
33. at carrier's option   由承运人决定
34. bulk cargo   散装货物

35. nude cargo　裸装货物

36. transport packing　运输包装

37. outer packing　外包装

38. selling packing　销售包装

39. inner packing　内包装

40. wooden case　木箱

41. crate　板条箱

42. carton　纸箱

43. corrugated carton　瓦楞纸箱

44. gunny bag　麻袋

45. shipping mark　运输标志

46. indicative mark　指示性标志

47. warning mark　警告性标志

48. neutral packing　中性包装

49. seaworthy packing　适合海运的包装

50. customary packing　惯常包装

思 考 题

1. 列出国际货物买卖合同中品名条款的注意事项。

2. 凭卖方样品成交时应注意什么事项？凭买方样品(来样)成交时应注意哪些事项？

3. 以文字说明商品品质的方法都有哪些？国际贸易中最常用的表示品质的方法是什么？

4. 何谓"以毛作净"？

5. 什么是溢短装条款？溢短装条款包括哪些内容？

6. 订立数量条款时应注意哪些事项？

7. 出口商品的外包装上一般有哪些标志？

8. 什么是运输标志？运输标志的作用是什么？标准运输标志包括哪几个组成部分？

9. "指示性标志"和"警告性标志"分别指什么,它们的作用是什么？分别举一例说明。

10. 什么是定牌、无牌和中性包装？在我国出口业务中,何种情况下采用这些方法？

案例分析题

1. 出口合同规定的商品名称为"手工制造书写纸",买方收到货物后,经检验发现部分制造工序为机械操作,而我方提供的所有单据均表示为手工制造,按该国法律应属"不正当表示"和"过大宣传",遭用户退货,以致进口商(买方)遭受巨大损失,要求我方赔偿。我方拒赔,主要理由是:第一,该商品的生产工序基本上是手工操作,而且关键工序完全采用手工;第二,该交易是经买方当面看样品成交的,且实际货物品质又与样品一致,因此应认为所交货物与商品品质一致。要求:试分析上述案例,判断责任在哪方,并说明理由。

2. 我国 A 公司与中东某外商有多年印花衬衫布(printed shirting)交易往来,常由该客户提供实物样品,由 A 公司按来样生产供应。2012 年 A 公司组团到美国参展,美国一外商提出 A 公司对中东出口的印花衬衫布中有部分花样侵犯其工业产权,要求 A 公司承担赔偿责任。对此 A 公司应如何处理?

3. 欧洲某外商来电要 B 公司提供大豆,按含油量 18%、水分 14%、不完善颗粒 7%、杂质 1% 的规格订立合同。问:对此要求 B 公司能否接受?

4. 买卖双方成交商品为手表,国际公差为 1.5 秒,卖方实际提交的货物经抽样检查每 24 小时误差 1 秒,贸易合同中未规定品质机动幅度,买方能否拒收货物或要求调整价格?

5. 国外某公司向我国某纺织品公司订购了 2 000 套西服,双方以 CIF 条件成交。货到目的港,买方验货发现部分西服有水渍,因此向我纺织品公司提出 30% 的索赔。但当我方欲就此案进行核查时,买方已将该批西服运往他国销售。问:我方是否仍应赔偿对方的损失,为什么?

6. 买方向卖方订购童车 900 辆,合同规定按"BS01、BS02、BS03"三种规格每种 300 辆搭配。卖方发货后按合同开立发票,买方凭发票和其他单据付了款。货到后买方发现所有 900 辆童车均为 BS01 款,因此只同意接受其中的 1/3,并要求退回 2/3 的货款。卖方争辩说,不同规格搭配不符合同,只能给予适当经济赔偿,不能拒收,更不能退款。于是诉诸法院。你认为本案应如何判决?

7. 我某进出口公司出口一批芦笋罐头到日本。合同规定芦笋罐头装入纸箱内,每箱 30 听。我方按合同规定如数交付了货物,但其中有一部分是装 24 听的小箱,所交货物的总听数并不短缺。货到日本买方提货后,认为包装与合同规定不符,提出拒收整批货物。我方则坚持买方应接受全部货物,因为不论每箱 24 听或 30 听,其每听市场价格并无不同,这点已由日本公证处的公证人证实。双方为此争执不下、引起诉讼,你认为本案应如何判决?

8. 我国某粮油进出口公司从美国进口小麦,合同数量 3000 公吨,允许溢短装 10%,而外商装船时共装了 3400 公吨,对于多装的部分我方应如何处理?

9. 买卖合同中的数量条款规定"100M/T 5% MORE OR LESS AT SELLER'S OPTION",卖方最多和最少可交多少公吨货物?多交部分如何作价?若双方未约定多交部分如何作价,当市场价格上涨时,卖方应该多交还是少交?

10. 德国某外商欲购我国某企业生产的自行车,该企业自有品牌"飞跃",且该品牌有一定的知名度。外商在洽谈中提出用该外商指定的"SPD"牌商标,并不得在包装上注明"Made in China"的字样。请问:外商的这种做法叫什么?我方可否接受?应注意哪些问题?

财 富 箴 言

1. Quality control starts and ends with training.

质量控制始于培训，终于培训。

——石川馨（Kaoru Ishikawa，日本质量大师）

2. Everything is on the table except when it comes to quality.

一切都可以讨价还价，但品质除外。

——鲍勃·伊格尔（Bob Iger，迪士尼公司 CEO）

第六章

国际贸易术语

第一节 国际贸易术语与国际贸易惯例

一、贸易术语的含义与作用

国际贸易与国内贸易相比具有明显的复杂性。买卖双方在交易磋商过程中需要考虑的问题更多,例如:卖方在何处交货? 卖方需要向买方提交哪些单据? 风险何时由卖方转移给买方? 由谁负责办理运输、保险和进出口清关手续? 由谁承担运费、保费及进出口海关关税和相关费用? 如此等等。如果每笔交易都要逐一对上述问题进行磋商谈判,势必要耗费大量的时间和精力,从而影响交易的效率。为了解决这一问题,贸易术语在长期的国际贸易实践中逐渐产生和发展起来。

贸易术语(trade terms)又称价格术语(price terms),它是由三个英文字母组成的缩写,是在长期的国际贸易实践中产生的,用来表明商品的价格构成,说明商品在货物交接过程中有关的风险、责任和费用划分问题的专门用语。

贸易术语由于明确了买卖双方在货物交接方面应承担的风险、责任和费用,也明确了商品的价格构成,因而大大简化了谈判环节,缩短了洽谈时间,降低了交易成本,减少了当事人间的误解和争议。

早在 18 世纪末 19 世纪初,国际贸易中就已出现了装运港船上交货的术语 FOB,当时的 FOB 指的是买方事先在装运港租好船,并要求卖方将其出售的货物交到买方租好的船上,这是 FOB 术语的雏形。到 19 世纪中叶,以 CIF 为代表的单据买卖方式逐渐成为国际贸易中最常用的做法。此后,随着贸易实践的发展,各种新术语应运而生、过时的术语则被淘汰。可见,贸易术语产生后并不是一成不变的,它是随着贸易实践的变化而发展的。

二、关于贸易术语的国际贸易惯例

18 世纪末 19 世纪初,国际贸易中已开始使用贸易术语,但在相当长的时间内,国际上并没有形成对各种贸易术语的统一解释。不同国家和地区对同一贸易术语有着不同的解释和做法。合同当事人之间因互不了解对方国家的习惯解释而引起误解、争议乃至诉讼的情况时常出现,影响了国际贸易的发展。为了解决这一问题,国际商会等国际组织以及美国一些著名的商业团体经过长期努力,分别制定了解释国际贸易术语的规则,这些规则在国际上被广泛采用,从而形成了国际贸易惯例。

有关贸易术语的国际贸易惯例主要有三种,即《1932 年华沙—牛津规则》、《1990 年美国对外贸易定义修订本》和《2010 年国际贸易术语解释通则》。

(一)《1932 年华沙—牛津规则》

《1932 年华沙—牛津规则》(Warsaw-Oxford Rules 1932)是国际法协会专门为解释 CIF 合同规定的,这一规则对 CIF 的性质、买卖双方所承担的风险、责任和费用的划分以及所有权转移的方式等问题都做了比较详细的解释。

(二)《1990 年美国对外贸易定义修订本》

《1990 年美国对外贸易定义修订本》(Revised American Foreign Trade Definitions 1990)是由美国几个商业团体制定并经美国联合委员会通过的,该定义中解释的贸易术语共有 6 种,如表 6-1 所示。

表 6-1　《1990 年美国对外贸易定义修订本》中的六种贸易术语

术语缩写	英文全称	中文解释
EXW	Ex Works	产地交货
FOB	Free on Board	在运输工具上交货
FAS	Free Along Side	在运输工具旁边交货
CFR	Cost and Freight	成本加运费
CIF	Cost, Insurance and Freight	成本、保险费加运费
DEQ	Delivered Ex Quay	目的港码头交货

《1990 年美国对外贸易定义修订本》主要在美洲一些国家采用,它对 FOB 和 FAS 的解释与《国际贸易术语解释通则》有明显的差异,因此在同美国、加拿大以及其他美洲国家或地区的贸易企业进行交易时,不能笼统规定采用某种术语,还应明确所适用的国际贸易惯例及版本,以免引起不必要的纠纷。近年来,美国许多贸易界人士呼吁放弃《美国对外贸易定义修订本》,而采用国际上更为通行的《国际贸易术语解释通则》。

(三)《2010 年国际贸易术语解释通则》(INCOTERMS 2010)

《国际贸易术语解释通则》(以下简称《通则》)原文为 International Rules for the Interpretation of Trade Terms,简称 INCOTERMS,它是国际商会为了统一对各种贸易术语的解释而制定的。

《通则》最早的版本于 1936 年颁布,后经多次修订,最新版本是《2010 年国际贸易术语解释通则》(以下简称《2010 通则》),该通则于 2011 年 1 月 1 日起正式生效。20 世纪 80 年代以来,我国使用过的版本包括《1980 通则》、《1990 通则》、《2000 通则》及《2010 通则》。目前,我国贸易界正在经历由《2000 通则》向《2010 通则》的过渡。应当注意的是,《2010 通则》实施后并非《2000 通则》就自动废止,当事人在订立贸易合同时仍可选择适用

《2000 通则》甚至更早的版本。

《2010 通则》是在《2000 通则》的基础上修订和补充而成的,其形式上的变化主要包括以下几方面。

1. 贸易术语数量的变化

《2000 通则》中包含有 13 种术语,此次颁布的《2010 通则》删除了 DES、DEQ、DAF、DDU 四个术语,新增了 DAT(Delivered At Terminal,运输终端交货)与 DAP(Delivered At Place,目的地交货)两个术语,从而使术语总数从原来的 13 种减少到 11 种。

2. 术语分类方式的变化

《2010 通则》较以前的版本最明显的改变之一就是术语分类方式的变化。《2000 通则》将 13 种术语分为 E(启运)、F(主运费未付)、C(主运费已付)、D(到达)四组,而《2010 通则》依据术语适用的运输方式将 11 种术语分为两大类:"适用于任何运输方式或多种运输方式的术语(RULES FOR ANY MODE OR MODES OF TRANSPORT)"及"适用于海运及内河运输的术语(RULES FOR SEA AND INLAND WATERWAY TRANSPORT)",如表 6-2 所示。

表 6-2 《2010 通则》项下的 11 种贸易术语及其分类

组别	术语缩写	术语全称	中文翻译
第一组 适用于任何运输 方式或多式联运	EXW	Ex Works	工厂交货
	FCA	Free Carrier	货交承运人
	CPT	Carriage Paid To	运费付至
	CIP	Carriage and Insurance Paid To	运费、保险费付至
	DAT	Delivered At Terminal	运输终端交货
	DAP	Delivered At Place	目的地交货
	DDP	Delivered Duty Paid	完税后交货
第二组 适用于海运及 内河运输方式	FAS	Free Alongside Ship	船边交货
	FOB	Free On Board	装运港船上交货
	CFR	Cost and Freight	成本加运费
	CIF	Cost, Insurance and Freight	成本加保险费运费

3. 每种术语前增加使用说明及图示

《2010 通则》每个术语前都增加了该术语的使用说明(guidance note)及图示,它解释了每一术语的交货点、风险划分、费用划分、适用情况及使用时的注意事项等,并给予使用者不少建议。例如 FCA 术语的使用说明中指出"由于风险在交货地点转移至买方,特别建议双方尽可能清楚地写明指定交货地内的交付点"。综观各术语的使用说明,可以感受到《2010 通则》更加贴近使用者。

4. 每种术语项下买卖双方义务编排格式的变化

《2000 通则》将每种贸易术语项下买卖双方的义务做逐项对比,纵向排列,即在规定卖方每一项义务后,紧接着规定买方相对应的义务。《2010 通则》对买卖双方各 10 项义务的编排改为逐项平列、横向对照,如表 6-3 所示。

表 6-3 《2010 通则》中 11 种术语下买卖双方义务的编排格式

A. 卖方义务(the seller's obligations)	B. 买方义务(the buyer's obligations)
A1 卖方一般义务 (general obligations of the seller)	B1 买方一般义务 (general obligations of the buyer)
A2 许可证、授权、通关和其他手续 (licenses, authorizations, security clearances and other formalities)	B2 许可证、授权、通关和其他手续 (licenses, authorizations, security clearances and other formalities)
A3 运输合同与保险合同 (contract of carriage and insurance)	B3 运输合同与保险合同 (contract of carriage and insurance)
A4 交货(delivery)	B4 收取货物(taking delivery)
A5 风险转移(transfer of risks)	B5 风险转移(transfer of risks)
A6 费用划分(allocation of costs)	B6 费用划分(allocation of costs)
A7 通知买方(notice to the buyer)	B7 通知卖方(notice to the seller)
A8 交货凭证(delivery documents)	B8 交货证据(proof of delivery)
A9 查对—包装—标记 (checking-packing-marking)	B9 货物检验(inspection of goods)
A10 协助提供信息及相关费用(assistance with information and related costs)	B10 协助提供信息及相关费用(assistance with information and related costs)

5. 术语适用范围的变化

传统的国际贸易术语仅在国际销售合同中运用,此类交易下货物运输都需跨越国界,但区域经济一体化的发展使得不同国家间的边界不再重要。《通则》早期的版本已提及"术语内贸化"问题,但此次《2010 通则》直接将标题定为:"Incoterms® 2010—ICC rules for the use of domestic and international trade terms",副标题中 domestic 及 international 两个词表明《2010 通则》正式认可所有的术语既可适用于国际贸易也可用于国内贸易。由于 11 种术语也可用于内贸,《2010 通则》在有些条文中作出说明,只有在适用的地方,有关当事人才有义务办理进出口所需的手续。

此次国际商会明确扩大术语适用范围的原因有两个:一是越来越多的美国人在其国内贸易中更愿意使用《2000 通则》中的术语,而不是其本国《统一商法典》中关于运输和交货的术语;二是世界各国的贸易商事实上已普遍在内贸合同中使用《2000 通则》中的术语,例如 EXW、FCA 等。

在有关贸易术语的三种国际贸易惯例中,《通则》包括的内容最多、使用范围最广、影响最大,因此,随后的章节我们只介绍《2010 通则》中的 11 种贸易术语。

三、《2010 通则》专用词及新词解释

《2010 通则》中出现了不少以前版本所没有的专用词及新词,透彻地理解这些词有助于应用该通则中的新术语及理解原有术语的新规定。

1. String Sales(链式销售)与 Multiple Sales(多次买卖)

《2010 通则》的重大变化之一,是首次提及"链式销售"(string sales)一词,并指出这一方式下卖方发货义务的变化。"链式销售"主要指货物在运输途中被多次转卖(multiple sales)，例如甲卖给乙、乙卖给丙、丙再卖给丁，从而形成一环扣一环的销售链，这种贸易方式常见于大宗货物的买卖中，但此前的《通则》并未予以反映。《2010 通则》在第二类术语(FAS,FOB,CFR,CIF)的使用说明中首次提到：链式销售方式下货物由销售链中的第一个卖方运输，因而作为中间环节的卖方就无须再装运货物(deliver the goods)，而是由"取得"已装运的货物(procure the goods already so delivered)来履行其发货义务。因此，新通则充分反映了链式销售方式下卖方交货义务的不同，弥补了以前版本的不足。

2. Electronic Record or Procedure(电子记录或程序)

电子记录或程序指由一条或多条电子信息组成的整套信息，如电子提单、电子商业发票等。实际工作中通常把这个概念称为"电子单据"，此前的专业书籍则把它们统称为"电子信息"[1]。《2010 通则》中指出，在各方约定或符合惯例的情况下，赋予电子记录或程序与纸质单据完全同等的效力。

3. Security Clearances(安全清关)与 Chain of Custody(监管链)

Security Clearances(安全清关)这一全新的表述首次出现在《通则》中，它明确规定买卖双方均有义务取得或协助提供另一方当事人所需的安全清关信息。Security Clearances 一词的出现主要是以美国发生的"9·11"事件为背景的。"9·11"事件后，"货物安全性"日益成为重要问题，许多国家高度关注货物运送过程中的安全，对通关货物采取诸如"集装箱扫描"等强制性检验措施并要求提供通关货物的监管链信息(chain of custody information)，以确认货物不会对生命和财产构成威胁。监管链涵盖材料供应商、工厂、出口贸易商、货运代理、报关行、承运人、进口商、发货站、零售商店等在内的整个供应链(chain of supply)，监管链信息可以用"出口商出函、书面声明、证据或回答美国海关问卷"的形式提供。

4. Delivery(交货)

Delivery 一词在贸易法律与实务中有多种含义，但在《通则》中，它指的是货物灭失与损坏的风险从卖方转移至买方的点，即划分买卖双方风险的分界线。

5. Delivery Documents(交货单据)

交货单据指"证明卖方已经交货的凭证"，《2010 通则》中，交货单据既可是纸质的，也可以是电子记录。交货单据按其性质可分为两类：一类是"物权凭证"，如海运提单，收货人须凭此方能向承运人提货；另一类是"非物权凭证"，如航空运单，收货人无须凭此提货，这种单据只是证明承运人已收到承运货物。

6. Packaging(包装)

新版通则的导言中指出，包装一词可用于以下三种不同目的：一是为满足买卖合同的要求对货物进行包装，这里的"包装"包括商品的"内包装"和"外包装"；二是为适应运输需要对货物进行包装，这里的"包装"一般仅指包括商品的"外包装"，即运输包装；三是在集装箱或其他运载工具中装载已包装好的货物，这里的"包装"指的是"将包装好的货物装入集装箱内"，这是 packaging 一词的新含义。新通则同时指出，在新版术语中packaging 一词仅指以上第一种和第二种情况，它不涉及贸易各方在集装箱内的装货义

---

[1]　田运银，《国际贸易实务精讲》(第 5 版)，第 9 页，中国海关出版社。

务,如需要的话,各方应在买卖合同中作出约定。

四、使用国际贸易惯例的注意事项

1. 国际贸易惯例不等同于习惯做法

国际贸易惯例源于习惯做法,它是在长期、大量的贸易实践的基础上制定出来的,但贸易惯例并不等同于习惯做法。它是权威机构对大量贸易实践和习惯做法加以总结、编纂与解释而成的,故高于习惯做法。

2. 国际贸易惯例并非法律

法律具有强制性,但国际贸易惯例的适用是以当事人的意思自治为基础的,它本身不是法律,因而对贸易双方不具有强制性约束力,买卖双方有权在合同中作出与某项惯例不一致的规定,只要这一规定合法,它的效力就超越了惯例的规定。

3. 合同中应注明适用的国际贸易惯例及其版本

为避免争端,买卖双方在选定贸易术语的同时应在合同中注明适用何种国际贸易惯例。例如,双方商定使用《2010 通则》中的 FOB 术语,则合同内应注明"FOB Xiamen, China, Incoterms® 2010"或"This contract is subject to and governed by Incoterms® 2010"。应当注意的是,贸易惯例不是法律、不具强制性,但双方当事人一旦在合同中明确表示采用某种惯例来约束这项交易,那么这项约定的惯例就具有强制性,双方当事人均应遵守。

第二节　EXW 和 FAS 术语

一、EXW 术语

(一) 术语含义

EXW 术语的英文全称 Ex Works(insert named place of delivery),中文意思是"工厂交货(插入指定交货地点)",术语后应注明适用《2010 通则》。

按照《2010 通则》的解释,EXW 术语的含义是:卖方在其所在地或其他指定地点(如工厂、车间或仓库等)将货物交给买方处置时,即完成交货义务。买方承担在指定地点收取货物以后所产生的全部费用和风险。卖方无须将货物装上任何前来接货的运输工具,也不负责办理出口清关手续。

EXW 是 11 种贸易术语中卖方承担风险、责任和费用最小的术语,它适用于包括公路、铁路、江河、海洋、航空运输在内的各种运输方式以及多式联运。

(二) 关于买卖双方主要义务的规定

采用 EXW 术语成交时,风险、责任及费用均以"货物在产地或所在地交由买方控制"为界划分,商品产地或所在地包括工厂、矿山、农场、酒庄、仓库等。卖方承担交货之前与货物相关的一切风险、责任和费用;买方承担接受货物后所发生的一切风险、责任及费用,包括将货物从交货地点运往目的地的运输、保险和其他各种费用,以及办理货物出口和进口的一切海关手续所涉及的关税和其他费用。

(三) 使用 EXW 术语的注意事项

1. 关于货物的交接问题

采用 EXW 术语成交时,存在"货物"与"运输工具"衔接的问题。为了避免出现诸如"货等车"或"车等货"从而产生损失和费用的情况,卖方在货物备妥后应通知买方具体交货时间地点。如果买方未能在规定的时间、地点受领货物,或者在其他有权受领货物的时间、地点时,没有及时给予适当通知,那么只要货物已被特定化为本合同项下的货物,买方就要承担由此产生的费用和风险。

2. 装货义务问题

采用 EXW 术语成交时,卖方并无义务负责将货物装上买方备妥的运输工具,如买方要求卖方在发货时负责将货物装上收货运输工具,并承担一切装货费用和风险,则应在贸易合同中订明。

3. 出口清关手续问题

采用 EXW 术语成交时,出口清关手续须由买方办理,因此买方应了解出口国相关规定,例如是否允许在该国无常驻机构的当事人在该国办理出口海关手续。如买方无法做到直接或间接办理货物的出口清关手续,则不应采用 EXW 术语,而应改用 FCA 术语。

4. EXW 术语在国内贸易中的使用

目前,EXW 在国内贸易中的应用已十分普遍。例如,国内一些生产性企业由于不熟悉货物出口的有关手续,经常采用 EXW 术语将货物卖给国内出口商,再由国内出口商以其他贸易术语将该批货物转卖给国外的进口商。EXW 等术语在各国内贸中的广泛应用,是国际商会明确将贸易术语使用范围扩大至内外贸的直接原因之一。

二、FAS 术语

(一) 术语的含义

FAS 术语的英文全称是 Free Alongside Ship(insert named port of shipment),中文意思是"船边交货(插入指定装运港)",术语后应注明适用《2010 通则》。

按《2010 通则》的解释,FAS 术语的含义是:卖方在指定的装运港将货物交到买方指定的船边(例如,置于码头或驳船上)时,即完成交货义务。货物灭失或损坏的风险在货物交到船边时发生转移,同时,买方承担自那时起的一切费用。该术语仅适用于海运或内河运输。

(二) 关于买卖双方主要义务的规定

采用 FAS 术语成交时,风险、责任及费用均以"装运港船边"为界划分。卖方承担交货之前的一切费用;买方承担受领货物之后所发生的一切费用,包括装船费用以及将货物从装运港运往目的地的运费、保险费和其他各种费用。进出口清关手续及海关关税由买卖双方各自办理、各自承担。

(三) 使用 FAS 术语的注意事项

采用 FAS 术语成交时,应注意以下两个问题:一是不同惯例对 FAS 的不同解释。例如,按照《1990 年美国对外贸易定义修订本》的解释,FAS 是 Free Along Side 的缩写,即指交到运输工具的旁边,并不一定是在装运港的船边,应在 FAS 后面加上 Vessel 字样,才表示"船边交货"。二是货物采用集装箱运输方式时不能采用 FAS 术语,因为集装箱运输方式下通常是由卖方将货物运到堆场或集装箱货运站交给承运人,而不是将货物交到装运港船边,因此 FAS 术语不宜使用。

第三节 FOB、CFR 和 CIF 术语

FOB、CFR 和 CIF 是国际货物贸易中诞生时间最早、使用最频繁的术语,熟悉和掌握这三种术语的含义、买卖双方的义务,以及在使用中的注意事项具有重要的意义。

一、FOB 术语

(一) 术语含义

FOB 的英文全称是 Free on Board(insert named port of shipment),中文意思是"船上交货(插入指定装运港)",习惯上称为"装运港船上交货"。FOB 是国际货物买卖中最常用的贸易术语之一。

按照《2010 通则》的解释,FOB 的含义是:卖方在指定装运港将货物装上买方指定的船舶,或通过取得已如此交付的货物,完成交货义务。货物灭失或损坏的风险在货物交到船上时转移,同时买方承担自卖方交货时起的一切费用。

在上述定义中,"取得已如此交付的货物"(procure the goods already so delivered)是《2010 通则》对卖方交货义务新添加的规定,它指的是链式销售中作为中间商的卖方并非通过将货物装上船完成交货义务,而是通过"取得已装船货物"的方式交货,即通过"取得代表货权的运输单据"完成交货。前文对"链式销售"已作解释,这里不再赘述。

按《2010 通则》的要求,FOB 术语的表达式为:FOB + 指定装运港 + Incoterms® 2010,例如:USD300 per dozen FOB Xiamen,China,Incoterms® 2010。可见,凡使用新版通则的,应当在术语后添加 Incoterms® 2010 作为后缀,以便明确术语所适用的惯例及其版本。

(二) 关于买卖双方主要义务的规定

买卖双方的义务主要可以从交货地点、风险划分、责任划分、费用划分几个方面进行说明。

1. 交货地点(point of delivery):装运港船上交货。卖方在指定装运港将货物装上买方指定的船即完成交货义务。

2. 风险划分(division of risks):以"装运港船上"为界划分风险,此前的风险卖方承

担,此后风险买方承担。

3. 责任划分(allocation of responsibilities)

(1) 租船订舱:买方负责租船或订舱、与承运人签订运输合同。

(2) 办理保险:买方自行办理。按《通则》的解释,买方对卖方无订立保险合同的义务,但因货物装船后风险由买方承担,因此通常由买方自行投保。

(3) 进出口海关手续:各自办理。买卖双方各自负责本国的一切海关手续,包括取得进口(出口)许可证或其他官方批准证件。

4. 费用划分(allocation of costs):卖方承担交货前所涉及的各项费用,买方承担交货后所涉及的各项费用。

(1) 运费:买方承担从装运港到目的港的运费。

(2) 保费:买方自行支付。

(3) 进出口关税和相关费用:买卖双方各自承担。

(三) 使用 FOB 术语的注意事项

1. 关于风险划分界限变更的问题

《2010 通则》中 FOB 术语的重大变化是删除了以"船舷为界"划分风险的传统标准,而代之以"船上为界"作为风险划分点。事实上,"船上为界"划分风险的优点是不言而喻的:其一,该原则更贴近实际业务操作。实际业务中采用传统三大术语时,外贸合同中买方往往要求卖方提供"已装船"提单作为货款结算的必备单据,这意味着交货点及风险划分点已经从"船舷"延伸到"船上",因此实际业务中"船舷原则"早已形同虚设,贸易商们在长期的对外贸易实践中已按照"船上原则"来履约。其二,它在时间和空间上体现了装船过程的连续性,避免了以往以"船舷"这条虚拟垂线为界划分风险而人为地割裂整个装船过程。其三,"船上为界"迎合了大宗商品销售中对"已装船货物"或"在途货物"作转售交易的需要。最后,海上运输中"滚装滚卸"等特殊装卸方式下,"船舷"已失去意义,"船上为界"很好地解决了这个问题。综上所述,新通则中关于删除"船舷原则"的重大变化是商务实践变化的客观需求,也是值得当事人注意的重大事项。

2. 关于船货衔接的问题

按 FOB 术语成交时,买方有租船接货或订舱的义务,卖方则要在合同规定的期限内将货物装上买方指派的船,此时应注意船货衔接的问题,避免出现"船等货"或"货等船"的情况。例如,买方指派的船只按时到达装运港,而卖方却未能备妥货物,此时卖方应承担由此产生的空舱费(dead freight)、滞期费(demurrage)等。反之,如卖方已备妥货物,而买方未能派船或延迟派到装运港,则卖方由此增加的仓储费等应由买方承担。

实际业务中,双方按 FOB 术语成交时,买方委托卖方代办理租船订舱手续的情况十分普遍,在代办方式下买方往往只是指定承运人[1],例如,买方指定货物应由丹麦马士基

---

〔1〕 这里承运人指的是"广义承运人",包括实际承运人和无船承运人(货代)。

(Makrsk)或台湾长荣(Evergreen)旗下的船舶运载,具体的订舱手续仍要卖方代办,真正由买方自己租船或自己订舱的情况十分罕见。代办方式下应当注意的是,租船或订舱的费用和风险仍由买方承担。

3. 个别国家对 FOB 术语的不同解释

《1990 年美国对外贸易定义修订本》将 FOB 术语分为六种,其中只有第五种 FOB Vessel 与《2010 通则》解释的 FOB 术语相近。根据《1990 年美国对外贸易定义修订本》的解释,FOB 如要表示将货物装到船上,必须在其后面加注 "Vessel" 字样,如 FOB Vessel San Francisco,如仅仅将术语订为 FOB San Francisco,卖方有可能在旧金山市内陆运输工具上交货。此外,按照《1990 年美国对外贸易定义修订本》的解释,FOB 术语下卖方只是 "在买方请求并由其负担费用的情况下,协助买方取得由原产地及/或装运地国家签发的,为货物出口或在目的地进口所需的各种证件",这也与《2010 通则》有明显的不同。因此,我国外贸企业与美国、加拿大等美洲国家外商按 FOB 成交时要尤其注意,以免发生不必要的争议和损失。

4. FOB 术语仅适用于海运或内河运输

《2000 通则》实施的这十年来,外贸实务界中进出口商因未能充分理解各种术语的适用条件而误用滥用贸易术语的情况十分普遍,最典型的例子就是在空运方式或铁路运输方式下使用 FOB 术语,从而导致许多纠纷。《2010 通则》下 11 种术语采用新的分类标准后,以更醒目的方式明确了常用的三种术语 "FOB,CFR,CIF" 和 FAS 仅适用于单一的海运及内河运输方式,因此当事人务必要注意避免在其他运输方式下错用 FOB 术语。

二、CFR 术语

(一) 术语含义

CFR 的英文全称是 Cost and Freight(insert named port of destination),中文意思是 "成本加运费(插入指定目的港)",该术语是国际货物买卖中常用的贸易术语之一,仅适用于海运或内河运输。

按照《2010 通则》的解释,CFR 的含义是:卖方在(装运港)将货物装上船或通过 "取得已如此交付的货物",完成交货义务。货物灭失或损坏的风险在货物交到船上时转移。卖方必须订立运输合同,并且支付将货物运至指定目的港所需的成本和运费。

按《2010 通则》的要求,CFR 术语的表达式为:CFR+指定目的港+Incoterms® 2010,例如:USD260 per set CFR Los Angeles, USA Incoterms® 2010。注意术语后应添加 Incoterms® 2010 作为后缀,以便明确所适用的惯例及其版本。对比 CFR 与 FOB 可以发现,CFR 术语后跟的是指定目的港(named port of destination),而 FOB 术语后跟的是指定装运港(named port of shipment);此外,从价格构成看,CFR 价中增加了货物从装运港至目的港的运费及杂费,因此 CFR=FOB+Freight。

(二) 关于买卖双方主要义务的规定

1. 交货地点(point of delivery)：装运港船上交货。卖方在指定装运港将货物装上船即完成交货义务。

2. 风险划分(division of risks)：以"装运港船上"为界划分风险，此前的风险卖方承担，此后风险买方承担。

3. 责任划分(allocation of responsibilities)

(1) 租船订舱：卖方负责租船或订舱、与承运人签订运输合同，将货物运到合同约定的目的港。

(2) 办理保险：买方自行办理。按《通则》的解释，买方对卖方无订立保险合同的义务，但因货物装船后风险由买方承担，因此通常由买方自行投保。

(3) 进出口海关手续：各自办理。买卖双方各自负责本国的一切海关手续，包括取得出口(进口)许可证或其他官方批准证件。

4. 费用划分(allocation of costs)

(1) 运费：卖方承担交货前涉及的各项费用，以及从装运港到目的港的运费和相关费用。

(2) 保费：买方自行支付。

(3) 进出口关税和相关费用：买卖双方各自承担。

(三) 使用 CFR 术语的注意事项

1. 关于卖方的装运义务

采用 CFR 术语成交时，卖方要承担将货物由装运港运往目的港的义务。为了保证能按时完成在装运港交货的义务，卖方应根据合同中规定的装运期及时租船订舱和备货，并按期发货。按照《联合国国际货物销售合同公约》的规定，卖方延迟装运或者提前装运均属违约，买方有权根据具体情况拒收货物或提出索赔。

2. 装船通知的重要作用

CFR 术语下存在"运输"与"保险"由不同当事人办理的情况，即卖方负责租船订舱并在装运港将货物装上船，而买方自行办理货物运输保险，如卖方装船后未及时通知买方，可能导致船舶起航后仍未办理保险的情况，即所谓"漏保"。一旦货物在海运途中灭失或损坏，其损失将得不到赔偿。因此，按 CFR 术语成交时卖方需特别注意的问题是，货物装船后必须毫不延迟地(without delay)向买方发出详尽的装船通知(shipping advice)，以便买方办理投保手续。根据有关货物买卖合同的适用法律，卖方未能及时发出装船通知导致买方漏保的，货物在海运途中的风险和损失视为由卖方承担，不能以风险已在"装运港船上"转移为由免除责任。可见，CFR 术语下的装船通知具有至关重要的意义。

实务中，进口业务较多的外贸企业往往与保险公司订有"预约保险合同"，该合同下的货物一经装船保险自动生效，这也是避免漏保的有效方式之一。

附例：装船通知样本

Dalian Space Trading Company

No. 707 Sihai Road Dalian,China

Tel：86-411-88889999,Fax：86-411-88888888

TO：Vancouver Import Trading Co. ,Ltd. (Fax No：03-3333-2793)

FROM：Dalian Space Trading Company(Fax No：86-411-88888888)

DATE：September 10,2012

ATTN：John Smith

SHIPPING ADVICE

This is to advise you that the goods under contract No. 09DL-23H have been shipped on board s. s. "Cosco Hellas" on September 10,details are as follows：

Contract No. ：09DL-23H

L/C No. ：AM/VA07721

Invoice No. PTS-0373

Name of Commodity：Plush Toys

Quantity：3 600pcs. Total 300 cartons in 1X20'FCL

Container No. /Seal No. ：CBHU75989764/35738

Total Value：USD20 000. 00

Shipping Mark：　　VITC

　　　　　　　　09DL-23H

　　　　　　　　Vancouver

　　　　　　　CTN/No. 1-368

Name of Vessel and Voyage：Cosco Hellas,V. 013W

Port of Loading：Dalian,China

Port of Discharge：Vancouver,Canada

ETD：September 11,2012

ETA：October 5,2012

Dalian Space Trading Company

_____

(authorized signature)

三、CIF 术语

(一) CIF 术语的含义

CIF 的英文全称是 Cost Insurance and Freight(insert named port of destination),中文意思是"成本加保险费、运费(插入指定的目的港)",该术语是国际货物买卖中常用的贸易术语之一,仅适用于海运或内河运输。

按照《2010 通则》的解释,CIF 的含义是:卖方在(装运港)将货物装上船或通过"取得已如此交付的货物",完成交货义务。货物灭失或损坏的风险在货物交到船上时转移。卖方必须订立运输合同和保险合同,并且支付将货物运至指定目的港所需的成本、运费和保险费。

按《2010 通则》的要求,CIF 术语的表达式为:CIF+指定目的港+Incoterms® 2010,例如:USD260 per set CIF Los Angeles, USA, Incoterms® 2010。注意术语后应添加 Incoterms® 2010 作为后缀,以便明确所适用的惯例及其版本。对比 CIF 与 FOB 可以发现,CIF 术语后跟的是指定目的港(named port of destination),而 FOB 术语后跟的是指定装运港(named port of shipment);此外,从价格构成看,CIF 价中增加了货物从装运港至目的港的运费及保险费,因此 CIF=FOB+ Freight+ Insurance Premium。

(二) 买卖双方的主要义务

1. 交货地点(point of delivery):装运港船上交货。卖方在指定装运港将货物装上船即完成交货义务。

2. 风险划分(division of risks):以"装运港船上"为界划分风险,此前的风险卖方承担,此后风险买方承担。

3. 责任划分(allocation of responsibilities)

(1) 租船订舱:卖方负责租船或订舱、与承运人签订运输合同,将货物运到合同约定的目的港。

(2) 办理保险:卖方负责办理货物运输保险。

(3) 进出口海关手续:各自办理。买卖双方各自负责本国的一切海关手续,包括取得出口(进口)许可证或其他官方批准证件。

4. 费用划分(allocation of costs)

(1) 运费:卖方承担交货前涉及的各项费用,以及从装运港到目的港的运费和相关费用。

(2) 保费:卖方承担。

(3) 进出口关税和相关费用:买卖双方各自承担。

(三) 使用 CIF 术语的注意事项

1. 卖方办理保险的责任

按 CIF 术语成交时,卖方负有办理货物运输保险的责任。关于卖方保险责任的问题,不同的国际贸易惯例有不同的规定,根据《2010 通则》的解释,如无相反的明示协议,卖方只需按协会货物保险条款或其他类似的保险条款中最低责任的保险险别投保。按此规定,如按中国的《海洋运输货物保险条款》投保,只需保"平安险";如按伦敦保险协会的《协会货物保险条款》投保,只需保 ICC(C)。如买方要求按更高的险别投保,或要求投保战争、罢工、暴动和民变险,则在买方承担风险和费用的情况下,卖方亦可代办。明确险别后,最低保险金额为合同价款加成 10%,并以合同币别投保。对于卖方的保险责任问题,《2010 通则》还规定:"保险合同应与信誉良好的保险公司订立,使买方或其他对货物有可保利益者有权直接向保险人索赔"。

2. 卖方租船或订舱的责任

按 CIF 术语成交时,卖方的基本义务之一是租船或订舱,办理从装运港至目的港的运输事项。如果卖方未能及时租船或订舱从而导致不能如期装船交货,即构成违约,需承担违约责任。关于运输问题,《2010 通则》的解释是,卖方只负责按照惯常条件租船订舱,使用适合装运有关货物的通常类型的轮船,经惯驶航线装运货物。因此,买方如提出关于限制船舶国籍、船型、船龄、船级以及指定装载某班轮公司的船只等要求,卖方均有权拒绝接受。但卖方也可放弃这一权利,根据具体情况给予通融。

3. 象征性交货问题

从交货方式来看,CIF 是一种典型的象征性交货(symbolic delivery)。所谓象征性交货是针对实际交货(physical delivery)而言的。"实际交货"指的是卖方要在规定的时间和地点,将符合合同中规定的货物提交给买方或者其指定人,而不能以交单代替交货。"象征性交货"则指卖方只要按期在约定地点完成装运,并向买方提交合同规定的包括物权凭证在内的有关单据,就算完成了交货义务,而无须保证到货。

象征性交货的特点是:"卖方凭单交货、买方凭单付款",只要卖方按合同约定装运货物后如期向买方提交了合同规定的全套合格单据,即使货物在运输途中损坏或灭失,买方也必须履行付款义务。当然,买方付款后可凭提单向船方或凭保单向保险公司索赔。应当注意的是,采用 CIF 术语订立合同时,卖方不可在合同中承诺"到货时间",否则该合同将成为一份有名无实的 CIF 合同。

4. 风险划分点与费用划分点分离

我国外贸实务界及理论界都曾把 CIF 术语称为"到岸价",但从 CIF 术语的性质和特点看,这种称法是不妥的,其理由在于按 CIF 术语成交时风险划分点与费用划分点是分离的。尽管费用划分点在"目的港",即卖方不仅需自费将货物交至装运港船上,还需支付自装运港至目的港的正常运费和保险费,但是风险划分点在"装运港船上",卖方在装运港将货物装上船后即完成了交货义务,风险也随之转移至买方。从这个意义上说,将 CIF 称为"到岸价"仅从费用划分的角度考虑问题,而忽略了风险划分的因素,因而是不妥当的。

课堂练习 1:简述 FOB、CFR、CIF 三种术语的异同,并将表 6-4 填写完整。

表 6-4　传统三大贸易术语比较表

贸易术语	交货地点	风险划分界限	租船订舱支付运费	办理保险支付保费	出口报关	进口清关
FOB						
CFR						
CIF						

四、常用贸易术语的变形

常用贸易术语(FOB、CFR、CIF)的变形是为了解决大宗货物租船运输方式下装卸费用的负担问题而产生的,主要有如下几种。

(一) FOB 的变形

FOB 的变形主要是为了解决租船运输方式下装船费用由谁承担的问题。尽管《2010通则》已将 FOB 术语的风险划分界限及费用划分界限延伸到"装运港船上",即表明装船费用应由卖方承担,但考虑到新通则实施后《2000通则》并未废止,因此仍有必要将 FOB 术语的变形作以简要的介绍。

1. FOB Liner Terms(FOB 班轮条件):指装船费用按照班轮条件的做法处理。

2. FOB Under Tackle(FOB 吊钩下交货):指卖方负担费用将货物交到买方指定船只的吊钩所及之处,而吊装入舱以及其他各项费用,概由买方负担。

3. FOB Stowed(FOB 理舱费在内):卖方承担装货费和理舱费。

4. FOB Trimmed(FOB 平舱费在内):卖方承担装货费和平舱费。

5. FOB Stowed and Trimmed(FOBST):卖方承担装货费、理舱费及平舱费。

(二) CFR 的变形

CFR 的变形主要是为了解决大宗货物租船运输中的卸货费用负担问题,常见的有以下几种。

1. CFR Liner Terms(CFR 班轮条件):指卸货费按班轮做法处理,即买方不负担卸货费。

2. CFR Landed(CFR 卸至码头):指由卖方承担卸货费,包括可能涉及的驳船费在内。

3. CFR Ex Tackle(CFR 吊钩下交接):指卖方负责将货物从船舱吊起一直到吊钩所及之处(码头上或驳船上)的费用,船舶不能靠岸时,驳船费用由买方负担。

4. CFR Ex Ship's Hold(CFR 舱底交接):指船到目的港在船上办理交接后,由买方自行启舱,并负担货物由船底卸至码头的费用。

(三) CIF 的变形

CIF 的变形主要有四种:CIF Liner Terms、CIF Landed、CIF Ex Tackle、CIF Ex Ship's Hold,具体含义与 CFR 的变形相同,都是为了解决大宗货物租船运输中的卸货费负担问题。

学习贸易术语的变形时应当注意以下三个问题:

(1) 它们仅适用于大宗货物的租船运输方式,如采用班轮运输,则不存在术语变形的问题。

(2) 买卖合同中贸易术语的变形应与租船合同采用的运费术语相匹配,即买卖双方应在 Liner Terms、FI、FO、FIO、FIOST 这五种租船运费术语中选择与变形后的贸易术语相一致的一种,以免负责租船的一方遭受不必要的损失。

(3)贸易术语的变形仅限于费用的划分,通常不影响风险的划分,买卖双方对此如有不同理解,应在贸易合同中订明。

第四节　FCA、CPT 和 CIP 术语

21 世纪以来,经济全球化、区域经济一体化和现代运输技术的发展极大地推动了以集装箱运输为核心的国际多式联运的发展。多样化的货物交接方式打破了以往以海运为主的单一的运输格局,FOB、CFR、CIF 等适用于海运的传统术语显得日益无法满足国际多式联运的需求,而适用于多种运输方式的术语特别是向承运人交货的术语的适用性则显著提高。以下着重解释以"货交承运人"为界划分风险的三种术语:FCA、CPT 及 CIP。

一、FCA 术语

(一) 术语含义

FCA 的英文全称是 Free Carrier(insert named place of delivery),中文意思是"货交承运人(插入指定交货地点)",术语后应注明适用《2010 通则》,例如"FCA 38 Cours Albert 1er,Paris,France Incoterms® 2010"。

按照《2010 通则》的解释,FCA 是指卖方在其所在处所或另一指定地,将货物交付给买方指定的承运人或另一人,即完成交货。风险在交货地点货交承运人后转移至买方。FCA 术语适用于各种运输方式,包括公路、铁路、江河、海洋、航空运输以及多式联运。

在上述定义中,承运人是指承担运输责任的法人或自然人,它可以是拥有运输工具的"实际承运人"(actual carrier),也可以是无运输工具的"订约承运人"(contracting carrier),如货运代理(freight forwarder)。按运输方式,承运人可分为海运承运人、空运承运人、铁路运输承运人、公路运输承运人、多式联运承运人等。需要特别注意的是,FCA 术语下的承运人指的是"买方指定的"承运人。

(二) 关于买卖双方主要义务的规定

1. 交货地点(point of delivery):以"出口国内指定地点"为交货地点,包括卖方所在地和其他指定地点,例如出口国的集装箱码头、堆场、启运机场、铁路起点站、货运起点站等。

2. 风险划分(division of risks):以"货交承运人"为界划分风险,货物交给买方指定的承运人之前的风险卖方承担,此后风险买方承担。

3. 责任划分(allocation of responsibilities)

(1)办理运输:买方负责安排运输、与承运人签订运输合同。

(2)办理保险:买方自行办理。按《2010 通则》的解释,买方对卖方无订立保险合同的义务,但因货物交给指定的承运人后的风险由买方承担,因此通常由买方自行投保。

(3)进出口海关手续:各自办理。买卖双方各自负责本国的一切海关手续,包括取

得出口(进口)许可证或其他官方批准证件。

4. 费用划分(allocation of costs)：卖方承担货交承运人前所涉及的各项费用,买方承担货交承运人后所涉及的各项费用。

(1) 运费：买方承担从装运地(装运港)至目的地(目的港)的运费。

(2) 保费：买方自行支付。

(3) 进出口关税和相关费用：买卖双方各自承担。

(三) 使用 FCA 术语的注意事项

1. 关于交货地点的问题

《2010 通则》下的每种贸易术语都有其特定的交货地点,如 FOB 的交货地点为"装运港船上"。FCA 术语因适用于多种运输方式,其交货地点不是单一的,而是多样化的,即具体的交货地点需按不同的运输方式而定。按照《2010 通则》的解释,如果双方约定的交货地点是在卖方所在地,卖方要负责把货物装上买方安排的承运人提供的运输工具,在承运人的运输工具上完成交货;如果交货地点是在其他地方,卖方只须将货物交由买方指定的承运人处置,在自己的运输工具上完成交货义务。

2. 关于风险转移的问题

采用 FCA 术语成交时,买卖双方承担的风险以货交承运人为界划分。但买方如不按时排载接货,在货物已特定化的前提条件下,风险由规定交货之日或期限届满之日起,转由买方承担。

3. 关于买方的运输责任及代办运输的问题

按 FCA 术语成交,买方必须自负费用订立从指定地点承运货物的合同,如果买方有要求,卖方也可代为安排运输,但有关费用和风险需由买方承担。当然,卖方也可拒绝订立运输合同;如拒绝,应立即通知买方,以便买方另行安排。

二、CPT 术语

(一) CPT 术语的含义

CPT 英文全称是 Carriage Paid To(insert named place of destination),中文意思为"运费付至(插入指定目的地)",其后应注明适用《2010 通则》。

根据《2010 通则》的解释,CPT 术语的含义是：卖方在约定地点将货物交给卖方指定的承运人或另一人时,即完成了交货义务。卖方必须签订运输合同,并支付将货物运至指定目的地所需的费用。货运风险在卖方将货物交付给承运人后转移至买方。CPT 适用于各种运输方式,包括公路、铁路、江河、海洋、航空运输以及多式联运。

(二) 关于买卖双方主要义务的规定

1. 交货地点(point of delivery)：以"出口国内指定地点"为交货地点,包括卖方所在地和其他指定地点,例如出口国的集装箱码头、堆场、启运机场、铁路起点站、货运起点站等。

2. 风险划分(division of risks)：以"货交承运人"为界划分风险，货物交给卖方指定的承运人之前的风险卖方承担，此后风险买方承担。

3. 责任划分(allocation of responsibilities)

(1)办理运输：卖方负责安排运输、与承运人签订运输合同，将货物从交货地点运送到指定的目的地。

(2)办理保险：买方自行办理。按《通则》的解释，买方对卖方无订立保险合同的义务，但因货物交给指定的承运人后的风险由买方承担，因此通常由买方自行投保。

(3)进出口海关手续：各自办理。买卖双方各自负责本国的一切海关手续，包括取得出口(进口)许可证或其他官方批准证件。

4. 费用划分(allocation of costs)

(1)运费：卖方承担货交承运人前所涉及的各项费用，以及将货物运至指定目的地的运费。

(2)保费：买方自行支付。

(3)进出口关税和相关费用：买卖双方各自承担。

(三) 使用 CPT 术语的注意事项

1. 风险划分的界限问题。采用 CPT 术语成交时，卖方虽支付从装运地至目的地的运费，但只承担在出口国将货物交给承运人控制前的风险。

2. 运费承担问题。按 CPT 术语成交，卖方只是承担从交货地点到指定的目的地的正常运输费用。正常运输之外的其他有关费用，一般由买方承担。

3. 运输与保险衔接的问题。在 CPT 合同中，卖方负责安排运输，而买方自行办理货物运输保险，为避免两者脱节导致漏保，卖方将货物交给承运人后应及时发出装运通知。

三、CIP 术语

(一) 术语含义

CIP 术语的英文全称为 Carriage and Insurance Paid To(insert named place of destination)，中文意思为"运费、保险费付至(插入指定目的地)"，其后应注明适用《2010通则》。

根据《2010通则》的解释，CIP 术语的含义是：卖方在约定地点将货物交给卖方指定的承运人或另一人，即完成交货义务。卖方必须签订运输合同和保险合同，并支付将货物运至指定目的地所需的运费和保险费。货物在交付给承运人时，风险转移至买方。如果运输涉及多个承运人，则货物交给第一承运人时风险转移。CIP 适用于各种运输方式，包括公路、铁路、江河、海洋、航空运输以及多式联运。

(二) 关于买卖双方主要义务的规定

1. 交货地点(point of delivery)：以"出口国内指定地点"为交货地点，包括卖方所在地和其他指定地点，例如出口国的集装箱码头、堆场、启运机场、铁路起点站、货运起点站等。

2. 风险划分(division of risks)：以"货交承运人"为界划分风险,货物交给卖方指定的承运人之前的风险卖方承担,此后风险买方承担。

3. 责任划分(allocation of responsibilities)

(1) 办理运输：卖方负责安排运输、与承运人签订运输合同,将货物从交货地点运送到指定的目的地。

(2) 办理保险：卖方负责办理货物运输保险。

(3) 进出口海关手续：各自办理。买卖双方各自负责本国的一切海关手续,包括取得出口(进口)许可证或其他官方批准证件。

4. 费用划分(allocation of costs)

(1) 运费：卖方承担货交承运人前所涉及的各项费用,以及将货物运至指定目的地的运费。

(2) 保费：卖方承担。

(3) 进出口关税和相关费用：买卖双方各自承担。

(三) 使用 CIP 术语的注意事项

采用 CIP 术语成交时,应注意以下两个问题：一是卖方虽支付从装运地至目的地的运费,但只承担在出口国将货物交给承运人控制前的风险；二是卖方负责投保,如双方未在合同中做具体规定,卖方只需按最低险别投保,保险金额一般为 CIP 合同价款加成10%,并以合同币别投保。

四、"货交承运人"术语与"传统术语"的区别

为适应空运、铁路运输、公路运输及多式联运的发展和需要,传统术语 FOB、CFR、CIF 分别衍生出 FCA、CPT、CIP 三个以"货交承运人"为界划分风险的术语,其责任划分的基本原则是相同的,但也有区别,主要不同之处如表 6-5 所示。

表 6-5　衍生组术语与传统组术语的主要区别[1]

主要不同点	传统组术语 (FOB、CFR、CIF)	衍生组术语 (FCA、CPT、CIP)
交货地点	装运港船上	以"卖方所在地"或"其他指定地点"为交货地点,如出口国的集装箱码头或堆场、启运机场、铁路起点站、货运起运站
风险划分界限	装运港船上	货交承运人
适用的运输方式	适用海运或内河运输	适用多种运输方式或多式联运
运输单据	已装船海运提单	视不同运输方式,可为提单、海运单、航空运单、铁路运单或多式运输单据

---

[1]　"传统组"与"衍生组"的提法系参照李兆华,潘小春编著的《国际贸易实务》第2版,第120页。

第五节 DAT、DAP 和 DDP 术语

《2010 通则》中包括三个到达术语 DAT、DAP 和 DDP，其交货地点都在进口国国内，按这三种术语成交的合同称为"到达合同"，都属于"实际交货"的范畴。

一、DAT 术语

(一) DAT 术语的含义

DAT 术语的英文全称为 Delivered At Terminal(insert named terminal at port or place of destination)，中文意思是"运输终端交货(插入指定港口或目的地的运输终端)"，也可译为"终点站交货"，术语后应注明适用《2010 通则》。

按照《2010 通则》的解释，DAT 术语的含义是：卖方在指定目的港或目的地的指定运输终端将货物从抵达的载货运输工具上卸下，交给买方处置时，即完成交货义务。卖方承担将货物运至指定目的港或目的地的运输终端并将货物卸下之前的一切风险。

DAT 术语是《2010 通则》中新增的术语，它取代了《2000 通则》中的 DEQ，但使用范围远大于 DEQ，它适用于包括公路、铁路、江河、海洋、航空运输在内的各种运输方式以及多式联运。

(二) 买卖双方的主要义务

1. 交货地点(point of delivery)：以"运输终端"为交货地点，例如进口国目的港码头或堆场、目的地机场、铁路终点站、货运终点站等。

2. 风险划分(division of risks)：在运输终端以"货物卸下并交由买方控制"为界划分风险。

3. 责任划分(allocation of responsibilities)。

(1) 办理运输：卖方负责与承运人签订运输合同，将货物运至进口国指定运输终端并卸下。

(2) 办理保险：卖方自行办理。按《2010 通则》的解释，卖方对买方无订立保险合同的义务，但因货物抵达进口国运输终端交由买方控制前的风险由卖方承担，因此通常由卖方自行投保。

(3) 进出口海关手续：各自办理。买卖双方各自负责本国的一切海关手续，包括取得出口(进口)许可证或其他官方批准证件。

4. 费用划分(allocation of costs)：卖方承担交货前所涉及的各项费用，买方承担交货后所涉及的各项费用。

(1) 运费：卖方负责支付将货物运至进口国指定运输终端的运费和卸货费。

(2) 保费：卖方自行支付。

(3) 进出口关税和相关费用：买卖双方各自承担。

(三) 使用 DAT 术语的注意事项

1. 正确理解 Terminal 一词的含义

要掌握并应用 DAT 术语,关键在于对 Terminal 一词的含义应有正确的理解。Terminal 意为"运输终端",也可译为"终点站"。"运输终端"可以是进口国目的港码头、目的地机场、仓库、集装箱堆场或公路的终点站、铁路终点站等任何地点,不论该地点有无遮盖。这样,DAT 术语指的是卖方负责将货物运至进口国指定的运输终端并卸下,将货物交由买方处置时,完成交货义务。

2. 尽可能清晰地约定"运输终端"的明确位置

为了避免不必要的纠纷,《2010 通则》建议双方当事人在订立买卖合同时尽可能地约定运输终端(终点站)的名称和站内的特定地点(specific point),并且在运输合同中作出相应的规定。

3. 注意卖方责任的限度

采用 DAT 术语成交时,卖方负责将货物运至进口国指定的运输终端并卸下、交由买方处置,这里应注意卖方负有卸货义务并承担合同约定的与卸货有关的费用,但卖方承担的责任以此为限。如果买卖双方希望由卖方再将货物从该运输终端搬运到另外的地点,并承担其间的风险和费用,则应当使用 DAP 或 DDP 术语。

二、DAP 术语

(一) 术语的含义

DAP 术语的英文全称为 Delivered At Place(insert named place of destination),中文意思是"目的地交货(插入指定目的地)",术语后应注明适用《2010 通则》。

按照《2010 通则》的解释,DAP 术语的含义是:卖方在指定目的地将运输工具上待卸的货物交由买方处置时,即完成交货义务。卖方承担将货物运至指定目的地前的一切风险。DAP 术语适用于包括公路、铁路、江河、海洋、航空运输在内的各种运输方式以及多式联运。

DAP 是《2010 通则》中新增的贸易术语,它旨在替代原《2000 通则》中的 DAF、DES 和 DDU 术语。DAP 的交货地点可以是两国边境的指定地点,也可以是在目的港的船上,还可以是进口国内的任一指定地点,因此 DAP 的适用范围很广。

(二) 买卖双方的主要义务

1. 交货地点(point of delivery):(进口国)指定目的地。

2. 风险划分(division of risks):在指定目的地以"货物待卸并交由买方控制"为界划分风险。

3. 责任划分(allocation of responsibilities)

(1) 办理运输:卖方负责与承运人签订运输合同,将货物运至合同约定的目的地特定交货地点。

(2) 办理保险：卖方自行办理。按《2010 通则》的解释，卖方对买方无订立保险合同的义务，但因货物抵达进口国指定地点交由买方控制前的风险由卖方承担，因此通常由卖方自行投保。

(3) 进出口海关手续：各自办理。买卖双方各自负责本国的一切海关手续，包括取得出口(进口)许可证或其他官方批准证件。

4. 费用划分(allocation of costs)：卖方承担交货前所涉及的各项费用，买方承担交货后所涉及的各项费用。

(1) 运费：卖方负责支付将货物运至进口国指定地点的运费和相关费用。

(2) 保费：卖方自行支付。

(3) 进出口关税和相关费用：买卖双方各自承担。

(三) 使用 DAP 术语应注意的问题

使用 DAP 术语时，主要应注意 DAP 与 DAT 的区别。二者主要有以下两方面不同：一是"卸货义务不同"，DAT 术语下卖方有义务将货物从运输工具卸下并交由买方处置，而 DAP 术语下卖方只是在目的地将运输工具上待卸的货物交由买方处置，无卸货义务；二是"交货地点不同"，DAT 术语下交货地点为进口国运输终端，而 DAP 的交货地点则为目的地任一指定地点，该任何地点可以是从两国边境起到买方仓库的任何地方，包括但不限于"运输终端"。可见，DAP 的交货地点比 DAT 交货地点的范围更广。

三、DDP 术语

(一) DDP 术语的含义

DDP 术语的英文全称为 Delivered Duty Paid(insert named place of destination)，中文意思是"完税后交货(插入指定目的地)"，术语后应注明适用《2010 通则》。

按照《2010 通则》的解释，DDP 术语的含义是：卖方在指定目的地，办理完进口清关手续，将交货运输工具上待卸的货物交由买方处置时，即完成交货义务。卖方承担将货物运至目的地指定地点前的一切风险和费用，并有义务办理货物的进出口清关、支付进出口关税、办理所有的海关手续。

DDP 是 11 种贸易术语中卖方承担风险、责任和费用最大的一种，它适用于包括公路、铁路、江河、海洋、航空运输在内的各种运输方式以及多式联运。

(二) 买卖双方的主要义务

1. 交货地点(point of delivery)：(进口国内)指定目的地。

2. 风险划分(division of risks)：在指定目的地以"货物待卸并交由买方控制"为界划分风险。

3. 责任划分(allocation of responsibilities)

(1) 办理运输：卖方负责订立运输合同，将货物运至合同约定的目的地的特定地点交货。

(2) 办理保险：卖方自行办理。按《2010 通则》的解释，卖方对买方无订立保险合同的义务,但因货物抵达进口国内指定地点交由买方控制前的风险由卖方承担,因此通常由卖方自行投保。

(3) 进出口海关手续:均由卖方负责办理并承担风险。

4. 费用划分(allocation of costs):卖方承担交货前所涉及的各项费用,买方承担受领货物之后所发生的各项费用。

(1) 运费:卖方负责支付将货物运至进口国内指定地点的运费和相关费用。

(2) 保费:卖方自行支付。

(3) 进出口关税和相关费用:均由卖方承担。

(三) 使用 DDP 术语应注意的问题

1. 关于办理保险的问题

DDP 是《2010 通则》的 11 种贸易术语中卖方承担风险、责任和费用最大的一种术语。按照 DDP 术语成交时,卖方对买方虽无订立保险合同的义务,但由于 DDP 是到达合同,卖方要承担货物到达目的地指定地点前的风险,为了使货物在运输途中遭受的风险能得到赔偿,一般情况下,卖方应办理货物运输保险。

2. 关于进口清关问题

在 DDP 交货条件下,卖方是在办理了进口结关手续后在目的地指定地点交货的,如果卖方直接办理进口手续有困难,可以要求买方协助办理。如果卖方不能直接或间接地取得进口许可证或进口核准书,则不应使用 DDP 术语。此外,如果双方当事人同意在卖方承担的义务中排除货物进口时应支付的某些费用(如增值税),应写明"Delivered Duty Paid, VAT Unpaid",即"完税后交货,增值税未付"。否则,任何增值税或其他应付的进口税款都由卖方承担。

第六节 贸易术语的性质及贸易术语的选用

一、贸易术语的性质与合同的性质

贸易术语是确定买卖合同性质的重要因素之一。一般来说,贸易术语的性质与买卖合同的性质是相吻合的。《2010 通则》下 11 种贸易术语的性质及这些术语项下对应的合同性质如表 6-6 所示。

表 6-6 贸易术语的性质与对应的合同性质

贸易术语	贸易术语的性质	买卖合同的性质
EXW	产地交货术语	产地交货合同(consignment contract)
FAS、FOB、CFR、CIF FCA、CPT、CIP	装运术语	装运合同(shipment contract)
DAT、DAP、DDP	到达术语	到达合同(arrival contract)

表 6-6 中,产地交货合同的特点是卖方在商品产地或卖方所在地(矿山、农场、酒庄、工厂、仓库等)完成交货;装运合同的特点是卖方按合同约定的时间在出口国指定地点将

货物装运后或交给指定的承运人后完成交货义务,合同中不承诺到货时间、不保证货物必然到达目的地或目的港;到达合同的特点是卖方必须在合同规定的期限内将货物送达指定的目的地,并承担货物交至该处为止的一切风险,在进口国国内完成交货义务。贸易术语的合同性质对判定买卖双方的责任义务和处理贸易争议都有重要作用。

二、选用贸易术语应考虑的主要因素

在国际贸易中,贸易术语是确定合同性质、决定交货条件的重要因素。作为交易的当事人,在选择贸易术语时主要应考虑以下因素。

(一) 考虑运输方式和货物装载方式

买卖双方选择何种贸易术语,与货物的运输方式有关。如果货物需采用空运、铁路运输、公路运输等非海运方式或多式联运方式来运送,则不应使用 FOB、CFR、CIF、FAS 这四个专门用于水上运输的术语,而应选用 FCA、CPT 或 CIP 等适用于任何运输方式或多式联运的术语。此外,贸易术语的选用还与货物的装载方式有关。例如,矿砂、木材、废铁等无法用集装箱运载的大宗初级产品因通常采用租船方式运送货物,可采用 FAS 术语或传统三术语;而当货物采用集装箱运输方式时,因卖方不可能在船边把货物交给买方指定的承运人,因此不应采用 FAS 术语。

(二) 考虑货源地距离港口的远近

贸易术语的选择与货源所在地有关。如货源地靠近沿海地区,可选用 FOB、CFR、CIF 等适合水上运输的术语。如货源地离港口较远却又选用 FOB 等水上运输术语,则卖方需承担从产地或货源地至港口这段路程的风险,货物在这段路途中如果遭受损失或灭失,卖方将无法如期履行在装运港船上交货的义务,从而处于极其被动不利的局面。因此,当货源地离港口较远时,应当首选 FCA 等向承运人交货的术语,使货物交给前来接货的第一承运人后,风险即得以转移至买方。

(三) 考虑运费因素

运费是商品价格的重要组成部分,在选用贸易术语时,应考虑货物经由路线的运费收取情况和运价变动趋势。一般来说,当运价看涨时,为了避免承担运价上涨的风险,可以选用 FCA、FOB 等由对方安排运输并支付运费的贸易术语;如因某种原因必须按我方安排运输、支付运费的术语成交,则应将运价上涨的风险考虑到货价中去,以免遭受运价变动损失。

(四) 考虑自身的风险承受能力

国际贸易中,货物运输路线长、风险大,每一种术语下买卖双方承担的风险和责任是不同的。六大常用术语(FOB、CFR、CIF、FCA、CPT、CIP)下双方责任及风险承担相对较为折中,因此是各行业广泛接受的贸易术语。若采用其他术语,要么卖方责任过大(例如 DAT、DAP、DDP 三种到达术语)、要么买方责任过大(例如 EXW),如自身的风险承受能力不足,则不要轻易采用。

(五) 考虑办理进出口清关手续的难易程度

《2010 通则》的 11 种术语下,多数由买卖双方各自办理本国的清关手续、各自支付关税和相关费用,但 EXW 和 DDP 术语存在一方当事人需办理对方国家海关手续的问题。此时应了解对方国家的相关规定,买方不能直接或间接办理出口报关手续时,不宜按 EXW 条件成交;卖方不能直接或间接办理进口清关手续时,则不宜采用 DDP 术语。

(六) 考虑船货的衔接和货物的安全

为了船货更好地衔接,可选择由我出口方办理运输的术语,这样可以根据自身组织货源的情况及时办理租船或订舱。此外,为了使"运输"与"保险"更好地衔接从而保障货物的安全,可考虑选择由我出口方办理保险的术语,此时不但不会产生漏保的情况,而且由出口方负责的国内运输途中遭遇的损失可依"仓至仓"条款获得赔偿。综合上述两点,为了"船货衔接"及"运输保险衔接",我出口方可选择 CIF 或 CIP 术语。

(七) 考虑客户的具体要求

当今世界中的商品贸易多数是典型的买方市场,卖方尽管从自身利益的角度希望选择这样或那样的贸易术语,但真正和国外客户谈判时,因明显处于弱势地位,往往只能按照国外买方指定的贸易术语成交,这种情况下卖方应结合购销意图,在风险能承受的情况下酌情考虑接受对方指定的贸易术语。

本章应知应会术语

1. trade terms   贸易术语

2. price terms   价格术语

3. International Law Association   国际法协会

4. International Chamber of Commerce,ICC   国际商会

5. Warsaw-Oxford Rules 1932(W. O. Rules 1932)   《1932 年华沙—牛津规则》

6. Revised American Foreign Trade Definitions 1990   《1990 年美国对外贸易定义修正本》

7. International Rules for the Interpretation of Trade Terms,INCOTERMS   《国际贸易术语解释通则》

8. EX Works,EXW   工厂交货

9. Free Alongside Ship,FAS   船边交货

10. Free On Board,FOB   装运港船上交货

11. Cost and Freight,CFR   成本加运费

12. Cost,Insurance and Freight,CIF   成本加保险费、运费

13. Free Carrier,FCA   货交承运人

14. Carriage Paid To,CPT　运费付至

15. Carriage and Insurance Paid To,CIP　运费、保险费付至

16. Delivered At Terminal,DAT　终点站交货,运输终端交货

17. Delivered At Place,DAP　目的地交货(插入指定目的地)

18. Delivered Duty Paid,DDP　完税后交货

19. string sales　链式销售

20. multiple sales　多次买卖

21. electronic record or procedure　电子记录或程序

22. security clearances　安全清关

23. chain of custody　监管链

24. chain of supply　供应链

25. delivery　交货

26. take delivery　提货

27. symbolic delivery　象征性交货

28. physical delivery　实际交货

29. place of delivery　交货地

30. point of delivery　交货点

31. delivery documents　交货单据

32. actual carrier　实际承运人

33. contracting carrier　订约承运人

34. freight forwarder　货运代理

35. dead freight　空舱费

36. demurrage　滞期费

37. shipping advice　装船通知

38. shipping instruction　装船指示

39. insurance premium　保险费

40. customs duty　关税

41. customs formalities　海关手续

42. customs declaration　报关

43. customs clearance　清关

44. Value Added Tax,V.A.T.　增值税

45. arrival contract　到货合同

46. shipment contract　装运合同

思　考　题

1. 什么是贸易术语? 贸易术语的作用何在?

2. 有关贸易术语的国际贸易惯例有哪几个? 哪一个国际贸易惯例包括的内容最多,

使用范围最广、影响最大？

3．国际贸易惯例与习惯做法的关系如何？国际贸易惯例是不是法律？

4．《2010 通则》中的 11 种贸易术语分别是哪几种？它们如何分类？

5．卖方承担责任最小和最大的术语分别是哪一种？卖方报价最低和最高的术语分别是哪一个？

6．以"装运港船上"为界划分风险的三个术语是什么？三者的递进关系如何？它们的异同点是什么？

7．《2010 通则》中 FOB 术语下关于"卖方交货义务"规定的变化是什么？

8．CFR 术语下隐藏着什么风险？如何规避？

9．CIF 术语称为"到岸价"有何不妥？为什么？

10．什么是实际交货？什么是象征性交货？象征性交货和实际交货的区别是什么？

11．以"货交承运人"为界划分风险的三个术语是什么？三者的递进关系如何？

12．"货交承运人三术语"与"传统三大贸易术语"的联系与区别是什么？

13．DAT 与 DAP 的主要区别是什么？

14．DDP 与 DAP 的区别是什么？

15．国际贸易中出口商选用贸易术语时应考虑哪些因素？

案例分析题

1．某公司以 FOB 条件进口一批货物。结果在目的港卸货时，发现货物有两件外包装破裂，里面的货物有被水浸泡的痕迹。经查证，外包装是货物在装船时因吊钩不牢掉到船甲板上的，因包装破裂导致里面的货物被水浸泡。问：在这种情况下，进口方能否以卖方没有完成交货义务为由向卖方索赔？在《2000 通则》和《2010 通则》下分别应由哪一方承担责任？

2．我某进出口公司向鹿特丹某贸易公司出口 2 000 箱蘑菇罐头，按 CFR 鹿特丹成交，合同规定保险由买方自理。6 月 6 日上午货物装船完毕，受载货轮于当日下午启航，业务员直至 8 日上午上班时才向鹿特丹客户发出装船通知。客户收到装船通知后向当地保险公司投保时，该保险公司经查获悉装载货物的船舶于 8 日凌晨 3 时遇难沉没，货物灭失，因而拒绝承保。客户随即致电我出口公司，说明货物灭失，要求我方承担一切损失。试分析我方应如何处理。

3．2011 年，我国某外贸公司对加拿大某进口商出口 600 公吨核桃仁，按 CIF 魁北克成交。由于该货季节性很强，到货的迟早会影响到货物的销售价格，因此买方要求在合同中规定："卖方需于 10 月 31 日前自中国港口装运，不得分批和转运，卖方保证载货船舶于 11 月 30 日前抵达魁北克。否则买方有权取消合同、拒收货物，如货款已经收妥，则须退还买方。"我出口公司考虑到这批货的成交量大，利润较高，因此接受了上述条款。问：我方与加拿大进口商签订的合同存在哪些问题？为什么？

4．我国某出口企业以 CIF 条件出口一批货物。货物自装运港启航不久后，载货船舶因遇海难而沉没。在这种情况下，我方仍将包括商业发票、保险单、提单在内的全套单据寄给买方,要求买方支付货款。问:进口方有无义务付款,为什么?

5. 我某进出口公司向马来西亚某贸易公司出口一批货物,按 FOB 宁波成交,装运期为 7 月份,集装箱装运。我方 7 月 13 日收到买方的装运通知,为及时装船,公司业务员于 7 月 14 日将货物存于宁波码头仓库。不料货物因当夜仓库发生火灾而全部灭失。问: (1)货损应由哪一方承担?(2)在该笔业务中,我方若采用 FCA 术语成交,是否需承担损失?为什么?(3)从本案中可以吸取什么教训?

6. 我国 A 公司向德国某客户发盘,供应餐具 800 套,每套 CIF 汉堡 50 美元,装运港厦门。现德商要求我方改报 FOB 厦门价。问:我出口公司对价格应如何调整?如果最后按 FOB 条件签订合同,买卖双方在所承担的责任、费用和风险方面有什么区别?

7. 我国 B 公司按照 FCA 条件进口一批急需的生产资料,合同中规定由卖方代办运输。结果在装运期满时,国外卖方来函通知无法租到船,不能按期交货。因此,B 公司向国内用户支付了 15 万元延期违约金。问:对我公司这 15 万元的损失,可否向国外卖方索赔?

8. 我国某企业出口一批货物到菲律宾,按 FCA 厦门机场成交。交货期 3 月。付款方式:凭航空公司的到货通知电汇付款。我出口企业 3 月 31 日将该手表运到厦门机场由航空公司收货并开具航空运单,我方随即以电子邮件方式向菲商发出装运通知。4 月 2 日货物抵达菲律宾,航空公司发出到货通知。此时正值这批货物的国际市场价格下跌,菲商以我方延迟交货为由拒绝付款。你认为菲商的拒付理由是否成立?

财 富 箴 言

1. When the economy changes, sometimes just innovative packaging can put excitement back in a category.

经济发生变化时,有时仅靠革新一下包装就能找回活力。

——拉里·扬(Larry Young,澎泉思蓝宝集团(Dr. Pepper Snapple)CEO)

2. You know where the global resources are, so in today's business you just play the integrator. You don't need to invest in non-core business.

在今日商界,在了解了全球性资源在哪里后,你只要当好一个整合者就行了。你不必在非核心领域投资。

——施振荣(宏碁集团创始人)谈新商业理念

第七章

国际货物运输

第一节 运输方式

国际货物运输方式多种多样，包括海洋运输、航空运输、铁路运输、公路运输、邮政运输、多式联运等。外贸工作者必须了解各种运输方式的基本特点及其运营的有关知识，才能在国际贸易业务中合理地选择运输方式。

一、海洋运输

在国际货物运输中，海洋运输因其通过能力强、运量大、运费低等优点，成为国际贸易中最主要的运输方式。目前，世界外贸海运量在国际贸易运输总量中占 80％左右，我国进出口货物的运输大都也采用海洋运输。从总体上看，无论是现在还是将来，海上货物运输在对外贸易中都将占据主导地位。

按照船舶经营方式的不同，海洋运输可分为班轮运输和租船运输两种。

(一) 班轮运输

班轮运输(liner transport)，又称定期船运输，是指船舶按照固定的船期表、沿着固定的航线和港口并按相对固定的运费率收取运费的运输方式。

班轮运输的特点如下：

1. "四固定"。即固定的船期表(sailing schedule)、固定的航线、固定的停靠港口和相对固定的运费率。这是班轮运输的基本特点。

2. "一负责"。货物由承运人负责配载和装卸，装卸费包含在运费内，船货双方不计算滞期费和速遣费。

3. 承运人和托运人双方的权利义务及责任豁免均以班轮公司签发的提单条款为依据。

4. 承载货物的品种繁多、数量灵活，可适应多种货物的运输要求。

实际业务中，从事班轮运输的承运人通常称为"船公司"，按运载力及市场份额计算，目前全球排名前十的船公司如表 7-1 所示。对全球知名的船公司有个大致的了解，是外贸从业人员的基本素养。

表 7-1 全球排名前 10 的集装箱船公司(截至 2013 年 8 月)

排名	班轮公司	国籍	运载力/TEU	船舶总数/艘	市场份额/%
1	APM-Maersk(马士基航运)	丹麦	2 623 020	582	15
2	MediterraneanShg Co(地中海航运)	意大利	2 379 276	490	13.6
3	CMA CGM Group(法国达飞轮船)	法国	1 512 891	433	8.6
4	Evergreen Line(长荣海运)	中国台湾	801 363	200	4.6
5	COSCO Container Line(中远集运)	中国	775 342	167	4.4
6	Hapag-Lloyd(赫伯罗特)	德国	725 592	152	4.1
7	Hanjin Shipping(韩进海运)	韩国	634 624	118	3.6
8	APL(美国总统轮船)	美国	628 622	121	3.6
9	CSCL(中海集运)	中国	603 334	140	3.4
10	MOL(商船三井)	日本	541 212	111	3.1

数据来源:Alphaliner

(二) 租船运输

租船运输(charter transport)又称不定期船(tramp)运输,它具有"四不固定"的特点,即无固定的船期表、无固定的航线、无固定的挂靠港口、无固定的运价表。船期、航线、挂靠港、运费均按租船人(charterer)和船东(ship owner)双方签订的租船合同(charter party)而定。租船运输通常适用于大宗货物的运输。

目前,国际租船运输主要包括定程租船(voyage charter)、定期租船(time charter)和光船租船(bare boat charter)三种。

1. 定程租船。又称"程租船"或"航次租船",是以航次为基础的租船方式。在这种方式下,由船东提供船舶,在指定港口之间进行一个或数个航次,承运指定的货物。程租船有以下几种租赁方式:

(1) 单程航次租船(single trip charter)

(2) 来回程航次租船(return trip charter)

(3) 连续航次租船(consecutive voyages)

(4) 包运合同:指船货双方订立合同包运某批货物,在约定的期限内,由船方派若干船只,按同样的租船条件完成运送任务。这也可视为若干个单程航次程租的综合。

2. 定期租船。简称"期租船",它是指船舶所有人将船舶出租给租船人使用一定时期,并且按租赁时间计收租金的租船运输。

3. 光船租船。光船租船也称船壳租船。租期内船东只负责提供空船,由租方自行配备船长、船员、提供工资给养、负责船舶的经营管理和航行各项事宜。在租期内,租船人对船舶有使用权和营运权。光船租船在性质上属于"财产租赁",实际业务中外贸公司采用"光船租船"方式运载货物的可能性微乎其微,通常是海运承运人在自身可供营运的船舶不足而购船资金又有限的情况下才会考虑光船租船。

近年来,国际上发展起一种介于航次租船和定期租船之间的租船方式,即航次期租(time charter on trip basis,TCT),这是以完成一个航次运输为目的,按完成航次所耗费的时间,按约定的租金率计算租金的一种租船方式。

二、航空运输

国际航空货物运输作为一种现代化运输方式,具有许多其他运输方式无可比拟的优越性,如运输速度快、货运质量高、不受地面条件影响、安全准确等。随着国际货运技术现代化水平的提高,空运方式日趋普遍。

航空货物运输方式主要分为以下几种:

1. 班机运输

班机运输(scheduled airline)是指在固定的航线上定期航行的航班。与班轮运输相似,班机运输具有固定的航期、固定航线、固定始发站和到达站、一定时期内运费相对固定的特点,适用于运送急需物品、鲜活易腐货物以及季节性强的货物。

2. 包机运输

包机运输(chartered carrier)是指包租整架飞机或由几个发货人(或航空货运代理公司)联合包租一架飞机来运送货物的运输,可分为"整机包机"和"部分包机"两种形式,前者适用于运送数量较大的商品,后者适用于多个发货人、且货物到达站相同的货物运输。

3. 集中托运

集中托运(consolidation)指航空货运代理公司将若干批单独发运的货物组成一整批,向航空公司办理托运,采用一份航空总运单集中发运到同一目的站,由集中托运人在目的地指定的代理人收货,再根据集中托运人签发的航空分运单分拨给各实际收货人的运输方式。

4. 航空快递业务

航空快递业务(air express service)是目前国际航空运输中最快捷的运输方式。它不同于航空邮寄和航空货运,而是由快递公司与航空公司合作,设专人用最快的速度在货主、机场、收件人之间传送急件,被称为"桌到桌运输"(desk to desk service)。航空快递运输业务特别适用于急需的药品、医疗器材、贵重物品、图纸资料、货样及单证等的传送。

三、铁路运输

铁路运输是一种仅次于海洋运输的主要运输方式。与其他运输方式相比,铁路运输具有运量大、速度较快、受气候影响小、运输风险较小、办理手续简单的特点。

铁路运输可以分为国际铁路货物联运和国内铁路货物运输。

1. 国际铁路货物联运

国际铁路货物联运(international railway cargo through transport)是指货物在运输中需要经过两个或两个以上的国家,使用一份铁路联运运单,发货人办理完托运后,由各国铁路运输部门以连带责任办理货物跨国全程运输,中途不需收货人和发货人的参与。

上述定义中,"连带责任"可理解为货运所在国的铁路运送部门全权负责货物在其辖区内的装卸、运输、入境出境手续以及与前段、后段铁路运输部门的交接手续。这里的"连带"有"连续"、"连贯"和"承上启下"的含义[1]。

采用国际铁路联运,有关当事国事先必须有书面约定。目前我国参加的国际铁路联运主要有我国同蒙古、朝鲜、越南、苏联及东欧国家共同签订的《国际铁路货物联运协定》(简称《国际货协》)。国际铁路联运中另一重要条约是欧洲各国签订的《国际铁路货物运送公约》(简称《国际货约》)。这些协定的签订为欧亚大陆间铁路联运提供了便利的条件。

2. 国内铁路货物运输

国内铁路货物运输是指仅在本国范围内按《国内铁路货物运输规程》的规定办理的货物运输。我国出口货物经铁路运输至港口装船及进口货物卸船后经铁路运往各地,均属国内铁路运输的范畴。

四、集装箱运输

集装箱运输(container transportation)是以集装箱为单位进行货物运输的现代化运输方式。它适用于海洋运输、铁路运输、公路运输、内河运输及国际多式联运等,并以高效、快速、低价、安全而被世界许多国家或地区广泛采用和推广。

(一) 集装箱的含义及主要种类

集装箱是一种大型的装货容器,其外形像一个箱子,可将货物集中装入箱内,故称集装箱。外贸实务界及物流界将其称为"货柜"。

集装箱的种类繁多,常用的有干货集装箱和冷冻集装箱两种。

1. 干货集装箱

干货集装箱(dry cargo container)是一种通用集装箱,用以装载除液体货、需要调节温度的货物及特种货物以外的一般件杂货。干货集装箱的适用范围极广,占集装箱总数的 70%~80%,其结构特点是"封闭式"、一端或侧面设有箱门。

2. 冷冻集装箱

冷冻集装箱(reefer container)是专门为冷冻货或低温货的运输要求而设计的集装箱,分为带有冷冻机的内藏式机械冷藏集装箱和不带冷冻机的外置式机械冷藏集装箱,温度可在 $-28\text{℃}\sim+26\text{℃}$ 之间。冷冻集装箱适合在夏天运载黄油、巧克力、冷冻鱼肉、冻蔬菜、炼乳等需冷藏的货物。

除干柜和冻柜外,集装箱的种类还有罐式集装箱、散货集装箱、台架式集装箱、平台集装箱、敞顶集装箱、汽车集装箱、牲畜集装箱等。

(二) 常用的集装箱术语及其含义

集装箱运输方式下,常见的术语主要有以下六种(如表 7-2 所示)。当集装箱运输与海洋运输相结合时,这些术语经常出现在海运提单上,对托运人和收货人正确理解某票货物的运输细项有着重要的提示作用,应当引起外贸工作者和学习者的重视。

---

〔1〕 参见:田运银,《国际贸易实务精讲》(第 5 版),第 87 页,中国海关出版社。

表 7-2 常用的集装箱术语

缩　写	英文全称	中文翻译
TEU	Twenty-foot Equivalent Unit	20 英尺标准集装箱
FEU	Forty-foot Equivalent Unit	40 英尺标准集装箱
FCL	Full Container Load	整箱货
LCL	Less Than Container Load	拼箱货
CY	Container Yard	集装箱堆场
CFS	Container Freight Station	集装箱货运站

1. TEU：20 英尺标箱,俗称"小柜"。TEU 是集装箱的基本单位。实际业务中,当提单上显示"1X20'FCL"时,表示货物装入一个 20 英尺标箱,箱内货物为整箱货。

2. FEU：40 英尺标箱,俗称"大柜"。40 英尺的集装箱有普柜和高柜之分,实际业务中当提单上显示"1X40'HQ"时,表示货物装入一个 40 英尺的高柜,HQ 即"加高集装箱"之意。

3. FCL：整箱货,指满足四个"同一"的货物[1]——由同一个托运人托运,装载于同一个集装箱,运往同一个目的港或目的地,由同一个收货人收取的货物。

4. LCL：拼箱货,指货量不足一整箱,需由承运人在集装箱货运站(CFS)负责将不同发货人的少量货物拼在一个集装箱内,货到目的地后,再由承运人拆箱分拨给各收货人的货。严格地说,只要上述四个"同一"的条件有任意一项不满足的,就称为"拼箱货"。

5. CY：集装箱堆场,指堆放集装箱的场所。

6. CFS：集装箱货运站,指拼箱货装箱和拆箱的场所。

(三) 集装箱货物的交接方式

1. 按货物的装箱方式划分,集装箱货物的交接方式可分为以下几种。

(1) 整箱交/整箱接(FCL/FCL)：指发货人整箱交货,收货人整箱接货。

(2) 整箱交/拆箱接(FCL/LCL)：指发货人整箱交货,收货人拆箱接货。

(3) 拼箱交/整箱接(LCL/FCL)：指发货人拼箱交货,收货人整箱交货。

(4) 拼箱交/拆箱接(LCL/LCL)：指发货人拼箱交货,收货人拆箱接货。

2. 按承运人收取货物及交付货物的地点,集装箱货物的交接方式分为表 7-3 所示的几种。

表 7-3 集装箱货物交接方式一览表

缩　写	英文全称	中　文	承运人提供运输服务的起止地点
D/D	Door to Door	门到门	由发货人仓库至收货人仓库
D/CY	Door to CY	门到场	由发货人货仓或工厂仓库至目的地的集装箱堆场
D/CFS	Door to CFS	门到站	由发货人货仓或工厂仓库至目的地集装箱货运站
CY/D	CY to Door	场到门	由起运地集装箱堆场至收货人仓库
CY/CY	CY to CY	场到场	由起运地集装箱堆场至目的地集装箱堆场
CY/CFS	CY to CFS	场到站	由起运地集装箱堆场至目的地集装箱货运站
CFS/D	CFS to Door	站到门	由起运地集装箱货运站至收货人仓库
CFS/CY	CFS to CY	站到场	由起运地集装箱货运站至目的地集装箱堆场
CFS/CFS	CFS to CFS	站到站	由起运地集装箱货运站至目的地集装箱货运站

---

〔1〕 对装箱货和拼箱货的定义参照田运银《国际贸易实务精讲》(2012)第 82 页以及李昭华《国际贸易实务》(2012)第 41 页。

五、国际多式联运

(一) 国际多式联运的含义

国际多式联运(international multimodal transportation,international combined transport)是在集装箱运输的基础上产生并发展起来的一种综合性的连贯运输方式,它通常以集装箱为媒介,把各种单一的运输方式有机结合起来。根据《联合国国际货物多式联运公约》所给出的定义,国际多式联运是指按照多式联运合同,以至少两种不同的运输方式,由多式联运经营人将货物从一国境内接管货物的地点运至另一国境内指定的交付货物地点的一种运输方式。

(二) 构成国际多式联运的条件

构成国际多式联运,应具备下列条件:

1. 必须有一个多式联运合同。多式联运合同(multimodal transportation contract)是指多式联运经营人与托运人之间订立的凭以收取运费、负责完成或组织完成国际多式联运的合同,合同中明确规定了多式联运经营人和托运人之间的权利、义务、责任和豁免。

2. 必须由一个多式联运经营人对全程运输负总的责任。国际多式联运方式下某段运输出现问题时,托运人并非直接与该段承运人联系,而是找多式联运经营人(multimodal transportation operator)进行交涉。多式联运经营人可以是某段运输的实际承运人(如海运承运人),也可以是无船承运人(non-vessel operating common carrier,NVOCC),由其将全程运输交由各段实际承运人分别承载。

3. 必须使用一份包括全程的多式联运单据。国际多式联运方式下,托运人并非从各段承运人处获得各段的运输单据,例如,采用"海洋-铁路-航空"联运方式时,托运人发货后并非获得"提单、铁路运单、航空运单"三种运输单据,而是获得由多式联运承运人签发的一份包括全程的多式联运运单。

4. 必须是全程单一的运费费率。托运人一次性向多式联运经营人支付托运货物的全程运杂费,而不是分段向各段承运人分别支付运费。

5. 必须是两种或两种以上不同运输方式的连贯运输。

6. 必须是国际间的运输。仅限于国内的运输,哪怕涉及两种或两种以上不同方式的连贯运输,也不能划归"国际多式联运"的范畴。

(三) 关于多式联运的公约与规则

1.《联合国国际货物多式联运公约》

《联合国国际货物多式联运公约》是世界上第一个关于多式联运的公约,它是在联合国贸发会议的主持下起草,于1980年5月24日在日内瓦举行的联合国国际联运会议上,经与会的84个贸易和发展会议成员国一致通过的。我国参加了公约的起草并在最后文件上签了字。《联合国国际货物多式联运公约》旨在调整多式联运经营人和托运人之间的权利、义务关系以及国家对多式联运的管理。

2.《国际集装箱多式联运惯例规则》

《国际集装箱多式联运惯例规则》由中国交通部和铁道部共同颁布,并于1997年10月1日开始实施。

六、其他运输方式

1. 公路运输

公路运输(road transportation)是指使用汽车在公路上运送货物的运输方式,这种方式机动灵活、简捷方便,在短途货物集散运转上,它比铁路、航空运输具有更大的优越性,尤其是在"门到门"的运输中,其重要性更为显著。公路运输是连接铁路、水运、航空运输的起端和末端不可缺少的条件,但公路运输也有一定的不足,如载重量小、不适宜长途运输、车辆运行过程中震动较大易造成货损货差等。

2. 内河运输

内河运输(inland water transportation)是水上运输的重要组成部分,是指船舶在江河航线之间经营客运和货运业务。内河运输是连接内陆腹地与沿海地区的纽带,也是边疆地区与邻国边境河流的连接线,在进出口货物的运输和集散中起着重要的作用。与海洋运输相比,内河运输方式下船舶吨位较小,但是成本低、耗能小,风险也相对较低。

3. 邮政运输

邮政运输(parcel post transportation)是一种较简便的运输方式,它适用于重量轻、体积小的货物的传递。国际邮政运输具有国际多式联运和"门到门"运输特点。托运人只需按邮局章程一次托运、一次付清足额邮资,取得邮政包裹收据(parcel post receipt),交付手续即告完成。邮件到达目的地后,收件人可凭邮局到件通知向邮局提取。各国邮政部门之间订有协定和合约,通过这些协定和合约,各国的邮件包裹可以互相传递,从而形成国际邮包运输网。

4. 大陆桥运输

大陆桥运输(land bridge transportation)是指使用横贯大陆的铁路(公路)运输系统作为中间桥梁,把大陆两端的海洋连接起来的集装箱连贯运输方式。大陆桥运输具有运费低廉、运输时间短、货损货差率小、手续简便等特点。世界上最大的三条大陆桥运输路线是西伯利亚大陆桥、新欧亚大陆桥和北美大陆桥。

5. OCP 运输

OCP 是 Overland Common Points 的缩写,译为"陆路共通点",它是美国大陆桥运输的形式之一。OCP 的运输过程,就是远东地区出口到美国的货物海运至美国西部港口(旧金山、西雅图或洛杉矶)卸货,再通过陆路运输(主要是铁路运输)向东运至指定的内陆地区。按 OCP 条款运输,可享受比直达西海岸港口更优惠的内陆运输费率,一般约低3%～5%。采用 OCP 条款运输的条件是:

(1) 货物最终目的地必须属于 OCP 地区范围;

(2) 货物须经由美国西海岸港口中转;

(3) 提单备注栏及货物唛头应注明最终目的地,例如 CIF Seattle(OCP Detroit)。

6．管道运输

管道运输（pipeline transportation）是指货物在管道内借助高压气泵的压力输往目的地的一种运输方式，主要适用于运输液体和气体货物。管道运输具有高度专业化、单向运输、输送能力大、输送速度快、损耗少的特点，但前期固定投资比较大。目前，欧美许多国家及石油输出国组织的石油运输均采取这种运输方式。

第二节　运　费　核　算

一、海洋运输的运费

(一) 散杂货班轮运费的计算

班轮运费包括基本运费和附加费两部分。

1. 基本运费

基本运费指货物从装运港到卸货港所应收取的运费，它是构成全程运费的主要部分。基本运费按班轮运价表（liner's freight tariff）规定的标准计算收取。班轮运价表也称班轮运费率表，是班轮公司收取运费、货方支付运费的计算依据。在班轮运价表中，不同商品的计费标准是不一样的，例如，有的商品按重量（W）计费，有的商品按体积（M），有的则按价格（A. V.）计费。总体而言，基本运费的计收方法有表 7-4 所列的几种。

表 7-4　散杂货基本运费的计收方法[1]

计收方法	表示方法	含　义	适用货物
重量法	W	按货物毛重计收，即按重量吨（weight ton）计收	重金属、建材等
体积法	M	按货物体积或容积计收，即按尺码吨（measurement ton）计收	纺织品、日用百货、家具等
从价法	A. V. / Ad Val	按货物价格的一定百分比收取	古玩、精密仪器等贵重物品
选择法	W/M，W/M/A. V.	按货物的毛重或体积择高收费；或按重量、体积、价格三者择高收费	货物存在不确定因素
综合法	W/M plus A. V.	按货物重量或尺码择其高者，再加上从价运费	特殊商品
计件法	per unit, per head	按货物的件数计收	活畜牲、车辆等
议定法	open rate	按托运人和船公司临时洽商议定的价格计收	农副产品、矿产品等

应当注意的是，如果不同商品混装在同一包装内，则全部运费按其中较高者计收。同一种商品如包装不同，其计费标准及等级也不同。托运人应按不同包装分列毛重及体积，才能分别计收运费，否则全部货物均按较高者收取运费。同一提单内如有两种或两种以上不同货物，托运人应分别列出不同货物的毛重或体积，否则全部将按较高者收取运费。

---

〔1〕 参见：莫莎，《国际贸易实务》2008 年版，第 115 页，东北财经大学出版社。

2．附加费

附加费是对一些需要特殊处理的货物或由于突发事件或客观情况的变化使运输成本增加，班轮公司为弥补损失而额外加收的费用。附加费的种类很多，而且随着客观情况的变化而变化。表 7-5 所示为几种常见的附加费及其含义。

表 7-5　常见的附加费及其含义

附　加　费	含　　义
燃油附加费（bunker adjustment factor，BAF）	承运人因石油涨价导致运输成本增加而向托运人加收的费用
货币贬值附加费（currency adjustment factor，CAF）	承运人因运费的计价货币汇率贬值导致实际收入减少而向托运人加收的费用
旺季附加费（peak season surcharge，PSS）	承运人因旺季时期舱位紧张、供不应求而向托运人加收的费用
港口拥挤附加费（port congestion surcharge，PCS）	承运人为弥补由于港口拥挤造成的船期延长、运输成本增加等损失而向货方加收的费用
超重附加费（overweight surcharge）	由于单件货物重量超过一定限度而加收的费用
超长附加费（over-length surcharge）	由于单件货物的长度超过一定限度而加收的费用
直航附加费（direct additional）	承运人应托运人要求将大宗货物直接运达非基本港卸货而加收的费用
转船附加费（transshipment surcharge）	承运人因货物在中转港办理换装和转船手续导致作业费增加而向托运人加收的费用
选港附加费（optional surcharge）	因运输合同中订立了两个或以上选卸港从而需在积载方面给予特殊安排而向托运人加收的费用
变更卸货港附加费（change of destination surcharge）	因托运人在货物运输途中要求变更卸货港而向其加收的费用

各种附加费的计算方法主要有两种：一种是以百分比表示，即在基本运费的基础上增加一个百分比，例如：每运费吨的基本运费为 USD60.00，另外加收 25％ 的燃油附加费；另一种是用绝对数表示，即每运费吨增加若干金额，可以与基本费率直接相加计算，例如：每运费吨的基本运费 USD100.00，另加收 USD15.00 货币贬值附加费，则每运费吨应收取 USD115.00 运费。应当注意的是，货币贬值附加费的计算较为特殊，它是在"基本运费与所有附加费之和"的基础上计算的附加费，其理由在于，既然运费的计价货币贬值了，那么基本运费和其他附加费就都存在贬值的问题，因此都需要计算货币贬值附加费（CAF）。

例　我国某出口商从厦门出口 1 000 箱货物到美国西雅图。已知该批货物每箱体积为 55cm×45cm×38cm，每箱毛重为 90kg，计费标准为 W/M，每运费吨的基本运费为 USD60.00（即 60 美元），另加收燃油附加费（BAF）20％，货币贬值附加费（CAF）10％。试计算这批货物的总运费。

解

该批货物总体积 $M = 0.55 \times 0.45 \times 0.38 \times 1\,000 = 94.05$（CBM）[1]

---

〔1〕　立方米

该批货物总重量 $W=0.090×1\,000=90(M/T)^{[1]}$

$M>W$,所以应按货物的体积计收:

基本运费$=94.05×60=5\,643.00$(美元)

燃油附加费$=5\,643×20\%=1128.6$(美元)

货币贬值附加费$=(5\,643+1\,128.6)×10\%=677.16$(美元)

总运费=基本运费+燃油附加费+货币贬值附加费

$\qquad=5\,643+1\,128.6+677.16$

$\qquad=7\,448.76$(美元)

应当注意的是,上述例题只是件杂货(散货)班轮运输运费的计收方法,应与集装箱班轮运费的计算相区别。

(二) 集装箱班轮运费的计算

20 世纪 90 年代中期开始,国际海洋班轮运输货物大多数是通过集装箱运输的,运费的计算也大为简化。目前集装箱海运运费基本上分为两大类:一类适用于整箱货,即以每个集装箱为计费单位,采用"包箱费率"加"附加费"的计算方法;另一类适用于拼箱货,即以运费吨为计费单位,沿用传统的散杂货运费计算方法。总的趋势是"包箱费率"的计算方法逐步取代了传统散杂货运费的计算方法。以下介绍三种常见的包箱费率。

1. FAK 包箱费率(freight for all kinds)。即以每个集装箱为计费单位,对每一集装箱不细分箱内货物的货类级别,不计货量(在重量限额范围内),只按箱型和集装箱尺寸统一规定费率。例如:从厦门出口至德国汉堡的普通货物不分货类,统一报价"小柜(20'GP) USD1600"、"大柜(40'GP)USD3100"等。

2. FCS 包箱费率(freight for class)。即按不同货物等级制定的包箱费率。

3. FCB 包箱费率(freight for class & basis)。即按不同货物等级或货物类别以及计算标准制定的费率。

(三) 租船运费的计算

租船运输有程租船、期租船和光船租船三种。采用期租船运输货物时,租船人实际上支付的是"租金",租金按月(或 30 天)、按日(一般每半个月预付一次)或按每载重吨(DWT)的若干金额计算。采用光船租船方式时,因光船租船实际上是一种财产租赁,因此租船人支付的并非"运费"而是长期租赁的租金。这里主要介绍程租船的运费及相关费用。

1. 程租船的运费

程租船运费的计算方法有两种,一种是按规定运费率(rate freight),即按每单位重量或单位体积规定的运费额计算,同时还要规定运费是按照装船重量(taken quantity)还是卸船重量(delivered quantity)计算,运费是预付或到付等;另一种是整船包价(lump-sum freight),即规定一笔整船运费,船东保证船舶能提供的载货重量和容积,不管租方实际装货多少,均按整船包价支付。

---

[1] 公吨

2.程租船的装卸费

程租船运输方式下,有关货物的装卸费由租船人和船东协商确定后在程租船合同中做出明确规定,具体做法是在租船合同中选用表7-6的术语明确规定船方是否承担装卸费及理舱费、平舱费等。

表7-6　程租船装卸费术语

术语缩写	术语全称	术语含义
	Liner terms	班轮条件
F. I.	Free In	船方管卸不管装
F. O.	Free Out	船方管装不管卸
F. I. O.	Free In and Out	船方不管装不管卸
F. I. O. S. T.	Free In and Out,Stowed and Trimmed	船方不负担装卸费、理舱费、平舱费

3.滞期费和速遣费

程租船方式下,除了采用 Liner terms 术语外,其余四种术语都涉及租船人自行负责装货和(或)卸货的问题,此时租船人装卸货时间的长短将影响船舶的使用周期和在港费用,直接关系到船方的利益。因而,为了督促租船人快装快卸,程租船合同中通常会规定装卸时间(lay days)、滞期费(demurrage)和速遣费(dispatch money)。

装卸时间即租船合同中规定租船人应完成装卸作业的期限。在规定的装卸期限内,如果租船人未能完成装卸作业,导致船舶在港停泊时间延长,给船方造成经济损失,则对超过的时间租船人应向船方支付一定的罚款,这种罚款即成为滞期费;反之,如租船人在约定的装卸时间内提前完成装卸任务,使船方节省了船舶在港的费用开支,船方则向租船人支付一定金额的奖金,这就是"速遣费"。按惯例,速遣费一般为滞期费的一半。

二、航空运费核算

随着现代运输技术的发展,国际货物以航空方式运送的比例明显增加,学会核算航空运费是出口商正确对外报价的基础。核算航空运费时,首先要区分"航空运价"与"航空运费"这两个不同的概念。航空运费是空运承运人为承运货物收取的报酬,而计算运费的单价(或费率)则称航空运价。

(一) 航空运价的含义

航空运价是计算航空运费的单价,它一般以千克或磅为计算单位。航空运价仅包括机场与机场间(airport to airport)的空中费用,不包括承运人、代理人或机场收取的其他费用,也不包括提货、报关、接交和仓储费用等额外费用。航空运价只适用于单一方向。

(二) 航空运价的主要种类

针对航空运输货物的不同性质与种类,主要的航空运价有以下四类:

1. 一般货物运价(或普通货物运价)(general cargo rate,GCR),它是为一般货物制定的,仅适用于普通货物的运价。

2. 特种货物运价或指定商品运价（special cargo rate；specific commodity rate，SCR），这是一种优惠性质的运价，通常比普通货物运价低。

3. 等级货物运价（class cargo rate，CCR），指规定地区范围内，在普通货物运价的基础上附加或附减一定百分比作为某些特定货物的运价。只有当某种货物没有指定商品运价可适用时，方可选择适合的等级货物运价。

4. 集装箱货物运价（unitized consignment rate，UCR），指航空货物以集装箱方式装动时适用的运价。

(三) 航空运价的主要代码

1. M（minimum charge）：起码运费（未达到起码运费的按起码运费收取）。

2. N（normal rate）：一般运价，指 45kg 以下货物适用的普通货物运价。

3. Q（quantity rate）：折扣运价，指 45kg 和 45kg 以上货物适用的普通货物运价。

4. C（specific commodity rate）：指定商品运价，又称"特种运价"。

5. R（class rate reduction）：折扣等级运价，指低于普通货物运价的等级货物运价。

6. S（class rate surcharge）：附加等级运价，指高于普通货物运价的等级货物运价。

(四) 普通货物航空运费的计算

空运货物一般按托运货物的重量或体积计收运费。具体说，计算航空运费时，可按如下步骤进行：第一步，求出货物的体积（cm³）；第二步，算出体积重量，即按每 6 000cm³ 折合 1kg 计算；第三步，将货物的"实际毛重"与"体积重量"相比，两者选择高者作为计费重量，不足 0.5kg 的按 0.5kg 算，超过 0.5kg 不足 1kg 的按 1kg 计算；第四步，从公布的航空运价表中选择对应档次的运价，将适用的运价与计费重量相乘，从而得出某一批货物的航空运费。航空货物运费计算公式如下：

$$货物运费＝适用的运价×计费重量$$
$$计费重量＝"实际毛重"与"体积重量"二者择其高$$

$$体积重量＝\frac{货物体积}{6\ 000cm^3/kg}$$

例题：Routing：SHANGHAI，CHINA (SHA) to PARIS，FRANCE (PAR)

Commodity：TOYS

Gross Weight：5.8kg

Dimension：40cm×30cm×24cm

公布运价如下：

SHANGHAI	CN		SHA
Y. RENMIBI	CNY		kg
PARIS	FR	M	320.00
		N	50.22
		45	41.43
		300	37.90
		500	33.42
		1 000	30.71

解   Volume(体积)：40cm×30cm×24cm＝28 800(cm³)

Volume Weight(体积重量)：28 800÷6 000＝4.8(kg)

Gross Weight(毛重)：5.8kg

Chargeable Weight(计费重量)：6.0kg

Applicable Rate(适用运价)：GCR　N　CNY[1] 50.22/kg

Weight Charge(航空运费)：6.0×50.22＝CNY301.32

Minimum Charge(起码运费)：CNY320.00

计算出的运费低于起码运费,按起码运费收取,因此此票货的航空运费应为CNY320.00。

三、国际铁路联运货物的运费计算

联运货物的运输费用有如下规定:发送国铁路的运送费用,按发送国铁路的国内运价计算;到达国铁路的运送费用,按到达国铁路的国内运价计算;过境国铁路的运送费用,按《国际货协统一过境运价规程》(简称《统一货价》)的规定计算。

(一) 过境运费的计算

过境运费的计算按《统一货价》规定计算,其计算程序是

1. 根据运单上载明的运输路线,在过境里程表中,查出各通过国的过境里程。

2. 根据货物品名,在货物品名分等表中查出其可适用的运价等级和计费重量标准化。

3. 在慢运货物运费计算表中,根据货物运价等级和总的过境里程查出适用的运费率。

其计算公式为

$$基本运费额＝货物运费率×计费重量$$

$$运费总额＝基本运费额×(1＋加成率)$$

加成率是指运费总额应按托运类别在基本运费额基础上所增加的百分比。快运货物运费按慢运运费加100％,零担货物加50％后再加100％。随旅客列车挂运整车费,另加200％。

(二) 国内段运费

国内段运费按我国的《铁路货物运价规则》计算,其程序是:

1. 根据货物运价里程表确定发到站间的运价里程。一般应根据最短路径确定,并需将国境站至国境线的里程计算在内。

2. 根据运单上所列货物品名,查找货物运价分号表,确定适用的运价号。

3. 根据运价里程与运价号,在货物运价表中查出适用的运价率。

4. 计费重量与运价率相乘,即得出该批货物的国内运费,其计算公式为:运费＝运价率×计费重。

四、公路运输运费的计算

公路运费费率分为整车(FCL)和零担(LCL)两种,后者一般比前者高30％～50％。

---

〔1〕 CNY：人民币的货币代码。

按我国公路运输部门的规定,一次托运货物在 2.5t 以上的为整车运输,适用整车费率;不满 2.5t 的为零担运输,适用零担费率。整车轻泡货物的运费按装载车辆核定吨位计算;零担轻泡货物计算"体积重量",即每 4cm³ 折合一千克,以千克为计费单位。此外,还有包车费率(lump-sum rate),按车辆使用时间计算。

第三节　运　输　单　据

运输单据是承运人收到承运货物后签发给出口商的重要单据。不同的运输方式使用的运输单据各有不同,主要有海运提单、海运单、航空运单、铁路运输单据、多式联运单据、邮政收据等。

一、海运提单

海运提单(bill of lading,或 B/L),简称提单,是指由船公司或其代理人签发的,证明已收到特定货物,允诺将货物运到特定目的地并交付给收货人的凭证。

(一) 海运提单的性质和作用

海运提单的性质和作用可以概括为以下三个方面:

(1) 货物收据(cargo receipt)。提单是承运人或其代理人签发的货物收据,证明承运人已经收到或接管提单上所列的货物。

(2) 物权凭证(title document)。提单是一种货物所有权的凭证,在法律上具有物权证书的作用,货物抵达目的港后承运人应向提单的合法持有人交付货物。提单可以通过背书转让,从而转让货物的所有权。提单的合法持有人亦可凭提单向银行办理抵押贷款或叙做押汇。

(3) 运输契约的证明(evidence of contract of carriage)。提单是承运人与托运人之间订立运输契约的证明。提单条款明确规定了承运人和托运人之间的权利、责任与豁免,是处理他们之间有关海洋运输方面争议的依据。

(二) 海运提单的内容

海运提单包括班轮提单和租船合同项下的提单两种。班轮提单除正面列有有关货物与运费等记载项目外,背面还有印就的涉及承运人和托运人、承运人与收货人之间的权利、义务和责任豁免的条款;租船提单仅在正面列有简单的记载事项,而背面则无印就的条款。以下仅介绍班轮提单。

1. 班轮提单正面内容

(1) "人"(对当事人的描述)

① 托运人(shipper)

② 收货人(consignee)

③ 被通知人(notify party)

④ 承运人(carrier)

(2)"船"(对运输状况的描述)

① 船名及航次(name of vessel and voyage)

② 收货地(place of receipt)

③ 装运港(port of loading)

④ 卸货港(port of discharge)

⑤ 交货地(place of delivery)

上述"收货地"指的是承运人向托运人收取货物的地点,"交货地"指的是承运人向收货人交付货物的地点。

(3)"货"(对货物状况的描述)

① 货名(description of goods)

② 件数和包装种类(number and kind of packages)

③ 唛头(shipping marks)

④ 重量和尺码(gross weight,measurement)

⑤ 集装箱号(container No.)

⑥ 封铅号(seal No.)

(4)"费"(对基本运费和附加费的描述)

① 运费和费用(freight and charges)

② 运费预付或运费到付(freight prepaid or freight collect)

(5)"单"(对提单的相关描述)

① 提单字样(bill of lading)

② 对提单性质的醒目提示(not negotiable unless consigned to order[1])

③ 提单号码(B/L No.)

④ 正本提单份数(number of original B(s)/L)

⑤ 签发地及签发日期(place and date of Issue)

⑥ 提单签名(signature)

2. 班轮提单背面条款

定义条款(definition clause),管辖权条款(jurisdiction clause),责任期限条款(duration of liability),运费和其他费用(freight and other charges),自由转船条款(transshipment clause),错误申报(inaccuracy in particulars furnished by shipper),承运人责任限额(limit of liability),共同海损(general average),美国条款(american clause),舱面货、活动物和植物(on deck cargo,live animals and plants)等。

3. 关于提单的国际公约

由于提单的利害关系人常分属于不同国籍,提单的签发地或起运港和目的港又分处于不同的国家,一旦当事人发生争议或涉及诉讼,就会产生提单的法律适用问题,因此,统一各国有关提单的法规具有重要意义。目前有关提单及海上货物运输的国际公约主要有《海牙规则》、《维斯比规则》、《汉堡规则》及《鹿特丹规则》。

---

[1] 意指"指示提单方可转让",其言下之意是"记名提单不可转让"。

（1）《海牙规则》（Hague Rules）。《海牙规则》的全称是《统一提单若干法律规定的国际公约》，1924 年 8 月由 26 个国家在布鲁塞尔签订，1931 年 6 月生效。由于公约草案 1921 年在海牙通过，因此定名为《海牙规则》。《海牙规则》使得海上货物运输中有关提单的法律得以统一，在促进海运事业发展、推动国际贸易发展方面发挥了积极作用，是最重要的且目前仍被普遍使用的国际公约，我国于 1981 年承认该公约。海牙规则的特点是较多地维护了承运人的利益，从而造成风险分担的不均衡。

（2）《维斯比规则》（Visby Rules）。《维斯比规则》的全称是《关于修订统一提单若干法律规定的国际公约的议订书》，1968 年 2 月在布鲁塞尔通过，于 1977 年 6 月生效。它主要对《海牙规则》的使用范围、赔偿金额、集装箱运输的赔偿计算单位以及承运人的责任限制、提单的证据效力等内容做出了修改，但对于承运人的不合理免责条款等实质性问题，却没有改动。

（3）《汉堡规则》（Hamburg Rules）。《汉堡规则》的全称是《1978 年联合国海上货物运输公约》，1976 年由联合国贸易法律委员会草拟，1978 年 6 月审议通过，该公约于 1992 年生效。汉堡规则全面修改了《海牙规则》和《维斯比规则》，其内容在较大程度上加重了承运人的责任，保护了货方的利益。

（4）《鹿特丹规则》（The Rotterdam Rules）。《鹿特丹规则》的全称是《联合国全程或部分海上国际货物运输合同公约》（*United Nations Convention on Contracts for the International Carriage of Goods Wholly or Partly by Sea*），2008 年 12 月经联合国大会审议通过，2009 年 9 月 23 日在荷兰鹿特丹开放签署。《鹿特丹规则》不仅涉及包括海运在内的多式联运、在船货双方的权利义务之间寻求新的平衡点，而且还引入了如电子运输单据、批量合同、控制权等新的内容，并特别增设了管辖权和仲裁的内容。《鹿特丹规则》生效实施后，此前三个规则将废止，这无疑将对国际航运、国际贸易实务及航运立法等产生重大影响。

(三) 提单的种类

海运提单的种类繁多，可以从不同的角度分为不同的种类。以下是主要的几种。

1. 按货物是否已装船，可分为已装船提单和备运提单

已装船提单（on board B/L）是指承运人在货物已装上指定船舶后所签发的提单。已装船提单必须以文字表明货物已装上或已装于某具名船只，具体说，这类提单上一般印有"On Board"字样，并同时具有装船日期、船名、航次。如提单上未明确说明装船日期，提单的签发日视为装船日期。

备运提单（received for shipment B/L），又称收妥待运提单，是指承运人在接管托运人送交的货物后，在装船之前，应托运人的要求签发的提单。银行结汇一般不接受备运提单。

2. 按提单上对货物外表状况有无不良批注，可分为清洁提单和不清洁提单

清洁提单（clean B/L）是指货物在装船时表面状况良好，承运人未在提单上加注任何货物残损、包装不良或存在缺陷等批注的提单。承运人签发清洁提单仅确认货物装船或待运时凭目视所及的范围，对其内在质量并不负责。国际贸易惯例一般都明确规定卖方提供的已装船提单必须是清洁提单。银行结汇时,也要求提交清洁提单。

不清洁提单(unclean B/L,foul B/L)是指承运人在签发的提单上明确加注"货物及/或包装状况不良或存在缺陷"等批注的提单。例如,提单上批注:"ONE BAG BROKEN","ALL TIMBER LOADED WET","TWO BOXES CRASHED,CONTENTS EXPOSED","TWO DRUMS,NOS. 3,5,BADLLY DENTED"等。买方一般不接受不清洁提单,同时不清洁提单也不能用于结汇。

3. 按提单的不同抬头,可分为记名提单、不记名提单和指示提单

记名提单(straight B/L)是指提单上的收货人栏内填明特定收货人的名称,只能由该特定收货人提货的提单。这种提单不能通过背书方式转让给第三方,不能流通,故在国际贸易中很少使用。

不记名提单(bearer B/L)是指提单上的收货人一栏内未写明收货人,只填写"To Bearer"字样,即货交提单持有人,或收货人一栏为空白。这种提单无须背书即可转让,手续非常简单,流动性极强,因此风险很大,目前在实际业务中基本不用。

指示提单(order B/L)是指在提单正面收货人一栏内填上"凭指示"(to order)或"凭某人指示"(to order of sb.)[1]字样的提单。收货人一栏仅填上"To Order"字样的,称为"空白抬头"其含义等同于"To Order of shipper"(凭托运人指示)。指示提单是一种可转让提单。指示提单的持有人可通过背书方式把它转让给第三人,而无须经过承运人同意,所以这种提单为买方所欢迎。在国际贸易中,指示提单被广为使用。我国在出口业务中大多使用凭托运人指示、空白背书的提单,习惯上称为"空白抬头、空白背书"提单。

4. 按提单的签发人,可分为船东提单和货代提单

船东提单和货代提单是实际业务中两个十分常见且重要的概念。

船东提单(master B/L)是指船公司签发的海运提单,又叫船东单,简称"M 单"。船东单是物权凭证,可直接用于提货。

货代提单(house B/L)指的是货代签发的提单,又叫货代单,简称"H 单"。严格意义上货代提单应称为"无船承运人"提单,它是经交通部批准并备案取得 NVOCC 资格的货代所签发的提单。货代提单可用于拼箱货的出口,其使用过程如下:

(1) 当出口货物不足一整箱时,货主通过货代集中拼箱,再由货代以"集中托运人"的身份向船公司订舱。

(2) 船公司接货后向货代签发"船东单",货代据此向各货主签发"货代单"。

(3) 各货主将"货代单"传递到各自收货人手中。

(4) 货到目的港后,各收货人凭货代单(H 单)向目的港货代换取船东单(M 单),再凭船东单(M 单)向船公司提货。

从上述流程可以看出,货代单不是物权凭证,收货人在目的港需办理换单手续后方能提货。

---

〔1〕 通常为"To Order of Shipper"或"To Order of(issuing bank)"。

5.按运输方式可分为直达提单、转船提单和联运提单

直达提到(direct B/L)是指货物从装运港装船后,中途不换船而直接运到目的港而使用的提单。直达提单上仅列有装运港和目的港的名称。凡合同和信用证规定不准转船者,必须使用这种直达提单。

转船提单(transshipment B/L)是指货物须经中途转船才能达到目的港而由承运人在装运港签发的全程提单。这种提单上应注明"转船"或"在××港转船"字样。

联运提单(through B/L)是指承运人对经由两种或两种以上运输方式(海/海、海/陆、陆/海)联运的货物所出具的覆盖全程的提单。转船、海陆、海空等联合运输均可签发联运提单。应当注意的是,联运提单中有一程必须是海运。

6.按提单的签发日期,可分为过期提单、倒签提单和预借提单

过期提单(stale B/L)。有两种情况可以构成过期提单:第一种是信用证支付方式下,受益人向指定银行提交提单的时间晚于信用证规定的交单期限,从而导致"过期";第二种是指由于航线较短或银行流转速度过慢,以致货物到达目的港时收货人尚未收到提单,造成提货受阻。例如,从上海至大阪一般也就 2~3 天的航程,而单据(提单)流转到买方手上最快也得一周。这种情况下,提单晚于货物到达是很正常的。这类提单严格上说不应属于"过期提单"的范畴。

倒签提单(anti-dated B/L)是指货物装船完毕后,承运人应托运人的要求,在货物的实际装船日期迟于信用证或合同规定的装运时限时,倒签日期以符合装运期限的一种提单。倒签提单是一种既违约又违法的行为,在许多国家都被视为卖方和船方的共同欺诈,一经发现,承运人将不得不与托运人共同赔偿收货人因此而遭受的损失。

预借提单(advanced B/L)是指货物在装船前或装船完毕前,托运人为即时结汇向承运人预先借用的提单。与倒签提单相比,预借提单的风险更大。预借提单也是一种违法的行为。

7.根据提单的使用效力划分,可分为正本提单与副本提单

正本提单是指提单上有承运人、船长或其代理人签名盖章并注明签发日期的提单。正本提单上必须注明"正本"(original)字样。正本提单一般签发三份,凭其中任何一份提货后,其余各份即告失效。为了防止他人冒领货物,买方与银行通常要求卖方提供船公司签发的全部正本提单,即所谓"全套提单"或"3/3 提单"。实际业务中,为了防止提单在邮寄过程中丢失,也有卖方自行留存一份正本的做法,此时卖方寄给国外买方的就是"2/3 提单"。

副本提单一般标明"副本"(copy)或"不可转让"(non-negotiable)字样,提单右下方没有承运人、船长或其代理人的签名盖章,且提单背面也无条款。这种提单主要是供工作参考之用。

8.根据提单内容的繁简,可分为全式提单和略式提单

全式提单(long form B/L)是指提单背面列有承运人或托运人的权利、义务、责任和豁免等详细条款的提单。

略式或简式提单(short form B/L)是指仅保留提单正面的必要记载事项,而无背面详细条款的提单。这种提单一般都列有"本提单货物的收受、保管、运输和运费等项,均按本公司全式提单内所印的条款为准"的字眼。租船合同项下所签发的提单通常是简式提单。

(四) 正本提单遗失的补发程序

货物装船后,船公司将向托运人签发正本提单,托运人(货主)收到正本提单后应按贸易合同约定的结算方式将正本提单传递给收货人以便其提货。实际业务中,货主丢失提单的情况并不少见,由于正本提单是货物所有权凭证,因此丢失提单是一件重要而需紧急处理的事。以下介绍正本提单遗失的补发程序。

1. 遗失提单申请补发的前提条件是须由船公司相关负责人向目的地营业机构确认货物尚未被提领,方可受理。

2. 申请补发正本提单需办理的手续及提交的资料:

(1) 申请人需连续登报三天声明遗失的事实。

(2) 向银行申请开立"银行保证书"(letter of indemnity),如无法出具"银行保证书"则应提供相当于货值或双倍的保证金,保证金期限可长达一年。按照相关船公司的规定,如申请人为大型国有企业或国际知名大公司,可酌情同意免于提供银行保证书、免于提供保证金或减少保证金数额。

(3) 申请人出具保函,保证因补发提单出现的所有责任由申请人自行承担。

上述事项办妥后,持三天的报纸(如为争取时效可权宜以第一天的报纸及登报三天的缴费收据代替)、银行连带保证书及申请人加盖公章的保函到船公司办理补发。

3. 补发的正本提单在 BILL OF LADING 前将加盖"REISSUED"章。

4. 补发的正本提单在品名栏内将加注以下条款:

(1) GOODS ARE TO BE DELIVERED AGAINST THIS REISSUED SECOND SET OF B/L ONLY IN THE CASE THAT THE GOODS SHOULD NOT HAVE BEEN DELIVERED AGAINST THE ORIGINAL SET OF B/L.

(2) SHOULDE THE GOODS HAVE ALREADY BEEN DELIVERED AGAINST THE ORIGINAL SET OF B/L, THIS REISSUED SECOND SET OF B/L SHALL BE AUTOMATICALLY CONSIDERED NULL AND VOID.

(3) IN CASE THE ORIGINAL SET OF B/L SHOULD BE PRESENTED AFTER THE GOODS HAVE BEEN DELIVERED AGAINST THE REISSUED SET OF B/L, THE ORIGINAL B/L SHALL BE NULL AND VOID.

5. 第二套正本提单核发后,船公司发邮件通知卸货港及目的地以第二套正本提单放货。

附例：银行保证书

LETTER OF INDEMNITY

M. V. _____ VOY. NO. _____

B/L No.	Container No. and Seal No. ,Marks & Nos.	Packages	Contents	Shipper

In consideration of your issuing a duplicate negotiable Bill of Lading for the above mentioned shipment, original set being unreceived / lost. We hereby undertake to hold you harmless and keep you indemnified against all claims which may be made upon you under the said Bill of Lading or any of the set of which it forms a part against all loss. Costs (as between Attorney or Solicitor and Clients.) damages and expenses which you may suffer or be put to by any reason of signing a duplicate set of Bill of Lading.

If a claim should be raised against you as a consequence of the issuing of this duplicate set of Bill of Lading, we further authorize you to settle such a claim direct with the claimant, and we undertake to keep you indemnified for all costs in this respect.

If any proceeding should be commenced in this respect, we undertake to provide you from time to time with sufficient funds to meet your costs to such proceedings.

In case the vessel or any property belonging to you should be arrested for any claims as a consequence of your issuing this duplicate Bill of Lading. We undertake to provide bail to get the vessel or the other arrested property released and to indemnify you for any loss and expenses caused you by the arrest, whether same is justified or not.

This indemnity shall be construed in accordance with the law of the Republic of China and each and every person liable under this indemnity shall submit to jurisdiction of the District of Court of China.

Yours faithfully

For and on behalf of

_____

(Bankers)

(五) 电放提单的做法

1. "电放"及"电放提单"的含义

国际集装箱班轮近洋航线上,于 1993 年初出现了"电放提单"的现象,至今已有二十年时间。

"电放提单"是以传统提单为基础的一种变通做法。所谓"电放"指的是由托运人(卖方)向船公司提出申请并提供保函后,由船公司电传通知目的港代理,某票货物无须凭正本提单放货,收货人可凭加盖公章[1]的"电放提单"传真件或凭身份证明提取货物。所谓电放提单,是指船公司或其代理人签发的注有"Surrendered"或"Telex Release"字样的提单。

---

〔1〕 指的是收货人的公章。

2．电放提单产生的原因

电放提单的产生主要是为了解决目的港"货到提单未到"的矛盾。随着国际集装箱运输的普及、造船技术的提高和先进导航设备的应用,货物从装运港运至目的港所需的时间大大缩短;另一方面,提单的流转速度并没有加快,仍将经历背书、审查、结汇、邮寄等环节,一般在数十天之后才到达最后收货人手中,这样会不可避免地产生"货等单"的矛盾,这一矛盾在近洋运输中显得更加突出。

在"货等单"情况下,如果坚持凭正本提单提货,势必造成货物在目的港的滞箱费、港口费用和仓储费用大幅增加,买方也失去了及时销售货物的有利商机。为了解决这个问题,实践中产生了"电放"的做法,即收货人无须凭正本提单提货,仅凭"电放提单"传真件即可向目的港承运人提货。

3．电放提单的申请及使用程序

(1) 船公司收取货物后,托运人(卖方)向船公司提出电放申请并提供电放保函(见下例)。

(2) 船公司接受申请后向托运人签发"电放提单"(在已经签发传统提单情况下则在收回正本提单以后再签发"电放提单")。

(3) 船公司以电讯方式通知目的港船代,允许该票货物由托运人指定的收货人凭加盖公章的"电放提单"传真件提货。

附例:电放保函

电 放 保 函

致:厦门 ABC 物流有限公司

兹有我司向贵司排载的如下货物:

提单号:CXMC03072688

船名/航次:KANG PING/V.220E

装运港:XIAMEN,CHINA

卸货港:TORONTO,ONTARIO

柜型柜号:TCLU8804277/OOLBTK6277

因贸易需要及相关单证要求,请求贵公司将上述提单号项下的货物电放给收货人。

我司对此保证以下几点:

一、无条件退还承运人已签发且经我司背书的全套正本提单。

二、收货人凭电放通知及提单传真件在目的港提货。收货人名称及联系方式如下:

收货人:MIROLIGHT INC.

119 BLINT RD. TORONTO,ONTARIO

M2J 3J7 CANADA

TEL:416-747-0469

FAX:416-747-4322

三、因电放产生的一切责任、后果、费用以及给贵司造成的一切损失均由我司承担。

托运人签章:

2013 年 10 月 9 日

二、海运单

海运单(sea waybill)是证明海上运输合同和货物由承运人接管或装船,以及承运人保证据以将货物交付给单据所载明的收货人的一种不可流通的单据,因此又称"不可转让海运单"。

海运单的基本特点是,它只具备"货物收据"和"运输合同证明"的性质,不代表货物的所有权,故不能凭以提货也不能转让。货到目的港后,收货人仅凭承运人或其代理人的到货通知提货。海运单能方便收货人及时提货,手续简便、费用较低,并可避免因提单遗失或伪造带来的风险,因此受到欧洲、北美和某些远东、中东地区贸易界人士的青睐。当然,由于收货人仅凭到货通知提货,卖方对货物的控制权在货物装运后就已失去,故在收到货款前面临着很大的风险。

在国际业务中,海运单一般适用于下列货物运输:中途不被转售的制成品货物的班轮运输;出售给跨国公司的一家分公司或一家联营公司、相关公司之间的贸易;以记账贷款为基础的买卖;结算方式为直接汇付、往来账户、现金贸易;其他不需要信用证的贸易。

三、航空运单

航空运单(air waybill)与海洋提单有很大的不同,它是航空运输货物的主要单据,是航空承运人与托运人之间订立的运输合同的证明,也是承运人或其代理人签发的接收货物的单据,但它不是物权凭证,不可转让。货物运达目的地后,收货人凭承运人的到货通知提货。

航空运单的正本一式三份,每份都印有背面条款,其中一份交给发货人,是承运人或其代理人接收货物的依据;第二份由承运人留存,作为记账凭证;最后一份随货同行,在货物到达目的地交付给收货人时作为核收货物的依据。

航空运单依签发人的不同可分为主运单和分运单。前者是由航空公司签发的,后者是由航空货运代理公司签发的。航空分运单是集中托运人在办理集中托运业务时向货主签发的,证明集中托运人与货主之间的运输契约关系。

四、铁路运输单据

我国对外贸易铁路运输,按营业方式分为国际铁路运输和国内铁路运输。前者使用国际铁路联运单据,后者使用承运货物收据。

1. 国际铁路联运单据

国际铁路联运单据是国际铁路联运的主要运输单据,它是参加联运的发送国铁路与发货人之间订立的运输契约,对收发人和铁路运输部门都具有法律约束力。国际铁路联运单据共有一式五联,除运单正本和副本外,还有运行报单、货物交付单和货物到达通知单。运单正本随同货物到达终点站,并交给收货人,它既是铁路承运货物出具的凭证,也是铁路与货主交接货物、核收运杂费和处理索赔与理赔的依据。运单副本于运输合同缔结后交给发货人,是卖方凭以向收货人结算货款的主要单据。

2．承运货物收据

承运货物收据(cargo receipt)是港澳铁路运输中使用的一种结汇单据。该收据包括内地段和港澳两段运输,是代办运输的外运公司向出口人签发的货物收据,也是承运人与托运人之间的运输契约,同时还是出口人办理结汇手续的凭证。

五、多式联运单据

多式联运单据(multimodal transportation documents,MTD)是证明多式联运合同以及证明多式联运经营人接管货物并负责按照合同条款交付货物的单据。

多式联运单据与联运提单在形式上有相同之处,但在性质上不同:

(1) 提单的签发人不同。多式联运单据由多式联运经营人签发,而且可以是完全不掌握运输工具的"无船承运人",全程运输均安排各分承运人负责。联运提单由承运人或其代理人签发。

(2) 签发人的责任不同。多式联运单据的签发人对全程运输负责。而联运提单的签发人仅对第一程运输负责。

(3) 运输方式不同。多式联运单据的运输既可用于海运与其他方式的联运,也可用于不包括海运的其他运输方式的联运。联运提单的运输仅限于海运与其他运输方式的联合运输。

六、邮政收据

邮政收据(parcel post receipt)是邮包运输的主要单据,它既是邮局收到寄件人的邮包后所签发的凭证,也是收件人凭以提取邮件的凭证,它还可以作为索赔和理赔的依据,但邮包收据不是物权凭证。

根据《跟单信用证统一惯例》规定,如信用证要求邮政收据或邮寄证明,则该邮政收据或邮寄证明表面应有信用证规定的寄发地盖戳并加注日期,该日期即为装运或发运日期;如信用证要求专递或快递机构出具的单据,则快递单据的表面应注明专递或快递机构的名称并盖章、签字并经证实,表明取件或收件日期,此日期即为装运日期或发运日期,银行将接受由任何专递或快递机构开立的单据。

第四节　装运条款

装运条款的内容及其订立与合同的性质和运输方式有着密切的关系。装运条款的内容一般都包括装运时间,装运港和目的港,分批装运,转运,装运通知,滞期、速遣条款等。

一、装运时间

(一) 装运时间的含义

装运时间又称装运期(time of shipment),是指卖方将合同规定的货物装上运输工具或交给承运人的期限。装运时间是买卖合同的要件,如违反这一要件,买方有权撤销合同或要求卖方赔偿损失。

(二) 装运时间与交货时间的区别

在规定装运时间时,应注意它与交货时间(time of delivery)的区别。如前所述,"装运时间"是指卖方将合同规定的货物装上运输工具或交给承运人的时间;而根据《2010通则》在其导言中所作的解释,"交货"一词指的是货物灭失和损坏的风险自卖方转移至买方的时间和地点,因此"交货时间"是风险转移的时间。据此规定,按常用六大术语(FOB、CFR、CIF、FCA、CPT、CIP)签订的贸易合同,其装运时间与交货时间的概念是一致的;而按照到达术语(DAT、DAP、DDP)成交的合同,其装运时间与交货时间是两个完全不同的概念,二者不可混淆、不可相互替代使用,以免引起不必要的纠纷。

(三) 合同中装运时间的规定方法

1. 规定某月装运

例1　shipment in March,2013

例2　shipment during August,2013

2. 规定跨月装运

例1　shipment during Feb/Mar./Apr.,2013

例2　shipment during November/December,2013

3. 规定最迟装运期限

例1　shipment not later than May 20,2013

例2　shipment on or before July 15,2013

4. 规定在收到信用证后若干天内装运

例1　shipment within 30 days after receipt of L/C

例2　shipment within 45 days after receipt of L/C, the Buyer must open the relative L/C to reach the Seller on or before June 19,2013.

(四) 规定装运时间应注意的事项

1. 根据生产情况或货源情况掌握装运时间。如工厂生产进度快或货源充足,装运时间可定得早一些;如工厂资金短缺、原材料难以采购、生产能力不足或货源紧张,装运期就应定得晚一点。

2. 装运时间不可定得过死。例如,"Shipment on August 25,2013"(2013年8月25日装运),这种方法把装运时间定在指定的某一天,明显缺乏弹性,实际业务中很难执行。如这一天适逢无船期或舱位已满,或遭海关抽验货物无法在当天装船等,任何一个环节出问题都将使卖方处于非常被动的局面。

3. 装运时间应具体、明确、规范,避免使用"近期装运"术语,例如"立即装运"(immediate shipment)、"迅速装运"(prompt shipment)、"尽快装运"(shipment as soon as possible)等,这类术语各国、各地区和各行业中并无统一解释,且其主观性非常强,合同中使用这类规定方法将使装运条款显得含混不清,极易引起买卖双方的争议。

4. 装运期不可过短或过长。装运期的长短应根据商品的特性及租船订舱、商检、出口通关的情况而定,特别应注意与船期相匹配,不可过短,以免造成船货衔接困难;也不宜过长,以免行情变化、合同落空。

5. 装运时间应尽量避开大型节假日。特别应注意避免在春节前一周装运,因为这时拖车公司的搬运工人大都已回乡,留守的工人十分紧缺,有时花费数倍工钱都难以找到合适的搬运工,这种情况下货物的正常装运势必受影响。

6. 避免合同中既规定装运时间又规定到货时间。在出口业务中,有时国外客户对销售季节性很强的商品不仅要求在合同中规定装运时间,还要求保证到货时间,这种既规定装运时间又规定到货时间的做法,往往会破坏原有的合同性质。实际业务中,除非确有必要,出口方应坚持装运合同(FOB、CFR、CIF、FCA、CPT、CIP 术语项下的合同)中只规定装运时间。

二、装运港(地)和目的港(地)

装运港(port of shipment)是指货物起始装运的港口。目的港(port of destination)是指最终卸货的港口。在国际贸易中,装运港(地)一般由卖方提出,经买方同意后确认;目的港(地)一般由买方提出,经卖方同意后确认。

(一) 装运港和目的港的规定方法

在买卖合同中,装运港和目的港的规定方法有以下几种。

(1) 一般情况下,装运港和目的港各规定一个。例如,装运港:厦门(port of shipment:Xiamen),目的港:鹿特丹(port of destination:Rotterdam)。

(2) 按实际业务需要,有时也可分别规定两至三个装运港或目的港,或采用选择港的办法。例如,"装运港:大连/青岛/上海"(port of shipment:Dalian/Qingdao/Shanghai);再如,"CIF 伦敦,选择港汉堡或鹿特丹"(CIF London,optional Hamburg/Rotterdam)。

(3) 规定某一航区上的基本港为装运港或目的港。例如"目的港:欧洲基本港"(port of destination:European main ports),即最后交货时选择欧洲的一个主要港口为目的港。

(二) 规定装运港的注意事项

(1) 出口贸易中,对国内装运港的规定,原则上应选择靠近产地或货源地、交通便捷、基础设施完善的地方,且不能接受内陆城市为装运港的条件。

(2) 进口业务中,对方提出的装运港或装运地必须是我国政府允许进行贸易往来的国家和地区的港口或地方,其装载条件应当是良好的。

(三) 规定目的港的注意事项

(1) 对目的港或目的地的规定,应力求明确具体。一般不要使用"欧洲基本港"、"非洲基本港"之类的笼统规定。

(2) 目的港应接近用货单位或消费地区,且不能接受以内陆城市为目的港的条件。

(3) 必须注意目的港的具体条件,例如:有无直达班轮、港口和装卸条件、运费和附加费水平等。如属租船运输,还应进一步考虑码头泊位的深度、有无冰封期、冰封的具体时间以及对船舶国籍有无限制等。

(4) 目的港必须是船舶可以安全停泊的港口,避免把正在进行战争或有政治动乱的地方作为目的港或目的地。

(5) 注意国外港口有无重名情况。如有重名,港口后应加上国别名称。

(6) 正确使用选卸港。使用选卸港时应注意:第一,合同中选卸港的数目一般不超过三个,且备选港必须在同一航线上。第二,选卸港必须是班轮公司都停靠的基本港。第三,选卸方式下,在货物抵达第一个备选港口前,托运人应按船公司规定的时间,将最后确定的卸货港通知船公司或其代理人(货代)。如未在规定时间将选定的卸货港通知船方的,船方有权在任何一个备选港卸货。第四,采用选港方式时,船方将向托运人加收"选港附加费"。

三、分批装运

(一) 分批装运的含义及分批的原因

分批装运(partial shipment)是指一个合同项下的货物分若干批装运。在大宗货物或成交数量较大的交易中,买卖双方根据交货数量、运输条件和市场等因素,可在合同中规定分批装运条款。

(二) 合同中分批装运的规定方法

1. 原则规定允许分批

合同中只原则性地规定允许分批,对于分批的具体时间、批次和数量均不作规定。这种规定方法对卖方来说较主动,具有灵活性。例如,"partial shipment allowed"(允许分批)。

2. 具体订明每批装运的时间和数量

在规定分批装运条款时,明确订明每批装运的时间和数量。这种做法对卖方的限制较严格,具体地说可分为限批、限时、限量等方式。

例 1　分两批装运(限批)

Shipment in two lots/in two shipments

例 2　3—4月分两等批装运(限时+限批)

Shipment during March/April in two equal lots

例 3　3—4月分两等批每月平均装运(限时+限批+限量)

Shipment during March/April in two equal monthly lots

(三) 分批装运的注意事项

(1) 当合同中未明确规定允许分批时,各国法律及国际惯例对卖方能否分批装运有着不同的规定。有鉴于此,为了避免不必要的误解、争议和防止交货时发生困难,除非买方坚持不允许分批装运,卖方原则上应明确在贸易合同中规定"允许分批转运"(partial shipment to be allowed)。

（2）认定某种交货方式是否属于分批装运时，应注意《跟单信用证统一惯例》第 31 条 b 款的如下规定："运输单据表面上注明货物是使用同一运输工具装运并经同一路线运输的，即使每套运输单据注明的装运日期不同，以及/或装运港、接受监管地不同，只要运输单据注明的目的地相同，也不视为分批装运。"因此，满足"同一运输工具"、"同一航次"、"同一目的地"的多次装运不视为分批装运。

（3）对于限批、限时、限量的条款，卖方的机动余地很小，只要其中任何一批未按时按量装运，即构成违反合同（合同另有规定的除外）。《跟单信用证统一惯例》对限期、限量分批装运还规定："信用证规定在指定时期内分期支款及/或发运，其中任何一期未按时支款及/或发运，除非信用证另有规定，则信用证对该期及以后各期均告失效。"

四、转运

（一）转运的含义

按《跟单信用证统一惯例》（UCP600）第 19 条的规定，转运是指从信用证规定的发运地接受监管或装运地至目的地的运输过程中，从一运输工具卸下，再装上另一运输工具（不论是否为不同运输方式）的行为。国际货物运输过程中需要转运的情况不少，如海运方式下驶往目的港没有直达船或船期不定或航次间隔时间太长；空运方式下有时需从国内某机场先运至国内另一机场再转至国际航线；铁路运输方式下两国轨距有时不同，需从出口国火车上卸下再装上进口国火车等，这些情况下转运都不可避免。

（二）合同中"转运"的规定方法

国际货物买卖合同中的转运条款通常是与装运时间条款和分批条款结合起来规定的。

例 1　5—6 月份装运，允许分批和转运

Shipment in May/June,partial shipment and transshipment allowed

例 2　2 月份装运，由上海至惠灵顿，禁止转船

Shipment in February,from Shanghai to Wellington,transshipment prohibited

例 3　9 月 30 日前装运，在香港转船（转运）

Shipment on or before September 30,transshipment at Hongkong

（三）关于转运的注意事项

（1）近年来随着运输技术和国际贸易的发展，客观情况发生了很大变化，在许多情况下（例如进出口国轨距不同的情况），转运不可避免。为了减少因转运而引发的纠纷，国际商会第 600 号出版物对"禁止转运"作了淡化和从宽的规定，即 UCP600 所谓的"禁止转运"，实际上仅是指禁止海运港至港除集装箱以外的货物（即散货）运输的转运。

（2）上述关于"禁止转运"的规定仅适用于信用证业务的处理而不涉及买卖合同条款的理解，因此，为了明确责任和便于安排运输，买卖双方是否同意转运以及有关转运的办法等问题应在买卖合同中订明，以利合同的履行。

五、装运通知

装运通知(shipping advice)是指卖方在货物装船后或把货物交付给承运人后向买方发出的列明货物详细装运情况的通知。其作用在于方便买方办理保险、办理进口报关手续和做好接卸货物的准备等。装运通知的内容一般包括合同号、货物名称、数量、质量、发票金额、船名、航次及装船日期等。合同中规定"装运通知"条款的目的在于明确买卖双方的责任,促使买卖双方互相合作,共同做好船货衔接工作。

六、滞期、速遣条款

"滞期、速遣条款"原来是程租船合同中的条款,这里指的是程租船运输方式下大宗商品买卖合同中的相关条款。

在国际贸易中,大宗商品多数采用程租船运输。当装卸货物由租船人负责时,由于装卸时间直接关系到船方的经营效益,船方在租船合同中对装卸时间、滞期费、速遣费都会作出具体的规定。

问题的关键在于,实际业务中负责装卸货物的不一定是租船人本身,而可能是买卖合同的另一方当事人。如 FOB 合同的租船人是买方,而装货由卖方负责;反之,CIF 合同的租船人是卖方,而卸货由买方负责。因此,负责租船的一方为了促使对方及时完成装卸任务,在买卖合同中也要求规定装卸时间、装卸率和滞期、速遣条款。买卖合同中的"滞期、速遣条款"应与租船合同的"滞期、速遣条款"相匹配,以免租船的一方遭受不必要的损失。

关于装卸时间、滞期费、速遣费的相关概念,前文在介绍程租船运费及装卸费时已做了解释,这里不再重复。

本章应知应会术语

1. liner transport　班轮运输
2. sailing schedule　船期表
3. charter transport　租船运输
4. charterer　租船人
5. ship owner　船东
6. charter party　租船合同
7. voyage charter　定程租船
8. time charter　定期租船
9. bare boat charter　光船租船
10. single trip charter　单程航次租船
11. return trip charter　来回程航次租船
12. consecutive voyages　连续航次租船
13. dry cargo container　干货集装箱
14. reefer container　冷冻集装箱,冻柜

15. twenty-foot equivalent unit, TEU   20 英尺标准集装箱

16. forty-foot equivalent unit, FEU   40 英尺标准集装箱

17. full container load, FCL   整箱货

18. less than container load, LCL   拼箱货

19. container yard, CY   集装箱堆场

20. container freight station, CFS   集装箱货运站

21. door to door, D/D   门到门

22. cy to cy, CY/CY   场到场

23. cfs to cfs, CFS/CFS   站到站

24. international multimodal transportation, international combined transport   国际多式联运

25. multimodal transportation operator   多式联运经营人

26. non-vessel operating common carrier, nvocc   无船承运人

27. liner's freight tariff   班轮运价表

28. weight ton, W   重量吨

29. measurement ton, M   尺码吨

30. bunker adjustment factor, DAF   燃油附加费

31. currency adjustment factor, CAF   货币贬值附加费

32. peak season surcharge, PSS   旺季附加费

33. port congestion surcharge, PCS   港口拥挤附加费

34. lump-sum freight   整船包价

35. liner terms   班轮条件

36. free in, F. I.   船方管卸不管装

37. free out, F. O.   船方管装不管卸

38. free in and out, F. I. O.   船方不管装不管卸

39. free in and out, stowed and trimmed, F. I. O. S. T.   船方不负担装卸费、理舱费、平舱费

40. lay days   装卸时间

41. demurrage   滞期费

42. dispatch money   速遣费

43. bill of lading, B/l   海运提单

44. shipper   托运人

45. consignee   收货人

46. notify party   被通知人

47. carrier   承运人

48. place of receipt   收货地(指承运人向托运人收取货物的地点)

49. port of loading   装运港

50. port of discharge   卸货港

51. place of delivery　交货地（指承运人向收货人交付货物的地点）

52. description of goods　货物描述

53. container no.　集装箱号

54. seal no.　封铅号

55. on board B/l　已装船提单

56. received for shipment B/l　备运提单

57. clean B/l　清洁提单

58. unclean B/l　不清洁提单

59. straight B/l　记名提单

60. bearer B/l　不记名提单

61. order B/l　指示提单

62. master B/l　船东提单

63. house B/l　货代提单

64. direct B/l　直达提单

65. transshipment B/l　转船提单

66. through B/l　联运提单

67. stale B/l　过期提单

68. anti-dated B/l　倒签提单

69. advanced B/l　预借提单

70. original B/l　正本提单

71. copy B/l　副本提单

72. non-negotiable　不可转让

73. seawaybill　海运单

74. air waybill　航空运单

75. multimodal transportation documents,MTD　多式联运单据

76. time of shipment　装运时间

77. time of delivery　交货时间

78. port of destination　目的港

79. partial shipment　分批装运

80. shipping advice　装运通知（装船通知）

思　考　题

1. 何谓班轮运输？班轮运输的基本特点是什么？

2. 租船运输可分为几种？每一种方式的特点是什么？

3. 构成国际多式联运的条件是什么？

4. 散杂货班轮运费的计算方法与集装箱整柜货班轮运费的计算方法有何不同？

5. 提单的性质和作用是什么？

6. 如承运人(carrier)在提单上批注"承运人对货物的质量和箱内的数量不负责任"、"对装入纸袋内的货物因包装性质而引起的损失或损坏,承运人不负责任",或"货物的包装是旧桶"、"旧麻袋包装"这类字样,是否构成不清洁提单?

7. 提单根据收货人抬头的不同可分为三类。经初步学习后有同学认为:(1)记名提单比不记名提单风险大,所以很少使用;(2)记名提单和指示提单同样可以背书转让;(3)习惯上称为空白抬头、空白背书的提单,即不填写收货人和不要背书。你对上述观点是否赞同?

8. 船东提单和货代提单有何不同?

9. 如何区分正本提单与副本提单?正本提单遗失如何申请补发?

10. 什么是"电放"?什么是"电放提单"?电放提单用于何种情况?如何向船公司申请电放?

11. 多式联运单据和联运提单有何不同?

12. 什么是装运时间?什么是交货时间?装运时间与交货时间是否等同?

13. 合同中规定装运时间应注意什么事项?

14.《跟单信用证统一惯例》对分批装运的相关规定是什么?

15. 大宗商品贸易合同中的"滞期、速遣条款"与租船合同中的"滞期、速遣条款"如何相衔接?

计 算 题

1. 我方出口商品共 100 箱,每箱体积为 30cm×60cm×50cm,毛重为 40kg,查运费表得知该货为 9 级,计费标准 W/M,基本运费为每运费吨 100 美元,另收燃油附加费(BAF)20%,港口拥挤附加费(PCS)20%,货币贬值附加费(CAF)10%。试计算:该批货物的运费是多少?

2. 某公司出口货物 400 箱,对外报价 USD350.00/箱 CFR 马尼拉。现外商要求将价格改报为 FOB 价,试求每箱应付运费,及应改报 FOB 多少。已知该货物每箱体积为 45cm×35cm×25cm,毛重 30kg,计费标准 W/M,每运费吨基本运费 120 美元,到马尼拉港需加收燃油附加费(BAF)20%,货币贬值附加费(CAF)10%,港口拥挤附加费(PCS)20%。

案例分析题

1. 某公司向国外公司出口 500 公吨蚕豆。国外客户在合同规定时间开来一份不可撤销信用证,证中装运条款规定:SHIPMENT FROM CHINESE PORT TO SINGAPORE IN JUNE,PARTIAL SHIPMENT PROHIBITED。该出口公司按 L/C 规定,于 6 月 10 日将 200 公吨蚕豆在福州港装上"东风"号轮,又由同一艘船在厦门港续装 300 公吨。6 月 15 日该公司同时取得福州港和厦门港签发的两套提单。该公司在信用证有效期内在银行交单议付,却遭到银行以单证不符为由拒付。问:银行拒付是否有理?为什么?

2. 我某公司向意大利出口 2200 公吨冻肉。合同规定 2012 年 5—8 月交货,即期信用证支付。来证规定:SHIPMENT DURING MAY/AUGUST,MAY SHIPMT 600M/T,JUNE 600M/T,JULY SHIPMENT 600M/T,AUGUST SHIPMENT 400M/T。我公司实际出口情况是:5、6 月交货正常,并顺利结汇,7 月因船期延误,拖延到 8 月 12 日才实际装运出口。8 月 17 日我方在同轮又装了 400M/T,付款行收到单据后,来电表示拒绝支付这两批货款。问:我方有何失误? 付款行拒付有何依据?

3. 我国 A 公司与外商签订农产品出口合同,共计 2 500 公吨,价值 10 万英镑。装运期为当年 4 月至 5 月。但由于原定的装货船舶出故障,只能改装另一艘外轮,至使货物到 6 月 9 日才装船完毕。在我公司的请求下,承运人将提单的日期改为 5 月 31 日,货物到达汉堡后,买方对装货日期提出异议,要求 A 公司提供 5 月份装船证明。A 公司坚持提单是正常的,无须提供证明。结果买方聘请律师上货船查阅船长的船行日志,证明提单日期是伪造的,立即凭律师拍摄的证据向当地法院控告并由法院发出通知扣留该船,经过 4 个月的协商,最后,A 公司赔款 2.5 万英镑;买方方肯撤回上诉而结案。分析:上述提单属于何种类型? A 公司和船方分别应吸取什么教训?

4. 一批货物共 200 箱,自厦门运至鹿特丹,船公司签发"已装船提单",且提单表面没有关于货物表面状况不好、包装破损或缺陷的不良批注。承运人在提单上注明:"SHIPPER'S LOAD,STOW AND COUNT,CONTAINER SEALED BY SHIPPER."等货到目的港,收货人发现下列情况:(1)集装箱封铅完好,无损坏痕迹,但集装箱内只有 195 箱货物;(2)10 箱包装严重破损,内部货物散失 50%;(3)15 箱包装完好,但箱内货物短少。问:上述三种情况分别属于承运人的责任还是托运人的责任?

5. 我国 C 公司以 FOB 价进口大宗货物一批,共 6 000 公吨。买卖双方签订的贸易合同规定:"装货标准每天 1 000 公吨,6 天装完。每提前一天完成装货任务奖励 USD200,每延迟一天罚 USD400"。后来 C 公司租用程租船到国外接货,并与船方按照 FIO 的术语签订租船合同,租船合同中规定:"每天装货 1 200 公吨,每提前一天完成装货任务奖励 USD100,每延迟一天罚 USD200。"问:上述条款是什么条款? 从 C 公司角度看,两份合同的规定有无问题? 为什么?

财 富 箴 言

1. Nothing is particularly hard if you divide it into small jobs.
再难的工作,如果拆分成小部分来做,也就不太难了。

　　　　　　　　　　　　——亨利·福特(Henry Ford,美国企业家,福特汽车公司创始人)

2. While statistics say that 95 percent of all young men who enter business fail, this should not discourage any one. Go out with the spirit "sink or swim", and a person will not sink.
当统计显示百分之九十五的年轻人创业失败,这不应该使人气馁。带着破釜沉舟的精神去闯,没人会沉没。

　　　　　　　　　　　　　　——安德鲁·卡内基(Andrew Carnegie,美国钢铁大王)

第 八 章

国际货物运输保险

保险是一种经济补偿制度,从法律角度看,它是一种补偿性契约行为,即被保险人向保险人提供一定的对价(保险费),保险人则对被保险人可能遭受的承保范围内的损失负赔偿责任。保险种类繁多,本章只介绍国际货物贸易中每笔交易通常都需办理的国际货物运输保险。

第一节 保险的基本概念与基本原则

一、基本概念

(一) 保险人与被保险人

保险人(insurer)又叫承保人(inderwriter),即保险公司。被保险人(the insured)指其财产或者人身受保险合同保障,享有保险金请求权的人。国际货物运输保险中,被保险人为贸易合同的卖方或买方,依具体的贸易术语而定。

(二) 保险标的与保险利益

保险标的(subject matter insured)是指保险所要保障的对象,国际货物运输保险的"保险标的",主要是指货物。保险标的是保险利益的载体。

保险利益,又称可保利益(insurable interest),是指投保人或被保险人对保险标的因有"利害关系"而产生的为法律所承认的、可以投保的经济利益。"利害关系"主要指被保险人对保险标的享有所有权、债权或承担某种经济风险和责任,并因此产生可投保的利益。就货物运输保险而言,"经济利益"主要包括货物本身的价值、运费、保险费、关税和预期利润等可用货币计量的利益。被保险人因为保险标的的安全或按期抵达而获益,或因该标的发生灭失或损毁而蒙受损失或承担责任。

投保海上货物运输保险时,保险标的是货物,但投保人并非要求保险公司保证这些货物完好无损,而是要求货物发生损失致其经济利益受损时得到赔偿。

(三) 保险价值

保险价值(insurable value)是指被保险人与保险人共同约定记载于保险合同中的保险标的的价值,一般包括货价、运费、保险费及预期利润等。如保险人与被保险人未约定保险价值的,根据我国《海商法》第 219 条第(2)项规定:"货物的保险价值,是保险责任开始时货物在起运地的发票价格或者非贸易商品在起运地的实际价值以及运费和保险费的总和",即相当于 CIF 价格,不包括预期利润。

(四) 保险金额

保险金额(insured amount)是保险人承担损失赔偿责任的最高限额,也是保险人计算保险费的基础。我国《海商法》第 220 条规定:"保险金额由保险人与被保险人约定。保险金额不得超过保险价值;超过保险价值的,超过部分无效。"

(五) 保险费

保险费(insurance premium)简称保费,是保险人因承担特定的赔偿或给付责任而向被保险人收取的费用。保费等于保险金额乘以费率。

二、保险的基本原则

保险的基本原则是被保险人和保险人签订保险合同、履行各自义务以及办理索赔和理赔工作所必须遵守的原则。保险的基本原则如下:

(一) 可保利益原则

投保人对保险标的应当具有可保利益,投保人对保险标的不具可保利益的,保险合同无效,这就是可保利益原则(principle of insurable interest)。国际货物运输保险与其他保险一样,要求被保险人对保险标的具有可保利益,但在被保险人应于何时具有可保利益这一问题上有一定的灵活性:即国际货物运输保险允许投保人在投保时可以不具有保险利益,但在发生事故和向保险人索赔时必须具有可保利益。这种特殊规定是由国际贸易的特点所决定的。例如,采用 FOB、CFR、FCA、CPT 四种术语订立的货物买卖合同,由买方负责办理保险,而买方在投保时通常还不具有可保利益,此时如硬性规定被保险人在投保时就必须有保险利益,则按这些术语达成的合同,买方便无法在货物装船或交付承运人之前及时为货物办理保险。因此,在国际货运保险业务中,保险人可视为买方具有预期的保险利益而允予承保,随着货物风险转移至买方使得买方具有可保利益后,保险合同正式生效。

(二) 最大诚信原则

最大诚信原则(principle of utmost good faith)是海上保险合同的重要原则之一,对被保险人来说,最大诚信原则主要有以下三方面内容。

1. 告知

告知(disclosure)是指合同订立前,被保险人应当将其知道的或者在通常业务中应当知道的有关保险标的的重要事实如实告知保险人,以便保险人作出是否承保以及按何条件承保的决定。若投保时被保险人对重要事项故意隐瞒,即构成不告知(non-disclosure)。

2. 陈述

根据英国 1906 年《海上保险法》的规定,被保险人除了要向保险人如实告知重要情况外,还要对一些事实或期望进行正确的陈述。如果所做的陈述不真实,即为错误陈述(misrepresentation)。在《中华人民共和国保险法》(简称《保险法》)和《中华人民共和国海商法》(简称《海商法》)关于最大诚信原则的规定中,没有"陈述"这个概念。

3. 保证(warranty)

这是指被保险人在保险合同中所作的保证要做或不做某种事情;保证某种情况的存在或不存在;或保证履行某一条件等。例如,保证货物不用十五年以上船龄的旧船装运,保证载货船舶不驶入某些海域等。保证有"明示保证"和"默示保证"之分,前者指写进保险单中的保证条款,后者指保单中虽未明文规定,但按法律或惯例,被保险人应保证对某种事情的行为或不行为。

(三) 补偿原则

保险的补偿原则(principle of indemnity)是指当保险标的发生保险责任范围内的损失时,保险人应按照保险合同的约定履行赔偿责任。保险的补偿原则体现在以下几个方面:一是保险人的赔偿金额不能超过保单上的"保险金额",因为保险人是按照保险金额来收取保费的,其赔偿责任也不应超过这一限额;二是被保险人在保险事故发生时必须具有可保利益,且赔偿金额以被保险人在保险标的中具有的"可保利益金额"为限;三是赔偿金额不得超过被保险人遭受的"实际损失",即保险人的赔偿不应使被保险人获得额外利益,否则容易引发道德风险。

"代位追偿原则"是保险补偿原则派生出来的一项原则。当保险标的发生了保险责任范围内的由第三者责任造成的损失,被保险人从保险人处得到全部损失赔偿后,必须将其对第三者请求赔偿的权利转让给保险人,由保险人在赔偿金额范围内代位行使求偿权,被保险人不得再从第三者那里得到赔偿。因为如果被保险人从保险公司处得到了赔偿,又从第三方处得到赔偿,他就因为保险而获得了额外收益,违反了补偿性原则。

"重复保险分摊原则"是保险补偿原则派生出来的又一项原则。重复保险(double insurance)亦称"双重保险",是指被保险人将同一保险标的、同一保险利益、同一保险事故分别与两个或两个以上保险人订立保险合同,且保险金额总和超过保险价值的保险。在出现重复保险的情况下,为了防止被保险人从所受损失中获得多重赔偿,把保险标的的损失赔偿责任在各保险人之间按照其承保的保险金额与保险金额总和的比例分摊,便是重复保险的分摊原则。根据我国《海商法》的规定:重复保险的情况下,除合同另有约定外,被保险人可以向任何保险人提出赔偿请求。任何一个保险人支付的赔偿金额超过其应当承担的赔偿责任的,有权向其他保险人追偿。

(四) 近因原则

近因原则(principle of proximate cause)是保险理赔工作中必须遵循的重要原则之一,是在保险标的发生损失时,用来确定保险标的所受损失是否能获得赔偿的一项重要依据。近因原则的基本含义是：若引起保险事故的发生,造成保险标的损失的近因属于保险责任,则保险人承担赔偿责任;若近因属于除外责任,则保险人不负赔偿责任。

近因原则的应用中一项重要工作即是认定近因。对于单一原因造成的损失,单一原因即为近因;对于多种原因造成的损失,持续地起决定或有效作用的原因为近因。近因原则在理论上简单明了,实际运用中对于多种原因致损的情况有时要认定近因并不容易,需要根据案情结合重要判例的援用加以辨别。

近因原则的里程碑案例是英国 Leyland Shipping Co.,Ltd. 与 Norwich Union Fire Insurance Society Ltd. 一案。"一战"期间,Leyland 公司为其某艘货船向 Norwich 保险公司投保"海上危险",投保这种险别时,"敌对行为和类似战争行为的一切后果"是除外责任。该货船在某次航程中被德国潜艇的鱼雷击中后严重受损,被拖到法国勒哈佛尔港,港口当局担心该船沉没后会阻碍码头的使用,于是该船在港口当局的命令下停靠在港口防波堤外,由于风浪较大和该船被鱼雷击中后头重脚轻的共同作用,船舶最终沉没。Leyland 公司向 Norwich 保险公司索赔遭拒后诉至法院,审理此案的英国上议院大法官 Lord Shaw 认为,导致船舶沉没的原因包括鱼雷击中和海浪冲击,但船舶在鱼雷击中后始终没有脱离危险,因此,船舶沉没的近因是鱼雷击中而不是海浪冲击,"鱼雷击中"属其投保险别的除外责任,故保险人不负赔偿责任。

第二节　海洋运输货物保险的承保范围

海洋运输货物保险保障的范围,包括承保的风险、承保的损失与承保的费用三方面内容,正确理解这三者的含义和范围,对合理选择投保险别和正确处理保险索赔问题,都有重要的意义。

一、风险

海洋货物运输保险承保的风险包括海上风险和外来风险两类。海上风险包括自然灾害和意外事故,外来风险则有一般外来风险和特殊外来风险之分,如表 8-1 所示。

表 8-1　海洋运输货物保险承保的风险类型

风险类型	主要类别	风险内容
海上风险(perils of the sea)	自然灾害(natural calamity)	恶劣气候、雷电、海啸、地震、洪水、火山爆发、浪击落海等
	意外事故(fortuitous accidents)	船舶搁浅、触礁、沉没、碰撞、互撞、遇流冰、失火、爆炸等
外来风险(extraneous risk)	一般外来风险(general extraneous risks)	偷窃、提货不着、淡水雨淋、短量、混杂、玷污、渗漏、破损破碎、串味、受潮受热、钩损、包装破裂、锈损等
	特殊外来风险(special extraneous risks)	战争、罢工、交货不到、拒收等

（一）海上风险

海上风险是指船舶或货物在海上航行中或随附海上运输所发生的风险,在现代海上保险业务中,保险人所承保的海上风险是有特定范围的:一方面,它并不包括在海上发生的一切风险;另一方面,它又不局限于航海中所发生的风险,还包括发生在与海上航运相关联的内陆、内河、内湖运输过程中的一些风险。海上风险一般包括自然灾害和意外事故两种。

（1）自然灾害。自然灾害（natural calamities）是指不以人的意志为转移的自然界力量所引起的灾害。如恶劣气候、雷电、海啸、地震、洪水、火山爆发等。这些灾害在保险业务中都有其特定的含义。

（2）意外事故。意外事故（accident）是指由于偶然的、难以意料的原因所造成的事故,如船舶搁浅、触礁、沉没、碰撞、互撞、遇流冰、失火、爆炸等。

（二）外来风险

外来风险是指海上风险以外的其他外来的原因所造成的风险,外来风险包括下列两种类型:一是"一般外来风险",指偷窃、提货不着、淡水雨淋、短量、混杂玷污、渗漏、破损破碎、串味、受潮受热、钩损、包装破裂、锈损等外来风险。它们分别由 11 种对应的一般附加险承保。二是"特殊外来风险",主要指由于军事、政治、国家政策法令和行政措施等原因所致的风险损失,如战争、罢工、交货不到、拒收等。它们分别由战争险、罢工险、黄曲霉素险、交货不到险等 8 种对应的特殊附加险承保。

二、损失

被保险货物因遭受海洋运输中的风险所导致的损失称为海上损失,或简称为海损（average）。海损按损失程度的不同,可分为全部损失和部分损失;按性质的不同,可分为共同海损和单独海损。

（一）全部损失与部分损失

1. 全部损失

全部损失简称全损,可以分为实际全损（actual total loss）和推定全损（constructive total loss）。

（1）实际全损。海上保险标的发生实际全损的表现形式主要包括以下几种:

① 保险标的物全部灭失。即发生保险事故后,保险标的的物质实体完全毁损和不复存在。例如,船载货物被大火烧毁,船舱进水致使糖、盐等货物被海水溶解等。

② 保险标的物失去原有商业价值或用途。即保险标的受损后,虽然物质形体尚在,但已失去了原有的使用价值。例如,水泥受海水浸泡后结块,食品被有毒物质玷污等。

③ 被保险人对保险标的失去所有权,且无法挽回。指保险标的仍然存在,也没有丧失原有用途,但被保险人已丧失了对它的有效占有,且无法挽回。例如,货物被敌国没收等。

④ 船舶失踪。船舶在合理时间内未从被获知最后消息的地点抵达目的地,除合同另有约定外,满两个月后仍没有消息的,为船舶失踪。船舶失踪视为实际全损。

被保险货物在遭到实际全损时,被保险人可按其投保金额获得保险公司全部损失的赔偿。

(2) 推定全损。根据我国《海商法》的规定,货物发生保险事故后,实际全损已经不可避免,或者为避免发生实际全损所需支付的费用与继续将货物运抵目的地的费用之和超过保险价值的,为推定全损。

当保险标的发生推定全损时,被保险人有两个选择:一是要求按全部损失赔偿。此时被保险人必须向保险人发出委付通知(notice of abandonment),声明愿意将保险标的的一切权利和义务转让给保险人,并要求保险人按全损给予赔偿。委付需经保险人同意后方能生效,但保险人应当在合理的时间内将接受委付或者不接受委付的决定通知被保险人。委付一经接受,不得撤回。二是被保险人保留标的,而向保险人要求部分损失的赔偿,此时无须发出委付通知。

2. 部分损失

不属于实际全损和推定全损的损失,为部分损失,即没有达到全部损失程度的损失。

(二) 共同海损与单独海损

1. 共同海损

(1) 共同海损的定义。共同海损(general average)是指在同一海上航程中,船舶、货物和其他财产遭遇共同危险,为了共同安全,有意地、合理地采取措施所直接造成的特殊牺牲、支付的特殊费用。

(2) 构成共同海损的条件。构成共同海损,必须具备以下条件:第一,导致共同海损的危险必须是真实存在的或不可避免的,而非主观臆测的;第二,船方采取的措施,必须是为了船货的共同安全而有意采取的紧急、合理的措施;第三,所作的牺牲具有特殊性,支出的费用是额外的,是为了解除危险,而不是由危险直接造成的;第四,所采取的措施必须是最终有效的,即最终避免了船货的同归于尽,船舶和货物的全部和部分最后安全抵达航程目的港。

(3) 共同海损牺牲与分摊。共同海损牺牲(sacrifice)是指由于共同海损措施直接造成的船舶或货物或其他财产的特殊损失和支付的特殊费用。例如,载货船舶在航行遭遇暴风雨导致船身严重倾斜,船长为了使船、货脱险,下令将部分货物抛弃,弃货后船身恢复平衡转危为安、安全抵达目的港,被抛弃的货物就是共同海损牺牲。

共同海损分摊(contribution)是共同海损法律制度中的一项基本原则,它指船舶发生共同海损事件后,凡属共同海损范围内的牺牲和费用,均可通过共同海损理算,由有关获救受益方(即船方、货方和运费收入方)根据获救价值按比例分摊。共同海损的分摊价值,应该根据船舶遭遇共同海损事故的航程终止日期和地点各项财产的实际净值来计算。

(4) 共同海损理算。共同海损事故发生后,共同海损牺牲和费用需由全体受益方共同分摊。为此,需要确定共同海损牺牲的项目及金额、各受益方获救财产的净值、各受益方应分摊的金额、最后应付的金额以及结算办法、编制理算书等。这一系列工作称为"共同海损理算"。共同海损理算工作由专门的理算机构或理算师进行,统称"海损理算人"。海运比较发达的国家均有专门的理算机构。我国国际贸易促进委员会设有"海损理算处",凡在提单或租船合同中约定共同海损在中国理算的,均由该理算处进行理算。

共同海损理算的基本步骤包括以下几方面:

① 船方在船舶达到第一港口后48小时内宣告发生共同海损;

② 船方向海损理算人提出理算申请;

③ 理算人受理申请;

④ 确定共同海损牺牲的金额;

⑤ 确定各受益方获救财产的净值;

⑥ 计算各受益方的分摊金额;

⑦ 编制理算书。

(5)"共同海损牺牲"的赔付。"共同海损牺牲"的赔付,主要解决的是受损方的损失如何获得赔偿的问题。理论上受损方的损失应由全体受益方按获救财产价值的比例赔偿,实务中,如受损方有投保,则无论投保何种基本险,均可就其遭受的共同海损牺牲和支付的共同海损费用,先从保险公司取得相应的赔偿,再由保险公司取得代位追偿权向各受益方求偿。

(6)"共同海损分摊"的赔付。"共同海损分摊"的赔付,解决的是受益方如何支付分摊金额的问题。如果被保险人的货物本身没有发生共同海损牺牲,但需要承担共同海损分摊金额,一般是由保险人出具"共同海损担保函",被保险人(收货人)凭此担保函先行提货,待理算完毕确定分摊金额后,保险人再对分摊金额予以赔付。当然,如果被保险人已向其他利害关系方支付了共同海损分摊金额,则可根据保险合同,向保险公司索赔。

2. 单独海损

单独海损(particular average)是指保险标的在运输过程中遭遇海上风险而直接造成船舶或货物的部分损失。这些损失只能由标的物的所有人单独承担。当然,如果损失是由承保风险所引起的,被保险人可以向保险人索赔。

3. 共用海损和单独海损的区别

共同海损与单独海损的主要区别表现在:

(1)造成损失的原因不同。单独海损是由海上风险直接造成的货物损失,没有人为因素在内;共同海损则是在遭遇共同危险的紧急情况下人为有意地采取措施而导致的损失。

(2)承担损失的责任方不同。单独海损的损失一般由受损方自行承担,如涉及第三者责任方的过失,则由过失方负责赔偿。如受损方投保了海上保险,其损失由保险公司根据保险条款承担赔偿责任。共同海损损失是为了船货的共同安全作出的,因此应由各受益方按获救财产价值的比例共同分摊。如受益方投保了运输货物保险或船舶险,则保险公司对于受益方应承担的分摊金额予以赔偿。

三、费用

保险人不仅负责赔偿由于承保风险而造成的损失,也承担为营救被保险货物所支出的施救费用和救助费用。

(一) 施救费用

施救费用(sue & labor expenses)，是指被保险货物在遭遇承保责任范围内的灾害事故时，被保险人或其代理人、雇用人员或保单受让人为了避免或减少货物损失，采取各种抢救与防护措施所支出的合理费用。保险人对这种施救费用负责赔偿。值得注意的是，施救费用的赔偿并不考虑措施是否成功。只要措施得当，费用支出合理，即使施救措施不成功，没有达到目的，保险人对施救费用也应负责。这一规定调动了被保险人对保险标的进行施救的积极性，从而也保护了保险人自己的利益。

(二) 救助费用

救助费用(salvage charges)是指海上保险财产在遭遇承保范围内的灾害事故时，由保险人和被保险人以外的第三者采取救助措施并获成功，由被救方支付给救助方的一种报酬。保险人对救助费用的赔偿以获救财产的保险金额为限，且救助费用与保险标的本身损失的赔偿相加不得超过保险金额。这就意味着如果保险标的发生全损，保险人对于救助费用不再赔偿。

长期以来，国际上都采取"无效果、无报酬"的原则给付救助报酬，若无救助效果，即使救助方付出相当大的代价，也不给报酬。自 1980 年以来，这一原则发生了一些变化，即对全部或部分装载石油的邮轮进行救助，即使救助不成功，也可索取合理费用。

(三) 施救费用与救助费用的区别

施救费用与救助费用的区别主要有以下几点：

(1) 采取行为的主体不同。施救是由被保险人及其代理人等采取的行为，而救助是保险人和被保险人以外的第三者进行的。

(2) 给付报酬的原则不同。施救费用是施救不论有无效果，都予以赔偿，而救助则是"无效果，无报酬"。

(3) 保险人的赔偿责任不同。施救费用可在保险货物本身的保额以外，再赔一个保额；而保险人对救助费用的赔偿责任以不超过获救财产的价值为限。

第三节　海洋运输货物保险的险别

对我国进出口商而言，海运货物保险最常用的两类条款是《中国保险条款》(China Insurance Clauses)下的《海洋运输货物保险条款》(Ocean Marine Cargo Clauses)以及英国伦敦保险协会的《协会货物保险条款》(Institute Cargo Clauses)。

一、我国海洋运输货物保险的险别

现行的中国人民财产保险公司《海洋运输货物保险条款》是在 1981 年 1 月 1 日修订的，其主要内容介绍如下：

(一) 基本险

中国海洋运输货物保险可以分为基本险和附加险,其中基本险是指可以单独投保的险别。基本险分为平安险、水渍险和一切险三种。下面介绍这三种险别的责任范围、除外责任及保险责任起讫。

1. 平安险

平安险(Free From Particular Average,F. P. A.)是三种险别中责任范围最小的险种,其英文原意是指"单独海损不赔",经过长期实践的不断修订和补充,平安险的承保范围已非其英文原意所能概括。按照我国的《海洋运输货物保险条款》,平安险的责任范围共有如下八项。

(1) 被保险货物在运输途中由于恶劣气候、雷电、海啸、地震、洪水等自然灾害造成整批货物的全部损失或推定全损。当被保险人要求赔付推定全损时,须将受损货物及其权利委付给保险公司。被保险货物用驳船运往或运离海轮的,每一驳船所装货物可视作一个整批。

(2) 由于运输工具遭受搁浅、触礁、沉没、互撞、电与流冰或其他物体碰撞以及失火、爆炸等意外事故造成货物的全部或部分损失。

(3) 在运输工具已经发生搁浅、触礁、沉没、焚毁等意外事故的情况下,货物在此前后又在海上遭受恶劣气候、雷电、海啸等自然灾害所造成的部分损失。

(4) 在装卸或转运时由于一件或数件的整件货物落海造成的全部或部分损失。

(5) 被保险人对遭受承保责任范围内危险的货物采取抢救、防止或减少货损的措施而支付的合理费用,但以不超过该批被救货物的保险金额为限。

(6) 运输工具遭遇海难后,在避难港由于卸货所引起的损失以及在中途港、避难港由于卸货、存仓以及运送货物所产生的特别费用。

(7) 共同海损的牺牲、分摊和救助费用。

(8) 运输契约包含"船舶互撞责任"条款,根据该条款规定应由货方偿还船方的损失。

2. 水渍险

水渍险(With Particular Average,W. P. A.)的英文原意是"负责赔偿单独海损",其责任范围比平安险大,但比一切险小。除包括上述平安险的各项责任外,水渍险还负责被保险货物由于恶劣气候、雷电、海啸、地震、洪水等自然灾害所造成的部分损失。

3. 一切险

一切险(All Risks,A. R.)是三种基本险中责任范围最大的险种,但不能如其字面一样解释为保险人负责赔偿所有风险造成的损失。一切险的承保范围除包括上述平安险和水渍险的各项责任外,还负责被保险货物在运输途中由于一般外来风险所致的全部或部分损失。

课堂活动 1:根据上述解释,判断三种基本险是否承保表 8-2 所列的各项损失与费用,保险公司负责赔偿的项目打"√",不予赔偿的打"×"。

表 8-2　三种基本险承保范围比较表

风险	损失与费用			平安险	水渍险	一切险
海上风险	海上损失	全损				
		部分损失	单独海损　自然灾害造成的单独海损			
			共同海损　意外事故造成的单独海损			
	海上费用	施救费用				
		救助费用				
外来风险	一般外来风险导致的损失	运输途中由于偷窃、雨淋、渗漏、短量、钩损、碰损、玷污、串味、受热受潮等所致的损失				
	特殊外来风险导致的损失	由于战争、罢工、交货不到、拒收、没收等特殊外来风险所致的损失				

对海洋运输货物保险的三种基本险,保险公司规定有如下除外责任:

(1) 被保险人的故意行为或过失所造成的损失。

(2) 属于发货人责任所引起的损失。

(3) 在保险责任开始前,被保险货物已存在的品质不良或数量短差所造成的损失。

(4) 被保险货物的自然损耗、本质缺陷、特性以及市价跌落、运输延迟所引起的损失或费用。

(5) 海洋运输货物战争险条款和货物运输罢工险条款规定的责任范围和除外责任。

在保险责任起讫方面,与国际保险市场的习惯做法一样,我国《海洋运输货物保险条款》规定的责任期间也采用"仓至仓"条款(warehouse to warehouse clause, W/W clause),即保险责任自被保险货物运离保险单所载明的起运地仓库或储存处所开始运输时生效,包括正常运输过程中的海上、陆上、内河和驳船运输在内,直至该项货物到达保险单所载明目的地收货人的最后仓库或储存处所或被保险人用作分配、分派或非正常运输的其他储存处所为止。如未抵达上述仓库或储存处所,则以被保险货物在最后卸载港全部卸离海轮后满 60 天为止。如在上述 60 天内被保险货物需转运到非保险单所载明的目的地时,则以该项货物开始转运时终止。

(二) 附加险

附加险是对基本险的补充和扩大,只有在投保了基本险的基础上才可以加保。目前,《中国保险条款》中的附加险可以分为一般附加险和特殊附加险两类。

1. 一般附加险

一般附加险所承保的是由于一般外来风险所致的全部或部分损失,其险别共有如下 11 种。

(1) 偷窃、提货不着险(Theft, Pilferage and Non-Delivery, T. P. N. D.)。承保被保险货物因偷窃行为所致的损失和整件提货不着导致的损失。

(2) 淡水雨淋险(Fresh Water and/or Rain Damage, F. W. R. D.)。承保被保险货物直接由于淡水、雨淋所造成的损失。雨淋所致损失包括雨水、冰雪融化等给货物造成的损失;淡水所致损失包括因船舱内水汽凝聚而成的舱汗、船上淡水舱或淡水管漏水给货物造成的损失。

（3）短量险（risk of shortage）。承保被保险货物在运输过程中因外包装破裂或散装货物发生数量散失和实际重量短缺的损失，但正常的途耗除外。

（4）渗漏险（risk of leakage）。承保液体、流质类货物在运输过程中因容器损坏而引起的渗漏损失，装运原油等油类的管道破裂造成的渗漏损失，以及用液体储藏的货物因储液渗漏而引起的货物腐烂变质等损失。

（5）混杂、玷污险（risk of intermixture and contamination）。承保被保险货物在运输途中因混进杂质或被玷污所造成的损失。例如，散装粮食、谷物、矿砂等，容易混进泥土、碎石、草屑等，以致质量受损；布匹、服装等纺织品可能被油类或带色物质污染而引起损失。当然，如货物属集装箱运输方式下的整箱货，则被他物混杂玷污的可能性极小。

（6）碰损、破碎险（risk of clash and breakage）。承保被保险货物在运输途中因震动、碰撞、受压或搬运不慎造成的破碎、裂损、弯曲、凹瘪、脱瓷、脱漆等损失。易发生碰损的主要是家具、漆木制品、金属制品等；易破碎的则包括玻璃制品、陶瓷制品、大理石板等。应当注意的是，碰损破碎险作为一种一般附加险，主要是对搬运不慎或装卸不当等一般外来原因导致的碰损破碎损失承担赔偿责任，因自然灾害或运输工具发生意外事故导致的碰损破碎损失并不在本险的赔偿范围内。

（7）串味险（risk of odor）。承保被保险货物在运输途中因受其他物品气味的影响而引起的串味、变味损失。易发生串味损失的货物如食品、茶叶、中药材、化妆品等，它们在运输途中如与有腥味、异味的物品存放在一起，则很可能被串味而使本身品质受损；此外，这些货物如装载在未洗净有异味的集装箱内，也极易受串味影响。

（8）受潮受热险（damage caused by sweating and heating）。承保被保险货物在运输过程中因气温突变或由于船上通风设备失灵致使船舱内水汽凝结、发潮或发热所造成的损失。

（9）钩损险（risk of hook damage）。承保被保险货物在运输、装卸过程中，因使用手钩、吊钩等钩类工具而致本身被钩破，或外包装被钩坏造成货物外漏的损失。袋装粮食发生钩损的情况较多。保险人不但负责赔偿货物被钩坏的损失，对因包装被钩破而进行修补或调换所支付的合理费用也予以承担。

（10）锈损险（risk of rust）。承保被保险货物在运输过程中因生锈而造成的损失。易发生锈损的有金属、金属制品等。对于极易生锈的铁丝、钢丝绳、水管零件等，以及不可避免生锈的裸装金属条、金属板等，保险人往往拒绝承保该险。

（11）包装破裂险（loss or damage caused by breakage of packing）。承保被保险货物在运输过程中因搬运或装卸不慎，导致包装破裂所造成的损失，以及为继续运输安全需要而产生的修补或调换包装所支付的费用。如果包装破裂是由于包装不良等原因所致，则保险人不承担赔偿责任。

应当注意的是，由于一切险的承保范围已包含了所有一般附加险的责任，所以在投保了一切险之后，就无须再加保一般附加险。而在投保了平安险或水渍险时，则可根据货物的特性或根据需要加保一种或几种一般附加险。

2. 特殊附加险

特殊附加险承保由于特殊外来原因导致的全部或部分损失,共有以下 8 种。

(1) 战争险(war risk)。对直接由于战争、类似战争行为和敌对行为、武装冲突或海盗行为所致的损失,以及由于上述行为引起的捕获、拘留、扣留、禁制、扣押所造成的损失,各种常规武器,包括水雷、鱼雷、炸弹所致的损失,以及由于以上原因造成的共同海损的牺牲、分摊和救助费用负赔偿责任。但对使用原子或热核武器所致的损失和费用不负赔偿责任。

战争险的责任起讫不是采用"仓至仓",而是"水面危险"原则,即自被保险货物装上保险单所载起运港的海轮或驳船时开始,到卸离保险单所载目的港的海轮或驳船时为止,如果被保险货物不卸离海轮或驳船,保险责任最长期限以海轮到达目的港的当日午夜起算满 15 天为止,待再装上海轮续运时恢复有效。

(2) 罢工险(strike risk)。对被保险货物由于罢工者、被迫停工工人或参加工潮、暴动、民动、民众斗争的人员的行动,或任何人的恶意行为所造成的直接损失和上述行动或行为所引起的共同海损、牺牲、分摊和救助费用负赔偿责任。投保罢工险应注意以下几方面问题:

① 罢工险只承保罢工行为所致的被保险货物的直接损失,因罢工行为使货物无法正常运输装卸导致的间接损失不在赔偿范围内;

② 罢工险的责任起讫和基本险一样,是"仓至仓"而不是"水面危险";

③ 在投保战争险的前提下,加保罢工险不另收费。

(3) 黄曲霉素险(aflatoxin risk)。承保被保险货物因所含黄曲霉素超过进口国的限制标准,被拒绝进口、没收或强制改变用途而遭受的损失。花生、大米等往往含有黄曲霉素,进口国对这种毒素的含量都有严格的限制标准,一旦超标,就会被拒绝进口或强制改变用途。可见,黄曲霉素险是一种专门的拒收险。

(4) 交货不到险(failure to deliver risk)。承保不论任何原因,已装上船的被保险货物不能在预定抵达目的地的日期起 6 个月内交货的损失。引起交货不到的原因,以政治上的原因居多,如禁运或在中途港被强行卸载等。

(5) 舱面险(on deck risk)。又称"甲板险",除按保险单所载条款负责外,还承保存放在舱面的货物被抛弃或被风浪冲击落水的损失。随着集装箱运输的发展,装于舱面的集装箱货物提单早已为国际贸易界普遍接受,因此,保险人通常把装载在舱面的集装箱货物视为舱内货物承保。

(6) 进口关税险(import duty risk)。当被保险货物遭受保险责任范围以内的损失,而被保险人仍须按完好货物价值完税时,保险公司对损失部分货物的进口关税负责赔偿。投保该险时,应注意保险金额应为被保险货物须缴纳的关税,而非货物本身的保险金额。

(7) 拒收险(rejection risk)。承保被保险货物在目的港被进口国政府或有关当局拒绝进口或没收所造成的货物的损失。

(8) 货物出口到香港(包括九龙)或澳门存仓火险责任扩展条款(fire risk extension clause—for storage of cargo at destination Hong kong,including Kowloon or Macao)。

承保被保险货物到达目的地卸离运输工具后,如直接存放于保险单载明的过户银行所指定的仓库所造成的存仓火险损失,直至银行收回抵押款解除货物的权益为止,或运输责任终止时期满30天为止。

(三) 专门险

海运货物专门险又称特种货物保险,是保险公司根据某些商品的特性以及某些特殊需要开设的属于"基本险"性质的专门险种,可以单独投保。以下介绍两种主要的专门险。

1. 海洋运输冷藏货物保险

海洋运输冷藏货物保险包括"冷藏险"和"冷藏一切险"两种。冷藏险的责任范围包括水渍险的全部责任和"由于冷藏机器停止工作连续达到24小时以上所造成的被保险货物的腐败或损失"。冷藏一切险的责任范围包括冷藏险的全部责任和"被保险货物在运输途中由于一般外来原因所造成的腐败或损失"。海洋运输冷藏货物保险适用于新鲜蔬菜、水果以及冷冻鱼虾、冻肉等运输时须置于冷藏容器或冷藏舱内并保持一定温度的货物。

2. 海洋运输散装桐油保险

桐油是我国大宗出口的商品之一,因其特性,桐油在运输途中易遭受污染、短量、渗漏和变质等损失,为此,保险公司专门为满足这种货物的特殊需要而设立了"海洋运输散装桐油保险",以承保不论何种原因造成的被保险散装桐油的短少、渗漏、玷污或变质的损失。

二、伦敦协会海洋运输货物保险条款

长期以来,在世界保险业务中,英国所制定的保险法、保险条款、保险单等对世界各国影响很大。目前,国际上仍有许多国家和地区的保险公司在国际货物运输保险业务中直接采用英国伦敦保险协会制定的《协会货物保险条款》(Institute Cargo Clauses,ICC)。我国现行的《海洋运输货物保险条款》的三种基本险及若干附加险就是在参照ICC的基础上制定的。

(一)《协会货物保险条款》的产生与修订

《协会货物保险条款》最早制定于1912年,后经多次修改,其中影响较大的版本是1982年1月1日修订完成并于1983年4月1日起实施的ICC条款,该版本的ICC条款在内容与形式上都有变化,不再沿用三种基本险(FPA、WA、AR)的旧名称而是改为采用六种险别。最近一次修订是在1982年版本的基础上作出的,于2009年1月1日生效。新条款主要修订内容包括:澄清条款所载的不承保事项;条款改用现代化文字,对条款中容易产生争议的用词作出更为明确的规定,条款中的文字结构也更为简洁、严密;更重要的是扩展了保险责任起讫期;对保险公司引用免责条款作出了一些条件限制。

(二)《协会货物保险条款》的六种险别

2009 版的《协会货物保险条款》主要险别仍为六种：

(1) 协会货物条款(A)(Institute Cargo Clause A)。

(2) 协会货物条款(B)(Institute Cargo Clause B)。

(3) 协会货物条款(C)(Institute Cargo Clause C)。

(4) 协会战争险条款(货物)(Institute War Clause-Cargo)。

(5) 协会罢工险条款(货物)(Institute Strike Clause-Cargo)。

(6) 恶意损害险条款(Malicious Damage Clause)。

以上六种保险条款中,前三种为主险。ICC(A) 相当于中国保险条款中的一切险,其责任范围采用"一切风险减除外责任"的方式说明;ICC(B)、ICC(C)都采用"列明风险"的方式表明其承保范围,ICC(B)大体相当于水渍险,ICC(C)相当于平安险。

六种险别中,只有恶意损害险不能单独投保,其他五种险结构统一、体系完整,均可作为独立的险别单独投保。应当注意的是,由于恶意损害险的责任范围已被列入 ICC(A)的承保风险,因此,只有在投保 ICC(B) 和 ICC(C) 时,才在需要时予以加保。恶意损害险承保被保险人以外的其他人(如船长、船员等)的故意损坏、故意破坏保险标的或其任何部分所造成的损失或费用。但恶意行为若出于政治动机,则不属于本险别的承保范围,而属于罢工险的承保范围。

(三) ICC 三种主险的承保范围及责任期间

1. ICC 三种主险的承保范围

ICC(A)险承保责任范围较广,对承保风险采用"一切风险减除外责任"的方式。2009年版 ICC 条款的除外责任分为四类:一般除外责任、不适航不适货除外责任、战争除外责任以及罢工和恐怖主义除外责任,具体如表 8-3 中(19)~(22)所示。ICC(B) 与 ICC(C)均采用"列明风险"的方式,即把所承保的风险一一列举,凡属承保责任范围内的损失,无论是全部损失还是部分损失,保险人按损失程度均负赔偿责任。

为方便比较,《协会货物保险条款》(A)、(B)、(C)险的承保风险列示于表 8-3。

表 8-3　ICC(A)、ICC(B)、ICC(C)承保风险比较表

承 保 风 险	(A)	(B)	(C)
(1) 火灾、爆炸	√	√	√
(2) 船舶、驳船的触礁、搁浅、沉没或倾覆	√	√	√
(3) 陆上运输工具倾覆或出轨	√	√	√
(4) 船舶、驳船或运输工具与除水以外的任何外界物体碰撞	√	√	√
(5) 在避难港卸货	√	√	√
(6) 共同海损牺牲	√	√	√
(7) 抛货	√	√	√
(8) 共同海损分摊和救助费用	√	√	√
(9) 运输合同订有"船舶互撞责任条款",据条款规定,应由货方偿还船方的损失	√	√	√
(10) 续运费用	√	√	√

续表

承 保 风 险	(A)	(B)	(C)
(11) 合理的施救费用	✓	✓	✓
(12) 地震、火山爆发或雷电	✓	✓	×
(13) 浪击落海	✓	✓	×
(14) 海水、湖水或河水进入船舶、驳船、运输工具、集装箱、大型海运箱储存处所	✓	✓	×
(15) 货物在装卸时落海或跌落造成整件的全损	✓	✓	×
(16) 被保险人以外的其他人(如船长、船员等)的故意不法行为造成的损失费用	✓	×	×
(17) 海盗行为	✓	×	×
(18) 由于一般外来原因所造成的损失或费用	✓	×	×
(19) 被保险人故意的不法行为、保险标的内在缺陷或自然损耗、包装不当或配载不当、延迟、船舶所有人或经营人破产或困难、使用原子武器等造成的损失或费用	×	×	×
(20) 不适航、不适货造成的损失或费用	×	×	×
(21) 战争、内战、敌对行为、捕获、扣留(海盗除外)、鱼雷等造成的损失	×	×	×
(22) 罢工和恐怖主义造成的损失或费用	×	×	×

备注：(19)～(22)为 ICC(A)险的除外责任,同时适用于(B)险及(C)险。

2．ICC 三种主险的责任起讫

2009 年版《协会货物保险条款》扩展了保险人的责任起讫,即保险责任自保险标的开始进入仓库或储存处所时就生效,包括正常运输过程,直至运到下述地点时就终止：(1)合同载明的目的地最后仓库或储存处所,从运输车辆或其他运输工具完成卸货；(2)合同载明的目的地任何其他仓库或储存处所,或在途中任何其他仓库或储存处所,从运输车辆或其他运输工具完成卸货,上述任何其他仓库或储存处所是由被保险人或者其雇员选择用作在正常运送过程之外的储存货物或分配货物,或分派货物；(3)被保险人或其雇员在正常运输过程之外选择任何运输车辆或其他运输工具或集装箱储存货物；(4)自保险标的在最后卸货港卸离海轮满 60 天为止。上述情况以先发生者为终止条件。如果保险标的在最后卸货港卸离海轮后但本保险责任终止前需被转运至非保单载明的其他目的地时,则该项保险标的开始转运之时保险责任即告截止。

第四节 我国陆运、空运与邮包运输保险的险别

在国际贸易中,货物运输除了主要采用海上运输方式外,还采用陆上运输、航空运输和邮包运输方式。随着国际经济联系日益密切和频繁,通过后三种运输方式进行运输的货物数量在整个国际贸易货运量中的比重呈明显上升趋势,与之相适应的陆空邮运输货物保险业务也不断增长。

一、陆上运输货物保险

根据中国人民保险公司 1981 年 1 月 1 日修订的《陆上运输货物保险条例》的规定,陆上运输货物保险的基本险别分为陆运险与陆运一切险两种。适用于陆运冷藏货物的专门保险,即陆上运输冷藏货物险,其性质也属基本险。此外,在附加险中,主要包括仅适用于火车运输的陆上运输货物战争险(火车)。上述险别的主要内容如表 8-4 所示。

表 8-4　陆上货物运输保险的主要险别与承保范围

险　　别	险别性质	承保范围
陆运险	基本险	承保被保险货物在运输途中遭受暴风、雷电、洪水、地震等自然灾害或由于运输工具遭受碰撞、倾覆、出轨或在驳运过程中因驳运工具遭受搁浅、触礁、沉没、碰撞；或由于遭受隧道坍塌、崖崩或失火、爆炸等意外事故所造成的全部或部分损失；亦承保合理的施救费用
陆运一切险	基本险	除承担上述"陆运险"的赔偿责任外，还负责被保险货物在运输途中由于一般外来风险所造成的全部或部分损失
陆上运输冷藏货物险	基本险（专门险）	除承担上述"陆运险"的赔偿责任外，还负责赔偿由于冷藏机器或隔温设备在运输途中损坏所造成的被保险货物解冻融化以致腐败的损失
陆上运输货物战争险（火车）	特殊附加险	承保火车运输途中由于战争、类似战争行为和敌对行为、武装冲突所致的损失，以及各种常规武器（包括地雷、炸弹）所致的货物损失

陆上运输货物险的责任起讫也采用"仓至仓"责任条款。陆上运输冷藏货物险的责任自被保险货物运离保险单所载起运地点的冷藏仓库装入运送工具开始运输时生效，包括正常的陆运及其有关的水上驳运在内，直至货物到达保险单所载明的目的地收货人仓库为止。但是最长保险责任的有效期限以被保险货物到达目的地车站后 10 天为限。

"陆上运输货物战争险"的责任起讫与海运战争险相似，以货物置于运输工具时为限。如果被保险货物不卸离火车，则以火车达到目的地的当日午夜起算，满 48 小时为止；如在运输中途转车，则不论货物在当地卸载与否，保险责任以火车到达该中途站的当日午夜起计算满 10 天为止。如货物在此期限内重新装车续运，仍恢复有效。

二、航空运输货物保险

近年来，随着航空技术的迅速发展和对航空运输的需求猛增，航空运输在国际贸易货物运输中的重要性日益显著，航空运输货物保险业随之蓬勃发展起来。为了满足我国外贸业务发展的需要，中国人民保险公司也接受办理航空运输货物保险业务，并制定"航空运输险"和"航空运输一切险"两种基本险条款以及"航空运输货物战争险"的附加险条款，其基本内容如表 8-5 所示。

表 8-5　我国航空运输货物保险的主要险别与承保范围

险　　别	险别性质	承保范围
航空运输险	基本险	承保被保险货物在运输途中遭受雷电、火灾、爆炸或由于飞机遭受恶劣气候或其他危难事故而被抛弃，或由于飞机遭受碰撞、倾覆、坠落或失踪等自然灾害和意外事故所造成的全部或部分损失
航空运输一切险	基本险	除承担上述航空运输险的全部责任外，还负责赔偿被保险货物由于被偷窃、短少等一般外来原因所造成的全部或部分损失
航空运输货物战争险	特殊附加险	承保航空运输途中由于战争、类似战争行为、敌对行为或武装冲突以及各种常规武器和炸弹所造成的货物损失，但不包括因使用原子或热核武器所造成的损失

航空运输货物险的两种基本险的保险责任也采用"仓至仓"条款,但与海洋运输险的"仓至仓"责任条款不同的是:如货物运达保险单所载明目的地而未运抵保险单所载明的收货人仓库或储存处所,则以被保险货物在最后卸离飞机后满30天为止。如上述30天内被保险货物需转送到非保险单所载明的目的地时,则以该项货物开始转运时终止。

航空运输货物战争险的保险责任起讫是自被保险货物装上保险单所载明的启运地的飞机时开始,直到卸离保险单所载明的目的地的飞机时为止。如果被保险货物不卸离飞机,则以飞机到达目的地当日午夜起计算满15天为止,如果被保险货物需要在中途转运时,则保险责任以飞机达到转运地的当日午夜起满15天为止;待装上续运的飞机,保险责任再恢复有效。

三、邮包运输货物保险

邮包运输是一种比较简便的运输方式。近年来,国际间采用邮包递送货样或少量质轻价高货品的情况逐渐增多。在我国,中国人民保险公司参照国际上的通行做法,结合我国邮政包裹业务的实际情况,于1981年1月1日修订并公布了一套较为完备的邮包运输保险条款,具体包括"邮包险"、"邮包一切险"及"邮包战争险"三种,其基本内容如表8-6所示。

表8-6　我国邮包运输保险的主要险别与承保范围

险　别	险别性质	承 保 范 围
邮包险	基本险	承保被保险邮包在运输途中由于恶劣气候、雷电、海啸、地震、洪水、自然灾害,或由于运输工具搁浅、触礁、沉没、碰撞、出轨、倾覆、坠落、失踪,或由于失火和爆炸意外事故造成的全部或部分损失;亦承保施救费用
邮包一切险	基本险	除包括上述邮包险的全部责任外,还负责被保险邮包在运输途中由于一般外来原因所致的全部或部分损失
邮包战争险	特殊附加险	承保被保险邮包在运输过程中直接由于战争、类似战争行为、敌对行为、武装冲突、海盗行为以及各种常规武器(包括水雷、鱼雷、炸弹)所造成的损失。但保险公司不承担因使用原子或热核制造的武器所造成的损失的赔偿

邮包险和邮包一切险的保险责任是自被保险邮包离开保险单所载起运地点寄件人的处所运往邮局时开始生效。直至被保险邮包运达保险单所载明的目的地邮局发出通知书给收件人当日午夜起算满15天为止,但在此期限内邮包一经递交至收件人的处所时,保险责任即行终止。

邮包战争险的保险责任是自被保险邮包经邮政机构收讫后自储存处所开始运送时生效,直至该项邮包运达保险单所载明的目的地邮政机构送交收货人为止。

第五节　保险费计算及保险业务操作

一、保险费计算

货物运输险的保险费是以保险金额为基础计算的,因此首先应掌握保险金额的构成及其计算方法,在此基础上结合具体保险费率算出保费。

(一) 保险金额的构成

保险金额是保险人承担赔偿责任的最高限额,也是保险人计收保险费的基础。投保人投保货物运输保险时,应向保险人申报保险金额。

国际货物运输保险的保险金额,一般是按 CIF 或 CIP 发票金额加成 10% 计算的。之所以要按 CIF 或 CIP 计算,主要是为了使被保险人在货物发生损失时,不仅货价的损失可获补偿,对已经支出的运费和保险费也能获得补偿;而加一成投保的原因在于使买方为进行这笔交易所支付的费用和预期利润也能得到补偿。

对于加成投保的问题,贸易合同中如未作规定,则按《跟单信用证统一惯例》(国际商会 600 号出版物)及《2010 年国际贸易术语解释通则》的规定,卖方有义务按 CIF 或 CIP 价格的总值另加 10% 作为保险金额。当然,如买方要求按较高的金额投保,而保险公司也同意承保,卖方亦可接受,但由此而增加的保险费原则上应由买方承担。

(二) 保险金额的计算

1. 出口货物保险金额的计算

在已知 CIF 发票价和加成率的情况下,保险金额计算公式如下:

$$保险金额 = CIF 价格 \times (1 + 加成率)$$

从上述公式可知,保险金额是以 CIF 价格为基础计算的,如果对外报价为 CFR 价格,而国外买方要求改报 CIF 价,或者在 CFR 合同下,由卖方代办保险,则保险金额不能直接以 CFR 价为基础来计算,而应先把 CFR 价换算为 CIF 价,再加成计算保险金额。从 CFR 价至 CIF 价的换算公式为

$$CIF 价格 = \frac{CFR 价格}{1 - (1 + 保险加成率) \times 保险费率}$$

$$保险金额 = CIF(或 CIP) 价格 \times (1 + 保险加成率)$$

2. 进口货物保险金额的计算

按照某些保险公司的理论和做法,进口货物的保险金额直接以进口货物的 CIF 或 CIP 价为准,一般不再加成,即

$$保险金额 = CIF 进口货价$$

或:

$$保险金额 = FOB \times (1 + 平均运费率 + 平均保险费率)$$

上述公式中,平均运费率及平均保险费率由进口企业与保险公司共同议定。应当注意的是,"进口保险不加成"的做法只是保险理论上的一种"惯例",实际工作中,如进口商要求加成投保,保险公司也可接受。

(三) 保险费的计算

投保人向保险人交付保险费,是保险合同生效的前提条件。在被保险人支付保费前,保险人可以拒绝签发保单。保险费是保险公司经营业务的基本收入,也是保险公司用作支付保险赔款的保险基金的主要来源。

货物运输险的保险费以货物的保险金额和保险费率为基础计算,其计算公式为

$$保险费 = 保险金额 × 保险费率$$

例题:我某公司出口一批商品到欧洲某港口,原报 CFR 欧洲某港口,总计金额为 10 000 美元,现客户要求我方代办保险,投保一切险(保险费率为 0.6%)及战争险(保险费率为 0.03%),保险加成率为 10%,问该批货物的保险金额和保险费是多少?

解

$$CIF 价 = \frac{CFR 价格}{1 - (1 + 保险加成率) × 保险费率}$$

$$= \frac{10\ 000}{1 - (1 + 10\%) × (0.6\% + 0.03\%)}$$

$$= 10\ 069.78(美元)$$

$$保险金额 = 10\ 069.78 × (1 + 10\%) = 11\ 076.76(美元)$$

$$保险费 = 保险金额 × 保险费率$$

$$= 11\ 076.76 × (0.6\% + 0.03\%)$$

$$= 11\ 076.76 × 0.006\ 3$$

$$= 69.78(美元)$$

当然,上例中保险费也可通过将 CIF 价与 CFR 价相减而得。

二、保险业务操作

国际货物贸易中,进出口商在办理货物运输保险时通常涉及的工作有选择保险公司及投保方式、确定险别及保险金额、办理投保并交付保费、领取保单以及在货损发生时办理保险索赔等。

(一) 选择保险公司

投保人无论是通过保险经纪人、保险代理人间接购买保险,还是直接从保险公司购买保险,选择保险人都是十分重要的。对保险人的选择直接影响到发生损失时被保险人能否顺利获得赔偿。对投保人而言,选择保险人时应考虑以下因素。

1. 保险公司的经济实力和经营的稳定性

保险公司履行对投保人的承诺,是以其经济实力和经营的稳定性为基础的。投保人一般要选择经济实力雄厚、经营稳健、操作规范、资信好的保险公司,以便保险标的受损时确实能得到应有的赔偿。

2. 保险公司的综合服务水平

投保前,投保人需要就保险事宜进行各方面的咨询,保险人或其代理人是否能够给予全面的、客观的回答;投保后,投保人或被保险人的一些合理需要能否得到满足;保险标的发生损失后,保险理赔是否迅速、合理,是否和此前的承诺一致等,这些都是保险公司服务水平、态度的体现。为此,投保人在投保前有必要做好市场调查,对各个保险公司的服务水平尤其是理赔反应和理赔能力进行比较和了解,在此基础上做出正确选择。

3. 保险公司的收费水平

保险公司的收费水平主要体现在保险费率的高低上,因费率高低决定了保费的多少,

故也是选择保险人时应考虑的因素。同等情况下选择收费较低的保险公司,有利于节省不必要的保费支出,提高经济效益。

(二) 选择投保方式

1. 预约保险

对于进口业务较多的外贸公司,为了简化保险手续、并防止进口货物在国外装运后因信息传送不及时而发生漏保或来不及办理投保等情况,进口商可以采取预约投保方式,即与保险公司签订预约保险合同,合同中规定承保货物的范围、险别、费率、责任、赔款处理等条款,凡属预保合同规定范围内的进口货物,一经起运,保险公司即按预保合同订立的条件自动承保。预约保险方式下,进口商无须对每批进口货物填制投保单,只需在获悉货物装运详情后填写《国际运输预约保险起运通知书》送交保险公司即可。

2. 逐笔投保

我国出口货物的投保一般采用逐笔投保,即被保险人就每一批货物单独向保险公司提出书面投保申请,投保单经保险公司接受后,由保险公司签发保险单。如果时间急促,也可采用口头或电话方式向保险公司申请投保,如获允许,保险也可生效,但随后一定要补填投保单。对于不常有进口业务的外贸公司,一般也采用逐笔投保,即在接到国外的装船通知后,立即向保险公司投保。

(三) 选择险别

在国际货物运输保险中,选择何种投保险别,需综合考虑多种因素。既要考虑使货物得到充分保障,又要尽量节约保险费的支出,降低贸易成本,提高经济效益。以下为投保人选择险别时应考虑的因素。

1. 货物的特性

不同性质和特点的货物,在运输途中可能遭遇的风险和发生的损失往往有很大的差别。因此,在投保时必须充分考虑货物的特性,据以确定适当的险别。例如,玻璃器皿、瓷器、家具等的特点是比较容易碰损、破碎,因而可在投保平安险或水渍险的基础上加保碰损破碎险。服装等纺织品,容易受到水湿及玷污损失,可在水渍险的基础上加保淡水雨淋险和混杂玷污险。茶叶、化妆品、药材等容易受串味损失而丧失其使用价值,因此可加保串味险或直接投保一切险。此外,对某些大宗货物(如散装桐油、原煤、天然橡胶)以及冷藏货物,需选择专门险进行投保,以求能得到充分保障。

2. 货物的包装

货物的包装方式和包装材料直接影响货物在运输途中的安全和损失程度,因此,选择险别时,应参照包装条件而定。例如:大宗的矿石、矿砂等散装货物,在装卸时容易发生短量损失,可加保短量险;散装的豆类等可能因混入杂质而受损,可加保混杂玷污险;包装货物如袋装大米可能因在装卸时使用吊钩而使外包装破裂,大米漏出而致损,可加保包装破裂险等。应当注意的是,若因货物包装不足或不当,以致不能适应国际货物运输的一般要求而使货物遭受损失,则属于发货人责任,保险人一般不予负责。

3. 货物价值

价值的高低对投保险别的选择也有影响。对贵重商品，由于其价格昂贵，一旦损坏对其价值影响很大，所以应投保一切险，同时在保险公司能接受的条件下提高加成投保的比例，以期获得充分的保障。而对于矿石、矿砂及建材类商品，因其价格低廉，也不易受损，故海运一般仅需在平安险的基础上加保短量险即可。

4. 运输路线及停靠港口

就运输路线而言，一般地，运输路线越长，所需的运输时间越长，货物在运输途中可能遭遇的风险就越多；反之，运输路线越短，货物可能遭受的风险就越少。运输路线和停靠港口不同，对货物可能遭受的风险和损失也有很大的不同。某些航线途经气候炎热的地区，如果载货船舶通风不良，就会增大货损，此时可考虑加保受热受潮险。而在政局动荡不定，或在已经发生战争的海域内航行，货物遭受意外损失的可能性自然增大，应加保战争险。所以，投保前要进行适当的调查，考虑到可能发生什么样的损失，以便选择适当的险别予以保障。

5. 运输方式

货物通过不同的方式进行运输，途中可能遭遇的风险并不相同，可供选择的险别也因运输方式而各异。例如，海运方式下可选择的基本险包括平安险、水渍险和一切险；空运方式下可选择航空运输险或航空运输一切险；陆运运输方式下可选择陆运险或陆运一切险等。所以投保人或被保险人应根据不同的运输方式和运输工具选择适合的保险险别。

6. 国际惯例与各国贸易习惯

险别的选择还与国际惯例和各国的贸易习惯有关。例如，按照国际商会《INCOTERMS 2000》的规定，如无相反的明示协议，CIF 术语下的卖方只需按协会货物保险条款或其他类似条款中最低责任的险别投保；再如，按比利时的贸易习惯，CIF 条件下卖方常负责投保水渍险；按澳大利亚的行业习惯，CIF 条件下卖方须负责投保水渍险和战争险等。

(四) 确定保险金额、支付保费

国际货物运输保险业务中，进出口商在选定保险公司、投保方式及投保险别后，还需确定保险金额、办理保险并交付保费。保险金额及保险费的计算方法前文已做了详细解释，这里不再赘述。

(五) 获取保单

1. 取得保险单据

保险单(insurance policy)是保险人与被保险人之间订立保险合同的证明文件。当发生保险责任范围内的损失时，它是保险索赔和理赔的主要依据。信用证方式下，保单还是一种议付单据，保单与信用证相符是开证行付款的条件之一。因此，出口商在收到保险公司出具的保险单后，应根据合同、信用证等对保单进行逐项审核，审核要点如表 8-7 所示。

表 8-7　保险单的主要内容及审核要点

类别	保单内容	审核要点
"人"	保险人	保险公司名称
	被保险人	投保人的名称,信用证方式下应与受益人名称一致
"货"	承保货物名称	可以使用大类货物名称,但应与发票、提单、产地证所列货名相一致
	包装和数量	参照发票,且需与信用证描述一致
	唛头标记	参照发票,可注明"As per Invoice No. ⋯⋯"
"船"	运输工具	注明装载运输工具名称及航次
	开航日期	允许填写大约日期,海运时常填写"As per B/L"
	运输起讫地	应参照运输单据,如中途转船须注明"With Transshipment"字样
"险"	保险金额	按信用证要求加成投保,通常按照 CIF 发票金额的 110％投保,小数点后一律进为整数
	承保险别	险别内容必须与合同及信用证的规定相一致。中国人民保险公司亦可以接受按"协会货物条款"投保
	保费和费率	一般只打"按照约定"(as arranged)
	保险赔付地	一般在目的港或目的地赔付
"单"	单据名称及编号	单据上应有"保险单"字样。在信用证要求出具保险单时,不能用保险凭证代替
	签发日期及地点	保单的签发日期不得迟于运输单据的签发日期
	保险公司签章	保险单右下角处由保险人或其代表签章

2. 保险单的批改

保险单在签发后,在保险单有效期内,其内容一般不宜更改。但在实际业务中,投保人由于种种原因可能需要补充或变更保单内容,此时可向保险公司提出书面申请,以批单(endorsement)方式注明更改或补充的内容。批改内容如涉及保险金额增加和保险责任范围扩大,保险公司只有在核实货物未出险的情况下才同意办理。批单原则上须粘贴在保单上,并加盖骑缝章,作为保险单不可分割的一部分。保险单一经批改,保险公司即按批改后的内容承担责任。

3. 保险单的转让

保险单的转让,即保单权利的转让。这种转让,可以采用由被保险人在保险单上背书或其他习惯方式进行。按照习惯做法,采取空白背书方式转让的保险单可以自由转让;采取记名背书方式转让的保险单,则只有被背书人才能成为保险单权利的受让人。保险单的转让无须取得保险人的同意,也无须通知保险人。即使在保险标的发生损失后,只要被保险人对保险标的仍然具有可保利益,保单仍可有效转让。

(六) 保险索赔

1. 报损

一旦获悉或发现被保险货物受损,被保险人应立即向保险公司或其指定的代理人发出损失通知。保险人或指定的代理人接到货损通知后,一方面对货物提出施救意见并及时对货物进行施救,避免损失扩大;另一方面会尽快对货物的损失进行检验,核定损失原因,确定损失责任等,以免因时间过长而导致货物损失原因难以查清,责任无法确定。

2. 报验

被保险人在向保险人或其代理人发出损失通知的同时,还应向其申请货物检验。货物的检验对查清损失原因、确定保险责任是极其重要的,因而被保险人应及时申请检验。在出口运输货物保险单中,发生货损后,被保险人必须采取就近原则,向保险单指定的代理人申请检验。对于进口运输货物保险,当货物在运抵目的地和发现有损失时,一般由保险人或其代理人和被保险人进行联合检验,共同查明损失的原因,确定损失金额以及责任归属。如果货损情况非常复杂,一般应申请检验检疫部门或保险公证机构进行检验,出具检验报告。检验报告是保险人据以核定保险责任及确定保险赔款的重要依据。

3. 索取货损货差证明

被保险人或其代理人在提货时发现被保险货物整件短少或有明显残损痕迹,除向保险公司报损外,还应立即向承运人、港务当局或装卸公司索取货损货差证明。货损货差证明是指货物运抵目的港或目的地卸下船舶或其他运输工具的过程中出现残损或短少时,由承运人、港口、车站、码头或装卸公司等出具的理货单据,如货物残损单、货物溢短单和货运记录等,这类单据须由承运人或其他责任方签字认可。如货损货差涉及承运人、码头、装卸公司等方面责任的,还应及时以书面形式向有关责任方提出索赔,并保留追偿权利。

4. 提交索赔单证

被保险货物的损失经过检验,并办妥向承运人等第三者责任方的追偿手续后,应立即向保险公司或其代理人提出赔偿要求。按照中国货物运输保险条款的规定,被保险人在索赔时应提供以下单证:

(1) 正本保险单(original insurance policy)

(2) 运输单据(transportation document)

(3) 发票(invoice)

(4) 装箱单(packing list)和重量单(weight memo)

(5) 货损货差证明(certificate of loss or damage)

(6) 检验报告(survey report)

(7) 索赔清单(statement of claim)

(8) 海事报告(master's report or marine accident report)

(9) 保险人要求的其他证明和资料

上述索赔单证中,海事报告由船长签发,主要记载海上遭受风险的情况、货损原因以及采取的措施等,对于确定损失原因和保险责任具有重要参考作用。

编制索赔清单时,应事先了解保险公司对于某种险别有无"免赔率"的规定。有些险别是不计免赔率(irrespective of percentage, I. O. P.)的,另一些险别(如碰损破碎险和短量险)则定有"免赔率",如果损失额没有超过免赔率,则保险公司不予赔偿。免赔率有相对免赔率(franchise)和绝对免赔率(deductible)之分。前者指货损一旦超过免赔率则保险公司对所有损失均予以赔偿;后者指货损超过免赔率的,保险公司仅对超过部分进行赔偿。我国保险公司现行的是绝对免赔率。

5. 获赔

被保险人在有关索赔手续办妥后,即可等待保险公司最后确定保险责任、领取赔款。如果向保险公司提供的证件已经齐全,而未及时得到答复,应该催赔。如果货损涉及第三者责任方,被保险人在获得赔偿的同时应签署一份"权益转让书",作为保险人取得代位追偿权(right of subrogation)的证明,使保险人得以凭此向第三者责任方追偿。

第六节　合同中的保险条款

保险条款是国际货物买卖合同的重要组成部分之一,必须订得明确、合理。在国际货物贸易中,不同术语项下办理保险的当事人不一样,因此合同中的保险条款也有所区别。

一、由买方办理保险

当采用 FOB、CFR、FCA 或 CPT 术语成交时,买卖合同的买方负责办理保险,此时合同中的保险条款可订为:

Insurance: To be covered by the Buyer

保险:由买方负责办理。

如买方委托卖方代办保险,则应明确规定保险金额、投保险别、保险条款以及保费由买方负担、保费的支付时间和方法等。

二、由卖方办理保险

以 CIF 或 CIP 条件成交的出口合同,买卖合同的卖方负责办理保险,此时合同中的保险条款可订为:

例 1 Insurance: To be covered by the Seller for 110% of total invoice value against All Risks and War Risk as per Ocean Marine Cargo Clause of PICC dated January 1, 1981.(保险由卖方按发票金额的 110% 投保一切险和战争险,以中国人民保险公司 1981 年 1 月 1 日的《海洋货物运输保险条款》为准。)

例 2 Insurance: To be covered by the Seller for full invoice value plus 10% against ICC(A) and Institute War Clauses-Cargo, subject to Institute Cargo Clauses dated January 1,1982.(保险由卖方按足额发票加成 10% 投保协会货物(A)险及协会战争险,以 1982 年 1 月 1 日生效的协会货物保险条款为准。)

从以上保险条款中可以看出,买卖合同中的保险条款主要包括以下内容:

1. 投保人。合同中应依据所用的贸易术语明确保险由哪一方当事人办理,例如,Insurance to be covered by the Seller 或 Insurance to be covered by the Buyer,如属委托办理保险或代办保险,也应予以明确。

2. 保险金额。保险金额一般为 CIF 或 CIP 价的 110%,如买方要求按更高的金额投保,卖方在正式签约前应征得保险公司的同意。

3. 投保险别。投保险别应当具体明确,应根据成交商品的特性或特殊需要订立,避免使用"通常险"(usual risk)、"惯常险"(customary risks)、"海运保险"(marine risks)等笼统的规定方法。

4. 投保险别所依据的保险条款。主要指合同中应明确投保险别所依据的是《中国保险条款》(CIC)还是《协会货物保险条款》(ICC)。应当注意的是险别所依据的保险条款与"向哪家保险公司投保"并没有必然的联系,当进出口商向中国人民保险公司投保时,亦可要求按《协会货物保险条款》投保。

本章应知应会术语

1. insurer　保险人

2. underwriter　承保人

3. the insured　被保险人

4. subject matter insured　保险标的

5. insurable interest　保险利益(可保利益)

6. insured amount　保险金额

7. insurable value　保险价值

8. The People's Insurance Company of China, PICC　中国人民保险公司

9. principle of insurable interest　可保利益原则

10. principle of utmost good faith　最大诚信原则

11. principle of indemnity　补偿原则

12. principle of proximate cause　近因原则

13. perils of the sea　海上风险

14. natural calamity　自然灾害

15. fortuitous accidents　意外事故

16. extraneous risks　外来风险

17. total loss　全部损失

18. actual total loss　实际全损

19. constructive total loss　推定全损

20. partial loss　部分损失

21. general average　共同海损

22. general average sacrifice and contribution　共同海损牺牲与分摊

23. particular average　单独海损

24. sue and labor expenses　施救费用

25. salvage charges　救助费用

26. China Insurance Clause, C. I. C.　中国保险条款

27. Ocean Marine Cargo Clauses　《海洋运输货物保险条款》

28. Free from Particular Average, F. P. A.　平安险

29. With Particular Average, W. P. A.　水渍险

30. All Risks　一切险

31. exclusions　除外责任

32. Warehouse to Warehouse Clause, W/W Clause　"仓至仓"条款

33. General Additional Risks　一般附加险

34. Fresh Water and Rain Damage, F. W. R. D.　淡水雨淋险

35. Theft, Pilferage and Non-delivery, T. P. N. D.　偷窃、提货不着险

36. Special Additional Risks　特殊附加险

37. War Risks　战争险

38. Strike Risks　罢工险

39. Institute Cargo Clauses, I. C. C.　《协会货物保险条款》

40. risks covered　承保范围

41. exclusions　除外责任

42. insurance policy　保险单

43. open policy　预约保单

44. open cover　保险合同

45. endorsement　批单(背书)

46. sea protest　海事报告

47. irrespective of percentage, I. O. P.　不计免赔率

48. franchise　相对免赔率

49. deductible　绝对免赔率

50. right of subrogation　代位追偿权

思　考　题

1. 什么是可保利益？国际货物运输保险对可保利益原则的特殊规定是什么？

2. 什么是重复保险分摊原则？制定该原则的目的是什么？

3. 什么是共同海损？构成共同海损的条件有哪些？共同海损和单独海损的区别是什么？

4. 共同海损牺牲如何得到赔偿？

5. 施救费用和救助费用有何不同？

6. 我国海洋运输货物保险的基本险有几种？它们的责任范围有何不同？

7. 我国海洋运输货物保险的附加险有哪些？投保一切险时，是否包括上述所列举的附加险？

8. 保险索赔的一般程序是什么？

9. 伦敦保险协会的保险条款主要包括哪些险别？其中，ICC(A)、ICC(B)、ICC(C)与中国《海洋运输货物保险条款》中三种基本险的对应关系如何？

10. 我公司按 CIF 贸易术语对外发盘，若按下列险别作为保险条款提出是否妥当？如有不妥，试予更正并说明理由：

(1) 一切险、偷窃提货不着险(TPND)、串味险；

(2) 平安险、一切险、受潮受热险、战争险、罢工险；

(3) 水渍险、碰损破碎险；

(4) 偷窃提货不着险、钩损险、战争险、罢工险。

计 算 题

1. 我方以每袋 80 美元 CIF 西雅图的价格出口某商品 1 000 袋，货物出口前我方向中国人民保险公司投保了水渍险（费率 0.6%）、串味险（费率 0.2%）和淡水雨淋险（费率 0.3%），按发票金额加成 10% 投保。问该批货物的保险金额和保险费分别是多少？

2. 我国某公司出口一批商品到鹿特丹，原报 CFR 鹿特丹价，总金额为 2 万美元，现客户要求改报 CIF 鹿特丹价，由我方投保一切险（保险费率为 0.8%）及战争险（保险费率为 0.05%），保险加成率为 10%，问改报 CIF 价后保险金额和保险费各为多少？

案例分析题

1. 我方以 CFR 贸易术语出口货物一批，在从出口公司仓库到码头待运的过程中，货物发生损失，该损失应由何方负责？如买方已向保险公司办理了货物运输保险，可否通过买方向保险公司索赔？

2. 某出口商按 CIF 条件向欧洲出口一批货物，货价总额 10 万美元。货物装运前，该出口商分别向 A、B、C 三家保险公司投保了平安险，保险金额均为 11 万美元。载货船舶启航后不久在运输途中遭遇自然灾害，该批货物发生了全损，问被保险人如何获得赔偿，赔偿金额多少？结合"重复保险分摊原则"予以说明。

3. 2012 年 3 月，新加坡籍集装箱船"BARELI"轮在福州江阴港发生重大触礁事件，船舶触礁后形成的巨大冲击力导致船上 2 000 多个货柜落入海中，问：从损失的性质看，落海的 2 000 多个货柜的损失是共同海损还是单独海损？落海货柜的损失如何得到赔偿？

4. 某货轮从上海驶往德国汉堡，在航行途中船舶货舱起火，大火蔓延到机舱，船长为了船、货的共同安全，下令往舱内灌水，火很快被扑灭。但由于主机受损，无法继续航行，于是船长决定雇用拖轮将船拖回上海修理，修好后重新驶往汉堡。这次事故造成的损失共有：(1)800 箱货被火烧毁；(2)400 箱货被水浇湿；(3)主机和部分甲板被烧坏；(4)拖轮费用；(5)额外增加的燃料和船上人员的工资。问：从损失的性质看，上述损失各属何种损失？为什么？

5. 我国某外贸公司按 CIF 术语出口货物一批，装运前该公司按发票总值的 110% 向保险公司投保了平安险。船舶启程后不久在海面遭遇暴风雨的袭击，使该批货物受到部分水渍，损失 3 000 美元；数日后该轮又在航行途中发生触礁事故，致使该批货物再次发生部分损失，损失价值为 8 000 美元。问保险公司对该批货物的损失是否赔偿？赔多少？为什么？

6. 某批货物投保了水渍险，装载于船舶的 A 舱中。载货船舶在航行途中淡水舱水管破裂,水流入 A 舱导致该批货物遭到水渍损失。问：在上述情况下,保险公司是否负责赔偿? 为什么?

财 富 箴 言

1. When everything seems to be going against you, remember that the airplane takes off against the wind, not with it.

事情不顺的时候你就要想,飞机逆风才能起飞,顺风是飞不起来的。

——亨利·福特(Henry Ford,美国企业家,福特公司创业者)

2. It is vital that I feel comfortable about a core addition to the founding team with respect to five areas: passion for the mission, work ethic, risk preference, dedication to customers, and comfort level with failure.

创业团队中有五个核心素养是非常关键的：完成任务的激情、职业伦理、敢于冒险、奉献客户以及从容面对失败。

——布莱克·赫尔(Blake Hall,团购网站 TroopSwap 创始人)

第 九 章

进出口商品的价格

在国际货物贸易中,价格和约定合同中的价格条款是买卖双方交易磋商的一个重要内容。进出口商品的价格直接关系到买卖双方的经济利益,是国际货物贸易重要的交易条件。因此,正确制定价格是买卖双方贸易谈判成功与否的重要因素。确定双方可以接受的合理价格是十分重要和复杂的工作。它涉及进出口商品的作价原则,对国际市场行情的了解,对商品成本和利润的测算,国际货币的运用和换算,以及影响价格的各有关因素的把握。价格条款与使用的贸易术语和合同中的其他交易条件密切相关,有着不可分割的内在联系。正确掌握价格和订好合同中的价格条款具有十分重要的意义。

第一节　进出口交易价格的掌握原则

一、进出口商品作价原则

在确定进出口商品成交价格时,企业应该注意下列四项原则。

1. 按照国际市场价格水平作价

国际市场价格是以商品的国际价值为基础并在国际市场竞争中形成的,它是交易双方都能接受的价格,是我们确定进出口商品价格的客观依据。企业在制定进出口价格时应该注意参考世界主要产地该商品的价格、世界主要消费地区的价格水平和国际市场某种商品的平均价格水平。在对外成交中,企业应注意国际市场价格水平的变化,来调整企业对外成交价格。

2. 要结合国别、地区政策和经济发展水平作价

随着我国市场经济的发展和逐步完善,企业经济行为受国家对外政策等政治的影响越来越小。但是,由于国际贸易中贸易保护主义和贸易摩擦的盛行,企业的对外经济交往不免受到很多国家政治和外交等对外政策的影响。企业在某些特定情况下,应该服从国家对外政策需要,以国家利益为重,配合政治和外交政策。企业的对外成交作价不可避免需要服从国家政策和对外需要,以维护国家和企业利益。

同时,企业的报价还应该根据成交国家和地区的经济发展水平,正确选择适合的产品,以合适的价格对外成交。不同经济发展水平的国家和地区对产品的质量标准和要求不同,企业应该根据客户需要,针对不同质量的产品和要求,做出不同的报价。

3. 要结合企业营销战略和购销意图作价

进出口商品价格战略是企业战略管理的重要内容。企业对外成交作价应该以企业的营销战略为指导，根据自己的购销意图来制定价格。第一，如果企业计划开拓新市场，推销新产品，价格可以适当低些。如果产品技术性强，属于企业独有开发的新产品，价格可以定得高点。第二，企业需要与一些信誉较好、有长期贸易关系的老客户建立较为稳固的合作关系，价格可以优惠一些。第三，市场需求量大，货源紧张的产品，企业可以制定较高的价格。这样也有利于企业以较高的价格争取到货源。反之，企业应该定价较低争取竞争优势，避免库存积压。

4. 以成本核算为基础，制定合理价格，保证企业利润

企业的对外定价归根到底应该以企业自身产品成本为依据，以产品的成本核算为基础，结合企业的利润要求合理定价，以保证企业从效益出发，注重企业自身管理，保证企业合理利润和健康发展。中国过去旧的外贸管理体制造成企业不计成本，围绕国家对外政策和外交需要，以计划指标来经营贸易活动，这已成为历史。目前外贸的经营体制要求外贸企业注重自身的效益，自负盈亏。认真进行成本核算，以企业效益为中心，成为企业对外报价最基本的原则。

二、影响价格的各种具体因素

(一) 商品的质量和档次高低

在国际市场上，一般都贯彻按质论价的原则，即好货好价，次货次价。品质的优劣，档次的高低，包装装潢的好坏，式样的新旧，商标、品牌的知名度，都会影响商品的价格。

(二) 运输距离长短

国际货物买卖一般都要经过长途运输，运输距离的远近影响运费和保险费的开支，从而影响商品的价格。因此，确定商品价格时，必须认真核算运输成本，做好比价工作，以体现地区差价。

(三) 交货地点和交货条件不同

在国际贸易中，由于交货地点和交货条件不同，买卖双方承担的责任、费用和风险有别，在确定进出口商品价格时，必须考虑这些因素。例如，同一运输距离内成交的同一商品，按 CIF 条件成交同按 DAP 条件成交，其价格应当不同。另外，目的港的港口装卸条件不同，也应该考虑价格的不同。

(四) 季节性需求的变化

在国际市场上，某些节令性商品如赶在节令前到货，抢行应市，即能卖上好价。过了节令的商品，往往售价很低，甚至以低于成本的"跳楼价"出售。因此，我们应充分利用季

节性需求的变化,掌握好季节性差价,争取按对我方有利的价格成交。

(五) 成交数量大小

按国际贸易的习惯做法,成交量的大小影响价格。即成交量大时,在价格上应给予适当优惠,例如采用数量折扣的办法;反之,如成交量过少,甚至低于起订量时,则可以适当提高售价。不论成交多少都是一个价格的做法是不当的,我们应当掌握好数量方面的差价。

(六) 支付条件和汇率变动的风险

支付条件是否有利和汇率变动风险的大小都影响商品的价格。例如,同一商品在其他交易条件相同的情况下,采取预付货款、信用证付款方式和托收支付方式等不同的付款条件,其价格应当有所区别。同时,确定商品价格时,一般应争取采用对自身有利的货币成交,如采用对自身不利的货币成交时,应当把汇率变动的风险考虑到货价中去,即适当提高出售价格或压低购买价格。

除上述各种因素外,交货期的长短、市场贸易习惯和消费者的爱好等因素也对确定价格有一定程度的影响。国际贸易从业人员必须在调查研究的基础上,切实注意上述影响进出口商品成交价格的各种因素,通盘考虑,权衡得失,然后确定适当的成交价格。

三、进出口商品的定价办法

在国际货物贸易中,定价方法多种多样,由交易双方当事人磋商决定。一般地说,通常采用的定价方法可归纳为下列几种。

(一) 固定价格

固定价格(fixed price)是指交易双方在协商一致的基础上,对合同价格予以明确、具体的规定。按照《联合国国际货物销售合同公约》的有关规定,合同中的价格可以由当事人用明示的方法规定,也可用默示的方法规定。只要当事人根据合同或事先约定,可以将价格明确、具体地确定下来,即可称为固定价格。按各国法律规定,合同价格一经确定,就必须严格执行,任何一方都不得擅自更改。例如"每公吨500欧元,CIF鹿特丹",如合同中无其他规定,则被认为是固定价格。采用固定价格是国际市场上较常见的做法。在我国进出口业务中,一般多采用这种定价方法。这种规定价格的方法既明确、具体和肯定,也便于核算和执行。如果买卖双方无明确约定,应理解为固定价格,即订约后买卖双方按此价格结算货款。即使订约后市场价格有重大变化,任何一方也不得要求变更原定价格。

但是,由于国际商品市场受各种因素的影响,商品市场行情瞬息万变,价格涨落不定,因此,在国际货物买卖合同中规定固定价格,就意味着买卖双方要承担从订约到交货付款以至转售时价格变动的风险。况且,如行市变动过于剧烈,这种做法还可能影响合同的顺利执行。一些不守信用的商人很可能为逃避巨额利益损失而寻找各种借口撕毁合同。为了减少风险,在采用固定价格时,必须注意下列事项:

(1) 必须对影响商品供需的各种因素进行仔细的研究,并在此基础上,对价格的前景作出正确的判断，以此作为确定合同价格的依据。

（2）对客户资信情况进行深入了解和认真研究，审慎选择合适的成交对象，以免在市场价格剧涨暴跌时出现外商违约或毁约的情况。

（3）对价格一直相对稳定的商品，以及对成交数量不大或近期交货的商品，一般可以按固定价格成交。如属远期交货、大量成交或市场价格起伏不定的商品，则不宜轻易采用固定价格的做法，以减少价格变动的风险。

（二）非固定价格

在国际货物贸易中，为了减少价格变动的风险、促成交易和提高履约率，在合同价格的规定方面，往往采用一些灵活变通的做法，即按非固定价格（non-fixed price）成交，这类定价方法又可分为下述几种。

1. 暂不固定价格（temporarily non-fixed price）

某些货物因其国际市场价格变动频繁且幅度较大，或交货期较长，买卖双方对市场价格趋势难以预测，但双方又有订约的意向，则可以就货物的品质、数量、包装、交货和支付等条件先进行约定，而价格暂不固定，只规定将来如何确定价格的方法。如在合同中规定以某时某地有关商品交易所该商品的收盘价为基础，再加（或减）多少美元。按此方法作价，双方避免市场波动的风险。

2. 暂定价格（temporarily fixed price）

买卖双方在洽谈某些市场价格波动大、交货期长的交易商品时，先在合同中约定一个暂定价格，作为开立信用证和初步付款的依据，待日后交货期前的一定时间，再由双方按照当时市价确定最后价格。例如："单价暂定 CIF 神户，每公吨 1 000 美元，定价方法：以××交易所 3 个月期货，按装船月份月平均加 5 美元计算。买方按本合同规定的暂定价开立信用证。"在我国进出口业务中，企业与信用可靠、业务关系密切的客户洽谈大宗货物的远期交易，有时会采取这种暂定价格的办法。

3. 滑动价格（sliding price）

在国际货物贸易中，对于某些货物，如成套机械设备等，从合同成立到最终履行需要较长的时间。为了避免因原材料、工资等变动而造成货物价格变动的风险，双方可以采用滑动价格的办法。即在买卖合同中规定一个基础价格，交货时或交货前一段时间，按照工资、原材料价格变动的指数作相应调整，以确定最后价格。目前，随着某些国家通货膨胀的加剧，有些商品合同，特别是加工周期较长的机器设备合同，如果运用滑动价格办法，都普遍采用所谓"价格调整条款"（price adjustment clause），要求在签约时只规定初步价格（initial price），同时规定，如原料价格、工资发生变化，卖方保留调整价格的权利。

在价格调整条款中，通常使用下列公式来调整价格：

$$P = P_0 \left[A + B(M/M_0) + C(W/W_0) \right]$$

式中：P——商品交货时的最后价格；

$\quad P_0$——签合同时约定的初步价格；

$\quad M$——计算最后价格时引用的有关原料的平均价格或指数；

$\quad M_0$——签合同时引用的有关原料的价格或指数；

W——计算最后价格时引用的有关工资的平均数或指数；

W_0——签合同时引用的工资平均数或指数；

A——经营管理费用和利润在价格中所占的比重；

B——原料在价格中所占的比重；

C——工资在价格中所占的比重。

A、B、C 所分别代表的比例，在签合同时确定后固定不变。

价格调整条款的基本内容，是按原料价格和工资的变动来计算合同的最后价格。在通货膨胀的情况下，它实质上是出口厂商转嫁国内通货膨胀、确保利润的一种手段。但值得注意的是，这种做法已被联合国欧洲经济委员会纳入它所指定的一些"标准合同"之中，而且其应用范围已从原来的机械设备交易扩展到一些初级产品交易，因而具有一定的普遍性。

由于这类条款是以工资和原料价格的变动作为调整价格的依据，因此，在使用这类条款时必须注意工资指数和原料价格指数的选择，并在合同价格条款中具体写明。此外，在国际货物贸易中，人们有时也应用物价指数作为调整价格的依据，如合同期间的物价指数发生的变动超出一定的范围，价格即作相应调整。一般在使用价格调整条款时，合同价格的调整是有条件的。用来调整价格的各个因素在合同期间发生的变化，如约定这种变化必须超过一定的范围才予以调整，则未超过限度的即不予调整。

四、计价货币的选择

计价货币(money of account)是指买卖双方约定用来计算价格的货币。如合同中的价格是用一种双方当事人约定的货币(如美元)来表示的，且没有约定用其他货币支付，则合同中规定的货币(美元)既是计价货币又是支付货币(money of payment)。如在计价货币之外，还约定了用其他货币(如欧元)支付，则这种指定的货币欧元就是支付货币。

在一般的国际货物买卖合同中，价格都表现为一定量的特定货币(如每公吨为 300 美元)，通常不再规定支付货币。在国际货物贸易实际业务中，用来计价的货币，可以用出口国家的货币也可以是进口国家的货币或交易双方同意的第三国的货币，还可以是某一种记账单位，这由双方当事人来协商确定。由于世界各国的货币价值并不是一成不变的，而且在世界许多国家普遍实行浮动汇率的条件下，通常被用来计价的各种主要货币的币值更是经常波动变化。加之国际货物买卖的交货期一般都比较长，从订约到履约往往需要有一段时间，在此之间计价货币的币值可能会发生变化，甚至会出现大幅度的起伏，其结果必然直接影响进出口双方的经济利益。因此，如何选择合同的计价货币就具有重大的经济意义，这是买卖双方确定价格时必须注意的问题。

企业在国际货物贸易中，主要应该从两个方面考虑货币的选择。第一，使用国际通用可自由兑换的货币，如美元、欧元、日元等。这种货币有利于调拨和运用，在必要时容易操作，避免汇价风险；第二，选择对自己有利的货币。一般说来，出口交易应该选择币值相对稳定或币值有上浮趋势的"硬币"，即尽可能多使用从成交到收汇这段时间内汇价比较稳定且趋势上浮的货币。进口业务应该争取多使用从成交到付汇这段时间汇价比较疲软且趋势下浮的货币，即所谓"软币"。

在国际货物贸易中,如贸易双方所在国之间订有贸易协定或支付协定,而其交易本身又属于上述协定项下的交易,则必须按规定的货币进行清算。除此之外,一般进出口合同都是采用可兑换的、国际上通用的或双方同意的货币进行计价和支付。但是,由于目前各种货币在国际市场上的地位和发展趋势不同,其中有的走向疲软,有的日益坚挺,因此,任何一笔交易都必须在深入调查研究的基础上,尽可能争取发展趋势于己有利的货币作为计价货币。但是,在实际业务中,以什么货币作为计价货币,还应以双方的交易习惯、经营意图和具体价格而定。如为了达成交易而不得不采用对自己不利的货币成交,则可采用下述两种补救措施:

1. 根据该种货币今后可能的变动幅度,相应调整对外报价。

2. 在可能条件下,争取订立保值条款。在当前许多国家普遍使用浮动汇率的情况下,交易双方签订买卖合同时可以约定合同货币与其他一种货币的汇率。付款时,若汇率发生变动,即按比例调整合同价格,以避免计价货币汇率变动的风险。

第二节　进出口成本核算

加强成本核算是企业对外成交报价的基础。进口商品的价格构成主要包括:进口货物的 FOB 价、运费、保险费、进口税费、目的港卸货费、码头费用、检验费、仓储费用、国内运杂费、其他杂费、佣金和预期利润等。而出口商品的价格构成主要包括成本、费用和利润,其中成本是指进货成本,费用包括国内费用国外费用。

一、出口成本核算

(一) 出口商品换汇成本

出口商品换汇成本(exchange cost),又称出口商品换汇率,是指以某种商品的出口总成本(total cost for export commodity)与出口所得的外汇净收入(net income of foreign exchange in export)之比,得出用多少人民币换回一美元。其计算公式如下:

$$出口商品换汇成本 = \frac{出口商品总成本(人民币)}{出口外汇净收入(美元)}$$

出口外汇净收入是指出口商品外汇收入扣除以外汇支付的费用,如运费、保险费、佣金等的外汇净收入,即 FOB 出口外汇收入。出口换汇成本反映了出口商品的盈亏情况,它是考核企业出口业务有无经济效益的重要指标,其衡量标准是人民币对美元的汇价。如果出口商品换汇成本高于银行外汇牌价的现汇买入价,则出口亏损;反之,则出口盈利。例如,在一笔出口交易中,计算出的出口换汇成本为 5.3 元/美元,如果当时外汇牌价买入价为 1 美元折 6.3 元人民币,则出口 1 美元的该商品取得 1 元人民币的盈利;反之,如果计算出的出口换汇成本为 7.3 元,则出口 1 美元该商品,就会出现 1 元人民币的亏损。

(二) 出口总成本

出口总成本是指外贸企业为出口商品支付的国内总成本,其中包括进货成本和国内费用,及出口退税收入(export tax rebates)的扣减。如需缴纳出口税的商品,则出口总成本中还应包括出口税。

$$出口商品总成本=购进价(含增值税)+费用-出口退税收入$$

费用主要包括:利息,码头,报关杂费,银行费用,工资等。

$$退税收入=购进价(含增值税)/(1+增值税率)×退税率$$

(三) 出口盈亏额与盈亏率

出口盈亏额(profit and loss amount of export)是指出口销售的人民币净收入与出口总成本的差额。如差额是正数,为盈余额;如差额是负数,则为亏损额。

出口盈亏率(profit and loss rate of export)是盈亏额与出口总成本的比例,用百分比表示。它是衡量出口盈亏程度的一项重要指标。其计算公式为:

$$出口盈亏额=(出口外汇净收入×银行外汇买入价)-出口商品总成本$$
$$出口盈亏率=出口盈亏额/出口总成本×100\%$$

(四) 计算例题

例题:某公司出口鞋子 10 000 双,出口价 USD3.50/双 CIF NEW YORK,CIF 总价 USD35 000.00。其中运费 USD2 000.00,保险费 USD150.00。公司从工厂购进价每双人民币 20 元,共计人民币 200 000.00 元(含增值税 17%),费用定额率 3%,出口退税率 15%,银行买入价 1 美元=6.30 元人民币,求该商品的换汇成本、盈亏额和盈亏率。

解

$$鞋子换汇成本=\frac{200\,000+(200\,000×3\%)-[200\,000/(1+17\%)×15\%]}{USD35\,000.00-USD2\,000.00-USD150.00}$$

$$=\frac{200\,000+6\,000-25\,641.03}{USD32\,850.00}$$

$$=5.49(元/美元)$$

盈亏额=USD32 850.00×6.30-180 358.97=26 596.03 元

盈亏率=26 596.03/180 358.97×100%=14.75%

二、价格构成和价格换算

在国际贸易中,商品价格通常指单价(unit price),包括:单位价格、计价数量单位、计价货币、贸易术语四个组成部分,如:USD500/MT CFR NEW YORK。贸易术语是进出口商品价格的组成部分,不同的贸易术语表示其价格构成因素不同,即包括不同的从属费用。例如:FOB 术语中不包括从装运港至目的港的运费和保险费;CFR 术语中则包括从装运港至目的港的通常运费;CIF 术语中除包括从装运港至目的港的通常运费外,还包括保险费。在对外洽商交易过程中,有时一方按某种贸易术语报价,而另一方不同意报价中使用的贸易术语,希望对方改用其他贸易术语报价。因此,外贸从业人员不仅要了解主要贸易术语的价格构成,还应了解主要贸易术语的价格换算方法。

(一) 主要贸易术语的价格构成

1. FOB、CFR 和 CIF 的价格构成

这三种常用的贸易术语的价格构成包括进货成本、各项费用开支和净利润三方面内容,其中费用开支包括国内费用开支和国外费用开支两部分。

(1) 国内费用:其项目较多,主要包括加工整理费、包装费、保险费、国内运费、装船费、检验费、公证费、产地证费、领事签证费、许可证费、报关单费、邮电费、贴现利息和手续费,以及预计损耗等。

(2) 国外费用:主要包括从装运港至目的港的运输费用和海上货物运输保险费用,如有中间商,还应包括付给中间代理商的佣金。

三种常用贸易术语的价格构成计算公式如下:

FOB 价格=进货成本价+国内费用+净利润

CFR 价格=进货成本价+国内费用+国外运费+净利润

CIF 价格=进货成本价+国内费用+国外运费+国外保险费+净利润

2. FCA、CPT 和 CIP 的价格构成

这三种贸易术语的价格构成与上述 FOB、CFR 和 CIF 三种贸易术语相类似,其价格构成也包括进货成本、各项费用开支和净利润三部分。由于使用的运输方式不同,交货地点与交货方式也有别,故其发生的具体费用不尽相同。

(1) 国内费用:通常包括加工整理费、包装费、保管费、国内运费(运至码头、车站、机场、集装箱货运站或堆场)、拼箱费、商检费、公证费、领事签证费、许可证费、报关单费、邮电费、贴现利息和手续费以及预计损耗等。

(2) 国外费用:主要包括自出口国内陆起运地至国外目的地的运输费用和国外保险费,在有中间商介入时,还应包括支付给中间代理商的佣金。

FCA、CPT 和 CIP 三种术语的价格构成的计算公式如下:

FCA 价格=进货成本价+国内费用+净利润

CPT 价格=进货成本价+国内费用+国外运费+净利润

CIP 价格=进货成本价+国内费用+国外费用+国外保险费+净利润

(二) 主要贸易术语的价格换算

在磋商交易过程中,交易双方都希望选用对自己有利的贸易术语,如一方对另一方提出的贸易术语不同意,而要求改用其他某种贸易术语时,则可采用下列价格换算方法。

1. FOB、CFR 和 CIF 三种价格的换算

CIF 的价格构成为:

CIF 价格=FOB 价格+国外运费+国外保险费

这里要特别注意的是,国外保险费是以 CIF 价格为基础计算的。所以,如果写明保险费的计算方法,则应为:

CIF 价格=FOB 价格+CIF 价格×(1+保险加成率)×保险费率+国外运费

(1) 如已知 FOB 价格,现改报 CFR 价格或 CIF 价格,则 CFR 价格和 CIF 价格分别为:

$$CFR 价格 = FOB 价格 + 国外运费$$
$$CIF 价格 = FOB 价格 + 国外运费 + 保险费$$

(2) 如已知 CIF 价格,现改报 FOB 价格或 CFR 价格,则 FOB 价格和 CFR 价格分别为

$$FOB 价格 = CIF 价格 \times [1 - (1 + 保险加成率) \times 保险费率] - 国外运费$$
$$CFR 价格 = CIF 价格 \times [1 - (1 + 保险加成率) \times 保险费率]$$

(3) 如已知 CFR 价格,现改报 FOB 价格或 CIF 价格,则 FOB 价格和 CIF 价格分别为

$$FOB 价格 = CFR 价格 - 国外运费$$
$$CIF 价格 = \frac{CFR 价格}{1 - (1 + 保险加成率) \times 保险费率}$$

2. FCA、CPT 和 CIP 三种价格的换算

CIP 的价格构成应为

$$CIP 价格 = FCA 价格 + 国外运费 + 国外保险费$$

要特别注意的是,保险费应以 CIP 价格为基础计算,所以,如果写明保险费的计算办法,则应为

$$CIP 价格 = FCA 价格 + CIP 价格 \times (1 + 保险加成率) \times 保险费率 + 国外运费$$

(1) 如已知 FCA 价格,现改报 CPT 价格或 CIP 价格,则 CPT 和 CIP 价格分别为

$$CPT 价格 = FCA 价格 + 国外运费$$
$$CIP 价格 = \frac{FCA 价格 + 国外运费}{1 - (1 + 保险加成率) \times 保险费率}$$

(2) 如已知 CIP 价格,现改报 FCA 价格或 CPT 价格,则 FCA 价格和 CPT 价格分别为

$$FCA 价格 = CIP 价格 \times [1 - (1 + 保险加成率) \times 保险费率] - 国外运费$$
$$CPT 价格 = CIP 价格 \times [1 - (1 + 保险加成率) \times 保险费率]$$

(3) 如已知 CPT 价格,现改报 FCA 价格或 CIP 价格,则 FCA 价格和 CIP 价格分别为

$$FCA 价格 = CPT 价格 - 国外运费$$
$$CIP 价格 = \frac{CPT 价格}{1 - (1 + 保险加成率) \times 保险费率}$$

3. 计算例题

例题:某公司出口货物,价格为 USD2 000/MT CIF NEW YORK,现客户要求改报 FOB 上海价。已知该货物出口运费为 USD150/MT,原报 CIF 价中投保险别为一切险,保险费率为 1%,按 CIF 价的 110% 投保。求应报的 FOB 上海价。

解

$$FOB 价 = CIF 价 \times (1 - 投保加成 \times 保险费率) - 运费$$
$$= 2\,000 \times (1 - 110\% \times 1\%) - 150$$
$$= USD1\,828.00$$

应报 FOB 上海价为 1 828 美元/公吨。

第三节　佣金与折扣的运用

在进出口合同的价格条款中,有时会涉及佣金与折扣的运用。价格条款中所规定的价格,可分为包含佣金或折扣的价格和不包含这类因素的净价(net price)。包含有佣金的价格,在实际业务中,通常称为"含佣价"。

一、佣金

(一) 佣金的含义与作用

在国际货物贸易中,有些交易是通过中间代理商进行的。中间代理商因介绍生意或代买代卖而需收取一定的酬金,此项酬金叫佣金(commission),它具有劳务费的性质。佣金直接关系到商品的价格,货价中是否包含佣金和佣金比例的大小都影响着商品的价格。显然,含佣价比净价要高。正确运用佣金制度,有利于调动中间代理商的积极性和扩大交易。因此,物色好中间代理商、合理确定佣金额度和约定好进出口合同中的佣金条款具有重要的意义。

(二) 佣金的规定方法

1. 在商品价格中如果包含佣金,一般都应该以文字进行说明。凡价格中包括佣金的,即为"含佣价"。如"USD300 per M/T CIF NEWYORK including3% commission"。

2. 用英文字母"C"代表佣金,并注明佣金的百分比。如"USD300 per M/T CIFC3% NEW YORK"。

3. 佣金也可以用绝对数表示。例如:"Commission:USD50.00 per M/T"。

买卖双方在洽谈交易时,如果将佣金明确表示出来并写入价格条款中,称为"明佣"。如果交易双方对佣金虽然已经达成协议,但却约定不在合同中表示出来,约定的佣金由乙方当事人按约定另行支付,则称为"暗佣"。国外中间商为了赚取"双头佣"(即中间商从买卖双方都获取佣金),或为了达到逃汇或逃税的目的等,往往要求采取"暗佣"的做法。

(三) 佣金的计算方法

计算佣金有不同的方法,最常见的是以买卖双方的成交额或发票金额为基础计算佣金。

佣金的计算公式为

含佣价＝净价/(1－佣金率)

佣金额＝含佣价×佣金率

净价＝含佣价－佣金额

净价＝含佣价×(1－佣金率)

例题:我某公司对外报价某商品 USD2 000/MT CIF NEW YORK,外商要求 4% 佣金。在保证我方净收入不变的情况下,应该报含佣价是多少?

解

$$CIFC4\% = CIF 净价/(1-4\%)$$
$$= 2\ 000/(1-4\%)$$
$$= USD2083.33$$

二、折扣

(一) 折扣的含义与作用

折扣(discount,rebate,allowance)是指卖方给予买方一定的价格减让,即在价格上给予一定的优惠。在我国对外贸易中,使用折扣主要是为了照顾老客户、确保销售渠道与扩大销售等。在实际业务中,应根据具体情况,针对不同的客户,灵活运用各种折扣方法。如为了扩大销售,使用数量折扣(quantity discount);为发展同客户的关系或为实现某种特殊目的给予的特别折扣(special discount)以及年终回扣(turnover bonus)等。折扣直接关系到商品的价格,在货价中是否包括折扣和折扣率的大小都影响商品价格。折扣率越高,则价格越低。在国际货物贸易中,折扣通常在约定价格条款时用文字明确表示出来。凡在价格条款中明确规定折扣率的,称为"明扣";凡交易双方就折扣问题已达成协议,而在价格条款中却不明示折扣率的,称为"暗扣"。正确运用折扣,有利于调动采购商的积极性和扩大销路。在国际货物贸易中,它是出口商加强对外竞销的一种手段。

(二) 折扣的规定办法

明示的折扣,可酌情采用适当的规定方法。例如:" USD300 per M/T CIF NEW YORK including 3% discount"。还可以这样表示:" USD300 per M/T CIF NEW YORK less 3% discount"。此外,折扣也可以用绝对数来表示,例如:"Discount: USD10.00 per M/T"。

(三) 折扣的计算与支付方法

折扣通常是以成交额或发票金额为基础来计算出来的。其计算方法如下:

单位货物折扣额=原价(或含折扣价)×折扣率

卖方实际净收入=原价-单位货物折扣价

例题:某商品出口价为 USD1 000.00 减 3%折扣,求该商品的折扣和卖方实际收入。

解

折扣=1 000×3%=USD30.00

卖方实际收入=1 000-30=USD970.00

折扣一般是在买方支付货款时预先予以扣除。也有的折扣金额不直接从货价中扣除,而按双方当事人暗中达成的协议,由卖方以"暗扣"或"回扣"的方式另行支付给买方。这种做法在实际业务中也常被采用。

本章应知应会术语

1. pricing principle of commodity　商品作价原则
2. international market price　国际市场价格
3. marketing strategy　营销战略
4. purchasing purpose　购销意图
5. cost accounting　成本核算
6. fixed price　固定价格
7. non-fixed price　非固定价格
8. temporarily non-fixed price　暂不固定价格
9. temporarily fixed price　暂定价格
10. sliding price　滑动价格
11. payment currency　支付货币
12. pricing currency　计价货币
13. exchange cost　换汇成本
14. total cost for export commodity　出口商品总成本
15. net income of foreign exchange in export　出口外汇净收入
16. export tax rebates　出口退税
17. profit and loss amount of export　出口盈亏额
18. profit and loss rate of export　出口盈亏率
19. commission　佣金
20. discount　折扣

思　考　题

1. 企业在进出口作价中应该注意什么原则？
2. 企业在对外报价中如何考虑不同国家和地区的发展水平报出合适的价格？
3. 为什么说企业对外报价的基本原则是以企业成本核算为基础？如何节约企业成本获取企业经济效益？
4. 商品质量高低如何影响企业报价？
5. 企业报价如何注意汇率风险对企业收益的影响？
6. 你如何理解换汇成本与企业利润的关系？
7. FOB、CFR、CIF 三种贸易术语的价格构成有什么不同？
8. 佣金和折扣在贸易成交中的作用是什么？

计 算 题

1. 我某出口商品对外报价为每公吨 1 200 英镑 FOB 黄浦。对方来电要求改报 CIF5％伦敦,试求 CIFC5％伦敦价是多少。(已知保险费率为 1.68％,加成 110％,运费合计为 9.68 英镑。)

2. 我某出口商品原报价为 350 美元/桶 CIF NEW YORK,现外商要求将价格改报 CFRC5％,已知保险费率为 0.6％,投保加成 110％,试求我方报价该为多少。

3. 某企业出口服装 2 万打,出口价格 USD20.00/打 CIF 汉堡,其中运费 USD0.50/打,保费按加成 110％,费率 0.8％投保。工厂采购价￥150.00/打(含增值税 17％),费用定额率 2％,出口退税率 16％,银行买入价 6.30。求换汇成本、盈亏额和盈亏率。

课堂讨论题

福建省出口产品在国际市场竞争力分析。

要求:

1. 可从宏观角度分析总体情况,或从具体行业/商品分析。

2. 6～10 人一组,作成团队研究报告,提交团队书面报告(纸质和电子版,不少于 3 000 字),选择一些小组做成 PPT 在课堂宣讲、讨论。

3. 在研究报告中写明每位成员的贡献率。

财 富 箴 言

1. Know the market. Is your product better or cheaper than the alternatives? If it's not better or cheaper than what's already out there, you don't have a real business to build on.

要了解市场。看看你的产品是不是比别人的好,或者比别人的便宜。如果既不如现有产品质量好,价格也不便宜,就不会有销路。

——吉姆·科赫(Jim Koch,波士顿啤酒公司创始人)

2. It takes 20 years to build a reputation and five minutes to ruin it. If you think about that, you'll do things differently.

建立声誉需要 20 年,而 5 分钟就可以毁了它。多这样想,做事就会全然不同了。

——沃伦·巴菲特(Warren Buffett,美国投资家)

第十章

国际货款的收付

第一节 支付工具

当今国际货款的收付大多采用非现金结算,在此方式下需要使用一定的支付工具来结清国际间的债权债务,票据就是一种能起到货币的支付功能和结算作用的支付工具。国际结算中使用的票据主要包括汇票、本票和支票三种。汇票是最典型、使用最为广泛的国际贸易支付工具;支票多用于国内同城支付;本票不论是银行本票还是商业本票,在国际结算和国内结算中都十分罕见。

一、汇票

(一) 汇票的定义

汇票是票据的典型代表,是国际结算中使用最为广泛的一种票据。我国《票据法》第19条对汇票下的定义是:汇票是出票人签发的,委托付款人在见票时或者在指定日期无条件支付确定的金额给收款人或持票人的票据。各国广泛引用或参照的《英国票据法》对汇票的定义是:汇票是由一人向另一人签发的无条件书面命令,要求受票人即期、定期或在将来某个可确定的时间,向某人或其指定人或持票人支付一定金额的书面命令。我国和英国的两种定义实质是相同的,即都强调:汇票是出票人签发的无条件的书面付款命令。

(二) 汇票的内容

汇票的内容是指汇票上记载的项目,根据其性质及重要性的不同,这些项目可以分为以下几种。

1. 绝对必要记载项目

(1)"汇票"字样。汇票上必须注明"汇票"字样,如:Bill of Exchange,Exchange,Draft,其主要目的是表明票据的性质和种类,以区别于本票和支票。

(2)无条件的书面支付命令。

① 命令:汇票本质上是一种付款命令,而不是一种请求,因此在英文汇票中必须使用能够体现汇票这一本质的祈使句,例如:Pay to the order of John Smith the sum of five thousand US Dollars Only.

② 无条件的：汇票的支付命令必须是无条件的，凡是附带条件的支付命令都将使汇票无效。例如：Pay to ABC Co. the sum of ten thousand US Dollars upon their delivery of the goods(ABC 公司发货之后，支付 1 万美元给该公司)。再如：pay to ABC Co. the sum of ten thousand US Dollars on the condition that the goods they supply meet the contract standards(如果 ABC 公司提供的货物达到合同标准，支付 1 万美元给该公司)。上述两句以 ABC 公司发货或所交货物与合同相符为付款条件，属于附带条件的支付命令，违背了汇票的本质，将使汇票无效。

③ 书面的：命令必须是"书面"的，而不能是口头的，凡手写的、打字的、印刷的、计算机打印出来的都是书面的。

(3) 确定的金额。汇票票面上的金额包括文字大写金额(amount in words)和数字小写金额(amount in figures)两项，"Exchange for"后填写小写金额，"the sum of"后填写大写金额，两者必须同时记载，且金额必须确定。"确定"的含义是指不论出票人、付款人还是持票人，任何人根据票据文义结算的结果都一样，不能用大约或者有选择性的表达方式。例如：About GBP1 000.00，USD1 000.00 plus interest，EURO1 000.00 by installments，都是不确定的金额，付款人不易履行，都将导致汇票无效。

(4) 付款人(drawee)。付款人是指票据上载明的承担付款责任的人。相对于出票人而言，付款人也称"受票人"。汇票上付款人的名称记载一定要准确，最好连同其详细地址一并注明，以便持票人能顺利找到且不会弄错。

(5) 收款人名称(payee)。收款人又称"受款人"，是票据的最初权利人，即主债权人。实务上习惯称汇票的收款人为"抬头"，主要有下面三种填写方法。

① 指示性抬头：最常见的表示方式为"Pay to the order of …"，例如，Pay to the order of ABC Co.，Ltd.，指示性抬头的汇票可经收款人或持票人背书后转让，在实际业务中最为常用，故一般汇票在印刷时会事先印就"Pay to the order of …"的字样。

② 限制性抬头：表示为"Pay to ABC Co. only"或"Pay to ABC Co. not transferable"。此种抬头的汇票不可流通转让，实务中基本不用。

③ 持票人抬头：亦叫来人抬头，即将款付给来人(持票人)。表示为"Pay to bearer"或"Pay to holder"。制成这种抬头的汇票无须持票人背书即可转让，风险很大，实务中未见使用。应当注意的是，我国《票据法》明确规定，不允许汇票做成来人抬头。

(6) 出票日期(date of issue)。出票日期是汇票签发的具体时间，各国都将汇票的出票日期作为汇票的必要项目，出票时未注明日期的，收款人必须补上，否则汇票无效。出票日期的重要意义在于：第一，它可用来决定汇票的有效期，例如我国《票据法》规定即期汇票的有效期为出票日起的 2 年内；第二，可用以判断出票人出票时是否有行为能力；第三，对于"出票后××天付款"的汇票，出票日期还是决定汇票到期付款日的重要依据。

(7) 出票人签章(drawer's signature)。汇票必须经出票人签字才能成立，这是票据法最重要的原则之一。无签字、伪造签字、未经授权的人签字，都将使汇票无效。应当注意的是，签字并非确认债务的唯一方法，我国的《票据法》规定，签名、盖章或签名加盖章均可。出票人如是受人委托而签名，应在签名前做出说明。例如，当个人代表他的公司签字时应在公司名称前加"For"，"On behalf of"或"For and on behalf of"的字样，并在个人签字后写上职务名称。

2. 相对必要记载项目

除了上述必须记载的内容外,还有三个"相对必要记载项目",这些项目很重要,但如果不记载并不会导致汇票失效,而是由法律另作规定,对这些事项加以补充。

(1) 出票地点(place of issue)。出票地点是指出票人签发汇票的地点,这一项目的重要意义在于,当发生有关出票的法律冲突时,以出票地所在国的法律为准。出票地是汇票的一项重要内容,但未注明该项内容并不导致汇票无效。我国《票据法》规定,"汇票上未记载出票地的,视出票人的营业场所、住所或经常居住地为出票地。"

(2) 付款地点(place of payment)。付款地点是持票人提出票据要求承兑或付款的地点,当发生"承兑"、"付款"、"到期日计算"等方面的纠纷时,适用付款地的法律。付款地的记载非常重要,但不注明付款地并不导致汇票无效。我国《票据法》规定,票据上未记载付款地点的,视付款人的营业场所、住所或经常居住地为付款地。

(3) 付款期限(tenor)。付款期限是付款人履行付款义务的期限,汇票上关于付款日期的记载有以下几种形式:

① 即期付款:即期付款的汇票在票面印就的"At …Sight"间空白处添上"——"或"**"即可,变成"At Sight",如图10-1所示,表示见票即付。此类汇票被提示时,付款人应立即付款。

BILL OF EXCHANGE

No.　　RX 6080800

For　　USD 3 857. 28　　　　　DALIAN CHINA, AUGUST 20, 2013
　　　(amount in figure)　　　　　(place and date of issue)

At _____ ****** _____ sight of this FIRST Bill of exchange(SECOND being unpaid)

pay to　BANK OF CHINA, DALIAN BRANCH　　or order the sum of

SAY US DOLLARS THREE THOUSAND EIGHT HUNDRED AND FIFTY

SEVEN AND CENTS TWENTY EIGHT ONLY

　　　(amount in words)

Drawn under

CONTRACT NO. RS303/008 AGAINST SHIPMENT OF GLASS-WARE FOR COLLECTION

To：DAIWAN ART AND CRAFTS CO. ,LTD　　For and on behalf of
　　NO. 5001 SEOCHO-DONG SEOCHO-GU,　　DALIAN E. T. D. Z.
　　SEOUL, KOREA　　　　　　　　　　YUXI TRADING CO. ,LTD

　　　　　　　　　　　　　　　　(Signature)

图 10-1　汇票示例(1)

② 出票日后若干天付款(at ×× days after date)。例如"at 30 days after date",同时将汇票上印就的"sight"一词划掉,其意为以本汇票所记载的出票日期后第30天为付款到期日。

③ 见票日后若干天付款(at ×× days after sight)。例如"at 30 days after sight",如图 10-2 所示,其意为持票人向付款人提示汇票时,付款人先承兑,从承兑日后第 30 天为到期日,付款人付款。

BILL OF EXCHANGE

No. SMSV07210	
For USD80 391.40	SHANGHAI OCTOBER 4,2013
(amount in figure)	(place and date of issue)

At 30 DAYS AFTER SIGHT of this FIRST Bill of exchange(SECOND being unpaid)

pay to BANK OF CHINA,SHANGHAI BRANCH or order the sum of

SAY U. S. DOLLARS EIGHTY THOUSAND THREE HUNDRED AND

NINETY ONE AND CENTS FORTY ONLY

(amount in words)

Value received for 564CARTONS of PORCELAIN DINNERWARES

(quantity) (name of commodity)

Drawn under THE ROYAL BANK OF CANADA

L/C No. ROYAOBKDLC071501 dated AUGUST. 31,2013

To: THE ROYAL BANK OF CANADA 　　 For and on behalf of

4022 SHIPPARD AVE. E 　　 SHANGHAI MORVING STAR TRADING CO.,

SCARBOROUGH TORONTO 　　 LTD.

CANADA

(Signature)

图 10-2 　汇票示例(2)

④ 提单签发日后若干天付款(at ×× days after on board B/L date)。例如:"at 90 days after date of B/L",同时将汇票上印就的"sight"一词划掉,其意为以提单日后第 90 天为付款到期日。

⑤ 定日付款。即以将来某个固定的日期为付款到期日。

上述各种付款期限的记载方式中,第一种和第三种方式使用最多,其余较为少见。尽管付款期限是汇票的一项重要内容,但如无记载并不会导致汇票无效。我国《票据法》、《英国票据法》及《日内瓦统一票据法》都规定,汇票上未注明付款日期的,一概按见票即付处理。

(三) 汇票的票据行为

1. 出票(issuance)

我国票据法规定,出票是指出票人签发票据并将其交付给收款人的票据行为。出票行为包括两个动作,一是出票人填写汇票并签字盖章(draw and sign);二是交付(deliver),即将开立的汇票交付给收款人。出票行为只有在交付以后才算完成。出票人签发汇票后,即承担保证该汇票必然会被承兑和/或付款的责任。

2. 背书（endorsement）

背书是指持票人在票据背面签名，以表明转让票据权利的意图。背书行为的完成包括两个动作：一是由汇票持有人在汇票背面签上自己的名字和日期，或再加上受让人的名字；二是将汇票交付给受让人。经背书后，汇票的收款权利便转移给受让人。转让人称为背书人（endorser），受让人称为被背书人（endorsee）。受让人可以再加背书，再转让出去，背书的次数在法律上是没有限制的。对受让人来说，所有在他以前的背书人以及原出票人都是他的"前手"，而对转让人来说，所有在他以后的受让人都是他的"后手"，前手对后手负有担保汇票必然会被承兑或付款的责任。

背书的方式主要有特别背书和空白背书两种。

（1）特别背书（special endorsement），又称记名背书，是指背书人不仅在票据背面签名，还指定被背书人或其指定人（如图 10-3 所示）。这种经特别背书的汇票，被背书人还可再次背书。

```
汇票背面：
            Pay to the order of ABC Co.（付给 ABC 公司指定的人）
            For and on behalf of
            Xiamen Huaxin Import and Export Co.,Ltd（厦门华新进出口公司签章）
            _____
            Authorized signature(s)
```

图 10-3　记名背书示例

（2）空白背书（blank endorsement），又称不记名背书，是指背书人在票据背面签名，但不指定被背书人（如图 10-4 所示）。这种汇票仅凭交付即可继续转让。

```
汇票背面：
            For and on behalf of
            Xiamen Huaxin Import and Export Co.,Ltd（厦门华新进出口公司签章）
            _____
            Authorized signature(s)
```

图 10-4　空白背书示例

3. 提示（presentation）

提示是指持票人向付款人出示票据，要求承兑或要求付款的行为。提示分为提示付款和提示承兑两类。

（1）提示付款（present for payment）：是指汇票的持票人向付款人（或远期汇票的承兑人）出示汇票要求付款人（或承兑人）付款的行为。

（2）提示承兑（present for acceptance）：是指远期汇票的持票人向付款人出示汇票，并要求付款人承诺付款的行为。

汇票的提示应在规定的期限内作出，否则持票人将丧失对前手的追索权乃至丧失票据权利。对提示的期限，各国票据法有较大的不同，我国《票据法》规定，即期汇票自出票日起 1 个月内作付款提示；见票后定期付款的汇票自出票日起一个月内作承兑提示；定日付款或出票后定期付款的汇票应在汇票到期日前作承兑提示。

4. 承兑(acceptance)

承兑从字面上看即"承诺兑现"的意思，是指付款人在汇票正面签名，以承诺在远期汇票到期时付款给持票人的行为。

承兑的手续包括三要素：一是由付款人在汇票正写上"承兑"(accepted)字样；二是注明承兑日期；三是签名，交还持票人。例如：

Accepted   ("承兑"字样)

John Smith   (承兑人签名)

May 30, 2012   (承兑日期)

承兑的意义：付款人在汇票正面作出承兑，表明他认可了出票人发出的远期付款命令，此外，付款人对汇票做出承兑，即成为承兑人(acceptor)，并成为汇票人的主债务人，而出票人成为汇票的从债务人(或称次债务人)。

5. 付款(payment)

付款是指付款人向持票人支付汇票金额的行为。票款支付后，收款人(持票人)应在汇票上签收。付款后，付款人的付款义务解除，汇票上的一切债权债务即告终止，该汇票退出流通并由付款人收存。

6. 拒付(dishonor)

拒付也称退票，它是指付款人在持票人按票据法规定作提示时，拒绝承兑或拒绝付款的行为。汇票遭拒付的原因多种多样，总体上可分为两类：一是付款人无能力付款或承兑；二是付款人有能力但不愿意付款或承兑。

7. 拒绝证书(protest)

拒绝证书是证明持票人按规定行使票据权利而遭拒绝的书面文件，其实质是持票人为保全票据权利和行使追索权依法请求拒付地的公证机构(notary public)所作的证明拒付事实的公证书。

8. 拒付通知(notice of dishonor)

拒付通知又称退票通知，是指持票人将拒付的事实以书面的形式告知被追索人。拒付通知通常由持票人向前手发出，前手背书人应在接到通知后的一定时限内再通知他的前手，直至通知到出票人。当然，持票人也可同时向所有前手及出票人发出书面拒付通知。

9. 追索(recourse)

当票据被付款人拒付或被承兑人拒绝承兑后，最后的持有人有权向所有"前手"中一人或数人或全体行使追索权(right of recourse)，一直追索到出票人。追索的金额包括被拒付的票据金额、票据金额自到期日起至清偿日的利息、取得有关拒绝证书和发出拒付通知的费用。

10. 贴现(discount)

贴现是指持票人将已承兑但尚未到期(already accepted but not yet fallen due)的远期汇票出售给银行或贴现公司，后者从票面金额(face value)中扣减一定的贴现利息

(discount interest)后将余款支付给持票人的行为。

贴现利息的计算是按照票面金额乘以贴现率再乘以贴现天数而得的。因贴现率是以年率表示的,计算时应折算成日利率,按惯例,美元、欧元按 360 天算,英镑按一年 365 天计算。贴现利息的计算公式如下:

$$贴现利息＝票面金额×日贴现率×贴现天数$$

$$＝票面金额×\frac{贴现率}{360}×贴现天数$$

$$贴现净额＝票面金额—贴现利息$$

(四) 汇票的种类

1. 按出票人划分

(1) 银行汇票(banker's draft):指由银行签发的汇票,是一家银行向另一家银行发出的书面支付命令,出票人和付款人均为银行的汇票。

(2) 商业汇票(commercial draft):指由企业或个人签发的汇票,付款人可以是企业、个人或者银行。

2. 按承兑人划分

(1) 商业承兑汇票(commercial acceptance bill):指由银行以外的企业或个人承兑的远期汇票。商业承兑汇票建立在商业信用的基础之上,其出票人也是企业或个人。

(2) 银行承兑汇票(banker's acceptance bill):指由银行承兑的远期汇票。银行承兑汇票通常由企业或个人签发,银行对汇票承兑后即成为该汇票的主债务人,而出票人则成为从债务人,或称次债务人。银行承兑汇票建立在银行信用的基础之上,因此在金融市场上流通性和接受度更高。

3. 按付款期限划分

(1) 即期汇票(sight bill,demand bill):又称见票即付汇票,是指持票人向付款人提示后付款人立即付款的汇票。

(2) 远期汇票(time bill,usance bill):是指在一定期限或特定日期付款的汇票。如前所述,远期汇票包括出票后若干天付款、见票后若干天付款、提单日期后若干天付款以及定日付款这几种。

4. 按是否随附运输单据分

(1) 跟单汇票(documentary bill):指附带货运单据(shipping documents)的汇票。这里"货运单据"是一个广义概念,指包括提单、商业发票、保单、装箱单等在内的全套商业单据。跟单汇票的付款以附交代表物权的货运单据为条件,汇票的付款人必须付清票款才能取得货运单据提货,从而实现了票款与单据的对流,为进出口双方提供了一定的保障。

(2) 光票(clean bill):指不附带货运单据的汇票。光票的出票人可以是工商企业或个人,也可以是银行。在国际结算中,光票一般仅限于贸易从属费用、货款尾数、佣金等的托收或支付时使用。银行汇票多为光票。

二、支票

(一) 支票的定义

根据《英国票据法》的定义,支票是以银行为付款人的即期汇票(见图 10-5)。我国《票据法》第 81 条规定,支票是出票人签发的,委托办理支票存款业务的银行或者其他金融机构在见票时无条件支付确定的金额给收款人或者持票人的票据。

```
Check for USD10,000.00                              Xiamen, May 4, 2013

Pay to the order of John Smith the sum of ten thousand US Dollars only.

To: Bank of China,                       For and on behalf of
      Xiamen, China                      China National Arts & Crafts Imp. & Exp.
Corp.

                                         _____
                                         Authorized signature(s)
```

图 10-5　支票样本

(二) 支票的必要项目

(1) 票面显示"支票"字样,以区别于汇票和本票。

(2) 无条件的支付命令。

(3) 确定的金额:支票上的金额可由出票人授权补记。

(4) 付款人名称:支票的付款人只能是银行。

(5) 出票日期:出票日期是计算支票有效期的基础。我国《票据法》第 91 条规定,支票的持票人应当自出票日起 10 日内提示付款。《日内瓦统一票据法》规定,若出票与付款在同一国家,支票的提示期限自出票日起算 8 天,出票与付款不在同一国家但在同一洲的为 20 天,不同国又不同洲的为 70 天。

(6) 出票人签章:这是支票生效的重要条件。

(三) 支票的特点

(1) 支票的出票人必须是银行的存款户,在银行开立支票账户、有足够的存款并预留签字样本。支票的出票人是主债务人。

(2) 支票的付款人仅限于银行,不可以是个人或其他企业。

(3) 支票都是即期的,付款行必须见票即付,所以支票无须注明付款期限。

目前,支票主要在国内同城支付中用于大额转账及小额提现,而在国际贸易支付中,自 20 世纪 90 年代起,已经极少使用支票了。

三、本票

(一) 本票的定义

我国《票据法》第73条规定,本票是出票人签发的,承诺自己在见票时无条件支付确定的金额给收款人或者持票人的票据。《英国票据法》对本票的定义是：本票是一人向另一人签发的,保证即期或定期或在可以确定的将来时间对某人或其指定人或持票人支付一定金额的无条件的书面承诺。

(二) 本票必须记载的事项

本票需记载的事项包括：票面注明"本票"字样；无条件的支付承诺；确定的金额；收款人名称；出票日期以及出票人签章。

(三) 本票的特点

本票是出票人向收款人作出的无条件书面付款承诺。本票的基本当事人只有两个：出票人(maker)和收款人(payee),本票的出票人同时就是付款人。依据出票人的不同,本票有银行本票和商业本票之分(见图10-6和图10-7),出票人是银行时称为银行本票,出票人是工商企业或个人时称为商业本票,我国不承认银行以外的企事业单位、其他组织和个人签发的本票。无论是银行本票还是商业本票,它们在国际结算中均已极少使用。

```
Promissory Note for GBP5 000.00          London,5ᵗʰ April,2012
      At 60 days after date we promise to pay ABC Co. or order the sum of five
thousand pounds only.


                                      For Bank of Europe,London.
                                              (signature)
```

图 10-6 银行本票示例

```
Promissory Note for USD10 000.00          New York,May 20,2012


On June 20,2012 fixed by the promissory note we promise to pay BA the sum of
ten thousand US Dollars only.


                          For and on behalf of
                                  CD

                          _____
                          Authorized signature(s)
```

图 10-7 商业本票示例

第二节　汇　付

国际货款结算的基本方式有汇付、托收和信用证三种,汇付是其中最简单的一种。在早期的国际贸易结算中,汇付是最主要的方式,在结算方式多样化的当今,汇付方式因其简单、便捷、快速的特点,仍然被广泛使用,并得到大量中小企业的青睐。

一、汇付的定义

汇付(remittance),又称汇款,指付款人(债务人)主动通过银行将款项汇交收款人(债权人)的一种结算方式。国际贸易中采用汇付结算方式时,买方按贸易合同中规定的条件和时间主动地通过银行渠道将货款汇给卖方。

二、汇付方式的当事人

(一) 基本当事人

(1) 汇款人(remitter):指汇出款项的人,在国际贸易中,汇款人通常是进口商,其责任是填写汇款申请书、提供所要汇出的金额并承担有关费用。

(2) 收款人(payee or beneficiary):指收取款项的人,在国际贸易中,收款人通常是出口商。

(3) 汇出行(remitting bank):指受汇款人委托汇出款项的银行,通常是进口地银行。

(4) 汇入行(paying bank):指受汇出行的委托解付汇款的银行,又称解付行。在国际贸易中,汇入行通常是出口地的银行。

(二) 当事人间的契约关系

(1) 汇款人与收款人之间事先订有贸易合同,进口商按合同中约定的条件和时间将货款的全部或一部分汇给出口商。

(2) 汇款人在委托汇出行办理汇款时,要填写境外汇款申请书(如图 10-8 所示),此项申请书是汇款人和汇出行之间的一种契约,也是汇款人的委托指示及银行办理汇款的基本依据,填写时必须清楚明确、避免错漏。

(3) 汇出行与汇入行之间事先订有代理合同,在代理合同规定的范围内,汇入行对汇出行承担解付汇款的义务。

三、汇付的种类及其业务流程

(一) 电汇

电汇(telegraphic transfer,T/T)是指应汇款人的申请,汇出行通过发送 SWIFT 电文(MT100)的方式,指示其国外分行或代理行(即汇入行)解付一定金额给收款人的一种汇款方式。早期汇出行向汇入行发出付款指示(payment order,P. O.)的方式包括电报、电传等,现在基本都被 SWIFT 电文方式取代。

境 外 汇 款 申 请 书
APPLICATION FOR FUNDS TRANSFERS (OVERSEAS)

致：　中国银行
TO:　BANK OF CHINA

日 期
Date

□ 电汇 T/T　□ 票汇 D/D　□ 信汇 M/T	发电等级 Priority	□ 普通 Normal　□ 加急 Urgent

申报号码 BOP Reporting No	□□□□□□　□□□□　□□	□□□□□□　□□□□

20	银行业务编号 Bank Transac Ref No		收电行/付款行 Receiver / Drawn on	
32A	汇款币种及金额 Currency & Interbank Settlement Amount		金额大写 Amount in Words	
其中	现汇金额 Amount in FX		账号 Account No./Credit Card No.	
	购汇金额 Amount of Purchase		账号 Account No./Credit Card No.	
	其他金额 Amount of Others		账号 Account No./Credit Card No.	
50a	汇款人名称及地址 Remitter's Name & Address			
	□对公 组织机构代码 Unit Code□□□□□□□□-□　□ 对私		个人身份证件号码 Individual ID NO. □中国居民个人 Resident Individual □中国非居民个人 Non-Resident Individual	
54/56a	收款银行之代理行 名称及地址 Correspondent of Beneficiary's Bank Name & Address			
57a	收款人开户银行名称及地址 Beneficiary's Bank Name & Address	收款人开户银行在其代理行账号 Bene's Bank A/C No.		
59a	收款人名称及地址 Beneficiary's Name & Address	收款人账号 Bene's A/C No.		
70	汇款附言 Remittance Information	只限140个字位 Not Exceeding 140 Characters	71A	国内外费用承担 All Bank's Charges If Any Are To Be Borne By □汇款人 OUR □收款人 BEN □共同 SHA

收款人常驻国家（地区）名称及代码 Resident Country/Region Name & Code　□□□

请选择：□ 预付货款 Advance Payment □ 货到付款 Payment Against Delivery □ 退款 Refund □ 其他 Others	最迟装运日期	
交易编码 BOP Transac. Code □□□□□□ □□□□	相应币种及金额 Currency & Amount	交易附言 Transac.Remark

本笔款项是否为报税货物项下付款　□ 是　□ 否　合同号　　　发票号
外汇局批件/备案表号/业务编号

银行专用栏 For Bank Use Only		申 请 人 签 章 Applicant's Signature	银 行 签 章 Bank's Signature
购汇汇率 @ Rate		请按照贵行背页所列条款代办以上汇款并进行申报 Please Effect The Upwards Remittance, Subject To The Conditions Overleaf:	
等值人民币 RMB Equivalent			
手续费 Commission			
电报费 Cable Charges			
合计 Total Charges		申请人姓名 Name of Applicant	核准人签字 Authorized Person
支付费用方式 In Payment of the Remittance	□ 现金 by Cash □ 支票 by Check □ 账户 from Account	电话 Phone No.	日期 Date
核印 Sig. Ver.		经办 Maker	复核 Checker

第一联 银行留存联

填写前请仔细阅读各联背面条款及填报说明
Please read the conditions and instructions overleaf before filling in this application

图 10-8　中国银行境外汇款申请书样本

　　从银行角度看，电汇业务中最关键的环节是汇入行判断汇出行发出的付款指示的真伪，即需验证收到的付款指示是否为电文上所称的银行发出。实际业务中，核对密押（test key）是验证汇出行真伪的唯一方式，各银行都有专门人员根据本行程序和规则审核密押正确与否。电汇业务流程如图 10-9 所示。

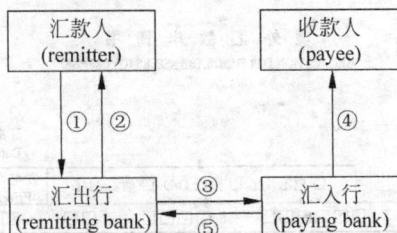

①申请 T/T 业务、交款、付费；②电汇回执；③以 SWIFT 方式对外发出付款命令；
④验证密押并付款；⑤付讫借记通知书

图 10-9　电汇业务流程图

(二) 信汇

信汇(mail transfer,M/T)是指汇出行应汇款人的申请,将信汇委托书邮寄给汇入行,授权其解付一定金额给收款人的一种汇款方式。信汇业务流程与电汇流程基本相同,唯一的区别是信汇业务下汇出行以邮寄方式将书面的付款指示发送给汇入行,而电汇业务下付款指示是以 SWIFT 电文方式发出的。信汇方式虽然费用低廉,但邮寄速度慢,资金在途时间长,且书面付款指示还有丢失、延误的风险。现代国际结算中 M/T 方式已基本不用,许多银行早已停办 M/T 业务。

(三) 票汇

票汇(remittance by banker's demand draft,D/D)是指汇出行应汇款人的申请,开立以其分行或代理行为解付行的银行即期汇票,交由汇款人自行携带出国或寄送给收款人,收款人凭汇票向解付行(汇入行)取款的一种汇款方式。票汇业务中,汇出行向汇入行发出的付款指示以汇票方式体现并传递,该汇票具有如下特点:

(1) D/D 项下的汇票是银行汇票,出票人和受票人都是银行。其中,出票人为汇出行,受票人(付款人)为汇入行。

(2) D/D 项下的汇票是即期汇票,汇入行见票即付。

(3) 汇票抬头可灵活处理。D/D 业务中汇票的抬头一般是国外的收款人,但也可以作成凭汇款人指示。国外收款人拿到汇票后既可自己取款,也可通过背书方式转让汇票。

综上所述,票汇业务较为灵活,但由于该业务下的汇票在银行体系之外传递,传递环节较多、速度较慢,且存在丢失、被盗风险,因此安全性降低。

票汇业务流程如图 10-10 所示。

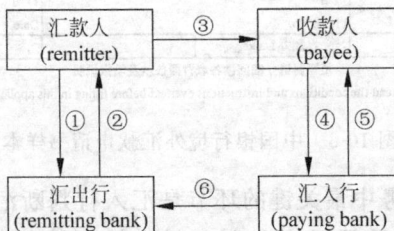

①申请 D/D 业务、交款、付费；②开立银行即期汇票；③寄送汇票或携带汇票出境；
④提示付款；⑤验证汇票后付款；⑥汇入行向汇出行发出付讫借记通知书

图 10-10　票汇业务流程图

四、三种汇付方式异同点比较

电汇、信汇、票汇作为汇付的三种方式,都是汇款人通过银行渠道主动将货款汇给收款人,均属于顺汇范畴。所谓顺汇指的是债务人主动将款项交给本国银行,委托银行使用某种结算工具(票据、电报、邮寄支付凭证、付款指示等)将款项汇给国外债权人或收款人。因为结算工具的传送方向与资金的流动方向相同,所以称为顺汇。

表 10-1 从汇款速度、费用、安全性、流通性等方面对三种汇付方式的不同点进行比较。

表 10-1　电汇、信汇、票汇不同点比较表

汇付方式	付款指示发出方式	收款人取款方式	汇款速度	汇款费用	安全性	流通性
T/T	SWIFT 电文	汇入行通知取款	快	较高	高	不可转让
M/T	邮寄信函	汇入行通知取款	慢	低	低	不可转让
D/D	银行汇票	持票人自行前往汇入行取款	较慢	低	较低	汇票可转让

五、汇付方式在国际贸易中的应用

在 T/T、M/T、D/D 三种汇付方式中,T/T 占绝对主流地位,以下以 T/T 为例,分析汇付方式在国际贸易结算中的使用情况。

1. 装船前汇付(前 T/T)

"装船前 T/T"是进口商先将货款的全部或一部分汇交出口商,出口商收到货款后,按约定时间将货物发运给进口商的一种汇款结算方式,也称预付货款。预付货款有"全额预付"和"部分预付"之分。"全额预付"方式下买方承担极大风险,因此通常只适用于本企业联号、分支机构、个别极可靠的客户或买卖紧俏商品;"部分预付"主要指出口商在装船前向进口商收取一定比例的定金,通常占合同金额的 20%～30%。

2. 装船后汇付(后 T/T)

实务操作中,"装船后汇付"与"货到付款"有一定的区别,它指出口商先发货,待取得提单(海运方式下)后将提单传真给进口商(收货人)作为已发货证明,收货人收到提单传真件后将货款的全部或一部分汇交出口商,出口商收妥约定的款项后将提单正本连同其他单据寄给进口商以便后者提货。100%后 T/T 方式下,出口商承担着极大风险,因为货物发出后进口商可能由于各种原因拒收货物,从而导致出口商陷入极度被动的局面。

3. "前 T/T"加"后 T/T"

前述两种方式下,无论是 100%前 T/T 还是 100%后 T/T 都将造成买卖双方资金和风险承担的极大不平衡,客观上需要产生一种结算方式,使买卖双方的权责及风险承担趋于平衡,实务中"前 T/T"加"后 T/T"结算方式就具备这种功能。以某企业贸易合同中的支付条款为例:T/T 20% deposit,80% within 7 days against fax copy of orginal shipping documents.(以 T/T 方式支付 20%定金,剩余 80%货款在收到正本运输单据传真件后 7 日内支付),本例实际上使用了 20%前 T/T 加 80%后 T/T 的结算方式,对买卖双方均较公平。

4. 赊销

赊销交易(open account,O/A)又称"货到付款",如前所述,实务中"货到付款"与"后 T/T"是有一定区别的。"赊销"或"货到付款"是指出口商先发货,待进口商收到货物后,立即或在一定期限内将货款汇交出口商的一种汇款结算方式。例如"O/A 30 days, payment by T/T",意即"货到后 30 天以 T/T 方式支付货款"。

5. T/T 与托收相结合

国际货物贸易实务中,为了降低托收业务的风险,出口商在合同谈判时有时会要求进口商在合同签订后约定期限内以 T/T 方式支付一定比例的定金,余额再以托收方式收取,例如"20％T/T＋80％D/P",这种结算方式有助于减少进口商恶意拒付的风险。

6. T/T 与信用证相结合

T/T 与信用证的结合主要有两种方式,一是"前 T/T 加 L/C",即预付定金以汇付方式支付,余款以信用证方式支付;二是"大部分货款以信用证方式支付,尾款在货物运抵目的港后,按实际到货数量确定余款,以汇付方式支付",例如"90％L/C 加 10％ T/T",这种方式主要用于粮食、矿砂等散装货物的交易。

第三节 托 收

托收是国际结算中常见的一种支付方式。用于货款结算时,托收是出口商委托银行向进口商收款的一种方式。我国进出口贸易实践中,托收结算方式并不少见,它是一种商业信用,卖方能否顺利收取货款取决于买方的资信状况和财务状况。

一、托收的定义

托收(collection)是委托收款的简称。在国际货物贸易中,托收是指出口商出具债权凭证委托银行向进口商收取货款的一种支付方式。

国际商会第 522 号出版物《托收统一规则》中对托收的定义是:托收是指由接到托收指示的银行根据所收到的指示处理金融单据和/或商业单据,以便取得付款/承兑,或凭付款/承兑交出商业单据,或凭其他条件交出单据。在此定义中,金融单据(financial document)是指汇票、本票、支票或其他类似用于取得款项的凭证。商业单据(commercial document)是指商业发票、运输单据、保险单或其他任何非金融单据的单据。

二、托收业务的基本当事人

(一) 基本当事人

(1) 委托人(principal):是指委托银行向国外付款人代收货款的人,通常为出口商。

(2) 托收行(remitting bank):指接受出口商的委托,转托国外银行代为收款的出口地银行。托收行实际上是传递指示和寄送单据的银行。

(3) 代收行(collecting bank):指接受托收行的委托代其向付款人收取货款的银行,一般为进口商所在地银行。

（4）付款人（drawee）：指根据托收指示被提示单据，向代收行付款的进口商。

托收业务有时还涉及"需要时的代理"（customer's representative in case-of-need），该代理人在托收项目发生拒付时，代理出口商在进口地办理货物存仓、保险、转售、运回等事宜。

(二) 当事人间的契约关系

（1）委托人（出口商）与付款人（进口商）之间关系是以他们之间所订立的贸易合同为依据的，委托人（出口商）应当履行贸易合同中事先约定的相关责任，包括按时按质按量装运货物并提供符合合同要求的单据，从而获得收取货款的权利。

（2）委托人与托收行之间是委托代理关系。办理托收业务时，委托人应填写托收委托书（collection order）（如图 10-11 所示），在委托书上详细写明委托的内容、指示、要求等。托收行接受托收委托书后，该委托书即成为委托代理合同，委托人与托收行之间即构成委托代理关系。托收委托书中的指示应当具体明确，如因委托人指示不明确造成托收款项的延误或损失，一概由委托人自行承担。

（3）托收行与代收行之间是委托代理关系。托收行在接受委托人的委托后要依据"托收委托书"打印"托收指示"，后者的内容应与前者严格一致，并注明"根据 URC522 办理"的字句，经有权签字人签章后，将托收指示连同委托人提供的全套单据一起寄给代收行。代收行接受该托收指示后，托收行与代收行之间即构成委托代理关系。由此可见，托收业务下具有双重的委托代理关系，一是委托人与托收行之间的委托代理关系；二是托收行与代收行之间的委托代理关系，二者不可混淆。

（4）代收行与付款人之间不存在契约关系，付款人对代收行付款是基于付款人与委托人之间订立的贸易契约，而非付款人对代收行具有付款义务。

三、托收的种类及业务流程

根据委托人签发的汇票是否附有单据，托收可以分为光票托收和跟单托收。

(一) 光票托收

光票托收（clean collection）是指委托人仅签发金融单据而不附带商业单据的托收，即提交金融单据委托银行代为收款。这里的金融单据包括汇票、本票、支票等资金单据，商业单据指代表物权的货运单据。应当注意的是，如果一张汇票仅仅附有一些非货运单据，如发票、垫款清单等，这种托收也被视为光票托收。光票托收的金额一般都不大，通常用于收取货款的尾数、样品费、佣金等贸易从属费用或小额款项。

(二) 跟单托收

跟单托收（documentary collection），是指委托人签发汇票并附上相关商业单据一并提交银行委托收款的方式。实务中，为了减少贸易商用于汇票的印花税支出，跟单托收还存在无汇票仅凭商业单据托收的情况，此时发票金额代替汇票金额成为托收金额。按照代收行向进口商交单条件的不同，跟单托收又分为付款交单和承兑交单两种。

To: **The Hongkong and Shanghai Banking Corporation Limited** *Original*

Branch/Office	For Bank Use Only Bank Control Number

EXPORT TRADE COLLECTION/NEGOTIATION INSTRUCTIONS

We hand you draft and/or documents as under for disposal in accordance with the following instructions and subject to our General Security Agreement Relating to Goods or Trade Financing General Agreement given to you and to the terms and conditions overleaf for:

(Mark "x" where appropriate)

- ☐ NEGOTIATION under documentary credit ('DC')
- ☐ NEGOTIATION after receipt of acceptance from DC issuing bank
- ☐ ADVANCE PAYMENT under DC restricted to paying bank (Please also fill in the box 'Loan Granted under Restricted Bill')
- ☐ PAYMENT to us after receipt of funds from DC issuing bank
- ☐ NEGOTIATION under Usance DC confirmed by HSBC (as per Clause 5 of Terms and Conditions overleaf)

- ☐ FINANCING under D/P or D/A
- ☐ PAYMENT to us after proceeds received under D/P or D/A

Drawer/Beneficiary *(Full Name and Address)*

Facsimile Number

Drawee/Applicant

Facsimile Number | Telephone Number

DC Issuing Bank and Number/Collecting Bank's Name and Address *(For Non-DC Bills)*

Brief Description of Goods *(eg Toys, Garments, etc)*

INSTRUCTIONS for Bills Not Under Documentary Credit please follow as marked "X"

☐	A	Release Documents against PAYMENT
☐	B	Release Documents against ACCEPTANCE
☐	C	ACCEPTANCE/PAYMENT may await Arrival of Carrying Vessel
☐	D	PROTEST for Non-acceptance and/or Non-payment *Note: If no instructions are given regarding protest the Bank will assume that protest is NOT required.*
☐	E	DO NOT PROTEST
☐	F	In case of need refer to:

who will assist you to obtain acceptance/payment but who has no authority to amend the terms of the bill

☐	G	From Proceeds deduct to be paid to above Agent
☐	H	COLLECT Overseas Charges from the DRAWEES
☐	I	DEDUCT Charges from the PROCEEDS
☐	J	Collect Interest @ % p.a. from drawees from Date of until Date of
☐	K	WAIVE Interest and/or Collection Charges if refused
☐	L	DO NO WAIVE

Loan Granted under Restricted Bill

☐ Request for loan of *(amount)*

DC advice and restricted to *(name of paying bank)*

In consideration, of your granting us a Loan against documents submitted under the aforementioned DC advised and/or restricted to the paying bank, we hereby assign to you, as security for the Loan and any other amounts owing in connection therewith, all our rights, title and interest in the aforementioned DC *(and any bills issued thereunder)*, and without prejudice to your rights under the above assignment, irrevocably instruct you to apply any sums received in respect of the aforementioned DC in the reduction of the Loan and of any interest which may be due thereon.

In the event that payment is not received by you within   days of this Collection Order, we authorise you to debit our account in the refund of the Loan and/or enforce the above assignment without notice.

This instruction is in addition to and not in substitution for any other Instructions or Agreements that have been made between us.

Name of Contact Person *(Mr/Mrs/Miss/Ms)*

Contact Telephone Number   (Ext:)

Invoice Number	ICC Incoterms *(eg FOB, CFR, etc)* and Payment Terms *(eg at sight, 30 days sight, etc)*
Departure/On Board Date	Bills of Lading, Air Waybills or Parcel Post Receipt Number
Vessel/Flight Number	Sea/Airport of Loading
Port of Discharge	Final Destination if On Carriage

- ☐ Insurance will be covered by Applicant / Drawee / Ultimate buyer.
- ☐ Please arrange the marine insurance with extended cover of 'Seller's Interest Clause' to protect our title of goods during transit to destination under FOB or CFR term.

Other Instructions

Number of Documents attached:

Draft	Commercial Invoice
Custom Certificate	Customs Invoice
Insurance Policy	Packing List
Weight Note	Certificate of Origin
Bill of Lading	Air Waybill
Inspection Certificate	Export Licence
Non-negotiable Bill of Lading	GSP Form A

Other Documents:

Document to be forwarded by COURIER unless stated otherwise in the DC or instructed otherwise below: ☐ Registered Mail ☐ Speedpost ☐ DHL

PROCEEDS DISPOSAL please follow instructions marked "x"
- ☐ Deduct *(Amount)*: for Packing Credit Advance Number:
- ☐ Credit Our Account Number: Under Exchange Contract Number *(if applicable)*:

Proceeds to Import for ☐ B/B ☐ EWB ☐ Transfer DC Documents

Amount:

Bill Number/Transfer DC Number:

Export Account Number	Bill Currency and Amount

Account Number to be debited for all Bank Charges

Remarks *(For Bank Use Only)*

X

Authorised Signature(s) and Company Stamp *(if applicable)*

Date

For Bank Use Only

Product Code	Please stick the Bill Reference label here	Product Suffix

图 10-11　托收委托书示例

（1）付款交单（documents against payment，D/P）：指代收行以进口商付款为条件向进口商交单，如果进口商拒付，就不能从代收行取得全套货运单据，从而也无法提取货运单据项下的货物。付款交单有"即期付款交单"和"远期付款交单"之分。

① 即期付款交单(D/P at sight)：托收单据寄到进口国后，经代收行提示，进口商付款，代收行交单。即期付款交单业务流程如图 10-12 所示。

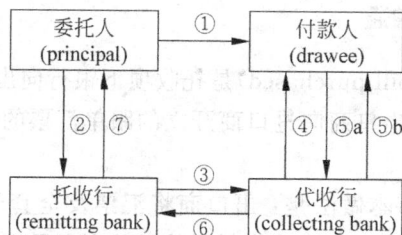

①发货；②填写托收委托书、交单；③寄单；④提示付款；⑤a 付款；⑤b 放单；⑥汇出收妥款项；⑦贷记收妥款项

图 10-12　即期付款交单业务流程图

② 远期付款交单(D/P after sight)：托收单据和汇票寄到进口国后，经代收行提示，进口商即在汇票上签字承兑；汇票到期后，代收行向进口商提示付款，进口商付款后向代收行取得单据。汇票到期付款前，汇票和运输单据由代收行掌握。采用远期付款交单的目的通常是为了给予进口商一段时间以准备或筹集资金。远期付款交单业务流程如图 10-13 所示。

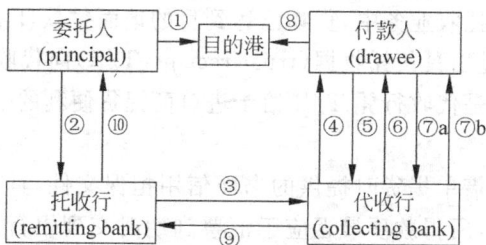

①发货；②交单(并填写托收委托书)；③寄单；④提示承兑；⑤承兑；⑥(汇票到期)提示付款；
⑦a 付款；⑦b 放单；⑧提货；⑨汇出收妥款项；⑩贷记收妥款项

图 10-13　远期付款交单业务流程图

(2) 承兑交单(documents against acceptance,D/A)：指代行以进口商的承兑为条件向进口商交单。托收单据寄到进口国后，经代收行提示，进口商在汇票上承兑，代收行交单，待汇票到期时进口商再履行付款义务。承兑交单业务流程如图 10-14 所示。

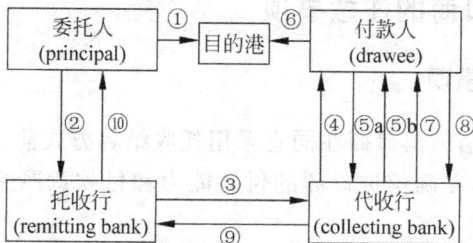

①发货；②交单(并填写托收委托书)；③寄单；④提示承兑；⑤a 承兑；⑤b 放单；⑥提货；⑦汇票
到期提示付款；⑧付款；⑨汇出收妥款项；⑩贷记收妥款项

图 10-14　承兑交单(D/A)业务流程图

四、托收方式下的资金融通

(一) 对出口商的资金融通

"出口押汇"(outward bill purchased)是托收项下银行向出口商提供资金融通的主要方式,它指托收银行以买入出口商向进口商开立的跟单汇票的办法,向出口商垫付货款以提供资金便利。

托收项下出口押汇的基本做法是:出口商将汇票及全套单据交托收行请求其购买,银行审查同意,并扣除从垫款日到预计收到票款日的利息及手续费后,将净款垫付给出口商。随后银行凭跟单汇票及全套单据通过代收行向进口商收回全额货款。如出现拒付,垫款行有权向出口商追索。

简言之,出口押汇是银行向出口商提供的一种有追索权的买单垫款融资服务。实务中,银行对托收项下的押汇申请审批很严格,如要求进出口商双方资信良好、押汇单据是全套货权单据、考虑出口商品的市场行情等,一般情况下出口商在托收行(垫款行)需有综合授信额度才能获得此项融资。

(二) 对进口商的资金融通

在远期付款交单的托收业务中,货物已达到目的地而付款日未到时,进口商想提前赎单而资金不足时,可通过出具信托收据(trust receipt,T/R)向代收行借单提货,于到期时再付清货款。这实际上是代收行凭 T/R 给予进口商提货便利的一种融资方式,又称进口押汇。

信托收据是进口商借单提货时提供的书面信用担保文件,具有保证书性质。进口商借单提货并售出货物后,所得款项最迟应于汇票到期时交到银行。如代收行借出单据后到期不能收回货款,则应由代收行承担责任。实务中,代收行为了控制风险,对进口商凭信托收据借单是很慎重的,通常情况下进口商在代收行需有综合授信额度方能获得此项融资便利。

需要注意的是,如系出口商主动授权代收行通过信托收据放单,即所谓远期付款交单凭信托收据借单(D/P·T/R),到期时如进口商拒付,则与代收行无关,一切风险由出口商自行承担。D/P·T/R 方式与 D/A 相差无几,使用时需谨慎。

五、托收方式下出口商的注意事项

(一) 交易前的注意事项

(1) 调查进口商资信。出口商在同意采用托收结算方式前,应当对进口商的资信状况和经营状况进行调查,在确信进口商的付款能力和付款意愿的情况下,方能采用托收方式。

(2) 调查了解进口国的贸易外汇管制情况。总体上应了解进口国的政治、经济、法律是否稳定,尤其应了解进口国有无外汇管制,或进口许可证是否容易获得,避免因进口商未申请到进口许可证或对外付汇受限而影响交易的进行及货款的收取。

（3）了解所售货物在进口地的价格走势和销售情况。当所售货物在进口地市场价格看跌或销售不佳时,应避免采用托收方式,在此情况下当市场价格跌至合同价以下时,进口商拒付的风险非常大。

（4）考虑货物的属性与特性。易腐烂变质的货物不宜采用托收方式进行结算,出口这类货物时如遭进口商拒付,则货物还来不及转卖就已变质不可销售。定制的货物（tailor-made goods）也不可采用托收结算方式,这类货物如遭拒收拒付,则难以再转卖他人。因此,只有在市场行情上和属性上均易于重新销售的货物才适合采用托收支付方式。

(二) 贸易合同谈判时的注意事项

（1）争取一定比例的定金（down payment）或预付款。对于资信欠佳或诚信度无充分把握的客户,如必须采用托收结算方式,贸易合同谈判时可争取一定比例的定金（例如20%～30%）,从而使得结算方式变为20%T/T加80%D/P,在此情况下出口商的主动权明显提高,进口商恶意拒付的可能性将大大降低;如确实遭拒付,出口商可迅速采取打折售出货物等多种灵活处理方式。

（2）选好代收行。托收项下货款的收回主要取决于进口商,但如果代收行选择得好,也能起到促收货款的作用。国外代收行一般不由买方指定,确需由买方指定时,一定要征得托收行的同意方可运作。

（3）选择合理的交单条件。合同谈判时尽量选择即期 D/P 结算方式,慎用远期D/P,尽可能避免使用 D/A。目前,托收银行一般拒绝接受远期 D/P 的托收业务,或直接把远期 D/P 托收当成 D/A 处理。这主要是考虑到货物已经到目的港,如果不提货处理,货物压在码头会面临被拍卖或退港等不利于货方的处理办法,在实际托收业务操作中遇到困难。

（4）选好价格术语。托收业务中,银行不承担付款人必然付款之责,出口商承担着较大的风险。因此,出口商在货物发运后,直到进口商付清货款之前,都应关心货物的安全。考虑到这一点,采用托收方式时,原则上应由出口商办理运输和保险,即争取采用 CIF 或CIP 术语成交,以便必要时出口商能主动地与运输公司和保险公司联系处理办法,减少货物损失。

（5）酌情考虑投保出口信用保险[1]。通过与保险公司合作,了解进口商资信情况,在托收遭到拒绝的情况下,能通过出口信用保险公司的赔付减少出口商损失。

(三) 履约时的注意事项

（1）及时发货。履约时,出口商应按合同规定的时间与地点及时发货,所交货物必须与合同一致。

（2）及时制单交单。履约时,出口商所制单据应注意完整性、准确性、真实性,且应在规定的期限内提交。在单据的填制方面,应特别注意提单要做成空白抬头并加背书,切勿做成以进口商为抬头的记名提单,以免影响转让货物。提单如需做成代收行抬头,需与银

---

[1]　关于出口信用保险的内容详见本章第六节。

行联系。

(四) 遭拒付时的注意事项

(1) 快速反应、果断作为。出口商按合同规定发货交单后,应密切关注货款收取情况。如托收的款项遭拒付,应及时采取处理措施以减少损失。例如,D/P 项下的托收遭拒付时,根据拒付原因的不同,出口商可采取的处理措施包括降价将货物售于进口商、D/P 结算方式改为 D/A、转卖、拍卖、运回、弃货等,同时保有采取诉讼(或仲裁)等方式进行索赔的权利。无论采取何种方式,关键在于"快速反应、果断作为",任何的拖延都将导致到港货物仓储费、滞期费、滞箱费等各种费用的增加及损失的扩大。

(2) 寻求"需要时的代理"的帮助。考虑到出口商距离进口国遥远,采用托收结算方式时可事先在目的港或目的地找好"需要时的代理",以便在货款遭拒付的情况下协助办理存仓、保险、转售或运回等事宜。"需要时的代理"通常是与出口商关系较好的客户或货运代理,理论上也可以是代收行,但实际业务中以代收行为"需要时的代理"并不现实,因为银行无论从时间、精力或是专业的角度,均不适宜作为代理处理货物的人选,也鲜有代收行愿意担此责任。

六、托收方式下进口商的注意事项

托收业务中进口商面临的风险主要体现在 D/P 结算方式下的两个方面:一是付款提货后发现货物与合同规定不符,是次货、错货,甚至是假货;二是付款赎单后发现单据不足或造假,以致无法顺利清关提货或销售。此时,进口商尽管可以与出口商协商换货、退货等,但因货款已付,处理起来往往十分被动;进口商也可就上述问题起诉出口商并要求赔偿,但跨国官司往往很难打,即使胜诉也未必能执行。为避免上述两类风险,进口商应注意以下几个问题:

(1) 慎重选择贸易伙伴。通过适当途径,对出口商的资信、经营作风等事先做好充分调查。

(2) D/P 项下,由于在付款赎单前无法验货,进口商可要求出口商提供由权威商检机构出具的品质检验证书及数量(重量)检验证书,以降低货物与合同不符的风险。

(3) 事先了解本国清关或货物最终销售所需要的一切单据、证明、授权等,并在合同中明确规定卖方需提交的单据清单。

(4) 付款前进口商应仔细验单以确保全套单据符合要求,防止票据、单据的伪造。

七、《托收统一规则》与托收业务中银行的角色

(一)《托收统一规则》

《托收统一规则》(Uniform Rules for Collection, URC)是国际商会编写的关于国际贸易和国际结算方面的重要国际惯例之一。在国际贸易中,各国银行办理托收业务时,往往由于当事人各方对权力、义务的不同解释和各个银行业务做法上的差异,因而导致争议和纠纷。国际商会为协调各方当事人的矛盾,早在 1958 年即草拟了《商业单据托收统一

规则》，后经多次修订，于 1995 年 4 月公布了新的《托收统一规则》，简称 URC522，并于 1996 年 1 月 1 日正式生效与实施。应当注意的是，《托收统一规则》并不是国际上公认的法律，而是关于托收业务的国际惯例，只有当事人事先约定，才受该规则约束。

《托收统一规则》对各当事人的义务与责任、托收项下的程序等均作了比较详尽明确的规定。全文共七部分，26 条。以下结合《托收统一规则》的相关内容对托收业务中银行担任的角色及其责任义务进行归纳总结，以期与后续章节中信用证项下银行的角色进行对比。

(二) 托收业务中银行的角色与责任义务

(1) 银行担任金融中介的角色，并不是"保证人"或"担保人"。托收业务中，银行只是委托人的代理人，只提供代为收款的金融服务，并不保证一定能收到货款。托收的信用基础仍然是商业信用，委托人能否顺利收到货款，完全取决于付款人的资信状况(credit standing)和财务状况(financial status)。

(2) 银行依据托收委托书的书面指示办理托收业务，而不是依据委托人的"口头指示"或"习惯做法"行事。托收委托书中如有错误或遗漏，委托人不能要求银行按其"习惯做法"办理托收业务而忽略委托书中的错误或遗漏的事实。一方面，委托人在填写托收委托书时应当谨慎小心以便给出完整、清晰的指示。另一方面，国外代收办理托收业务应以托收行发出的托收指示为准。一切寄出的托收单据均须附有托收指示，并注明该托收按照 URC522 办理。

(3) 银行对托收单据的处理。银行必须确定它所收到的单据与托收指示中所列的单据表面相符，如有不符，应毫不延误地以电讯方或其他快捷方式通知从其收到指示的一方。除此之外，银行将按所收到的单据办理提示而无须做更多的审核，银行对于任何单据的形式、完整性、准确性、真伪性或法律效力，或对于单据上规定的或附加的一般性和/或特殊条件概不承担责任，对单据、信息、信件等在传递途中发生的延误和丢失不承担责任。

(4) 银行不处理货物。托收业务中，除非事先征得银行同意，货物不应直接运交银行，如货物直接运交银行或以银行为收货人，银行无提货义务。银行对托收项下的货物没有义务采取任何行动，对此项货物的风险和责任概由发货人承担。银行对于任何单据所表示的货物的描述、数量、重量、质量、状况、包装、交货、价值或存在与否概不负责。

(5) 银行对第三方当事人的行为免责。银行对于发货人、承运人、运输行、收货人或保险人或其他任何人的诚信、行为和/或疏忽、偿付能力、行为能力等概不负责。

(6) 银行对不可抗力免责。银行对由于天灾、暴动、骚乱、叛乱、战争或超越银行控制能力的任何其他原因导致的延误或后果，概不承担责任。

(7) 银行对托收被拒付的处理。托收如遭拒付，提示行(通常是代收行)应尽可能确定付款人拒绝付款或拒绝承兑的原因，毫不延误地向发出托收指示的银行(通常是托收行)发出拒付通知，并请托收行收到此项通知后对单据如何处理给予相应的指示。提示行(代收行)在发出拒付通知后 60 天内仍未收到此项指示的，可将单据退回发出托收指示的银行，不再承担任何责任。

第四节　信　用　证

信用证结算是在托收基础上演变出来的一种比较完善的结算方式,是银行参与国际结算时从仅提供服务逐步演变到既提供服务又提供信用和资金融通的过程中出现的,其主要作用是把由进口商履行的付款责任转为由银行来承担,保证出口商安全迅速收到货款、买方按时收到货运单据,在一定程度上解决了进出口商之间互不信任的矛盾。目前,信用证作为一种银行信用,已成为国际结算中一种重要的支付方式。

一、信用证的定义

根据《跟单信用证统一惯例》(国际商会第 600 号出版物,以下简称 UCP600)第 2 条的规定,"信用证意指一项不可撤销的安排,不论其如何命名或描述,该项安排构成开证行对相符交单予以承付的确定承诺"。

具体地说,信用证(letter of credit,L/C)是银行根据申请人的申请和指示,向受益人开立的承诺在一定期限内凭规定的单据支付一定金额的书面文件。简单地说,信用证是银行开立的一种有条件的承诺付款的书面文件。

上述定义中的银行称为开证行,由一家进口地银行担任;进口商因申请开立信用证,称为开证申请人;出口商可以利用信用证交单收款获得利益,故称为受益人。开证行承诺付款的条件是"单证相符,单单相符",即受益人提交的全套单据与信用证的规定相符,且单据与单据间不存在互不一致的情况。在受益人满足"相符交单"条件的情况下,开证行保证付款;反之,开证行就有拒绝付款的权利。由此可见,信用证本质上是开证行以其自身信用向受益人做出的有条件的付款保证,是一种银行信用。

二、信用证业务的当事人及主要当事人间的契约关系

(一) 信用证业务的当事人

信用证结算方式的主要当事人有四个,即开证申请人、开证行、通知行、受益人,此外还涉及其他关系人,如议付行、保兑行、付款行、偿付行等。

1. 开证申请人(applicant):是指向银行提出申请要求开立信用证的一方。在国际贸易中,开证申请人通常是进口商。

2. 开证行(issuing bank):指应申请人要求开出信用证的银行,一般是进口商所在地的银行。

3. 通知行(advising bank):指应开证行要求通知信用证的银行,一般是出口商所在地的银行。

4. 受益人(beneficiary):指信用证中受益的一方,是信用证金额的合法享有者,也是信用证项下汇票的出票人。受益人一般是出口商。

5. 议付行(negotiation bank):指接受开证行的邀请,并根据受益人的要求,对受益人提交的符合信用证规定的跟单汇票垫付货款的银行。实务中,通知行往往同时担任议

付行的角色。

6. 保兑行(confirming bank)：指根据开证行的授权或请求对信用证加具保兑的银行。保兑行与开证行均承担第一性付款责任。

7. 付款行(paying bank)：是被开证行指定为信用证项下汇票的付款人，或是代开证行执行付款责任的银行。付款行可以是开证行本身，也可以是另外一家银行。

8. 偿付行(reimbursing bank)：是指开证行指定的对议付行或代付行进行偿付(清偿垫款)的银行。当开证行与议付行之间无账户关系，或信用证采用第三国货币结算时，为方便结算，开证行常常委托另一家有账户关系的银行代向议付行偿付。

(二) 主要当事人间的契约关系

1. 开证申请人(进口商)与受益人(出口商)之间的权利义务关系以贸易合同为依据。进口商应在合同规定的期限内，向进口商所在地银行申请开出信用证。

2. 开证行和开证申请人之间的契约是开证申请书。进口商在申请开证时，应根据开证行的要求交付押金及手续费；开证行应根据开证申请书条款，正确、及时地开出信用证。信用证开出后，开证行要对信用证独立负责，承担第一性付款责任，不能因进口商拒绝赎单或无力付款而拒绝承担保证承付的责任。

3. 受益人与开证行间的契约关系以"信用证"的形式得以体现，通过开立信用证，开证行向受益人做出"有条件"的付款保证，受益人需按合同发货并提交相符单据方能获得开证行的付款。

4. 通知行与开证行间是互为代理的关系，双方间存在代理协议，通知行应根据与开证行之间的代理合同来开展业务。

三、信用证的基本流程

信用证的基本流程可细分为开证流程、改证流程及使用结算流程。由于议付信用证的使用较其他各类信用证更为普遍和广泛，以下以 SWIFT 形式开立的即期议付信用证为例介绍信用证的基本流程。

(一) 开证流程(L/C issuance)

1. 申请开证。以信用证为支付方式的贸易合同签订后，进口方必须在合同规定的期限内，或合同签订后的合理期限内，向本地信誉良好的银行(开证行)提交开证申请书。开证申请书是开证银行开立信用证的依据，也是申请人对开证行的开证指示，因此，其内容应与买卖合同条款相一致，且完整、简洁和准确，不要将过多细节列入。

2. 开证。收到开证申请后，开证行审查开证申请人的资信并进行授信核定。一般情况下进口商需向银行提供保证金、抵押品或第三方担保，银行才会考虑开出信用证。以抵押品或第三方担保为条件申请开证时，通常银行在审批后会授予开证总额度，即一次审批、额度范围内可多次开证。资质审查及授信核定后，银行根据申请人的开证申请书开立信用证，以 SWIFT 方式传递给出口商所在地的银行，委托其向出口商通知信用证。

3. 通知来证。出口地的通知行收到信用证后，应首先凭密押(电开信用证)验定和注明其真实性。另外,根据我国的实际做法,通知行收到信用证后,为保证安全及时收汇,还要对开证行资信、受证额度、索汇路线及方式以及其他信用证条款进行全面审查。

如图 10-15 所示为信用证开证流程。

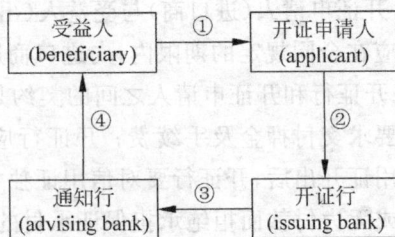

(二) 审证、改证流程(L/C amendment)

受益人收到经通知行通知的信用证后,首先要对信用证进行仔细审核,以确定来证是否与合同一致、是否存在软条款(soft clause)。如果来证与合同不符或含有对其不利或无法执行的条款,必须立即联系开证申请人,向其提出修改信用证的要求,申请人再通过原来开证的路线,最终将修改内容转递到受益人处。当然,如信用证审核无误,则改证流程可省略。改证流程如图 10-16 所示。

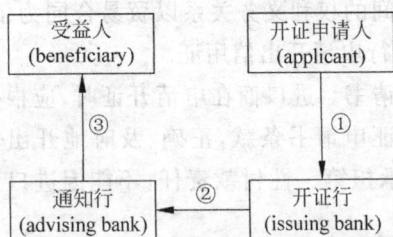

①申请开证;②开证行开证;③通知来证

图 10-15　信用证开证流程

①提出改证要求;②申请改证;③发出改证通知;④通知改证

图 10-16　改证流程

(三) 信用证使用及结算流程(L/C utilization and settlement)

信用证的使用及结算流程包括三部分内容:一是"货",指信用证审核无误后受益人发货;二是"单",指受益人通过银行向开证申请人(进口商)传递单据;三是"款",指开证申请人通过银行渠道向受益人付款。

1. 发货。受益人在确定信用证无误后,应在信用证规定的装运期内保质保量地装船发货。

2. 交单。受益人备妥全部单据后,应在信用证规定的交单期内,在银行营业时间向指定银行交单议付,获得银行的资金融通。

3. 议付。议付行根据开证行的授权,凭相符单据向受益人垫款。

4. 寄单索偿。议付行垫款后向开证行寄单索偿,要求开证行偿付自己垫付的款项。

5. 开证行偿付。开证行接到议付行寄来的单据后,应立即审核单据,凭表面与信用证条款相符的单据于五个银行工作日内(从收到单据翌日起算)向议付行付款。如果开证行发现不符点,而且是实质性的不符点,根据《UCP600》第 16 条第 a 款规定,可以拒绝付款,解除开证行的第一性付款责任。当开证行确定交单不符时,也可以自行联系申请人看其是否愿意放弃不符点,但必须在 5 个银行工作日内做出决定,否则开证行将丧失拒付的权利。

6. 申请人付款。开证行对议付行偿付之后,马上通知申请人赎单,向其提示单据要求付款。申请人在赎单之前有权审查单据,如果发现不符点,可以提出拒付,但拒付理由一定是单单之间或单证之间表面的不符点问题,而不是就单据的真实性、有效性提出拒付。实务中有时尽管存在不符点,如果不符点是非实质性的,申请人也可接受单据。

7. 开证行放单。申请人付款后,开证行将信用证项下的单据交给申请人,一笔信用证业务到此结束。

申请人赎单后就可以安排提货、验货、仓储、运输等,如果申请人发现所收到的货物与合同不符,有权根据买卖合同向出口商索赔,但与信用证业务本身无关,申请人不能根据信用证向开证行要求赔偿。

如图 10-17 所示为信用证使用及结算流程(理论流程)。

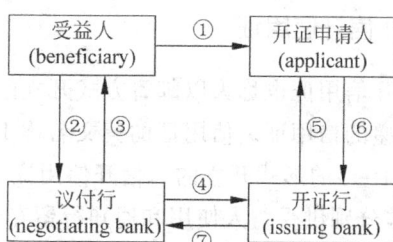

实际业务中,开证行收到议付行所寄出的单据并审单后,并非立即对议付行偿付,而是缮制单到通知书,向申请人告知审单结果并要求申请人在单到通知书规定的期限内反馈是否对外付款。开证申请人如因单据有不符之处而拒绝付款,应提出书面拒付理由,由开证行按国际惯例确定能否对外拒付。如确定申请人所提拒付理由不成立,开证行有权主动办理对外付款,并从申请人账户中扣款支付。信用证的实际使用流程如图 10-18 所示。

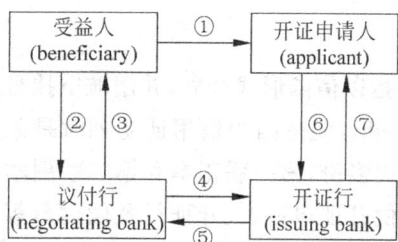

①发货;②交单;③审单议付;④寄单索偿;⑤审单偿付;⑥审单付款;⑦放单

图 10-17　信用证使用及结算(理论流程)

①发货;②交单;③审单议付;④寄单索偿;⑤通知单到、告知审单结果、限期反馈;⑥付款赎单;⑦对外偿付

图 10-18　信用证使用及结算(实际流程)

四、信用证的特点

1. 开证行承担第一性付款责任

信用证支付方式是一种银行信用,是开证行以其自身信用向受益人作出的付款保证。信用证一经开出,开证行即成为主债务人,承担第一性的付款责任。只要受益人提交了与信用证规定相符的单据,无论开证申请人是否有付款能力和付款意愿,开证行都要承担付款责任。由此可以看出,开证行的付款不以进口商的"不付款"作为前提条件,因此其承担的付款责任是"第一性"的,而非"第二性"。

2. 信用证的"独立性"

信用证虽在贸易合同的基础上开立,但它一经开立,就成为独立于贸易合同之外的另一种契约。贸易合同是买卖双方之间签订的契约,只对买卖双方有约束力;信用证则是开证行与受益人之间的契约,开证行只受信用证的约束,不受贸易合同的约束。对此,《跟单信用证统一惯例》第 3 条明确规定:"信用证与其可能依据的销售合约或其他合约是性质上不同的业务。即使信用证中包含有关于该合约的任何援引,银行也与该合约完全无关,并不受其约束"。

3. 信用证业务的"单据性"

在信用证业务中,各有关方面处理的是单据,而不是与单据有关的货物。银行只需对全套单据进行审核,看它们是否与信用证的规定表面相符。银行没有能力、也不可能检验受益人所发的货物是否与信用证条款相一致。可见,信用证业务是一种纯粹的凭单付款的单据业务,单据是银行付款的唯一依据。

应该注意的是,银行的审单义务强调的是单据内容与信用证条款的"表面相符",并非"实质相符"。瑕疵货物乃至假货配上完美单据(相符单据)也能获得开证行的付款,反之,完美货物配上瑕疵单据则可能遭到开证行拒付。正如 UCP600 第 34 条的规定:银行对任何单据的形式、充分性、准确性、内容真实性、虚假性或法律效力,或对单据中规定或添加的一般或特殊条件,概不负责;银行对任何单据所代表的货物、服务或其他履约行为的描述、数量、重量、品质、状况、包装、交付、价值或其存在与否也概不负责。可见信用证确是一种纯粹的单据业务。

五、信用证的形式

(一) 信开信用证

信开信用证也称为以邮寄方式开立的信用证,是指以信函形式开立,并用航空挂号的方式传递的信用证。信用证的英文名称 Letter of Credit,就是因为信用证初创时是采用信函(letter)的形式开立的。信开信用证一般套打一式多份,第一联正本和第二联副本寄通知行,分别供受益人使用和通知行留存;其余各份供开证申请人、开证行及偿付行等使用。这种形式目前已很少使用。

(二) 电开信用证

电开信用证也称为以电讯方式开立的信用证,是指银行将信用证内容以加注密押的电报、电传或 SWIFT 的形式开立的信用证。电开本分为以下三种形式。

1. 简电本(brief cable advice)

简电本信用证指仅记载信用证号码、受益人名称和地址、开证人名称、金额、货物名称、数量、价格、装运期以及信用证的有效期等主要内容的电开本信用证,以便出口商及早备货、安排装运。由于简电本内容简单,并非有效的信用证文件,因此不足以作为交单议付的依据。简电本往往注明"详情后告"(full details to follow)等类似词语,受益人须收到证实书并核对无误后方可发货,否则容易造成单据与证实书不符。

2. 全电本(full telex)

全电本即开证行以电讯方式开证,把信用证全部条款传达给通知行。全电开证是一个内容完整的信用证,可作为交单议付的依据,不需另寄信用证证实书。有些银行在电文中注明"有效文本"(operative instrument),以明确该全电本的性质。

3. SWIFT 信用证

随着计算机和通信技术的发展,为节省时间与费用,申请全电开证的客户越来越多。银行做全电开证时,大多采用 SWIFT 方式开证。SWIFT 是"环球银行间金融电信协会"(Society for Worldwide Interbank Financial Telecommunication)的简称,于 1973 年在比利时布鲁塞尔成立,该组织设有自动化的国际金融电信网,该协会的成员银行可以通过该电信网办理信用证业务以及外汇买卖、证券交易、托收等。凡参加 SWIFT 组织的成员银行,均可使用 SWIFT 办理信用证业务。

SWIFT 信用证具有标准化、固定化和统一格式的特征,且传递速度快捷,安全可靠,成本较低,现已被西北欧、美洲和亚洲等国家或地区的银行广泛使用。我国银行开出或收到的信用证电开本中,SWIFT 信用证已占很大比重。开立 SWIFT 信用证的格式代号为 MT700 和 MT701,如对开出的 SWIFT 信用证进行修改,则采用 MT707 标准格式传递信息。

表 10-2 所示为 MT 700 开立跟单信用证标准格式。

表 10-2   MT 700 开立跟单信用证标准格式

M/O(选择)	Tag(标记)	Field Name(栏目名称)	中文含义
M	27	Sequence of Total	报文页次
M	40A	Form of Documentary Credit	跟单信用证类别
M	20	Documentary Credit Number	信用证号码
O	23	Reference to Pre-Advice	预通知的编号
O	31C	Date of Issue	开证日期
M	31D	Date and Place of Expiry	到期日及到期地点
O	51a	Applicant Bank	申请人的银行(开证行)
M	50	Applicant	开证申请人
M	59	Beneficiary	受益人
M	32B	Currency Code,Amount	货币代号、金额
O	39A	Percentage Credit Amount Tolerance	信用证金额加减百分比
O	39 B	Maximum Credit Amount	最高信用证金额
O	39C	Additional Amounts Covered	可附加金额
M	41a	Available With... By ...	信用证兑付方式
O	42C	Drafts at ...	汇票期限
O	42a.	Drawee	付款人
O	42M	Mixed Payment Details	混合付款指示
O	42P	Deferred Payment Details	延迟付款指示
O	43P	Partial Shipments	分批装运
O	43T	Transshipment	转运
O	44A	Loading on Board/Dispatch/Taking In Charge at/from	转船/发送/接管地点
O	44B	For Transportation to ...	运至
O	44C	Latest Date of Shipment	最迟装运日
O	44D	Shipment Period	装运期
O	45A	Description of Goods	货物描述
O	46A	Documents Required	应具备单据
O	47A	Additional Conditions	附加条件
O	71B	Charges	费用
O	48	Period for Presentation	提示期间(交单期限)
M	49	Confirmation Instructions	保兑指示
O	53a	Reimbursing Bank	偿付行
O	78	Instructions to the Paying/ Accepting/ Negotiating Bank	对付款/承兑/议付银行的指示
O	57a	"Advise Through" Bank	通知行
O	72	Sender to Receiver Information	银行间的通知

注:M=Mandatory; O = Optional。

六、SWIFT 信用证的内容

(一) 信用证本身固有的内容

1. 开证行名称、地址：由 SWIFT 信用证电文开头的发电行(sender)或电文中的 51A，均可看出开证行详细的名称及地址，该项内容可使其他当事人知悉是哪一家银行开出的信用证。

2. 信用证的类型(form of documentary credit)：SWIFT 信用证的 40A 为"跟单信用证类型"，主要应注明该证是否可撤销。可转让信用证则应标明"TRANFERABLE"。

3. 信用证号码(documentary credit number)：开证行的信用证编号，这是一项必不可少的内容，这一号码将会出现在受益人提交的单据中，以表明单据同该证的关系。此外，各相关银行在与开证行的业务联系中也必须引用该编号。

4. 开证日期(date of issue)：信用证必须标明开证日期，它往往是信用证有效期的起算日。电开证中若无开证日期，则以发电日为开证日。

5. 到期日及到期地点(date and place of expiry)：信用证的到期日指的是允许受益人向指定银行提交单据的最后日期。受益人应在到期日之前或当天向指定银行提交全套单据。到期地点(expiry place)是受益人在上述有效期限内向指定银行提交单据的地点，到期地点最好是出口地银行，以便受益人掌握交单取款的时间。

6. 开证申请人(applicant)：信用证的申请人就是买卖合同中的买方，应标明完整的名称和详细地址。

7. 受益人(beneficiary)：是唯一有权支取信用证款项的人，一般为出口商，证中必须标明出口商完整的公司名及地址。

8. 通知行(advising bank)：指应开证行的要求向受益人通知信用证的银行。通知行一般是出口地银行，应包括全称和地址。如通知行是受益人的往来行，业务处理更为便捷。

9. 信用证金额(currency code, amount)：是开证行承担付款责任的最高限额，应能满足贸易合同下全额货款的支付。采用 SWIFT 以 MT700 格式开证时，货币名称要准确，如使用缩写，则必须使用国际标准化组织制定的货币代号如 USD、EUR、JPY、GBP 等。

10. 信用证兑现方式(available with...by...)：SWIFT 信用证的 41D 明确标出信用证的兑现方式，即受益人通过何种方式收取货款。信用证的兑现方式包括即期付款、延期付款、承兑及议付四种，最常见的是议付兑现方式。例如：available with any bank by negotiation，指受益人可向任何银行议付，以兑现信用证款项。在这类信用证条款中，with 后加指定银行名称，by 后加上四种兑现方式之一。

(二) 要求受益人履行的条件

1. 汇票条款(draft clause)

SWIFT 信用证中的汇票条款，指 42C 及 42A 两项内容，具体包括汇票期限、汇票金额以及付款人名称地址。根据 UCP600 的规定，信用证项下汇票的付款人不能是开证申请人,只能是开证行。汇票的金额不能超过信用证金额。

2. 货物条款(commodity clause)

货物条款指 SWIFT 信用证中"Description of Goods"(45A)这一栏,此条款一般包括货名、货量、规格、单价、价格条件、总值、包装等。货物条款并非表明相关银行将查验卖方所发的货物是否符合信用证 45A 的规定,而是指卖方提交的全套单据中凡涉及货物描述的,必须与 45A 的内容及措辞相符。

3. 单据条款(document clause)

SWIFT 信用证中十分重要的一项内容是在 46A 中列明受益人需要提交的单据,分别说明单据名称、份数及具体要求。46A 的单据顺序一般为:商业发票、运输单据、保险单据、其他单据。其他单据包括产地证、检验证书、装箱单、重量单、非木质包装声明、受益人证明等。受益人发货后需按照信用证 46A 的要求提交相符单据,方能获得开证行的付款。

4. 运输条款(shipment clause)

信用证的运输条款包括分批装运(43P)、转运(43T)、装运地(44A)、目的地(44B)以及最迟装运日(44C)。"最迟装运日"表明出口货物必须在该日前装运。卖方提交的运输单据的日期(例如提单日期)不得晚于信用证中规定的最迟装运日,否则将出现"单证不符"而导致银行拒绝付款。应当注意的是,UCP600 第 29 条第 c 款规定:最迟装运日不因非银行工作日的原因而顺延,即最迟装运日不能延期。

(三) 其他条款

1. 交单期限:指受益人发货后应当在该期限内提交单据。例如:"48 Documents (are) to be presented within 15 days after the issuance of the shipping documents but within the validity of the credit."(全套单据应于信用证有效期内,在运输单据签发后 15 日内提交。)

2. 银行费用:指信用证业务下相关银行费用的承担。例如"All banking charges outside the issuing bank are for account of beneficiary."(开证行之外的所有银行费用均由受益人承担。)

3. 不符点费用:指受益人提交瑕疵单据而被接受时,应当向开证行支付的费用。例如 "A discrepancy fee of USD60.00 or equivalent will be charged for each set of discrepant documents presented."(提交给我行的单据如有不符点,每套将收取 60 美元或等值于60 美元的不符点费用。)

4. 寄单条款:指议付行应以何种方式将全套单据寄往开证行或指定银行。例如"All documents (are) to be forwarded to Citibank of Hongkong in one cover by courier service unless otherwise stated above."(除非另有规定,所有单据应以快邮方式一次寄单至香港花旗银行。)有些情况下开证行会要求议付行"分两次连续寄单"至指定银行,其用意在于防止"一次寄单"方式下重要单据丢失的情况。

5. 偿付条款:即开证行或指定银行如何向议付行偿付的条款。例如"In reimbursement,we shall cover you as requested."(一经要求,我行将立即偿付你行。)

6. 议付行背批条款：指开证行指示议付行应于议付后在信用证背面作相关批注。例如："The amount of the draft under this credit should be noted by negotiating bank on the reverse hereof."（议付行应将本信用证项下的汇票金额批注在本证背面。）

7. 跟单信用证统一惯例文句：信用证中需注明"This credit is subject to the Uniform Customs and Practice for Documentary Credits UCP 2007 revision, International Chamber of Commerce Publication NO. 600"（本证根据国际商会 2007 年修订本第 600 号出版物《跟单信用证统一规则》办理）。这类文句表明开证行将以此为原则处理信用证业务，且发生业务纠纷时也将以此为准则解决。

图 10-19 所示为 SWIFT 信用证式样。

```
08APR02 08:38:36                                 LOGICAL TERMINAL XxxX
                                                         PAGE 00001
               ISSUE OF A DOCUMENTARY CREDIT       FUNC MSG700
 SEQUENCE OF TOTAL        * 27    :  1/1
 FORM OF DOC. CREDIT      * 40A   :  IRREVOCABLE
 DOC. CREDIT NUMBER       * 20    :  DT123456
 DATE OF ISSUE            31C     :  080330
 EXPIRY                   31D     :  DATE 080515 PLACE CHINA
 APPLICANT                50      :  TV IMPORTS, INC. , ROTTERDAM,
                                     THE NETHERLANDS
 BENEFICIARY              * 59    :  SHANGHAI DA SENG CO. , LTD.
                                     UNIT C 5/F JINGMAO TOWER
                                     SHANGHAI, CHINA
 AMOUNT                   * 32B   :  CURRENCY USD AMOUNT 88 920,00
 AVAILABLE WITH/BY        * 41D   :  ANY BANK
                                     BY NEGOTIATION
 DRAFTS AT ...            42C     :  AT SIGHT
 DRAWEE                   42A     :  INGBNL2A
                                     * ING BANK N. V.
                                     * ALL DUTCH OFFICES
 PARTIAL SHIPMENTS        43P     :  NOT ALLOWED
 TRANSSHIPMENT            43T     :  ALLOWED
 LOADING IN CHARGE        44A     :  SHANGHAI
 FOR TRANSPORT TO ...     44B     :  ROTTERDAM
 LATEST DATE OF SHIP      44C     :  080430
 DESCRIPT OF GOODS        45A     :  3 000 SETS OF TELEVISION WITH AM/FM RADIO
 AND CD PLAYER
 TERMS OF DELIVERY:                  CIF SHANGHAI
 DOCUMENTS REQUIRED       46A     :  +SIGNED COMMERCIAL INVOICE IN TRIPLICATE
                                     +3/3 PLUS ONE COPY OF CLEAN "ON BOARD"
                                     OCEAN BILLS OF LADING MADE OUT TO ORDER
                                     AND  BLANK  ENORSED  MARKED  " FREIGHT
                                     PREPAID" AND NOTIFY APPLICANT.
```

图 10-19　SWIFT 信用证示样

```
              +INSURANCE POLICY OR CERTIFICATE ENDORSED IN BLANK FOR 110
              PCT OF CIF VALUE,COVERING W. P. A. AND WAR RISK.
              +SIGNED PACKING LIST IN TRIPLICATE
              +G. S. P. CERTIFICATE OF ORIGIN FORM A
              + BENEFICIARY'S CERTIFICATE STATING THAT ONE SET OF NON-
              NEGOTIABLE SHIPPING DOCUMENTS HAS BEEN SENT DIRECTLY TO
              THE APPLICANT AFTER SHIPMENT.
     ADDITIONAL COND                    .47A    :
              +T/T REIMBURSEMENT IS NOT ACCEPTABLE
              +DRAFTS TO BE MARKED'DRAWN UNDER L/C NUMBER (AS
              INDICATED ABOVE) OF ING BANK'
              +DOUMENTS REQUIRED MAY NOT BE DATED PRIOR TO THE DATE OF
              ISSUANCE OF THIS LETTER OF CREDIT
     DETAILS OF CHARGES                 71B     :
              ALL CHARGES AND COMMISSIONS OUTSIDE THE ISSUING BANK ARE
              FOR ACCOUNT OF THE BENEFICIARY
     PRESENTATION PERIOD
              DOCUMENTS MUST BE PRESENTED WITHIN 15 DAYS AFTER THE DATE
              OF ISSUANCE OF THE SHIPPING DOCUMENTS BUT WITHIN THE
              VALIDITY OF THE CREDIT
     CONFIRMATION            *49    :   WITHOUT
     INSTRUCTIONS            78      :
              + EACH DRAWING MUST BE ENDORSED ON THE REVERSE OF THIS L/C.
              + DOCUMENTS TO BE FORWARDED IN ONE SET BY COURIER
     SERVICE TO:
              ING BANK NEDERLAND,DOC. TRADE DEPT,BIJLMERDREEF 109
              1102 BW AMSTERDAM
              + PAYMENT INSTRUCTIONS ARE TO BE INCORPORATED IN THE
              REMITTING BANK'S COVERING LETTER.
              + ANY(ADDITIONAL) INSTRUCTIONS FROM THIRD PARTIES WILL BE
              IGNORED.
              + UPON RECEIPT OF (DRAFT WITH) DOCUMENTS WE SHALL COVER YOU
              IN ACCORDANCE WITH YOUR INSTRUCTIONS,
     TRAILER     ORDER IS <MAC:> <PAC:> <ENC:> <CHK:> <TNG:> <PDE:>
                 MAC: XxxxxXxx
                 CHK: XxxxxXXXxXxx
```

图 10-19　（续）

七、信用证的种类

(一) 常见信用证

信用证种类繁多,国际上常见的信用证按照期限、兑现方式、可否转让等分类,表 10-3 为常见的信用证类型。

表 10-3　常见信用证的种类及主要特点

分类标准	信用证类别	主 要 特 点
按汇票是否随附单据划分	跟单信用证（documentary L/C）	指凭跟单汇票或凭规定的单据付款的信用证。国际结算中使用的信用证绝大部分是跟单信用证。
	光票信用证（clean L/C）	指凭不附单据的汇票付款的信用证。光票信用证通常仅用于总分公司间货款消偿和非贸易费用的结算。
按期限划分	即期信用证（sight L/C）	指开证行或其指定的银行在收到符合信用证条款的汇票及/或单据后即予以付款的信用证。
	远期信用证（time L/C）	指开证行或其指定的银行在收到符合信用证条款的远期汇票及/或单据后，在规定的期限内保证付款的信用证。
	假远期信用证（usance L/C payable at sight）	指开证行应进口企业请求，在开出的信用证中规定受益人开立远期汇票，由付款行进行贴现，并规定贴现利息和承兑费用由进口企业承担的信用证。它是一种"远期汇票即期付款"的信用证。
按能否撤销划分	可撤销信用证（revocable L/C）	指信用证开出之后，开证行不征求受益人的同意甚至不通知受益人即可随时撤销的信用证。实务中，开立可撤销信用证的情形极少，故 UCP600 删除了可撤销信用证的概念及其有关规定。
	不可撤销信用证（irrevocable L/C）	信用证一经开出，在有效期内，未经受益人及相关当事人的同意，开证行不得片面修改和撤销，只要受益人提供的单据符合信用证条款，开证行必须履行承付义务。
按是否加保兑划分	保兑信用证（confirmed L/C）	指除开证行之外，有另一家银行承诺对相符交单履行兑付义务的信用证。保兑行与开证行都承担第一性的付款责任。保兑行通常是通知行，有时也可以是出口地的其他银行或第三国银行。
	不保兑信用证（unconfirmed L/C）	指仅有开证行承担付款责任的信用证。当开证银行资信良好或成交金额不大时，则信用证没有保兑的必要，一般都使用不保兑的信用证。
按兑现方式划分	即期付款信用证（sight payment L/C）	指开证行或指定银行收到符合信用证规定的单据后，立即履行付款义务的信用证。受益人根据开证行的指示开立即期汇票，或无须汇票仅凭运输单据即可向指定银行提示请求付款。
	延期付款信用证（deferred payment L/C）	指开证行在信用证中规定货物装船后若干天付款，或受益人交单后若干天付款或在将来某个固定的日期付款的信用证。这类信用证不要求受益人开立汇票，因此又称"不要汇票的远期信用证"，也称"无承兑远期信用证"。
	承兑信用证（acceptance L/C）	指信用证指定的付款行在收到符合信用证规定的远期汇票和单据时，先在汇票上履行承兑手续，待汇票到期时再履行付款责任的信用证。
	议付信用证（negotiation L/C）	指开证行在信用证中邀请其他银行对受益人提交的相符单据予以承购，在扣除手续费和利息后将票款垫付给受益人的信用证。议付信用证有限制议付信用证和公开议付信用证之分，前者只准许特定的银行进行议付，后者没有明确规定由哪一家银行议付，受益人可选择任何银行进行议付。
按能否转让划分	可转让信用证（transferable L/C）	指特别注明"可转让"（transferable）字样的信用证。应受益人（第一受益人）的要求，可转让信用证可以全部或部分转让给其他受益人（第二受益人）兑用。
	不可转让信用证（untransferable L/C）	指受益人不能将信用证权利转让给他人的信用证，一般信用证都是不可转让的。

(二) 其他信用证

其他信用证包括使用相对较少的对开信用证、对背信用证、循环信用证及预支信用证。

(1) 对开信用证(reciprocal L/C)：指在易货贸易、补偿贸易和来料加工中通过相互向对方开立信用证进行结算的一种方式。在补偿或易货贸易中，为了解决进出口平衡问题，由两国不同的开证行相互以对方申请人为受益人开立两份信用证，从而形成"对开"。两张信用证可同时开立生效，也可先后开立生效。这样，交易双方都不用担心自己先开信用证，而对方不开证的情况出现。采用这种互相联系、互为条件的开证办法，用以彼此约束。

(2) 对背信用证(back-to-back L/C)：指某信用证的受益人以原证为保证、以自己为申请人，向通知行或其他银行申请开立以实际供货人为受益人的信用证(新证)，从而新证与原证形成"对背"关系。对背信用证的产生，主要是基于中间商的需要。如信用证不允许转让，或实际供货人不接受买方国家开立的信用证，就可采用对背信用证。对背信用证的开立与原证申请人、原开证行无关，信用证表面也无"对背"的字样。除开证人、受益人、金额、单位、装运期限、有效期限等可有变动外，其他条款一般与原证相同。

(3) 循环信用证(revolving L/C)：指信用证的部分金额或全部金额被使用后能恢复原金额被再次利用的信用证。循环信用证适用于大额的、长期合同下的分批交货。采用循环信用证，进口商可节省手续费和开证保证金，出口商也可省去等待开证和催证的麻烦。该类型信用证可分为按时间循环信用证和按金额循环信用证。按时间循环信用证即受益人在一定的时间内可多次支取信用证规定的金额。按金额循环信用证是指在信用证金额议付后，可以恢复到原金额再次使用，直至用完规定的总额为止。

(4) 预支信用证(anticipatory L/C)：指在信用证上列入特别条款授权议付行或保兑行在受益人交单前预先垫付款项(全部或部分货款)给受益人的信用证。为了醒目起见，信用证中的预支条款常用红色字体打印，因此预支信用证又称"红条款信用证"。

八、信用证项下的融资

(一) 对出口商的资金融通

1. 打包贷款(packing loan)

打包贷款是指出口地银行为支持出口商按期履行合同义务、出运货物而向出口商提供的以合格正本信用证为质押的贷款，其原意是指出口企业在取得信用证后，为了将货物包装妥当以备出口，而向银行申请用于支付包装费用的贷款，故称做打包贷款。发展至今，打包贷款已不拘泥于包装费用的融资，其用途扩大到包括采购、备料、生产、加工以及装运信用证项下货物的所有开支及从属费用。

打包贷款本质上是出口地银行对信用证受益人提供的一种"装船前短期融资"，它以正本信用证作为质押，期限一般为3个月，最长不超过一年，贷款金额通常是信用证金额的70%～80%，还款来源为信用证项下出口商品的外汇收入。

打包贷款申办流程如下：

(1) 出口商在收到信用证后，向银行提出打包贷款申请并，提供信用证正本及贸易合同、贸易情况介绍等有关资料。

(2) 银行对信用证的真实性、条款等项内容进行审核。

(3) 审核通过后，与出口商签署《打包贷款合同》，发放打包贷款。为确保专款专用，银行有权审核客户的用款情况。

(4) 出口商利用资金采购或生产出口货物，按信用证要求及时发货。

(5) 出口商出口货物取得信用证项下有关单据后向放款银行交单议付，收到出口货款后，及时归还银行打包贷款。

2. 出口信用证押汇（negotiation under documentary credit）

出口押汇主要分为出口托收押汇和出口信用证押汇，这里指信用证项下的出口押汇。

信用证项下出口押汇是指企业（信用证受益人）在向银行提交信用证项下单据议付时，银行（议付行）根据企业的申请，以企业提交的全套单据作为质押进行审核，审核无误后，参照票面金额将款项垫付给企业，然后向开证行寄单索汇，并向企业收取押汇利息和银行费用并保留追索权的一种短期出口融资业务。

从上述定义看，出口信用证押汇与"议付"十分相像。事实上，银行界、法律界和学术界对如何理解信用证的议付一直是颇有争议的。《跟单信用证统一惯例》(UCP600)对议付的定义为："议付是指被授权议付的银行对汇票及/或单据支付对价，只审查单据而未支付对价不构成议付。"尽管这一定义已经十分明晰，但实际情况是，我国多数银行对"议付"的处理方法往往是"议而不付"，即仅审核单据，如果还需银行垫付货款（支付对价），需再办理押汇手续。

出口押汇申办流程如下：

(1) 企业如需向银行申请叙作出口押汇，须向银行提供注册、经营、财务状况等有关资料，作为银行融资审核的依据。

(2) 企业应填制《出口押汇申请书》及《出口押汇质押书》各一式两份，加盖公司公章及有权签字人签字，连同出口单据和正本信用证一并交银行审核。

(3) 银行在收到企业提交的《出口押汇申请书》和出口单据后，如符合条件，经审核无误后参照票面金额垫付货款给企业，并向企业收取押汇利息和银行费用。

(4) 银行向开证行（或指定银行）寄单索汇，收汇后用于归还银行垫款。

从上述定义及流程看，信用证项下的出口押汇与打包贷款有着明显的不同，其不同点如表 10-4 所示。

表 10-4　出口押汇与打包贷款比较表

不　同　点	打　包　贷　款	出　口　押　汇
融资时间	装船前	装船后
质押物	信用证	全套货运单据
订立协议	打包贷款协议	出口押汇申请书及质押书
融资金额	信用证金额的 70%～80%	汇票金额扣减利息和手续费

3. 福费廷(forfeiting)

福费廷又称无追索权的融资或称买断,源于法语的"à forfait",本来是"放弃权利"之意,它指包买商(通常为出口地银行)从出口商处无追索权地购买已经承兑的、并通常由进口商所在地银行担保的远期汇票的融资业务。福费廷业务最大的特点是包买商无追索权地买断远期汇票,从而使得出口商能够立即回笼资金,在获得出口融资的同时消除了远期收汇的汇率风险和利率风险。

福费廷业务起源于第二次世界大战后东西方之间的谷物贸易,后来逐渐转向资本性商品交易。机械、电子或成套设备等资本性货物交易,因交易金额大、进口商延期付款期限长,更适合叙做福费廷。总体而言,传统福费廷业务多数为大型资本货物提供中长期融资,融资期限通常在半年以上,以5~6年为多,最长的可达10年之久,融资金额一般不少于100万美元。

随着国际贸易的发展以及银行业竞争的加剧,福费廷业务对商品类别、融资期限和金额的要求不断放宽。国内外包买商为扩大市场,对非资本性商品的交易也提供福费廷业务。与此同时,对融资期限和融资金额的要求也大幅度降低,并非只有金额巨大的交易才能叙做福费廷,具备中短期融资条件的交易都适合采取这种融资方式。例如,交通银行规定:办理福费廷业务的信用证远期期限一般不超过6个月,在金额上则没有做出规定。

在我国,福费廷业务称为"票据包买业务",它是指银行根据收款人或持票人的要求,无追索权地买入开证行承兑的远期信用证项下跟单汇票的行为。

远期信用证项下票据包买业务流程如下:

(1)出口商询价。出口商对某地区有出口意向,在洽谈业务和签定合同前,应向包买商咨询出口项下票据包买的价格,并提供拟出口业务的相关信息,包括进口方国家、开证行、合同金额、融资期限、货物名称等。

(2)包买商报价。包买商接到出口商的询价后,首先要分析进口商所在国的政治风险、商业风险和外汇汇出风险,核定对该国的信用额度,然后审核开证行的资信情况、偿付能力,以及出口货物是否属正常的国际贸易,合同金额期限是否能够接受等。如以上几方面均达到满意,银行便根据国际包买票据市场情况做出报价,报价的内容包括:贴现率(discount rate)、承担费(commitment fee)和宽限期(grace days)。

(3)签约。出口商在接受了包买商的报价后,需要与包买商正式签订"票据包买协议"。

(4)出口商发货交单。出口商收到进口方银行开立的远期信用证后,出运货物,并向议付行(或直接向包买商)提交相应单据,再由该行向开证行提示出口单据。

(5)开证行审单。开证行经审核单据无误后发出承兑电。

(6)包买商收到开证行的承兑电后,向出口商提供无追索权的票据买断。出口商即可得到资金并转移一切有关风险和义务。

(二) 对进口商的资金融通

1. 进口押汇(inward bill receivables)

进口押汇指的是开证行在收到国外出口商寄来的信用证项下单据后,如单证相符,银行可向开证申请人(进口商)提供用于支付该笔信用证款项的短期资金融通。由于此时进口商无须支付信用证项下的款项,即可取得信用证项下的单据,因此节省了占用资金的成本,而且获得了融资便利。

进口押汇本质上是开证行给予进口商的一种专项资金融通,仅可用于履行特定贸易项下的对外付款责任。进口押汇利息自垫款之日起计收,利率一般高于市场利率。押汇期限一般与进口货物转卖的期限相匹配,并以销售回笼款项作为押汇的主要还款来源。

进口押汇的申办流程是:

(1) 出口单据到达后,开证申请人提出办理进口押汇的要求,并填写《进口押汇申请书》。

(2) 开证申请人向银行提供近期财务报表、进口合同、开证申请书等材料。

(3) 开证申请人向银行出具信托收据,并在必要时提供相应的担保措施。

(4) 上述手续办妥后,银行向开证申请人发放进口押汇款。

2. 提货担保(delivery against bank guarantee)

提货担保是指在货物先于信用证项下提单或其他物权凭证到达的情况下,为便于进口商办理提货,尽快实现销售和避免货物滞港造成的费用和损失,银行根据开证申请人的申请向船公司出具书面担保。银行在担保书中承诺日后补交正本提单,换回有关担保书。

提货担保占用授信额度,一般仅限于信用证项下使用。进口商办理提货担保,必须向银行提交提货担保申请书、船公司到货通知、致船公司的预先提货保证书,以及提单和发票等的复印件。银行对上述文件进行审核,以确保所指货物确属该信用证项下的货物。申请人还应在提货担保申请书上保证承担船公司收取的一切费用和赔偿可能由此遭受的一切损失。

值得注意的是,为了解决近洋贸易中"货到单未到"的问题,实际业务中更为常见的做法是由托运人出具"电放保函",向承运人申请不凭正本提单放货,而是凭电放提单的传真件放货。

第五节　银行保函与备用信用证

在国际货物贸易中,有些交易难以用一般信用证进行结算,当一方当事人对另一方所作的履约承诺感到不安全时,可要求另一方提供银行保函或备用信用证,以保证其履行合同责任。银行保函和备用信用证在性质上属于银行信用,它们适用于国际货物买卖、国际工程承包项目等交易期限长、交易条件较复杂的场合,还可用于融资等国际经济合作业务。

一、银行保函

(一) 银行保函的基本概念

保函(letter of guarantee,L/G),又称保证书,是指银行、保险公司、担保公司或个人(担保人)应申请人的请求,向第三方(受益人)开立的一种书面信用担保凭证。保证在申请人未能按双方协议履行其职责或义务时,由担保人代其履行一定金额、一定期限范围内的某种支付责任或经济赔偿责任。

出具保函的担保人可以是商业银行、保险公司、担保公司或其他金融机构,也可以是商业团体等。其中凡属商业银行出具的保函叫做银行保函。适用于保函的最新版国际惯例为《2010 年见索即付保函统一规则》(简称 URDG758),该惯例由国际商会制定,并于2010 年 7 月 1 日起生效。

(二) 银行保函的性质

依据性质不同,银行保函一般可分为从属性保函和独立性保函两种。

1. 从属性保函(accessory L/G),又称有条件保函(conditional L/G)。有条件保函中的银行信用是备用性的,即如果保函申请人没有履行某项合同中所规定的责任和义务,则银行作为担保人向保函受益人进行经济赔偿;如果保函申请人正常履行了合同,则银行不需做任何赔偿且可从中赚取担保费。所以银行承担的是第二性的、附属性的偿付责任。

2. 独立性保函,又称无条件保函(unconditional L/G)或见索即付保函。"见索即付保函"就是担保人替申请人向受益人开出的凭规定单据赔款的承诺书。现在国际结算中使用的保函都是这一类保函,只要银行保函规定的偿付条件(一般规定为提交某种单据或声明)已经具备,担保银行便应偿付受益人的索偿。至于申请人是否确未履行合同项下的责任义务,是否已被合法地解除了该项责任义务,担保银行概不负责。银行在见索即付保函中承担第一性的付款责任。

(三) 银行保函的主要当事人

1. 申请人(applicant):向银行提出申请,要求银行出具保函的一方。

2. 受益人(beneficiary):指享受保函利益之人,通常为基础交易的债权人。

3. 担保人(guarantor):也叫保证人,是根据申请人要求开立保函的银行或其他金融机构。

4. 通知行(advising bank):也称转递行(transmitting bank),是受担保人的委托,将保函通知或转递给受益人的银行。它一般是受益人所在地银行。

5. 保兑行(confirming bank):是根据担保人的要求,对保函加具保兑的银行,或称第二担保人,一般为受益人所在地的大银行。

6. 反担保人(counter-guarantor):是指应申请人的要求向担保人开立书面反担保文件,承诺在申请人违约后向担保人作出赔偿的人。

(四) 银行保函的业务流程

银行保函有直开和转开之分,实际业务中,直开保函更为常见,图 10-20 所示为直开保函流程图。

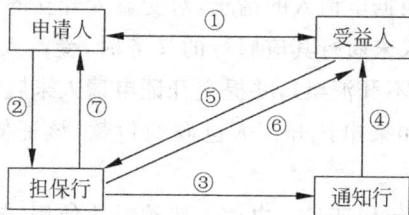

①申请人与受益人签订基础合同;②申请人向担保行申请开立保函;③担保行审查同意后向受益人开立保函;④通知行验明保函真实性后通知受益人;⑤若申请人违约构成索偿条件,受益人向担保行索偿(若基础合同执行完毕申请人无违约,则保函业务结束);⑥担保行审核单据,达到索偿条件,向受益人付款;⑦担保行要求申请人赔偿

图 10-20　直开保函流程图

(五) 银行保函的常见种类

银行保函根据不同的用途可分为多种,常见的有投标保函和履约保函两种。

1. 投标保函(tender guarantee / bid bond)

投标保函又称投标保证书或投标担保。它是银行根据投标人(保函申请人)的要求向招标方(保函受益人)开立的一种书面保证文件,以保证投标人在投标有限期内不撤回投标或修改原报价,中标后保证与招标方签订合同,在招标方规定的期限内提交履约保函。否则,担保行按保函的金额向招标方赔偿。

投标保函的担保金额一般为合同金额的 1% ～ 5%(具体比例视招标文件而定),投标保函自开出之日起生效,其有效期至开标日后 15 天止。若投标人中标,则保函效期自动延长至投标人与招标人签订合同并提交规定的履约保函为止。

2. 履约保函(performance guarantee / performance bond)

履约保函是银行应申请人的请求,向受益人开立的保证申请人履行某项合同项下义务的书面保证文件,保证如果发生申请人违反合同的情况,银行将根据受益人的要求向受益人赔偿保函规定的金额。履约保函多用于进出口贸易、供货或承包工程项下,即中标人与招标人签订供应货物或承包工程合同时所要提供的担保。

进出口业务项下的履约保函主要包括:

(1) 进口履约保函。即担保人应申请人(进口人)的申请开给受益人(出口人)的书面保证文件。如出口人按期交货后,进口人未按合同规定付款,则由担保人负责偿还。

(2) 出口履约保函。即担保人应申请人(出口人)申请开给受益人(进口人)的书面保证文件。如出口人未能按合同规定交货,担保人负责赔偿进口人的损失。

承包工程的履约保函金额由招标人确定,一般为合同金额的 5% ～ 10%(具体金额主要视履约保函的功用而定),其有效期是从开立日起至中标人按合同规定完成工程或供货时为止。

二、备用信用证

(一) 备用信用证的概念

备用信用证是开证行根据申请人的请求,对受益人开立的承诺承担某项义务的凭证,即开证行保证在开证申请人未履行其应履行的义务时,受益人只要按照备用信用证的规定向开证银行开具汇票(或不开汇票),并提交开证申请人未履行义务的声明或证明文件,即可取得开证行的偿付。如果申请开证人已履约付款,该证便不起作用,所以叫备用信用证。

从定义可以看出,备用信用证只在申请人违约时才使用,起支援、补充作用,其实质是一种银行保函。可以说,备用信用证是具有信用证形式和内容的一种银行保函。1995 年12 月颁布的《独立保函和备用信用证的联合国公约》、1998 年 4 月国际商会以第 590 号出版物的形式颁布的《国际备用信用证惯例》(简称《ISP98》),是专门适用于备用信用证的权威国际惯例。

(二) 备用信用证的主要种类

备用信用证通常用作履约、投标、还款的担保业务。按照用途的不同,备用信用证主要可分成以下几种。

1. 履约备用信用证(performance standby L/C)

履约备用证用于担保履行责任而非担保付款,包括对申请人在基础交易中违约所造成的损失进行赔偿的保证。在履约备用信用证有效期内如发生申请人违反合同的情况,开证人将根据受益人提交的符合备用信用证的单据(如索款要求书、违约声明等)代申请人赔偿保函规定的金额。

2. 投标备用信用证(tender bond standby L/C)

投标备用证用于担保申请人中标后执行合同的责任和义务。若投标人未能履行合同,开证申请人须按备用信用证的金额向受益人履行赔款义务。

3. 预付款备用信用证(advance payment standby L/C)

预付款备用证用于担保申请人收到受益人的预付款以后应履行已订立的合约义务,如不履约,开证行退还受益人预付款和利息。

4. 直接付款备用信用证(direct payment standby L/C)

直接付款备用信用证用于担保到期付款,尤指到期没有任何违约时支付本金和利息。直接付款备用信用证主要用于担保企业发行债券或订立债务契约时的到期支付本息义务。直接付款备用信用证已经突破了备用信用证"备而不用"的传统担保性质。

(三) 备用信用证与跟单信用证的区别

尽管跟单信用证和备用信用证均属于信用证的范畴,但又有显著的区别:

1. 使用范围不同

跟单信用证只用于进出口贸易结算,而备用信用证由于与保函功能相同,可以涉及任何需要银行担保的业务领域,可用于投标、履约、赊购赊销、赔偿金的支付等业务,因此备用信用证的使用范围比跟单信用证广。

2. 开立目的和使用情况不同

商业跟单信用证用于受益人履约收款,而备用信用证用于申请人违约赔款。在商业跟单信用证下,只有受益人履行其买卖合同义务后提交了符合信用证条款的单据,开证行才必须向受益人或其指定人进行承付。备用信用证下,只有在申请人未按照基础合同的规定履约时,开证银行才会根据受益人的索偿要求,凭相符单据按照备用信用证所规定的内容赔付款项。因此,商业信用证下的款项支付一般是必然会发生的,而备用信用证下如申请人履约,则赔偿不会发生。

3. 要求受益人提交的单据不同

跟单信用证要求受益人提交符合信用证要求的运输单据、商业发票、保险单、商检单等作为付款的依据。备用信用证中开证行要求受益人索赔时出具证明开证申请人违约的声明或证明文件、索赔通知书以及其他有关文件或单据,而这些单据往往比跟单信用证要求的单据简单。

(四) 备用信用证与保函的区别

1. 适用法律不同

备用信用证适用的是国际商会第 600 号出版物《跟单信用证统一惯例》,即 UCP600 或者国际商会第 590 号出版物《国际备用证惯例》,即 ISP98;而银行保函则遵循国际商会第 758 号出版物《见索即付保函统一规则》,即 URDG758。

2. 银行付款责任不同

备用信用证的开证行承担第一性付款责任,但为次债务人;而保函的担保行既可承担第一性付款责任,也可承担第二性付款责任。

3. 付款依据不同

备用信用证一般要求受益人在索赔时提交汇票及表明申请人未能履约的书面声明或证明;而银行保函一般不要求受益人提交汇票,仅凭受益人提交的书面索偿声明或证明即付款。

4. 付款金额不同

备用信用证项下一般付款金额为规定支付的金额;而银行保函项下付款金额为合同价款或履约赔偿金或退款等。

第六节　国际保理与出口信用保险

在出口业务中采用托收方式(D/P 或 D/A)或赊销方式(O/A)结算货款时,出口商均需承担较大风险,为避免或减少货款无法收回的损失,出口商可使用国际保理或出口信用保险以转嫁收汇风险。此外,信用证支付方式下,当开证行资信不足或开证行所在国政治风险较高时,出口商也可考虑投保出口信用保险。

一、国际保理

(一) 国际保理的含义

国际保理(international factoring)又称保付代理,指在国际贸易中出口商以赊销(O/A)、承兑交单(D/A)等商业信用方式向进口商销售货物时,出口商将应收账款卖断给保理商,由保理商向其提供进口商资信评估、资金融通、销售账户管理、信用风险担保、账款催收等一系列服务的综合金融服务方式。

(二) 国际保理业务的功能

1. 信用控制(credit control)

保理商可以利用保理协会广泛的代理网和资信调查机构等多方面多渠道地获取和进口商有关的资信状况,以及对货款的收取有直接影响的外汇管制、金融政策、国际政局等方面的情况,在此基础上对进口商核定一个合理的信用额度,并根据进口商资信的变化情况进行调整。与此同时,保理商对出口商的资信及其经营和生产能力也要进行调查了解,以便决定是否接受其申请。

2. 贸易融资(export trade finance)

贸易融资是指卖方在发货后,将发票副本提交给保理商,就可以立即获得不超过80%发票金额的无追索权的预付款融资。这是保理业务最大的优点,出口商可以从保理商处及时获得无追索权的融资,且简单易行,手续简便。

3. 销售账务管理(maintenance of sales ledger)

出口商发出货物后,将有关的售后账务管理交给保理商。保理商一般由专业公司或银行所属的机构办理保理业务,拥有完善的账务管理制度,完全有能力为客户提供优良的账务管理服务。保理商可以根据出口商的要求,定期向其提供应收账款的回收情况、逾期账款情况、账龄分析等,发送各类对账单,协助出口商进行销售管理,使出口商可以集中力量进行生产、经营和销售。但是,从实务来看,我国银行的保理业务几乎没有包含此项功能。

4. 风险担保(protection for buyer's credit)

风险担保又称坏账担保或买方信用担保,是指保理协议签订后,进口保理商要在协议生效前对进口商核定一个信用额度,如果进口商在付款到期日拒付或无力付款,保理商将在付款到期日后的第 90 天无条件地向出口商支付不超过其核定的信用额度的货款。当然,保理商提供风险担保有一个前提条件:出口商出售给保理商的必须是正当的、无争议的债务请求权,如果是因商品质量、服务水平、交货期限等引起进口商的拒付而造成的坏账,保理商将不负责赔偿。

5. 代收账款(collection of receivables)

货款能否及时收回,直接影响到出口商的资金周转。保理商设有专门的收债人员,拥有专门的收债技术和丰富的经验,并利用所属大银行的威慑力来收债,所以收债率极高。此外,保理商一般都设有专门的部门处理法律事务,一旦出口商通过正常的途径无法收取债款,保理商可随时提供一流的法律服务,其有关的费用也由保理商来承担,这就帮出口商解决了跨国收债的难题。

在上述国际保理的五大功能中,出口商可以根据自己的需要选择适当的保理服务。其中,出口商使用最多的是信用控制、贸易融资和风险担保三大功能。

(三) 国际保理业务的基本流程

1. 出口商向保理商提出申请,将自身经营状况、资产负债表等财务状况提交给保理商,并将进口商的名称、地址及交易详情报告给保理商。

2. 出口保理商亲自或委托进口地的保理商(通常是银行)对进口商的资信及经营状况进行调查,并根据出口商提供的资料批出进口商的信用额度。

3. 出口保理商对其认可的交易与出口商签订保理协议,协议内明确规定信用额度。

4. 出口商在保理协议规定的额度内与进口商签订买卖合同。

5. 出口商严格按合同规定发货,并将全套货运单据寄给进口商。

6. 出口商将发票副本交给保理商。

7. 保理商先按发票金额的80%向出口商支付货款。

8. 保理商定期向进口商催款、到期向进口商收取货款。

9. 进口商向保理商支付货款。

10. 保理商将货款余额支付给出口商。

二、出口信用保险

(一) 出口信用保险的含义

出口信用保险(export credit insurance)是承保出口商在经营出口业务的过程中因进口商的商业风险或进口国的政治风险而遭受的损失的一种信用保险,是国家为了推动本国的出口贸易,保障出口企业的收汇安全而制定的一项由国家财政提供保险准备金的非营利性的政策性保险业务。中国出口信用保险公司及各地分支机构是开展该业务的唯一单位。

(二) 出口信用保险的类型

按出口合同的信用期分类,出口信用险分为短期出口信用保险和中长期出口信用保险。短期出口信用保险的信用期一般在 180 天以内。短期出口信用保险适用于一般性商品的出口,包括所有消费性制成品、初级产品及工业用原材料的出口,汽车、农用机械、机床工具等半资本性货物出口也可适用。中长期出口信用保险适用于资本性货物的出口,如电站、大型生产线等成套设备项目,飞机、船舶等大型运输工具,等等。信用期为 2~5 年的,一般称为中期出口信用保险;信用期为 5 年以上的,一般称为长期出口信用保险。本节主要介绍短期出口信用保险。

(三) 短期出口信用保险的适保范围

凡在中华人民共和国境内注册的、有外贸经营权的经济实体,采用付款交单(D/P)、承兑交单(D/A)、赊账(O/A)等一切以商业信用为付款条件,产品全部或部分在中国制造(军品除外),信用期一般不超过 180 天的出口,均可投保短期出口信用保险。经保险公司书面同意,也可适用于以信用证(L/C)为付款条件的合同。

(四) 短期出口信用保险的承保风险

出口信用保险承保的对象是出口企业的应收账款,承保的风险主要是人为原因造成的商业信用风险和政治风险。

1. 托收及赊销方式下出口信保的承保风险

当支付方式为付款交单(D/P)、承兑交单(D/A)、赊账(O/A)且付款期限不超过 180 天时,出口信用保险公司承保下列风险:

(1) 商业风险。商业风险主要包括买方破产或无力偿付债务;买方拖欠货款;买方拒绝接受货物。

(2) 政治风险。政治风险主要包括买方所在国家或地区禁止或限制买方以合同发票列明的货币或者其他可自由兑换货币向被保险人支付货款;禁止买方购买的货物进口;

撤销已颁发给买方的进口许可证；发生战争、内战或者暴动，导致买方无法履行合同；买方支付货款须经过的第三国颁布延期付款令。

2. 信用证方式下出口信保的承保风险

当支付方式为不可撤销的跟单信用证、且付款期限不超过 180 天时，出口信用保险公司承保以下风险：

（1）开证行风险。开证行风险包括开证行破产、停业或被接管；单证相符、单单相符情况下开证行超过最终付款日 30 天仍未支付信用证款项；单证相符、单单相符情况下开证行拒绝承兑远期信用证项下的单据。

（2）政治风险。政治风险包括开证行所在国家或者地区禁止或者限制开证行以信用证载明的货币或者其他可自由兑换货币向被保险人支付信用证款项；开证行所在国家或地区，或信用证付款须经过的第三国颁布延期付款令；开证行所在国或者地区发生战争、内战、叛乱、革命或者暴动，导致开证行不能履行信用证项下的付款义务。

(五) 短期出口信用保险的保险费率

短期出口信用保险业务中，保险公司以出口国别、支付方式和信用期限为确定费率的基本因素，根据国别风险等级、支付方式的种类和信用期限的长短制定相应费率表，在此基础上综合考虑出口企业投保范围及风险控制水平、国外买方的资信状况、贸易双方交易历史、出口市场风险程度等各方面因素，在基准费率的基础上适当调整以确定最终费率。一般情况下，当出口国家和地区的类别及信用期限相同时，L/C 支付方式下的出口信用保险费率最低、D/P 费率居中、D/A 及 O/A 费率最高。例如，出口到美国等 A 类国家且信用期限为 90 天时，L/C 项下出口信用保险的基准费率为 0.21%，D/P 项下基准费率为 0.51%，D/A 及 O/A 项下基准费率为 0.74%。

(六) 短期出口信用保险的损失赔偿比例

保险公司为了促使被保险人谨慎从事，尽可能避免或减少损失，都要求被保险人自己承担一定比例的损失，不实行百分之百的赔偿。

1. 由政治风险造成损失的最高赔偿比例为 90%。
2. 由破产、无力偿付债务、拖欠等其他商业风险造成损失的最高赔偿比例为 90%。
3. 由买方拒收货物所造成损失的最高赔偿比例为 80%。

(七) 短期出口信用保险的除外责任

1. 在支付货款时已经或通常能够由货物运输险或其他保险承保的损失。
2. 由汇率变更引起的损失。
3. 由卖方本人或代表的任何人违反合同或不遵守法律引起的损失。
4. 在货物交付前，买方已有严重违约行为，卖方有权停止发货，但仍向其发货而造成的损失。
5. 在交付货物时，由于买方没有遵守所在国法律、法令、命令或条例，因而未得到进口许可证或进口许可证展期所引起的损失。

6. 由于卖方的或买方的代理人或承运人破产、欺诈、违约或其他行为引起的损失。

7. 卖方向未经信保公司批准信用限额的买方出口所发生的损失。

8. 在卖方遵守有关规定的情况下,在货物交付承运人之日起两年内未向投保公司索赔的损失。

第七节　不同结算方式的选用与结合使用

国际贸易的基本结算方式有汇付、托收和信用证三种,还有保函、备用信用证、保理、福费廷等派生结算方式。每种结算方式各有自己的特点、各有利弊,应根据不同的贸易背景、贸易对象等因素加以权衡,以便选择最合适的结算方式。

一、选择结算方式应考虑的因素

如前所述,在实际业务中,各种结算方式对不同的当事人来说有不同的利弊和优劣,因而在具体运用时必须针对不同国家、客户对象和交易的实际情况,全面衡量,趋利避害。签订贸易合同选择结算方式时,一般要对以下因素加以考虑。

(一) 客户资信

在国际贸易中,依法订立的合同能否顺利地得到履行,客户的信用起着决定性的影响。因此,在国际贸易中要做到安全收汇,必须事先调查国外客户的资信情况、经营能力和经营作风,以便根据客户的具体情况选用适当的结算方式,这是选用结算方式成败的关键和基础。对于信用不好或者尚未对其做充分了解的客户,应选择风险较小的结算方式,例如在出口业务中,一般可采用跟单信用证方式,如果可能,应争取以预付货款方式结算。如果是与信用好的客户进行交易,由于风险较小,就可选择手续比较简单、费用较小的结算方式,例如在出口业务中采用"前 T/T+后 T/T"或 D/P 方式。如果采用承兑交单或赊账交易,除非是本企业的子公司或分支机构,或者确有把握者,否则,一般情况下不宜采用。

(二) 银行的资信及经营水准

银行的资信对结算方式的选择有一定影响。例如,信用证结算方式确实为出口商安全收款提供了银行信用作为保障,但这种保障的优越性是相对于商业信用而言的。当开证行自身的资信评级很低或较低时,其开立的信用证对出口商的保障力度是相当有限的,此时坚持选用信用证结算方式对出口商并无太大意义,即使是保兑信用证也不见得是最优选择。进口地银行资信较差时,出口商对进口商的资信如确无把握,可考虑"100% 前 T/T"模式;如进口商资信较佳,则可考虑选用"前 T/T+后 T/T"或"前 T/T+D/P"方式。

(三) 市场供求关系

市场供求状况对贸易双方的谈判能力有很大的影响力,如果是卖方市场,商品供不应求,行情看涨,卖方就有较强的谈判能力,选择结算方式的空间较大。此时,预付货款、即期信用证等结算方式有助于其快速、安全地收回出口销售货款。而在买方市场条件下,买方择用结算方式的空间较大,其可坚持以使用 D/A、O/A 等作为成交的前提条件,从而获取延期付款和融资便利。当今国际市场属于买方市场,出口方为达成交易、占据国际市场,也可考虑风险较大的商业信用支付方式,此时出口商可选择一些自己付费的附属性结算方式,如出口保理或投保短期信用险以降低出口收汇风险。

(四) 货物属性与特性

结算方式的选择与成交货物的属性有关。如出口商品属易腐烂、易变质的货物,则不宜采用托收结算方式,因为托收方式下卖方发货在先收款在后,货物发出后如遭买方拒付,则货物由于保质期短,很可能还来不及转卖或运回就已变质不可销售。订制的货物也不宜采用托收结算方式,这类货物因是按照买方的特定需求而制作,发货后如遭拒收拒付,则很难再转卖他人。上述货物因其特殊的属性,结算时应避开托收方式,转向采用预付货款(前 T/T)或即期信用证方式。

(五) 交易目的

出口商在市场开拓阶段,企业通常对产品的市场占有、知名度的培育及市场营销网络的构建最为关注。此时,审慎地应用具有促销效应的托收、O/A(赊销)、汇款等支付方式,有助于实现这一阶段性目标;而当出口商已获得了一定的市场地位并拥有了稳固的客户群体时,寻求出口收益的扩大会促使其更加关注债权实现的安全性,故对新客户采用信用证结算方式可能成为其稳妥收汇的首选工具;如果出口商期望在某一目标市场推出试销产品,或以尽可能经济的手段出手小批量货物(如展品,出口剩余产品)时,T/T 即成为最理想的支付方式之一。

(六) 运输单据

选用结算方式应考虑运输单据是否为物权凭证。在海上运输方式下,如果运输单据为海运提单,因海运提单是货物所有权凭证,是在目的港凭以向船公司提货的凭证,所以在交付给进口商前出口商能够控制货物,故可采用信用证方式和托收方式结算货款。如果运输单据为不可转让的海运单(seaway bill)或航空运单、铁路运单、邮包收据等非货物所有权凭证时,由于进口商(收货人)提取货物时不需要凭这些单据,而是凭航空公司、铁路部门签发的到货通知和有关证明提货,出口商掌握空运单、铁路运单等非物权凭证并不能控制货物,利益自然得不到保证。因此空运、国际铁路联运、邮政运输及以海运单为运输单据的情况下,更适宜采用汇付结算方式。

二、不同结算方式的结合使用

国际贸易中一笔交易通常只选择一种结算方式,但由于不同的结算各有利弊,为了平衡买卖双方的资金负担和风险负担,加快资金周转、降低收汇风险,在同一笔交易中也可结合使用两种或两种以上的结算方式。

(一) 信用证与汇付结合

信用证与汇付结合是指部分货款采用信用证,预付款或余款采用汇付方式支付。例如矿砂、煤炭、粮食等散装货物的交易,进出口双方在合同中约定 90％货款以信用证方式支付,其余 10％在货物运抵目的港、经检验合格后,按实际到货数量确定余款,以汇付方式支付。又如,对于需要进口商预付定金的特定商品或特定交易,也可规定预付定金部分以汇付方式支付,其余货款以信用证方式支付。这种结算方式下卖方的收汇一般是安全的,因为出口商在收到预付款和信用证后开始备货,发货交单后进口商一般不会苛刻要求开证行以单据中的“不符点”来拒付信用证项下的货款,否则,定金将无法收回。

(二) 信用证与托收结合

信用证和托收方式结合使用是指将一笔交易的部分货款以信用证方式支付(通常为合同金额的 40％～70％),其余货款以 D/P 方式支付。具体操作时通常必须由信用证的开证行兼任托收项下的代收行,并在信用证中规定出口商开立两张汇票,一张用于信用证项下凭光票付款,另一张须附带全套单据,按跟单托收处理,在进口方付清发票的全额后才可交单。这种做法对于进口商而言可减少开证保证金和开证额度的占用,加速资金周转;对于出口商来说虽有一定的风险,但因为部分货款有信用证作保证,其余货款也要在进口商付清货款后才放单,因此能起到控制风险的作用。

(三) 跟单托收与汇付结合

贸易合同谈判过程中,如国外进口方坚持采用跟单托收结算方式,出口商可要求进口商支付一定比例的定金(例如 20％～30％),出口方待收到定金后再发货,余款通过银行托收。这样一来,结算方式变为 T/T 加 D/P,出口商因事先收到一笔定金而大大改善了其被动地位,进口商因顾及已付的定金随意拒付的可能性也大大减小。确遭拒付的情况下,出口商可迅速采取打折转卖货物、运回等多种灵活处理方式,此时打折售出货物的损失或运回货物产生的运保费、利息、损失等可通过此前收到的定金得到全部或部分弥补。

(四) 跟单托收与备用信用证(或保函)结合

采用跟单托收与备用信用证相结合的方式,主要是为了防范托收项下货款被拒付的风险。托收项下货款被拒付时,出口商可出具“进口商拒付声明”并开立汇票、凭备用信用证要求开证行给予偿付。应当注意的是,备用信用证(或银行保函)的有效期应晚于托收付款期限后一段时间,以便有充裕时间向开证行办理追偿手续。

(五) 汇付、托收、信用证结合

大型机械、成套设备、飞机、轮船等大型交通工具的交易,由于货物金额大、制造生产周期长、检验手段复杂、交货条件严格以及产品质量保证期限长等特点,往往采用两种或两种以上不同的结算方式。预付货款部分以汇付方式结算,大部分货款以信用证方式结算,尾款部分待设备安装调试成功并正常运转一段时间、经验收合格后以托收方式收取。

第八节 买卖合同中的支付条款

国际货物买卖合同中有关货款收付的规定通常以"支付条款"(terms of payment)出现,支付条款的重要性不亚于价格条款,必须引起重视。

一、汇付条款

国际货物贸易中,汇付方式适用于预付货款和赊账交易等。为明确责任,防止拖延支付货款的时间、影响货物发运和企业的资金周转,对于使用汇付方式结算货款的交易,在买卖合同中应当明确规定汇付时间、具体的汇付方法和金额等。以下为常见的汇付条款:

例 1 Payment:Total contract value to be effected by T/T within 15 days after signing this contract.

例 2 Payment:by T/T Payment to be effected by the Buyer within 30 days after receipt of the shipping documents listed in the contract.

例 3 Payment:by T/T,20% deposit to be paid before shipment,80% to be paid within 7 days against fax copy of original shipping documents.

二、托收支付条款

以托收方式结算货款的交易,在买卖合同的支付条款中必须明确规定交单条件及付款期限等内容。例如:

例 1 Upon first presentation the Buyers shall pay against documentary draft drawn by the Sellers at sight. The shipping documents are to be delivered against payment only.

例 2 The Buyers shall duly accept the documentary draft drawn by the Sellers at 30 days sight upon first presentation and make payment on its maturity. The shipping documents are to be delivered against payment only.

例 3 The Buyers shall duly accept the documentary draft drawn by the Sellers at 45 days sight upon first presentation and make payment on its maturity. The shipping documents are to be delivered against acceptance.

对于买卖双方经过长期交往、对跟单托收已确立习惯做法的交易,买卖合同中的托收支付条款也可适当从简。例如:payment by D/P at sight; payment by D/P at 30 days' sight; payment by D/A at 45 days after sight 等。

三、信用证支付条款

国际货物贸易中采用信用证结算方式时,一般应在买卖合同的支付条款中就开证银行资信、开证时间、信用证种类、信用证金额、到期日及到期地点等作出明确规定。

例:Terms of payment:The buyer shall open through a bank acceptable to the seller an irrevocable sight Letter of Credit for 100% of the contract value,to reach the seller not later than March 10,2013 and to remain valid for negotiation in China until the 15th day after the date of shipment. In case of late arrival of the L/C,the seller shall not be liable for any delay in shipment and shall have the right to rescind the contract and/or claim for damages.

上例包含了信用证条款的各大基本要素：

1. 开证行资信。为确保收汇安全,在买卖合同中一般还应对开证银行的资信地位作必要的规定。例如,规定信用证应"通过卖方可以接受的银行"(through a bank acceptable to the seller)开立。在国际上也有用"第一流银行"(first class bank)以代替"卖方可接受的银行"的。

2. 信用证开到时间。按国际贸易惯例和相关法律规定,在信用证支付条件下,按时开立信用证是买方在货物买卖合同中的主要义务。如买卖合同未规定开证时间,按一般的惯例,买方应在"一个合理的时间"内开立,这个合理的时间应从合同规定的装运期的第一天往回推算。外贸实务中,常见的合理时间是装运期前30天或45天,但各国法律均未对开证的"合理时间"做出解释,为防止可能由于对此理解不同而引起纠纷,最好在买卖合同中具体规定开证时间并订明信用证延迟开到的后果。如上例,"to reach the seller not later than March. 10,2013",表明信用证不得迟于2013年3月10日开到;"In case of late arrival of the L/C,the seller shall not be liable for any delay in shipment and shall have the right to rescind the contract and/or claim for damages",表明如信用证延迟开到,卖方对"迟装运"将不承担责任,且有权取消合同或就其损失提出索赔。

3. 信用证类别。信用证种类繁多,且随着具体交易的不同情况,对信用证种类的要求也有所不同。因此,每个买卖合同均须明确规定信用证的类别。上例中"Payment by irrevocable sight Letter of Credit"表明信用证种类为"不可撤销即期信用证"。

4. 信用证金额。信用证金额是开证行承担付款责任的最高限额,应在买卖合同中作出规定,在实践中一般规定为合同金额的100％,例如"for 100％ of contract value"。出口合同中对装运数量如订有"约数条款"或"溢短装条款"的,则应要求买方在信用证内规定允许装运数量多交或少交的百分率,同时,信用证金额也应允许有相应幅度的增减,以利于货物溢短装时灵活处理。

5. 到期日和到期地点。信用证的到期日(expiry date)又称信用证的有效期(validity),是指开证行或指定银行承担即期付款、延期付款、承兑或议付责任的期限。与到期日密切关联的到期地点,是指"指定议付行"或"指定付款行"的所在地,即在信用证有效期内应向何地的指定银行交单为准。在我出口业务中,一般都要求买方来证规定:"to remain valid for negotiation in China until the 15th day after the date of shipment."(装运日后15天内在中国议付有效),其中应当特别注意的是应以中国为到期地点。

本章应知应会术语

1. bill of exchange,exchange,draft　汇票

2. amount in words　文字大写金额

3. amount in figures　数字小写金额

4. drawee　付款人

5. date of issue　出票日期

6. tenor　付款期限

7. at sight　见票即付

8. issuance　出票

9. endorsement　背书

10. endorser　背书人

11. endorsee　被背书人(受让人)

12. special endorsement　特别背书

13. blank endorsement　空白背书

14. presentation　提示

15. present for payment　提示付款

16. present for acceptance　提示承兑

17. acceptance　承兑

18. acceptor　承兑人

19. dishonor　拒付

20. protest　拒绝证书

21. notary public　公证机构

22. notice of dishonor　拒付通知

23. right of recourse　追索权

24. discount　贴现

25. face value　票面金额

26. discount interest　贴现利息

27. banker's draft　银行汇票

28. commercial draft　商业汇票

29. commercial acceptance bill　商业承兑汇票

30. banker's acceptance bill　银行承兑汇票

31. sight bill　即期汇票

32. time bill, usance bill　远期汇票

33. documentary bill　跟单汇票

34. clean bill　光票

35. remittance　汇付

36. remitter　汇款人

37. payee　收款人

38. remitting bank　汇出行

39. outward remittance　汇出汇款

40. paying bank　汇入行

41. inward remittance　汇入汇款

42. Telegraphic Transfer, T/T　电汇

43. payment order, P. O.　付款指示

44. test key　密押

45. mail transfer, M/T　信汇

46. remittance by banker's demand draft, D/D　票汇

47. banker's draft　银行汇票

48. sight draft　即期汇票

49. Open Account, O/A　赊销

50. collection　托收

51. financial document　金融单据

52. commercial document　商业单据

53. principal　委托人

54. remitting bank　托收行

55. collecting bank　代收行

56. drawee　付款人

57. customer's representative in case-of-need　需要时的代理

58. collection order　托收委托书

59. clean collection　光票托收

60. documentary collection　跟单托收

61. Documents against Payment, D/P　付款交单

62. D/P at sight　即期付款交单

63. D/P after sight　远期付款交单

64. Documents gainst Acceptance, D/A　承兑交单

65. outward bill purchased　出口押汇

66. Trust Receipt, T/R　信托收据

67. D/P·T/R　远期付款交单凭信托收据借单

68. down payment　定金

69. Uniform Rules for Collection, URC　《托收统一规则》

70. Letter of Credit, L/C　信用证

71. applicant　开证申请人

72. issuing bank　开证行

73. advising bank　通知行

74. beneficiary　受益人

75. negotiation bank　议付行

76. confirming bank　保兑行

77. paying bank　付款行

78. reimbursing bank　偿付行
79. Society for World interbank Financial Telecommunication　环球银行金融电信协会
80. Letter of Guarantee,L/G　保函
81. international factoring　国际保理
82. export credit insurance　出口信用保险
83. dowmentay L/C　跟单信用证
84. clean L/C　光票信用证
85. Sight L/C　即期信用证
86. time L/C　远期信用证
87. usance L/C payable at sight　假远期信用证
88. revocable L/C　可撤销信用证
89. irrevocable L/C　不可撤销信用证
90. confirmed L/C　保兑信用证
91. unconfirmed L/C　不保兑信用证
92. sight payment L/C　即期付款信用证
93. deferred payment L/C　延期付款信用证
94. acceptance L/C　承兑信用证
95. negotiation L/C　议付信用证
96. transferable L/C　可转让信用证
97. untransferable L/C　不可转让信用证

思　考　题

1. 试比较电汇、信汇、票汇这三种汇付方式的异同点。
2. 汇票与票汇有何区别？
3. T/T 在国际货物贸易结算中是如何应用的？
4. 采用 D/P 方式成交时进出口商分别应注意哪些事项？
5. 托收业务中银行担任什么角色？其责任义务是什么？
6. 信用证的本质和特点是什么？绘制流程图说明信用证业务的完整流程。
7. 信用证项下银行对出口商的融资有几种方式？具体如何操作？
8. 托收结算方式与信用证结算方式的区别是什么？
9. 选用结算方式时应考虑哪些因素？
10. 备用信用证与跟单信用证有何不同？

案例分析题

1. 厦门某外贸公司通过中行厦门分行收到一份美国花旗银行开来的不可撤销信用

证。该公司按信用证要求装运货物,并备齐与信用证要求严格相符的全套单据向中行议付。过后中行转来美国银行的拒付电稿,称开证申请人(进口商)已倒闭,本开证行不再承担付款责任。开证行的做法是否正确?

2. 厦门某进出口公司与日本某公司签订 10 吨香菇销售合同。价值 10 万美元。日本公司通过日方银行开出全额信用证。后因日方市场畅销,双方另外增补合同数量 2 吨,金额增加 2 万美元。双方签字同意。厦门公司出口后,将数量 12 吨、金额 12 万美元的单据交银行议付,但被银行以单证不符为由拒付。试问议付行的做法合理吗?

3. 某国外开证行按照信用证对受益人提交的相符单据履行了付款责任。但进口商付款赎单提货后,发现质量与合同规定不符,要求开证行退款并赔偿损失。试问进口商的要求是否合理?

4. 某纺织品公司与国外公司按 CFR 条件签订一份棉纺品出口合同。合同规定装运期 10 月份。但未规定具体开证日期。外商拖延开证,我方见装运期快到,从 9 月底开始,连续多次催证。10 月 5 日,收到开证行的简电通知书。我方因怕耽误装运期,即按简电办理装运。10 月 28 日,外商开来 L/C 正本,正本对有关单据作了与合同不符的规定。我方审证未注意,交单议付时,议付行也未发现,开证行即以单证不符为由,拒付货款。试分析:我方应从该事件中吸取哪些教训?

财 富 箴 言

1. Trust is the business word for love.
"爱"用商业词汇来表达就是"信任"。

——迈克尔·普利斯(Michael Price,美国价值投资人、基金经理)

2. No legacy is so rich as honesty.
诚实(诚信)是最丰厚的资产。

——威廉·莎士比亚(William Shakespeare)

第十一章

进出口商品检验

第一节 商品检验的含义与重要性

国际货物买卖中的商品检验(commodity inspection)简称商检,是指由国家设立的检验机构或向政府注册的独立机构,对进出口货物的质量、规格、数量、卫生、安全等进行检验、鉴定,并出具证书的工作,目的是经过第三者证明,保障对外贸易各方的合法权益。

商品检验是确定卖方所交货物是否符合合同规定的必不可少的环节,同时也是确定货损责任承担者的重要依据。国际货物买卖涉及面广、环节多、手续复杂,各方面的原因造成货损货差的情况时有发生,其责任可能涉及发货人、运输部门、装卸部门、仓储部门、保险公司等多方面。为了明确责任归属、查明货损的原因和程度,避免纠纷,或出现争议后能够妥善解决,就需要一个有资格的、权威公正的、独立的第三方即商品检验机构对货物进行检验或鉴定,以维护相关当事人的合法权益。进出口商品检验已成为买卖双方交接货物过程中必不可少的重要业务环节。

第二节 检验权及检验的时间与地点

一、检验权

检验时间和地点是指在何时、何地行使对货物的检验权。所谓检验权,是指买方或卖方有权对所交易的货物进行检验,其检验结果即作为交付与接受货物的依据。

关于买方的检验权,英美法、大陆法、《联合国国际货物销售合同公约》以及我国《合同法》都作了相似的规定:买方"收到"(received)货物并不等于他已经"接受"(accepted)了货物,除非合同另有规定,当卖方履行交货义务后,买方有权对货物进行检验,如果发现货物与合同规定不符,且确属卖方责任,买方有权向卖方表示拒收,并有权索赔。但买方对货物的检验权,并不是买方接受货物的前提条件。如未经检验买方就接受了货物,即使事后发现货物有问题,也不能再行使拒收的权利。另外,如果合同的检验条款规定以卖方的检验为准,那就排除了买方对货物的检验权。

二、检验的时间和地点

确定检验的时间和地点,实际上就是确定买卖双方中的哪一方行使对货物的检验权,也就是确定检验结果以哪一方提供的检验证书为准。谁享有对货物的检验权,谁就享有了对货物的品质、数量、包装等项内容进行最后评定的权利。由此可见,如何规定检验时间和地点,是直接关系到买卖双方切身利益的重要问题,因而是交易双方商定检验条款时的核心所在。

在国际货物买卖合同中,根据国际的一般习惯做法和我国的业务实践,有关检验时间和地点的规定办法,可主要归纳为以下几种。

(一) 在出口国检验

此种方法又包括产地(工厂)检验和装运港(地)检验两种。

1. 产地检验

产地(工厂)检验是指货物离开产地(工厂)前,由卖方或其委托的检验机构人员或会同买方检验人员对货物进行检验,并由买卖合同中规定的检验机构出具检验证书,作为卖方所交货物的品质、重量(数量)等项检验内容的最后依据。卖方只承担货物离厂前的责任,运输途中出现品质、重量、数量等方面的风险,概由买方负责。

2. 装运港(地)检验

装运港(地)检验即以"离岸品质、离岸重量"(shipping quality and shipping weight)为准。据此规定,货物在装运港或装运地交货前经由双方约定的检验机构对货物的品质、重量(数量)等项检验内容进行检验,并以该机构出具的检验证书作为最后依据。货物运抵目的港或目的地后,即使买方再对货物进行复验,也无权对商品的品质和重量等项检验内容向卖方提出异议,除非买方能证明,他所收到的与合同规定不符的货物是由于卖方的违约或货物的固有瑕疵所造成的。

采用上述两种规定方法时,从根本上否定了买方的复验权,对买方极为不利。

(二) 在进口国检验

进口国检验是指货物运抵目的港或目的地卸货后检验,或在买方营业处或最终用户的所在地检验。

1. 目的港(地)检验

目的港(地)卸货后检验,也就是以"到岸品质、到岸重量"(landed quality and landed weight)为准。按照这种规定,货物运抵目的港或目的地卸货后的一定时间内,由双方约定的目的地检验机构进行检验,并以该机构出具的检验证书作为卖方所交货物品质、重量(数量)等项检验内容的最后依据。采用这种方法时,如检验证书证明货物与合同不符系属卖方责任,卖方应予负责。

2. 买方营业处所(最终用户所在地)检验

对于成套设备、精密仪器等商品,由于不能在使用之前拆开包装检验或需要具备一定的检验条件和检验设备才能检验,可将货物运至买方营业处所或最终用户所在地进行检验,以这里的检验机构出具的检验证书作为交货品质和交货数量的最终依据。

采取上述两种做法时,卖方实际上需承担到货品质、到货重量(数量)等责任,对卖方不利。

(三) 出口国检验、进口国复验

出口国检验、进口国复验是指卖方在出口国装运货物时,以合同规定的装运港或装运地检验机构出具的检验证书作为付款依据,即作为卖方要求买方支付货款或要求银行议付的必备单据之一;货物运抵目的港或目的地卸货后一定时间内,买方有权复验,如经约定的检验机构复验后发现货物与合同不符,且属卖方责任,买方有权在合同规定的期限内凭复验证书向卖方索赔。

与前两种方法相比,这种做法较为公平合理,兼顾了买卖双方的利益,因而它是我国进出口业务中最常见和最常用的一种方法。

(四) 离岸重量、到岸品质

大宗商品交易的检验常将商品的“重量检验”和“品质检验”分别进行,即装运港(地)检验重量,目的港(地)检验品质,俗称“离岸重量、到岸品质”(shipping weight and landed quality)。按此方法,装运港或装运地验货后检验机构出具的重量检验证书作为卖方所交货物重量的最后依据;而目的港或目的地检验机构出具的品质检验证书作为商品品质的最后依据。这种方法在一定程度上调和了买卖双方在商品检验问题上存在的矛盾。

应当注意的是,在规定商品的检验时间和地点时,应综合考虑贸易术语、商品特性、行业惯例、进出口国法律法规、检测手段等因素,尤其应考虑买卖合同中所使用的贸易术语。一般情况下,商检工作应在货物交接时或风险转移前进行,货物风险转移之后,卖方不再承担货物品质、数量等发生变化的责任,除非货物与合同不符是由于卖方违约或货物固有的瑕疵所造成的。

第三节　检　验　机　构

商品的检验机构简称检验机构或商检机构,它是接受委托对进出口商品进行检验和公证鉴定的专门机构。在买卖合同的检验条款中,一般都对检验机构作出明确的规定,由合同指定的检验机构出具的检验证书才对交易双方具有约束力。检验机构的选定关系买卖双方的切身利益,应引起有关当事人的重视。

一、国外的检验机构

国际上的商品检验机构种类繁多、名称各异,有的称做公证行(authentic surveyor)、宣誓衡量人(sworn measurer),也有的称为实验室(laboratory)。按照经营范围划分,检验机构有综合性的、专业性的,也有只限于检验特定商品的;按照性质划分,检验机构有官方的、半官方的和非官方的。

官方检验机构是指由国家或地方政府投资,按照国家有关法律法令对出入境商品实施检验、鉴定和监督管理的机构。例如,美国食品药物管理局(FDA)、美国动植物检疫署和美国粮谷检验署以及日本通商省检验所等。

半官方检验机构是指一些有一定权威的、由国家政府授权、代表政府行使某项商品检验或某一方面检验管理工作的民间机构,如美国保险人实验室(Underwriter's Laboratory)。

非官方检验机构主要是指由私人创办的,具有专业检验、鉴定技术能力的公证行或检验公司,如英国劳埃氏公证行(Lloyd's Surveyor)、瑞士日内瓦通用公证行(Societe Generale de Surveillance, SGS)、英国英之杰检验集团(IITS)、日本海事鉴定协会(NKKK)、美国材料与试验协会(ASTM)、加拿大标准协会(CSA)、国际羊毛局(IWS)、中国检验认证(集团)有限公司(CCIC)等。

二、我国的检验机构

中华人民共和国国家质量监督检验检疫总局(General Administration of Quality Supervision, Inspection and Quarantine of the People's Republic of China, AQSIQ)(以下简称"国家质检总局")主管全国进出口商品检验工作。

国家质检总局设在各省、自治区、直辖市以及进出口商品的口岸、集散地的出入境检验检疫局及其分支机构(以下简称"出入境检验检疫机构"),管理所负责地区的进出口商品检验工作。国家质检总局对出入境检验检疫机构实施垂直管理。

我国《商检法》和《商检法实施条例》规定,在进出口商品检验方面,出入境检验检疫机构的基本任务有以下三项。

1. 实施法定检验

(1) 法定检验的含义与范围。法定检验(compulsory inspection)是指出入境检验检疫机构依据国家法律、行政法规,对规定的进出口商品或有关的检验检疫项目实施强制性的检验或检疫。实施法定检验的范围是指列入《出入境检验检疫机构实施检验检疫的进出境商品目录》(以下简称《法检目录》)的进出口商品以及法律、行政法规规定须经出入境检验检疫机构检验的其他进出口商品。目录由国家质检总局制定和调整,并在实施之日30天前公布。

列入《法检目录》的进口商品,未经检验的,不准销售、使用;列入《法检目录》的出口商品未经检验合格的,不准出口。列入《法检目录》的进出口商品符合国家规定的免予检验条件的,由收货人、发货人或者生产企业申请,经国家质检总局审查批准,出入境检验检疫机构免予检验。

(2) 法检目录的大规模调减。《法检目录》制定后并不是一成不变的,国家质检总局可根据需要定期或不定期对其进行调整。在全球经济复苏缓慢、外需持续低迷的大背景下,国家质检总局、海关总署于2013年8月1日出台的第109号联合公告对《法检目录》进行了大规模的调减,此次调整范围为历年之最。

此次《法检目录》变动幅度巨大,我国对1507个海关商品编码项下的一般工业制成品不再实行出口商品检验。其中,1420个海关商品编码项下的商品调出《法检目录》,占2013年列入《法检目录》的2141个出口商品检验编码的66.3%;87个海关商品编码项下的商品需要实施出境动植物检疫仍保留在《法检目录》中。同时,我国将对危险化学品、烟花爆竹、打火机、玩具及童车产品、食品接触产品、汽车和稀土等工业品继续实行出口商品检验;对出口危险化学品包装及其他危险货物包装继续实行性能和使用检验。

此次《法检目录》的大幅度调减将加快企业通关放行速度,降低企业出口成本,促进外贸出口的平稳增长。

2．对法定检验以外的商品实施抽查检验

出入境检验检疫机构对法定检验以外的进出口商品实施抽查检验。法定检验以外的出口商品经抽验不合格的,可在出入境检验检疫机构的监督下进行技术处理,经重检合格的,方准予出口;不能进行技术处理或技术处理后仍不合格的,不准出口。法定检验以外的进口商品,经抽验不合格的,可在出入境检验检疫机构的监督下进行技术处理,经重检合格的,方可销售或使用。

3．对进出口商品的质量和检验工作实施监督管理

国家质检总局、地方出入境检验检疫机构通过行政管理手段,对进出口商品的收货人、发货人及生产、经营、储运单位以及经国家质检总局许可的检验机构和认可的检验人员的检验工作实施监督管理,以推动和组织有关部门对进出口商品按规定要求进行检验。

第四节　检验标准与检验流程

一、检验标准

检验标准是商品检验机构对进出口商品实施检验的基本依据,买卖合同中检验标准的具体内容,应视商品的种类、特性及进出口国家有关法律或行政法规的规定而定。

(一) 国际上对检验标准的分类

在国际货物买卖中,商品的标准可归纳为以下三类。

1．约定标准

约定标准指买卖双方自行商定的具有法律约束力的标准,是国际货物买卖中普遍采用的检验标准,其中最常见的是买卖合同和信用证中约定的标准。

2．强制标准

强制标准指贸易有关国家所制定的强制执行的法规标准,主要指商品生产国、出口国、进口国、消费国或过境国所制定的法规标准,如货物原产地标准、安全法规标准、卫生法规标准、环保法规标准、动植物检疫法规标准。

3．权威性标准

权威性标准是指在国际上具有权威性的检验标准,主要包括以下几种:

(1) 国际专业化组织标准。如国际标准化组织制定的标准。

(2) 区域性标准化组织标准。指区域性组织所制定的标准,如欧洲标准化委员会、欧洲电工标准委员会等制定的标准。

(3) 行业标准。如国际羊毛局、国际橡胶协会等制定和颁布的标准。

(4) 某国权威性标准。某国权威性标准是指某些国家所制定的具有国际权威性的检验标准,如英国药典、美国保险商实验室安全标准等。

(二) 我国对检验标准的分类

根据《中华人民共和国标准化法》和《中华人民共和国标准化法实施条例》的规定,商

品的标准分为国家标准、行业标准、地方标准和企业标准。

对需要在全国范围内统一的技术要求,应当制定国家标准。对没有国家标准而又需要在全国某个行业范围内统一的技术要求,可以制定行业标准(含标准样品的制作)。对没有国家标准和行业标准而又需要在省、自治区、直辖市范围内统一的工业产品的安全、卫生要求,可以制定地方标准。企业生产的产品没有国家标准、地方标准和行业标准的,应当制定企业标准,作为组织生产的依据。

(三) 我国商检机构对进出口商品实施检验的标准

根据《中华人民共和国进出口商品检验法实施条例》的有关规定,我国商检机构按下述标准对进出口商品实施检验。

(1) 法律、行政法规规定有强制性标准或者其他必须执行的检验标准的,按规定的检验标准检验。

(2) 法律、行政法规未规定强制性标准或者其他必须执行的检验标准的,按照合同规定的检验标准检验;凭样成交的,并应当按照样品检验。

(3) 法律、行政法规规定的强制性或其他必须执行的检验标准,低于合同约定的检验标准的,按合同标准检验;凭样成交的,并应当按照样品检验。

(4) 无强制标准或约定标准不明确的,按生产国标准、有关国际标准或国家商检部门指定的标准检验。

二、检验流程

以下介绍我国出口商品的检验流程。

1. 安装电子报验系统

现在已统一实行电子报检,出口企业需安装当地商检局指定的电子报检系统。若企业出口产品较少,可以提供代理报检委托书,请代理报检企业代为报检。

2. 电子报验

进入电子报检系统,按系统要求及出口产品信息输入相关资料,然后单击"发送"按钮,该单货物的报检信息即传输到商检局联网的系统,发送成功后会自动生成一个报检编号,这个过程相当于以前手动报检时在商检局报检大厅里的电脑里输机过程的变形。

3. 提交报检资料

(1) 出境货物报检单(原件,出口企业自己报检则盖出口企业公章,若委托代理企业报检则盖代理报检企业章;报检单内容按电子输机的内容填写,务必保持一致;注明随附单据)。

(2) 工厂检验报告(原件,盖工厂检验章)。

(3) 该批货物外包装生产厂商提供的出口包装证(由商检局签发,复印件即可)。

(4) 出口合同(复印件)。

(5) 出口发票(复印件)。

(6) 出口装箱单(复印件)。

将全套报检资料交商检局相关负责商检抽样的部门,请其安排商检。

4．商检机构受理报验

商检机构在审查上述单证符合要求后，受理该批商品的报验；如发现有不合要求者，可要求申请人补充或修改有关条款。

5．检验

商检机构接受报验之后，认真研究申报的检验项目，确定检验内容；并仔细审核合同（信用证）对品质、规格、包装的规定，弄清检验的依据，确定检验标准、方法。检验方法有抽样检验、仪器分析检验、物理检验、感官检验、微生物检验等。检验的形式有商检自验、共同检验、驻厂检验和产地检验。

6．签发证书

商检机构对检验合格的商品签发检验证书，或在"出口货物报关单"上加盖放行章。检验证书签发后，出口企业按照所核商检费用交费、拿发票、取单。出口企业在取得检验证书或放行通知单后，在规定的有效期内报运出口。

第五节　检　验　证　书

检验证书(inspection certificate)是检验机构对进出口商品进行检验后签发的书面证明。

一、检验证书的种类

国际货物买卖中的检验证书种类繁多。在实际业务中，常见的检验证书主要有以下几种。

（1）品质检验证书(inspection certificate of quality)，即证明进出口商品品质、规格、等级等的证书，证明进出口商品的质量是否符合买卖合同有关规定。

（2）重量或数量检验证书(inspection certificate of weight or quantity)，即证明进出口商品重量或数量的证书，其内容为货物经何种计重方法或计量单位得出的实际重量或数量，以证明有关商品的总量或数量是否符合买卖合同的规定。

（3）包装检验证书(inspection certificate of packing)，用于证明进出口商品包装及标志情况的证书。进出口商品包装检验，一般列入品质检验证书或重量（数量）检验证书中证明，但也可根据需要单独出具包装检验证书。

（4）卫生检验证书(sanitary inspection certificate)或健康检验证书(inspection certificate of health)，即证明食用动物产品、食品在出口前已经过卫生检验、符合卫生标准、可供食用的证书。

（5）兽医检验证书(veterinary inspection certificate)，即证明动物产品在出口前已经过兽医检验、符合检疫要求的证书。适用于冻畜肉、冻禽、禽畜罐头、皮张、毛类、绒类、猪鬃、肠衣等出口商品。

（6）动物检验检疫证书，即动物卫生证书(animal health certificate)，适用于符合输入国家或地区和中国有关检疫规定、双边检疫协定以及贸易合同要求的出境动物；也可适用于符合检疫要求的出境旅客携带的宠物，以及用于供港澳动物检疫。

(7) 植物检疫类证书。植物检疫类证书包括两种:"植物检疫证书"(phytosanitary certificate)和"植物转口检疫证书",前者主要证明出境植物、植物产品等已按照规定程序进行检验和检疫,符合输入国或地区先行的植物检疫要求;后者适用于从输出方运往中国转口到第三方(包括港、澳、台等地区)的符合检疫要求的植物、植物产品等。

(8) 消毒检验证书(disinfection inspection certificate),即用于证明猪鬃、马尾、皮张、羽毛、山羊毛、蹄角、骨粉等动物产品在出口前已经过消毒处理、符合安全及卫生要求的证书。

(9) 熏蒸证书(inspection certificate of fumigation),即用于证明出口的粮食、谷物、油籽、豆类、皮张等商品,以及包装用木材与植物性填充物等,出口前已经过熏蒸灭虫处理的证书,主要证明使用的药物、熏蒸的时间等情况。如国外不要求单独出证,可将其内容列入品质检验证书中。

(10) 价值检验证书(inspection certificate of value),即证明出口商品价值的证书,通常用于证明发货人发票所载的商品价值正确、属实。

(11) 产地检验证书(inspection certificate of origin),即用于证明出口商品原生产地的证书,通常包括一般产地证、普惠制产地证、野生动物产地证等。

(12) 验残检验证书(inspection certificate on damaged cargo),即证明进口商品残损情况、估算残损贬值程度、判定致损原因的证书。

实际业务中,买卖双方应根据成交货物的种类、性质、有关国家的法律和行政法规、政府的涉外经济贸易政策和贸易习惯等来确定卖方应提供何种检验证书,并在买卖合同中予以明确。

二、检验证书的作用

1. 是证明卖方所交货物符合合同规定的依据

在国际货物买卖中,卖方的基本义务之一是交付与合同相符的货物。因此,合同或信用证中通常都规定卖方交货时必须提交规定的检验证书,以证明所交货物与合同规定一致。检验证书是证明卖方所交货物的品质、数量、包装等符合合同规定的重要依据。

2. 是计算关税和报关验放的有效证件

检验证书是计算关税的依据。例如,重量、数量检验证书是海关核查征收进出口货物关税时的重要依据;残损证书可以作为向海关申请退税的有效凭证;产地证明书是进口国海关给予差别关税待遇的基本凭证等。检验证书还是报关验放的重要证件,在有关货物进出口时,当事人必须向海关提交符合规定的检验证书,否则海关将不予放行。

3. 是买卖双方办理货款结算的依据

在某些进出口业务中,根据买卖双方的约定,信用证项下要求提交的单据包括检验证书,在此情况下,卖方发货后向指定银行交单办理议付时,必须提供信用证规定的检验证书方能获得货款。

4. 是办理索赔、理赔和解决争议的依据

当报验货物与合同规定不符时,检验检疫机构签发的有关品质、数量、重量、残损证书,是收货人向有关责任方提出索赔和有关责任方办理理赔的重要依据。在国际货

物买卖中,当交易双方发生争议未能协商解决,而提交仲裁或进行司法诉讼时,检验证书是当事人向仲裁机构或法院举证的重要凭证,也是仲裁机构或法院进行裁决的重要依据。

5. 是计算运输、仓储等费用的依据

检验的货载衡量所确定的货物重量或体积,既是承运人与托运人之间计算运费的有效依据,也是港口仓储运输部门计算栈租、装卸、理货等费用的有效凭证。

在填制检验证书时,要注意证书的名称和具体内容必须与合同及信用证的规定一致。另外,检验证书的签发日期通常不得迟于运输单据签发日期,但也不宜比运输单据签发日期提前时间过长。

第六节　买卖合同中的检验条款

国际货物买卖合同中检验条款的内容因商品种类和特性的不同而有差异,但通常都包括检验时间和地点、检验机构、检验内容及需提供的证书、检验所依据的标准、检验费用的承担以及货物与合同规定不符时买方索赔的时限等项内容。检验条款的作用是提供一个确定卖方所交货物是否符合合同的依据,关系到合同的履行、索赔、诉讼等许多法律问题。现就我国进出口贸易合同中常用的检验条款举例如下:

例如:It is mutually agreed that the Certificate of Quality and Weight(Quantity) issued by the China Entry-Exit Inspection and Quarantine Bureau at the port/place of shipment shall be part of the documents to be presented for negotiation under the relevant L/C. The Buyers shall have the right to reinspect the quality and weight (quantity) of the cargo. The reinspection fee shall be borne by the Buyers. Should the quality and/or weight(quantity) be found not in conformity with that of the contract, the Buyers are entitled to lodge with the Sellers a claim which should be supported by survey reports issued by a recognized surveyor approved by the Sellers. The claim, if any, shall be lodged within 60 days after arrival of the goods at the port/place of destination.

上例包含了检验条款的主要内容:

1. 检验时间和地点

如前所述,国际货物贸易合同中,对检验时间和地点的规定通常有以下几种方法:产地检验、装运港(地)检验、目的港(地)检验、买方营业处所或最终用户所在地检验、出口国检验进口国复验、离岸重量到岸品质等,具体应综合考虑贸易术语、商品特性、法律法规、行业习惯等加以选择并在合同中订明。上例的检验时间和地点为"at the port/place of shipment",即规定装运港(地)检验。

2. 检验机构

检验机构就其性质而言有官方、半官方、非官方之分,国际贸易领域的检验机构众多,检验水平、工作作风、收费标准千差万别。"公正性"、"权威性"是选择商检机构的首要条件。在我国的出口业务中,商品需检验时应首先考虑中国出入境检验检疫局(China

Entry-Exit Inspection and Quarantine Bureau),此外还可选择如 SGS 等国际一流的公证行,它们信誉卓著、检验水平高、具备全球性的服务网络,收费也比较规范。

3．检验内容及证书

进出口商品检验的内容包括品质检验、数量重量检验、包装检验、卫生检验、安全性能检验等。对于某一商品而言,其具体的检验内容应根据商品的特点、相关法律的规定、行业习惯、技术标准等予以确定。确定检验内容后,买卖合同中的检验条款应相应地规定需出具的检验证书。例如:"It is mutually agreed that the Certificate of Quality and Weight (Quantity) issued by the China Entry-Exit Inspection and Quarantine Bureau at the port/place of shipment shall be part of the documents to be presented for negotiation under the relevant L/C",明确规定了以装运港(地)中国出入境检验检疫局出具的品质检验证书和重量(数量)检验证书作为信用证项下的议付单据之一。

4．检验费用的承担

关于检验费用的承担,国际上并没有统一的规定。目前的一般做法是,卖方负责装运前的检验费用,卸货后的检验费用(或复验费)则由买方承担。在我国,检验费用的支付一般由报验人负责。为了避免争议,检验费用由谁承担应在合同中明确规定。如上例:"The buyers shall have the right to reinspect the quality and quantity of the cargo. The reinspection fee shall be borne by the Buyers."(买方有权对货物的质量和数量进行复验,复验费由买方承担。)

5．复验期限

在买方有复验权的情况下,复验期限实际上就是索赔的期限。只有在此期限内,由卖方同意的商检机构出具的证书,才能作为有效的索赔依据。至于复验期的长短,应视商品特性和港口情况加以确定。通常,一般货物的复验期为货到目的地后 30~45 天;机器设备一般为 60 天或 60 天以上;对订有质量保证期限的商品可长达 1 年或 1 年以上。例如:"Should the quality and/or quantity be found not in conformity with that of the contract, the buyers are entitled to lodge with the Sellers a claim which should be supported by survey reports issued by a recognized surveyor approved by the Sellers. The claim, if any, shall be lodged within 60 days after arrival of the goods at the port of destination."(若发现质量和/或数量与合同规定不符,买方有权向卖方索赔,并提供经卖方同意的公证机构出具的检验报告。索赔期限为货物到达目的港后 60 天内。)

应当注意的是,合同中的检验条款除了包含上述内容外,还可根据业务需要规定检验标准和方法。同一种商品,采用不同的检验方法和标准,会得出不同的结果。因此,必须事先在合同条款中载明一种标准对商品进行检验,而不能列上"某种或某几种"标准的字样,以免事后发生争议。此外,检验条款还必须与合同中的品质条款、数量条款、包装条款等相互衔接,以防由于某一条款订得过于苛刻或过于繁琐以致事后无法出具商检证书,或因所出证书不符而难以议付。

本章应知应会术语

1. commodity inspection 商品检验
2. shipping quality and shipping weight 离岸品质、离岸重量
3. landed quality and ianded weight 到岸品质、到岸重量
4. compulsory inspection 法定检验
5. inspection certificate 检验证书
6. inspection certificate of quality 品质检验证书
7. inspection certificate of weight or quantity 重量或数量检验证书
8. inspection certificate of disinfection 消毒检验证书
9. inspection certificate of fumigation 熏蒸证书
10. inspection certificate of origin 产地检验证书
11. inspection certificate on damaged cargo 验残检验证书

思 考 题

1. 国际货物买卖合同中对商品检验的时间和地点有几种规定方法？各种规定方法的特点是什么？
2. 我国出入境检验检疫机构在进出口商品检验方面的基本任务是什么？
3. 何为法定检验？简述我国实施法定检验的范围。
4. 简述我国出口商品的检验流程。
5. 国际货物买卖中常见的检验证书有哪些？
6. 简述国际货物贸易中检验证书的作用。
7. 国际货物买卖合同中的检验条款一般包括哪些内容？试举例说明。

案例分析题

1. 我国 A 公司以 CIF 新加坡条件向新加坡 B 公司出口一批土特产，B 公司又将该批货物转卖给马来西亚 C 公司。货到新加坡后，B 公司发现货物质量有问题，但 B 公司仍将原货转运马来西亚。其后，B 公司在合同规定的索赔期限内凭马来西亚商检机构签发的检验证书向 A 公司提出退货要求。问：A 公司应如何处理？为什么？

2. 有一份 CIF 合同，我公司出口 600 公吨洋葱给一澳大利亚公司，规定在大连港装运。装船时，经公证行检验证明洋葱完全符合商销品质，并出具了证明。但是，货物抵达澳大利亚时，洋葱已腐烂变质不可食用。买方经当地商检机构检验并凭其出具的检验证书向卖方索赔，要求退回货款，卖方不予受理。问：该案如何处理？

财 富 箴 言

1. A problem well stated is a problem half solved.

问题一旦很好地陈述出来,也就解决了一半。

——查尔斯·凯特林(Charles Kettering,美国工程师、发明家)

2. In addition to trying to do hard things well, good personal reputation is earned by becoming known to be straightforward, reliable, and a source of objective advice.

一个人要想赢得好声望,除了要把困难的事做好,还要让人知道自己是坦诚、值得信赖并能提供客观意见的人。

——高德思(Thomas D. Gorman,《财富》(中文版)董事长)

第十二章

争议的预防与处理

第一节 索 赔

一、违约责任

(一) 违约的含义

违约(breach of contract)指合同的一方当事人未履行或未完全履行其合同义务的行为。除合同或法律规定的属于不可抗力原因造成者外,违约方都要承担违约责任,而受害方也有权依据合同或有关法律规定向违约方提出救济要求。

(二) 违约的形式及救济方法

1. 英国法的规定

英国法将违约的形式分为违反要件(breach of condition)与违反担保(breach of warranty)两种。前者指合同当事人违反合同中重要的、带有根本性的条款。根据《英国货物买卖法》,买卖合同中关于履行的时间、货物的品质、数量等条款都属于合同的要件。后者指当事人违反合同中次要的、从属的条款。按照英国法的有关规定,在违反要件的情况下,受损的一方可以解除合同,并要求损害赔偿;而在违反担保的情况下,受损方可以要求损害赔偿,但不能解除合同。

2. 美国法的规定

美国法根据违约的性质和带来的结果将违约分为两类:轻微违约(minor breach of contract)和重大违约(material breach of contract)。前者指债务人在履约中尽管存在一些缺陷,但债权人已经从合同履行中得到该交易的主要利益。例如,交货时间略有延迟、交货数量和质量与合同略有出入等,都属于轻微违约的范畴。后者指由于债务人未履行合同或履约有缺陷致使债权人不能得到该项交易的主要利益。当一方轻微违约时,受损方可以要求赔偿损失,但无权解除合同;在重大违约的情况下,受损方有权解除合同并要求损害赔偿。

3. 大陆法的规定

大陆法国家将违约的形式分为"不履行债务"和"延迟履行债务"两种。前者又称"给付不能",指债务人由于种种原因,不可能履行其合同义务。后者又称"给付延迟",指债务人履行期已届满,而且是能够履行的,但债务人未按期履行其合同义务。

4.《联合国国际货物销售合同公约》的规定

《公约》将违约分为根本性违约（fundamental breach of contract）和非根本性违约（non-fundamental breach of contract）。一方当事人违反合同的结果，如使另一方当事人蒙受损害，以至于实际上剥夺了他根据合同规定有权期待得到的东西，即为根本性违约。如违约的情况尚未达到根本违反合同的程度，则视为非根本性违约。从法律结果看，《公约》认为，构成根本性违约时受害方可解除合同，同时向违约方提出损害赔偿的要求；反之，则只能请求损害赔偿。

5. 我国《合同法》的规定

我国《合同法》第94条规定，当事人一方迟延履行合同义务或有其他违约行为致使不能实现合同目的的，对方当事人可以解除合同；当事人一方延迟履行主要债务，经催告后在合同期间内仍未履行的，对方当事人可以解除合同。

应当注意的是，违约情况下的救济方法（remedies）除了上述"损害赔偿"及"解除合同"两种外，还包括"实际履行"。实际履行有两重含义：一是指受损方有权要求违约方实际履行合同，而不能用其他的补偿手段，如以金钱代替；二是指受损方有权向法院提起实际履行之诉，由法院强制违约方按合同规定履行其义务。各国法律对实际履行作为一种救济方法都有规定，但差异较大。大陆法将实际履行作为一种主要的救济方法；英美法将实际履行作为例外的辅助性的救济方法；《公约》调和了两者的分歧，规定当事人可要求对方实际履行，但是，如当事人诉诸法院，法院并无义务判决实际履行。

二、索赔

(一) 索赔的含义

索赔（claim）是指买卖合同的一方当事人因另一方当事人违约致使其遭受损失而向另一方当事人提出要求赔偿的行为。在实践中，索赔不仅指向责任方提出损害赔偿的要求，它还包括行使法律上规定的其他救济方法，如解除合同、拒收货物、实际履行等。理赔是指违约方对受害方提出的赔偿要求进行处理。索赔与理赔是一个问题的两个方面。

(二) 索赔的原因

索赔事件产生的原因是多方面的，买方向卖方索赔的原因主要有：不交货（non-delivery）、迟交货（late delivery）、所交货物与合同不符、提交的单据有瑕疵等。卖方向买方索赔的原因则包括未按合同规定受领货物与支付货款、信用证支付方式下未按时开证或不开证、FOB条件下不按合同规定派船接货等。国际货物贸易中，买方向卖方提出索赔的情况较多。为了便于处理这类问题，在国际货物买卖合同中，通常都应该订立索赔条款，一方面有利于促使合同当事人认真履约；另一方面也便于依约处理合同争议。

(三) 索赔的对象

索赔对象是指需对索赔方承担损失赔偿责任的当事人。国际货物贸易涉及许多当事人，当出现索赔事故时，责任方（即索赔对象）可能不仅局限于买卖双方，有时还涉及承运人、保险公司等其他当事人。因此,在发生索赔事故的情况下,应当认真做好调查研究,弄清事实、分清责任,以便确认索赔对象。

(四) 索赔的依据

一方当事人向另一方提出索赔时,必须有充分的依据。索赔依据包括法律依据和事实依据。法律依据指当事人间签订的合同和适用的法律规定。例如,贸易索赔的核心法律依据是买卖双方签订的贸易合同;运输索赔的主要法律依据是承运人与托运人间的运输契约(提单);保险索赔的法律依据主要是保险人向被保险人签发的保单等。事实依据指违约的事实、情节及其书面证明。

(五) 索赔时效

索赔时效又称索赔期限或索赔有效期,是指受损方有权向违约方提出索赔的期限。根据法律和国际惯例规定,受损方只能在一定的索赔期限内提出索赔,否则即丧失索赔权。

1. 向卖方提出索赔的时效

当买卖双方在合同中明确规定索赔期限时,买方应在约定期限内向卖方提出索赔,如超过约定期限索赔,违约方可不予受理。买卖合同中索赔期限的长短须视买卖货物的性质、运输、检验的繁简等情况而定,且该期限的起算时间,也应一并在合同中做出具体规定。常见的起算方法有下列几种。

(1) 货到目的地后××天起算。

(2) 货到目的地卸离运输工具后××天起算。

(3) 货到买方营业处所或用户所在地后××天起算。

(4) 货到检验后××天起算。

如合同中未约定索赔期限,则品质保证期限被认为是买方提出索赔的时效。如合同中既没约定索赔期限又未规定品质保证期限,则按法定索赔期限处理。法定期限指法律所规定的索赔有效期,通常为两年。例如,《联合国国际货物销售合同公约》第39条规定:买方必须在发现或理应发现不符情况后一段合理时间内通知卖方,否则就丧失索赔的权利,但最长索赔时效为买方收到货物之日起不超过两年;我国《合同法》第158条也规定:买受人在合理期间内未通知或者自标的物收到之日起两年内未通知出卖人的,视为标的物的数量或质量符合约定。

2. 向承运人提出索赔的时效

(1) 海运方式下向承运人提出索赔的时效。《海牙规则》规定托运人或收货人在收取货物时,如发现货物灭失或损坏,应在提货日起3天内提出。如货主的索赔未被受理,则诉讼时效为货物交付之日起1年内。1992年生效的《汉堡规则》对此时效做了新的修改,依据该规则,托运人或收货人应在提货后15天内向承运人发出索赔通知。承运人延迟交货,收货人必须于收到货物后60天内以书面形式通知承运人,否则承运人不承担赔偿责任。诉讼时效为两年。

(2) 空运方式下向承运人提出索赔的时效。《华沙公约》规定收货人必须在收货后

7 天内提出。如承运人延迟交货,则收货人应在货运后 14 天内提出。诉讼时效为两年,从货物到达日或货物应到达日或运输终止日起算。

(3) 国际多式联运方式下向承运人提出索赔的时效。《联合国国际多式联运公约》规定,货物灭失或损坏,收货人应在交货后 6 天内向多式联运经营人提出索赔。如属延迟交货,收货人应于收货后 60 天内提出。诉讼时效为两年,自货物交付之日起算,如货物未交付,则自货物应当交付的最后一日的次日起算。

应当注意的是,公约将诉讼时效与索赔时效联系起来,如货物交付之日起 6 个月未提出索赔,则诉讼在此期限届满后失效。

3. 向保险公司提出索赔的时效

中国人民保险公司规定的索赔时效为两年,即从被保险货物在最后卸载港全部卸离海轮后起算,最多不超过两年。

(六) 索赔金额

由于索赔金额事先难以预计,故订约时一般不做具体规定,待出现违约事件后,再由有关方面酌情确定。如合同中未具体规定赔偿金额的计算方法,根据有关的法律和国际贸易实践,计算赔偿金额的基本原则为:

(1) 赔偿金额应与因违约而遭受的包括利润在内的损失额相等。

(2) 应以违约方在订立合同时可预料到的合理损失为限。

(3) 由于受损方未采取合理措施使有可能减轻而未减轻的损失,应在赔偿金额中扣除。

与此相反,如买卖合同中约定了损害赔偿额的计算方法,则按约定的方法计算赔偿金额并提出索赔。

(七) 合同中的索赔条款

买卖双方为了在索赔和理赔工作中有所依据,通常在合同中订立索赔条款。索赔条款一般是针对卖方交货质量、数量或包装不符合同规定而订立的,主要包括索赔期限、索赔依据、索赔处理方法等。例如:

Any claim by the buyer regarding the goods shipped should be filed within 60 days after the arrival of the goods at the port of destination specified in the relative bill of Lading and supported by a survey report issued by a surveyor approved by the seller. Claims in respect of matters within responsibility of insurance company, shipping company/other transportation organizations will not be considered or entertained.

上例中,索赔条款包括索赔时效(索赔应于货物到达提单所载目的港之日起 60 天内提出)、索赔依据(须提供卖方认可的公证机构出具的检验报告)、索赔对象的澄清(凡属保险公司、船公司或其他有关运输机构责任范围内的索赔,卖方概不受理)等。

买卖合同中约定索赔条款时应注意如下事项。

1. 应按公平合理原则约定索赔依据

在国际货物买卖合同的异议与索赔条款中,通常都规定由双方约定的某商检机构出具检验证明,作为双方交接货物、结算货款和办理索赔的依据。我外贸公司在进出口业务中应选择公正、权威的检验机构出具的对双方都有约束力的证明文件作为索赔依据并在合同中明确规定,以维护自身利益。

2. 索赔期限的长短应合理

索赔期限的长短,对买卖双方有利害关系。若索赔期过长,势必使违约方承担责任的期限也随之延长,从而加重了其负担;如索赔期规定得太短,有可能使受损方无法行使索赔权而蒙受更大的损失。因此,交易双方约定索赔期时,必须根据不同种类商品的特点,并结合运输、检验条件和检验所需的时间等因素,酌情作出合理的安排。

3. 应注意索赔条款与检验条款之间的联系

索赔条款同商品检验条款有着密切的联系。例如,买方索赔的期限同买方对货物进行复验的有效期密切相关。约定索赔期限时,必须考虑检验条件和期限的长短等因素。为了使这两项条款的约定互相衔接和更加合理,以免出现彼此脱节或互相矛盾的情况,在有些买卖合同中,有时便将这两项条款结合起来订立,并称为"检验与索赔条款"(inspection & claim clause)。

第二节　罚金条款与定金罚则

一、罚金条款

(一) 罚金条款的定义与主要内容

罚金条款(penalty clause)又称"违约金条款"(liquidated damage clause),是指在国际贸易买卖合同中规定违约的一方应向受损害的一方支付约定数额的罚金,以补偿对方的损失。主要适用于一方当事人迟延履约,如卖方延期交货、买方延期接货或延迟开立信用证等情况。罚金的支付并不解除违约方继续履约的义务。因此,违约方除支付罚金外,仍应履行合同义务,如因故不能履约,则另一方在收受罚金之外,仍有权索赔。

罚金条款的内容包括罚金数额或罚金的百分率。例如,合同规定:"如卖方不能如期交货,每延误一周,买方应收取迟交货总值的 0.5% 的罚金,不足一周者,按一周计算;延误 10 周时,买方除要求卖方支付延期交货罚金外,还有权撤销合同。"按一般惯例,罚金数额通常不超过货物总金额的 5%。罚金条款中还应当订明罚金的起算日期。计算罚金起算日期的方法有两种:一种是从约定的交货期或开证期终止后立即起算;另一种是规定宽限期(grace period),即在约定的有关期限终止后再宽限一段时期,在宽限期内仍可免于罚款,待宽限期满后再起算罚金。

(二) 订立罚金条款的注意事项

(1) 罚金条款通常只适用于连续分批交货的大宗货物买卖和机械设备类的商品,一般情况下,我国的进出口合同只订立"异议与索赔条款"或"检验与索赔条款"。

(2) 罚金条款应当具有明确性和可操作性。诸如"一方如有违约行为,应该向对方支付罚金"的罚金条款只是空有其文,难以发挥实际的作用。违约责任条款由"适用条件"和

"违约责任"两部分组成,适用条件中必须对是否违约有明确的判断标准,具有可识别性;违约责任的内容必须具有明确性,或是约定具体的罚金数额,或是约定具体的罚金率或损失赔偿计算方法。

(3) 注意罚金与损失赔偿的区别。罚金不以造成损失为前提条件,即使违约结果并未导致任何实际损失,也不影响对违约方追究罚金责任。罚金数额与实际损失是否存在及损失大小无关,法庭或仲裁庭也不要求请求人就损失举证,故其在追索程序上比损失赔偿追索程序简便得多。

(4) 订立罚金条款时,应注意有些国家的法律对罚金条款不予承认和保护。例如,英美法系国家的法律认为,对于违约只能要求赔偿不能予以惩罚,因此只承认损害赔偿,不承认带有惩罚性质的罚金。当事人合同中订有固定赔偿金额条款时,英美等国的法院会区分其性质。如属"预定的损害赔偿",则不论损失大小均按合同约定的固定金额判付;如属"罚金",则对合同固定金额不予承认,赔偿金额根据受损方的实际损失确定。因此,在与英、美、澳、新等国进行贸易时,应注意约定的罚金额的合法性。

二、定金罚则

(一) 定金的含义与定金罚则

定金(down payment)是指合同一方当事人按合同约定预先支付一定数额的金钱,以保证合同的订立、担保合同的履行和保留合同的解除权,它是作为债权的担保而存在的。定金条款由合同双方当事人约定,其主要内容如下:

(1) 定金的数额及支付定金的时间与方式。

(2) 如合同最终如期顺利履行完毕,定金是用于抵扣货款或是直接由预付方收回。

(3) 定金罚则。支付定金的一方不履行合同义务的,即丧失定金的所有权,因而无权请求返还定金;收受定金的一方不履行合同义务的,则应双倍返还定金。

(4) 如果合同最终没有履行,而买卖双方都没有过错,则收取定金的一方应向支付定金的一方全额返还定金。

(二) 约定定金条款的注意事项

(1) 约定定金条款时,合同中应明确使用"定金"字样或"违约应当双倍返还"的内容。如使用留置金、担保金、保证金、订约金、押金或者订金等字样,但没有约定定金性质的,当事人主张定金权利的,法律不予以支持。

(2) 注意区分"定金"与"订金"。事实上,"订金"并非规范的法律概念,它具有预付款的性质,但只是一种支付手段,其目的是解决合同一方资金周转的困难,不具备债权担保的作用。收受订金的一方违约,只须返还所收款项,无须双倍返还。

(3) 在合同中同时有罚金条款与定金条款的情况下,一方违约时,另一方可以选择适用罚金条款或定金条款,二者只能选择其一,不能同时适用。

第三节　不可抗力

一、不可抗力的含义

何谓不可抗力,各国说法并不一致。我国《合同法》第 117 条规定,"不可抗力是指不能预见,不能避免并不能克服的客观情况";在英美法中,有"合同落空"之说;在大陆法中,有"情势变迁"或"契约失效"之说;按《联合国国际货物销售公约》的解释,不可抗力是指合同签订后,发生了合同当事人订约时无法预见和事后不能控制的障碍,以致不能履行合同义务。尽管具体说法和解释不一,但其基本精神和处理原则大体相同。

综上所述,不可抗力(force majeure)是指买卖合同签订后,不是由于合同当事人的过失或疏忽,而是由于发生了合同当事人无法预见、无法预防、无法避免和无法控制的事件,以致不能履行或不能如期履行合同,发生意外事件的一方可以免除履行合同的责任或推迟履行合同。因此,不可抗力是一项免责条款。

二、不可抗力的认定

不可抗力事件的不可预见性和偶然性决定了人们不可能列举出它的全部外延,不能穷尽可能发生的种种偶然事件。所以,尽管世界各国都承认不可抗力可以免责,但是没有一个国家能够确切地规定不可抗力的范围。对于不可抗力事件的认定,买卖双方商订合同时应达成共识,并具体写明,以免引起争议。

(一) 不可抗力的范围

根据中国实践和多数国家有关法律的解释,不可抗力事件的范围究其原因而论可以分为以下几种情况。

(1) 自然原因引起的不可抗力。指自然力量引起的水灾、旱灾、冰灾、雪灾、雷电、暴风雨、地震、海啸等。

(2) 社会原因引起的不可抗力。指政府行为和社会异常事故引起的战争、暴动、骚乱、政府颁布禁令、封锁禁运和调整政策制度等。

应当注意的是,不能错误地认为所有的自然原因和社会原因引起的事件,都属于不可抗力。对于诸如商品价格波动、汇率变化、利率变化等正常的贸易风险应与不可抗力事件严格区别开来。

(二) 构成不可抗力的条件

以上列举了一些不可抗力事件,但并不是说只要这些事件发生,遭受这些事件的当事人就可以免责。某一事件要构成不可抗力还需满足以下条件。

1. 不可预见性

法律要求构成不可抗力的事件必须是有关当事人在订立合同时,对这个事件是否会发生是不可能预见到的。如当事人能预见到该事件的发生而未采取规避措施的,则不能申请免责。

2．不可避免性与不可克服性

合同生效后，当事人对可能出现的意外情况尽管采取了及时合理的措施，但客观上并不能阻止这一意外情况的发生，这就是不可避免性。不可克服性是指合同的当事人对于意外发生的某一个事件所造成的损失不能克服。如果某一事件造成的后果可以通过当事人的努力而得到克服，那么这个事件就不是不可抗力事件。

3．非故意性与非过失性

合同当事人的故意行为或过失导致的事件，不能认定为不可抗力。

4．履行期间性

对某一个具体合同而言，构成不可抗力的事件必须是在合同签订之后、终止以前，即合同的履行期间内发生的。如果一项事件发生在合同订立之前或履行之后，或在一方履行迟延而又经对方当事人同意时，则不能构成这个合同的不可抗力事件。

5．履约受阻性

事件的发生必须确实造成一方当事人不能履行或不能如期履行合同的事实，如果事件的发生对合同的履行没有影响，则对遭受事件的一方而言该事件不能认定为不可抗力，该当事人无权以不可抗力为由要求免责。

三、不可抗力的法律后果

不可抗力事件的发生可能对合同产生三种实质影响：造成合同完全不能履行、造成合同部分不能履行和造成合同不能按时履行。

（1）对于不可抗力事件造成合同完全不能履行的，合同当事人有权解除合同。

（2）对于不可抗力事件造成合同部分不能履行的，当事人可以免除部分不能履行的责任，对于仍可履行的部分，由双方当事人协商解决，可以解除，也可以实际履行尚存部分的义务。

（3）对于不可抗力事件造成当事人不能按时履行的，当事人可以免除延迟履行的责任，合同是否继续履行依当事人自由协商决定，可以继续履行，也可以解除。但是，应当注意的是，当事人延迟履行后发生的不可抗力事件则不能作为免责事由，因为当事人未按时履行合同，已构成违约，不得将自己违约后发生的任何事件援引为免责抗辩事由。

四、不可抗力事件的处理

如果发生不可抗力，致使合同不能得到全部或部分履行，有关当事人可根据不可抗力的影响，解除合同或变更合同而免除其相应的责任。

1．解除合同

当不可抗力事件致使合同履行成为不可能，或事件的影响比较严重、非短时期内所能复原时，适用解除合同的处理方法。例如，存货仓库发生火灾致使合同标的物灭失；强地震导致道路弯曲、变形，交通运输彻底中断，短期内难以修复等。

2．变更合同

所谓变更合同是指对原订合同的条件或内容适当地变更，包括替代履行、减少履行或迟延履行。当不可抗力事件只是部分地或暂时性地阻碍了合同的履行时,适用变更合同的处理方法。例如,农作物遭遇天灾减产可采用减少履行的方法;货物发运时遭遇台风导致装船延误可采用迟延履行的方法等。

总之,究竟是解除合同还是变更合同,应视事故的原因、性质、规模及其对履行合同所产生的实际影响的程度,由双方当事人酌情处理。

五、不可抗力的通知与证明

不可抗力发生后,不能按规定履约的一方当事人要取得免责的权利,必须及时通知另一方,并提供必要的证明文件,而且在通知中应提出处理的意见。

关于不可抗力的通知问题,我国《合同法》规定,不可抗力发生后,当事人一方因不能按规定履约要取得免责权利,必须及时通知另一方,并在合理时间内提供必要的证明文件,以减轻可能给另一方造成的损失。《联合国国际货物销售合同公约》也明确规定,如果当事人一方未及时通知而给对方造成损害的,应负赔偿责任。在实践中,为防止争议,通常在合同的不可抗力条款中明确规定具体的通知期限。

关于不可抗力的出证机构,在中国,一般由中国国际贸易促进委员会(China Council for the Promotion of International Trade,CCPIT)出具证明文件;在国外,则大多数由当地的商会或登记注册的公证机构出具。另一方当事人收到不可抗力的通知及证明文件后,无论同意与否,都应及时回复;否则,按有些国家的法律如《美国统一商法典》的规定,将被视作默认。

六、合同中的不可抗力条款

国际货物买卖合同中的不可抗力条款主要包括不可抗力的范围、对不可抗力的处理原则和方法、不可抗力发生后通知对方的期限和方法,以及出具证明文件的机构等。我国进出口合同中的不可抗力条款,按照对不可抗力事件范围规定的不同,主要有以下三种方式。

1.概括式

概括式即对不可抗力事件仅作笼统的提示,不具体规定哪些事件属于不可抗力。例如:"由于不可抗力的原因,而不能履行合同或延迟履行合同的一方可不负有违约责任。但应立即以电传或传真通知对方,并在××天内以航空挂号信向对方提供中国国际贸易促进委员会出具的证明书。"这种方法含义模糊,对不可抗力事件范围的伸缩性大,难以作为解释问题的依据,容易产生争议,不宜采用。

2.列举式

列举式即逐一订明不可抗力事件的种类,凡合同中没有规定的事故,发生后均不能作为不可抗力事故。如:"由于战争、地震、水灾、火灾、暴风雪的原因而不能履行合同或延迟履行合同的一方不负有违约责任……"虽然具体明确,对不可抗力事件的解释不易发生争执,但难以概括全部情况,容易出现遗漏,一旦发生未列举的其他事故,就丧失了使用不可抗力的权利。

3. 综合式

综合式即将概括式和列举式合并在一起,合同中在列明可能发生的不可抗力事故的同时,再加上"其他不可抗力原因"的文句。例如:"由于战争、地震、水灾、火灾、暴风雪或其他不可抗力原因而不能履行合同的一方不负有违约责任……"综合式弥补了前述两种方法的不足,是最为常用的一种方式。

课堂练习:以下不可抗力条款分别采用哪一种方式? 概括式、列举式还是综合式? 两人一组进行翻译,并在每个条款中分别划出:①不可抗力的范围;②不可抗力的处理方法;③发出通知的期限和方法;④出证机构。

1. If the shipment of the contracted goods is prevented or delayed in whole or in part by reason of war, earthquake, flood, fire, storm, heavy snow, the seller shall not be liable for non-shipment or late shipment of the goods of this contract. However, the Seller shall notify the buyer by tele-transmission and furnish the latter within … days by registered airmail with a certificate issued by the China Council for the Promotion of International Trade (China Chamber of International Commerce) attesting such event or events.

2. If the shipment of the contracted goods is prevented or delayed in whole or in part by reason of war, earthquake, flood, fire, storm, heavy snow or other causes of force majeure, the seller shall not be liable for non-shipment or late shipment of the goods of this contract. However, the seller shall notify the Buyer by tele-transmission and furnish the latter within … days by registered airmail with a certificate issued by the China Council for the Promotion of International Trade (China Chamber of International Commerce) attesting such event or events.

3. If the shipment of the contracted goods is prevented or delayed in whole or in part due to force majeure, the Seller shall not be liable for non-shipment or late shipment of the goods of this contract. However, the seller shall notify the buyer by tele-transmission and furnish the latter within … days by registered airmail with a certificate issued by the China Council for the Promotion of International Trade (China Chamber of International Commerce) attesting such event or events.

第四节 仲 裁

仲裁是解决对外贸易争议的一种重要方式,它指买卖双方达成协议,自愿将有关争议交给双方所同意的仲裁机构进行裁决。因其灵活性、结案迅速、费用低廉等特点,仲裁已成为国际上解决争议普遍采用的方式。

一、解决争议的主要方式

在国际贸易中,买卖双方签订合同后,经常由于种种原因没有如约履行,从而引起争议。解决争议的方式很多,既可以由当事人双方自行协商处理,也可以由第三方出面调解,还可以通过诉讼或仲裁的方式处理。这些做法各有利弊。

(一) 协商

协商(consultation)又称友好协商,它是指在发生争议后,由当事人双方直接进行磋商,自行解决纠纷。以协商方式解决争议的优点在于节省时间和费用,而且气氛和缓、灵活性大,有利于双方贸易关系的发展。此外,协商中由于没有第三者参与,当事人间有可能公之于众的争议就会在秘密的情况下化解,从而有效保护了相关当事人的商业秘密。但协商方式也存在一定的局限性,当双方存在严重分歧或争议涉及的金额数目巨大时,通常很难通过协商解决争议。

(二) 调解

调解(conciliation)是指发生争议后,双方协商不成,则可邀请第三人(调解人)居间调解。调解应建立在确定事实、分清是非和责任的基础上,根据客观公正和公平合理的原则进行,以促进当事人互谅互让,达成和解。若调解成功,双方应签订和解协议,作为一种新的契约予以执行;若调解意见不为双方或其中一方所接受,则该意见对当事人无约束力,调解即告失败。

(三) 诉讼

诉讼(litigation)是指由司法部门按法律程序来解决双方的争议。在争议出现后,可由任何一方当事人,依照一定的法律程序,向有管辖权的法院提起诉讼,要求法院依法予以审理,并作出公正的判决。诉讼具有下列特点:第一,诉讼带有强制性,只要一方当事人向有管辖权的法院起诉,另一方就必须应诉,争议双方都无权选择法官。第二,诉讼程序复杂、耗时长、诉讼费用较高。第三,诉讼处理争议,双方当事人关系比较紧张,不利于以后贸易关系的继续发展。

(四) 仲裁

国际货物贸易中的争议,如经友好协商与调解都未成功,而当事人又不愿意诉诸法院解决,则可采用仲裁(arbitration)的办法。仲裁亦称公断,是指买卖双方按照在争议发生之前或之后签订的协议,自愿把他们之间的争议交给双方所同意的仲裁机构进行裁决。仲裁有其自身的立法及程序,结案迅速、费用低廉;此外,仲裁比诉讼具有更大的灵活性,当事人自主性较大,对仲裁方式的选择、仲裁地点、仲裁机构、仲裁员等,当事人都可以自由作出决定。因此,仲裁已成为国际上解决争议普遍采用的方式。

二、仲裁协议的形式和作用

根据国际上的习惯做法和一些国家的法律规定,凡采用仲裁方式处理争议时,当事人双方必须订有仲裁协议。

(一) 仲裁协议的形式

仲裁协议必须是书面的,它有以下两种形式。

1. 合同中的仲裁条款

合国中的仲裁条款(arbitration clause)指发生在争议之前,双方当事人在买卖合同或其他经济合同中订立的仲裁条款。

2. 以其他方式达成的提交仲裁协议(submission agreement; arbitration agreement)

它是指双方当事人订立的提交仲裁的协议。这种协议一般在争议发生之后达成,它必须是双方以书面形式订立的,包括合同书、信件、电报、电传、传真、电子数据交换和电子邮件等可以有形地表现所载内容的形式。

以上两种形式具有同等的法律效力。我国仲裁规则明确规定,无论是合同中的仲裁条款,还是附属于合同的仲裁协议,均应视为与合同其他条款分离地、独立地存在的一部分,合同的变更、解除、终止、转让、失效、无效、被撤销及成立与否,均不影响仲裁条款或仲裁协议的效力。

(二) 仲裁协议的作用

1. 约束双方当事人只能以仲裁方式解决争议

由于已签有仲裁协议,当事人之间一旦发生争议,就只能以仲裁方式来解决,既不能任意改变仲裁机构和仲裁地点,更不能单方面要求撤销仲裁协议。

2. 排除法院对有关案件的管辖权

对于大多数国家,仲裁协议还具有排除法院对有关争议管辖权的作用,只要双方当事人订立了仲裁协议,则任何一方均不得向法院提起诉讼。如果一方自行向法院起诉,另一方可根据仲裁协议要求法院停止司法诉讼程序,并将争议案件退回仲裁机构予以审理。

3. 使仲裁机构取得对争议案件的管辖权

任何仲裁机构都无权受理没有仲裁协议的案件,这是仲裁的基本原则。

仲裁协议的以上三方面作用互相联系、不可分割。

三、仲裁程序

仲裁程序(arbitration procedure)主要是规定进行仲裁的手续、步骤和做法,主要包括以下几方面内容。

(一) 提出仲裁申请

仲裁申请(arbitration application)是仲裁程序开始的首要手续。《中国国际经济贸易仲裁委员会仲裁规则》中指出:仲裁程序自仲裁委员会或其分会收到仲裁申请书之日起开始。各国法律对申请书的规定不一致。在我国,《中国国际经济贸易仲裁委员会仲裁规则》规定:当事人一方申请仲裁时,应向该委员会提交包括下列内容的签名申请书:①申诉人(claimant)和被诉人(defendant)的名称、地址;②申诉人所依据的仲裁协议;③申诉人的仲裁请求及所依据的事实和证据。申诉人向仲裁委员提交仲裁申请书时,应附上仲裁请求所依据的事实的证明文件,指定一名仲裁员,预缴一定数额的仲裁费。如果委托代理人办理仲裁事项或参与仲裁的,应提交书面委托书。

仲裁委员会或其分会受理案件后,被申诉人应在收到仲裁通知之日起 45 天内向仲裁委员会秘书局或其分会秘书处提交答辩书。被申诉人如有反请求,应当自收到仲裁通知之日起 45 天内以书面形式提交仲裁委员会。

(二) 组织仲裁庭

根据我国仲裁规则的规定,申诉人和被申诉人应当各自在收到仲裁通知之日起 15 天内在仲裁委员会仲裁员名册中指定一名仲裁员,并由仲裁委员会主席指定一名仲裁员为首席仲裁员,共同组成仲裁庭(arbitration tribunal)。双方当事人亦可在仲裁委员名册中共同指定或委托仲裁委员会主席指定一名仲裁员为独任仲裁员,成立仲裁庭,单独审理案件。当事人未在上述期限内选定或委托仲裁委员会主席指定的,由仲裁委员会主席指定。

(三) 审理案件

仲裁庭审理案件的形式有以下两种:一是"不开庭审理"。这种审理一般是经当事人申请,或仲裁庭征得双方当事人同意,只依据书面文件进行审理后作出裁决。二是"开庭审理"。开庭审理又分为"公开开庭"与"不公开开庭"两种方式。开庭审理通常采取"不公开开庭"的方式。不公开审理的案件,双方当事人及其仲裁代理人、证人、翻译、仲裁员、仲裁庭咨询的专家和指定的鉴定人、仲裁委员会秘书局的有关人员等,均不得对外界透露案件实体和程序的有关情况。如果双方当事人要求公开开庭审理,由仲裁庭作出是否公开审理的决定。

审理案件过程中,如果双方当事人有调解愿望,或一方当事人有调解愿望并经仲裁庭征得另一方当事人同意的,仲裁庭可以在仲裁程序进行过程中对其审理的案件进行调解。经仲裁庭调解达成和解的,双方当事人应签订书面和解协议;除非当事人另有约定,仲裁庭应当根据当事人书面和解协议的内容作出裁决书结案。如果调解不成功,仲裁庭应当继续进行仲裁程序,并作出裁决。

(四) 仲裁裁决

仲裁裁决(arbitral award)是仲裁程序的最后一个环节。裁决作出后,案件审理的程序即告结束。《中国国际经济贸易仲裁委员会仲裁规则》规定,仲裁庭应当在组庭之日起 6 个月内作出裁决,裁决依多数仲裁员的意见决定,仲裁庭不能形成多数意见时,依首席仲裁员的意见做出裁决。仲裁裁决应以书面形式做出,裁决书的主要内容包括仲裁请求、争议事实、裁决理由、裁决结果、仲裁费用的承担、裁决的日期和地点,也可确定当事人履行裁决的具体期限及逾期履行应承担的责任。作出裁决书的日期,即为裁决发生法律效力的日期。

应当注意的是,我国《仲裁法》与国际上大多数国家的做法一样,对仲裁实行一裁终局的制度。关于仲裁裁决的效力,根据《中国国际经济贸易仲裁委员会仲裁规则》规定,仲裁裁决是终局的,对双方当事人均有约束力,任何一方当事人不得向法院起诉,也不得向其他任何机构提出变更裁决的请求。有些国家虽然允许当事人上诉,但法院一般只审查程序,不审查实体,即只审查仲裁裁决在法律手续上是否完备,而不审查仲裁裁决在认定事实或运用法律方面是否正确。

四、仲裁裁决的承认与执行

仲裁裁决对双方当事人都具有法律上的约束力,当事人必须执行。但是,如一方当事人在国外,这就涉及一个国家的仲裁机构所作出的裁决要由另一个国家的当事人去执行的问题。如果当事人拒不执行仲裁裁决,便发生仲裁执行问题。

为了解决各国在承认和执行外国仲裁裁决问题上所存在的分歧,国际上除通过双边协定就相互承认与执行仲裁裁决问题做出规定外,还订立了多边国际公约。目前有关承认和执行外国仲裁裁决的最重要的国际公约是《1958 年纽约公约》,即 1958 年 6 月 10 日在纽约签订的《承认与执行外国仲裁裁决公约》(*Convention on the Recognition and Enforcement of Foreign Arbitral Awards*)。截至 2010 年 12 月,《1958 年纽约公约》的缔约国已经达到 145 个,我国于 1987 年 1 月 22 日加入该公约,并于 1987 年 4 月 22 日生效。《1958 年纽约公约》强调了两个要点:一是承认双方当事人所签订的仲裁协议有效;二是根据仲裁协议所做出的仲裁裁决,缔约国应承认其效力并有义务执行。只有在特定的条件下,才根据被申诉人的请求拒绝承认与执行仲裁裁决。

由于我国已加入《1958 年纽约公约》,我国仲裁机构的涉外仲裁裁决可以在世界上已加入该公约的国家和地区得到承认和执行。仲裁裁决如果要在与我国既无《1958 年纽约公约》成员国关系,亦无司法协助或互惠关系的国家内申请执行的,应当通过外交途径,向对方国家的主管机关申请承认和执行。

五、合同中的仲裁条款

国际货物买卖合同中的仲裁条款一般包括仲裁事项(即提请仲裁的争议)、仲裁地点、仲裁机构、仲裁规则和仲裁裁决的效力等方面内容。

(一) 仲裁事项

仲裁事项是指当事人提交仲裁解决的争议范围,也是仲裁庭依法管辖的范围。所发生的争议超出仲裁条款所规定的范围时,仲裁庭无权受理。因此仲裁条款中必须清楚规定仲裁事项。例如,买卖合同中可规定:"凡因与执行本合同有关的一切争议均提交仲裁解决。"(Any dispute arising from or in connection with this contract shall be submitted to …for arbitration。)

(二) 仲裁地点

合同中的仲裁地点与仲裁所适用的规则有着密切的关系,规定在哪国仲裁,往往就要适用该国的仲裁法律或规则,对买卖双方的权利、义务的解释就会有差别,因此确定仲裁地点是个很重要的问题。我国进出口企业与外商签订仲裁条款时,首先应争取规定在我国仲裁。例如:

Any dispute arising from or in connection with this contract shall be submitted to China International Economic and Trade Arbitration Commission for arbitration which shall be conducted in accordance with the Commission's arbitration rules in effect at the time of applying for arbitration. The arbitral award is final and binding upon both parties.

当然,签订仲裁条款时也可规定在被申诉方的所在国仲裁(The location of arbitration shall be in the country of the domicile of the defendant),或者规定在双方同意的第三国仲裁,选择这种规定方式时,所选择的国家应该是与我国比较友好的国家,同时对该国的仲裁法律和规则应该有较深入的了解。

(三) 仲裁机构

仲裁机构是国际商事关系中的双方当事人自主选择出来用以解决其争议的民间性机构,其审理案件的管辖权限完全取决于当事人的选择和授权。

国际贸易仲裁机构主要有两种形式:一种是常设仲裁机构,例如:中国国际经济贸易仲裁委员会、巴黎国际商会仲裁院、英国伦敦仲裁院、美国仲裁协会、日本国际商事仲裁协会、瑞典斯德哥尔摩商会仲裁院等。中国国际经济贸易仲裁委员会是我国的常设仲裁机构,凡双方同意在中国仲裁的,仲裁条款内都应订明由该仲裁委员会仲裁。另一种是由双方当事人根据仲裁条款或仲裁协议,在争议发生后指定仲裁员所组成的临时仲裁机构,当争议案处理完毕后,它将自动解散。

(四) 仲裁规则

如前所述,仲裁所适用的规则与仲裁地点密切相关,通常仲裁所在地的规则即为适用的仲裁规则。在我国,如当事人约定在中国国际经济贸易仲裁委员会仲裁,则视为同意按《中国国际经济贸易仲裁委员会仲裁规则》进行审理、裁决。

(五) 仲裁裁决的效力

合同中的仲裁条款通常都对仲裁裁决的效力进行约定,例如:"The arbitral award is final and binding upon both parties(仲裁裁决是终局的,对双方当事人均有约束力)",这表明仲裁裁决出具后,任何一方当事人不得向其他任何机构提出变更裁决的请求,这是因为仲裁是在双方当事人自愿基础上进行的,由双方当事人自行选定的仲裁机构和仲裁员做出的裁决,理应得到当事人的执行。

本章应知应会术语

1. breach of condition 违反要件
2. breach of warranty 违反担保
3. minor breach of contract 轻微违约
4. material breach of contract 重大违约

5. fundamental breach of contract 根本性违约

6. non-fundamental breach of contract 非根本性违约

7. remedy 救济方法

8. claim 索赔

9. penalty clause 罚金条款

10. liquidated damage clause 违约金条款

11. down payment 定金

12. force majeure 不可抗力

13. China Council for the Promotion of International Trade,CCPIT 中国国际贸易促进委员会

14. consultation 协商

15. conciliation 调解

16. litigation 诉讼

17. arbitration 仲裁

18. arbitration clause 仲裁条款

19. arbitration tribunal 仲裁庭

20. arbitral award 仲裁裁决

思 考 题

1. 索赔的法律依据与实际依据分别指什么？

2. 国际贸易中买方对卖方索赔的时效是如何规定的？

3. 罚金条款适用于何种情况？订立罚金条款应注意什么？

4. 约定定金条款应注意哪些事项？

5. 何谓不可抗力？构成不可抗力的条件有哪些？

6. 发生不可抗力事件后如何处理？

7. 解决国际经贸争议的方式有哪些？仲裁方式的特点是什么？

8. 仲裁协议的形式有哪些？仲裁协议的作用是什么？

案例分析题

1. 我国某进出口公司以 CIF 鹿特丹条件出口食品 2 000 箱,共装入两个集装箱内(FCL/FCL)。我公司向中国人民保险公司投保一切险。货物发运后,承运人出具的提单显示 Two 40' containers STC 2000 cartons of Canned Mushroom,Shipper's load, stow and count, container(s) sealed by the shipper. 运输过程中,船舶在海上遇到暴风雨,船身严重倾斜,船舶面临沉没危险,船长果断下令抛货,船身恢复平衡继续前行。后查我公司有一整柜货被抛入海中。货到目的港后,收货人验货时发现:(1)只提到一个集装箱的货。(2)集装箱内实收 998 箱,短少两箱。经查,该集装箱无损坏痕迹,封铅完好。问:上

述情况应分别向谁索赔？为什么？

2. 我某出口企业以 CIF 纽约与美国公司订立 200 套家具的出口合同。合同规定某年 12 月交货。11 月底，我企业出口商品仓库发生雷击火灾，使一半左右家具烧毁。我企业以不可抗力为由要求免除交货责任，美方不同意，坚持要求我们按时交货。我方经多方努力，于次年 1 月初交货。美方要求赔偿。试分析：(1)我方要求免除交货责任的要求是否合理？为什么？(2)美方的索赔要求是否合理？为什么？

3. 有一份合同，印度公司向美国公司出口一批黄麻。在履约中，印度政府宣布对黄麻实行出口许可证和配额制度。该公司因无法取得出口许可证而无法向美国公司出口黄麻，遂以不可抗力为由主张解除合同。问：印度公司能否主张这种权利？为什么？

4. 我国某公司与外商订立一项出口合同，在合同中明确规定了仲裁条款，约定在履约过程中如发生争议，在中国进行仲裁。后双方因商品质量问题发生争议，对方在其所在地法院起诉我方，法院也发来传票。对此，我方应如何处理？

财 富 箴 言

1. In business, unlike in nature, the fittest often survive by helping create the environment that favors them.

商界与自然界不同，适者生存的途径通常是创造有利于自己的环境。

——戴维·纽科克(David Newkirk,弗吉尼亚大学达顿商学院高管)

2. Don't preach about efficiency and customer service, but instead make operational changes that allow those behaviors to thrive.

不要只是鼓吹效率和客户服务，而是要做出运营调整来推进效率、提升服务。

——乔恩·卡岑巴赫(Jon Katzenbach,Booz&Company 资深合伙人)

第四篇

国际货物买卖合同的履行

第十三章

出口合同的履行

国际货物买卖合同成立后,买卖双方均应按合同规定严格履行合同义务。卖方的基本义务是按合同规定准时交货、交单和转移货物的所有权。买方的基本义务是接货和付款。合同的履行是一笔交易的最后阶段,不仅关系到买方所得到的货物是否货真价实,还关系到卖方是否能安全及时地收回货款。因此,合同的履行阶段是交易的重要环节之一。

出口合同的履行是指出口方对买卖合同中所规定的出口方的权利和义务的履行。如果合同是按照 CIF 贸易术语为条件签订的,并以信用证方式收取货款,则出口方履行合同的环节包括货(备货、报检)、证(催证、审证、改证)、船(托运、报关、办理保险)、款(制单结汇)四个基本环节。这些环节可以先后或者同时进行,又是相互衔接的。卖方应该严格按照合同规定和法律、惯例要求,做好每步工作。同时,卖方必须密切关注买方的履约情况,互相配合,以保证出口合同的顺利履行。除了四个基本环节以外,出口方还应该做好出口核销和退税等后续工作,以保证出口业务工作的顺利开展及出口合同的圆满履行。

第一节 备 货

所谓备货就是卖方根据出口合同或信用证的规定,按时、按质、按量准备好应交付的出口货物,以保证按时出运,如约履行合同。这是出口方履行合同的第一步。

《联合国国际货物销售合同公约》规定,按照合同交付货物、移交单据和转移货物所有权是卖方的三项基本义务,而其中交付货物又是最主要的义务,做好交付货物工作的基础是货物的准备。备货工作的主要内容是指卖方向生产部门下达生产货单,或者向国内供货人订立采购货物合同,安排货物生产,催交货物。在货物生产过程中和完成后对货物的数量、品质规格或花色品种、包装情况进行核实,验收入库或进行必要加工整理、包装、刷唛,并准备出口货物必需的文件。

一、出口备货的基本原则

备货作为履行合同的第一步,出口商在备货时,应注意坚持以下几方面的原则,保证所备货物与出口合同及信用证一致。

(一) 货物的品质必须与出口合同和 L/C 的规定相一致

凡凭规格、等级、标准等文字说明达成的合同,交付货物的品质必须与合同规定的规格、等级、标准等文字说明相符;凡凭样品达成的合同,则必须与样品相一致;如既凭文字说明，又凭样品达成的合同，则两者均须相符。

按照有关法律，卖方所交货物除需达到以上合同和信用证的明示要求（即明示担保）外，尚需承担默示担保义务，即货物的品质必须适用于同一规格货物通常使用的目的和在订立合同时买方通知卖方的特定目的。

随着新贸易保护主义的发展，许多国家和地区均对进口商品规定严格的品质规定和技术标准。对这些强制性规定，即使合同未作要求，我国出口企业在备货时也应加以注意，保证货物达到标准，否则将无法进入该进口国市场。

(二) 货物的包装必须符合出口合同和 L/C 的规定

出口企业在备货时，凡是合同中对商品包装有明文规定的，卖方必须按照合同规定的包装方式交付货物。如果合同对包装没有具体要求，按照《联合国国际货物销售合同公约》规定，应按照同类货物的通用方式包装。如果没有通用方式，则应该以保全和保护货物的方式进行包装。

在备货中，企业对货物的内外包装和装潢，都必须认真进行核对和检查。例如，在内包装上出口企业要注意文字说明、包装材料、包装数量等是否符合合同规定，是否必须指明商标、牌号、品名、数量、产地、用途等，是否有语言要求；货物的外包装也要注意按合同及信用证要求，运输标志（唛头）应按合同规定或客户要求刷制。如进口国有关当局规定包装标志必须使用特定文字的（如海湾国家要求用阿拉伯文等），一般应予照办。标志的刷写部位和字体大小要适当，图案字迹要清楚，使用的油墨不易褪色。另外，还要注意衬垫物使用是否得当，不能违反进口国家的相关规定，如防止植物病疫传染、污染环境，有的国家规定不得使用稻草等作为衬垫物等。

为了绕过国外对我国产品的不合理贸易壁垒，促进商品销售，我国出口企业常常接受外国进口商要求，使用中性包装。出口公司在备货时，应注意检查货物的每一部分，防止在某些零部件上暴露生产国别。

在保证货物质量和不违反合同的前提下，还应该尽可能压缩货物包装的体积和降低包装重量，以节省运费。

(三) 货物的数量必须符合出口合同和 L/C 的规定

按合同规定的数量交付货物是卖方的重要义务。在备货过程中，如发现货物数量因生产工厂的生产能力不足而不能满足合同需要，应及时采取有效补救措施，如在规定期限内从其他途径购买同样品质、规格的货物来补足。为预防货物的自然损耗和运输搬运中的货损，卖方备货数量一般应该略多于出口合同规定的数量。

在实际交货过程中常常发生多交或少交的情况，《公约》等法律、法规都有明确的规定。根据生产和交货的实际需要，卖方在与买方磋商签订合同时，可对交货数量留有一定的机动幅度，如规定"溢短装条款"，卖方在履行合同时，就可在规定幅度内最大限度地满足要求。一般应在合同允许的机动幅度内有多少装多少，充分利用好溢短装条款。卖方还应注意信用证结算方式下 UPC600 对"约"数的规定以及在没有明确规定机动幅度时允许货物数量的伸缩幅度。

(四) 货物备妥时间应与合同和 L/C 装运期限相适应

交货时间是国际货物买卖合同中的主要交易条件,卖方必须在合同及信用证规定的期限内装运货物。若有违反,买方不仅有权拒收货物并提出索赔,甚至还可宣告合同无效。因此,卖方必须注意与供货厂家的沟通,跟踪货物生产进程。货物备妥的时间,必须适应出口合同与信用证规定的交货时间和装运期限,并结合运输条件和船期进行妥善安排,严防脱节,否则会产生在仓库存放时间增加而多支付仓储费、船舶等货造成滞期、货物无法装上定期班轮等严重后果。为防止意外,一般在时间上应适当留有余地,即在装运前一段时间把货备好。

(五) 避免货物不合法或侵犯他人知识产权

卖方应保证对所出售的货物拥有完全所有权,有权出售该项货物,并保证买方可以安宁地占有和支配该货物而不受第三方侵扰,即卖方不能把非法侵占他人权利得来的货物出售给买方,以至于买方遭受货物合法权利人(包括所有权和抵押权)的追索或指控。

卖方所售货物不能侵犯别人商标、专利和其他知识产权。在公司实际业务中,接受买方的委托加工某些品牌产品,必须注意获得品牌使用许可,以避免通关问题和可能引起的法律纠纷。

二、出口备货的工作流程

出口主体不同,出口备货的流程也有所不同。对进出口公司来说,需要与生产供货企业签订国内销购合同;对有进出口经营权的生产企业来说,应该及时安排好出口商品的生产;对通过进出口公司代理出口的生产企业来说,应该与代理公司密切合作,按时完成出口商品的生产。相对来说,进出口公司的备货流程环节最多。归纳起来,出口备货重点应该做好以下几项工作。

(一) 下达联系单或签订国内购销合同

对于有出口经营权的实体企业,通常由出口业务部门向生产加工及仓储部门下达联系单(或称加工通知单或信用证分析单),列明生产任务和要求;无实体的出口公司则与国内的供货工厂签订国内购销合同。有关业务部门凭生产联系单或国内购销合同,对应交的货物进行产品生产跟踪,质量控制、清点、加工整理、刷制运输标志,以及办理申请报验和领证等项工作。所以,业务人员应该根据与外商的出口合同,严格制作生产联系单或签订购销合同。

(二) 拟定跟单计划,跟踪把控货物质量

从签订合同到交货出运这段时间,出口商必须指定专门跟单人员,熟悉生产联系单和购销合同内容,不停下供货工厂落实生产和交货进度。从产品投料生产到最后交货,跟单人员应定期到企业督促检查,与生产企业密切合作,对企业的生产设备、技术条件以及工人操作水平做到心中有数。对有些具有特殊要求的产品,要帮助企业一起制定生产工艺

和生产计划。如果需要由买方提供相关原辅料或单证,卖方应该适时提醒、敦促买方按时提供,并严明责任。如果合同规定由买方订舱、办理运输,则要敦促买方及时发出装运要求和指示(shipping instructions)。

质量监控是备货过程中一项非常重要的工作。为了保证按时、按质、按量地对外交货,出口公司的跟单人员应积极参与全程质量监控,根据合同质量要求和标准,从原料采购、生产过程监督至产品检验,严格把控交货质量,督促企业提供合格的、符合客户要求的产品。一旦发现问题,跟单人员应该立即提请有关生产方采取措施。如果以样品成交的合同,跟单人员应该熟悉样品,认真参照样品质量跟踪验货,以保证交货产品与样品质量相符。

(三) 建立产品跟单文档备查

出口企业在实施跟单计划过程中,应该要求跟单人员建立良好的文档资料。备货工作有案可查是企业履行出口合同工作的重要一环。跟单人员应该随时做好业务记录,在办公室分档保存该项合同的各类往来函电、工艺单、订单、操作要则和实施记录以及各种生产样品等,这对完成出口备货、将来争议的解决都是至关重要的。

第二节   催证、审证、改证

在采用信用证支付方式时,卖方交货是以买方按约定开来信用证为前提的。因此,买方能否及时、正确地开出信用证,不仅是卖方能否安全收汇的保障,同时也是卖方如期履行合同义务的一个重要依据。因此,卖方及时取得信用证,并备妥信用证中规定的各种单据,是履行出口合同的重要内容。出口合同履行中信用证的掌握、管理和使用是业务工作的重要内容。它主要包括催证、审证和改证三个重要环节。

一、催证

催证是指卖方根据出口合同规定通知或催促买方及时开出相关信用证。卖方通常在以下情况下需要催证。

(1) 出口合同签订后,合同装运期离合同签订时间较长,或规定买方需要在装运期前一段时间开出信用证。卖方催证是给买方一个提醒,以便顺利履行合同。

(2) 卖方提前备妥货物,希望比合同装运期提前交货,可以同买方商量提前开出信用证。

(3) 买方没有按照合同规定的开证时间办理信用证,或者买方信誉不良,故意拖延开证,卖方必须尽早催促买方开证。

实际业务中,买方可能因为各种各样的原因未能及时开出信用证,比如国际市场形势变化,商品价格下跌,或者买方因为资金问题影响顺利开立信用证,这就需要卖方及时催证。

买方推迟开信用证的时间,可能给卖方带来风险,尤其是大宗商品交易或应买方要求而特制的商品交易,或一些大型机器设备、成套设备等产品的出口,带来的风险更大。为此,在交易磋商中和签订合同时,卖方应该要求买方在规定的合理时间内尽早开来信用证,并在合同中订明有关晚开信用证的处理办法,以促使买方及时开出信用证。

如果买方晚开信用证,卖方应尽快查明迟开信用证的原因,区别不同情况采取相应对策。如果买方未及时开证的原因是资金不足或企业不景气面临倒闭,导致银行不能开证,卖方应采取合理方式终止合同,停止供货,以免造成更大的经济损失。如果买方无理拒开信用证,则属于违约行为,卖方有权提出索赔或采取其他救济手段。

二、审证

信用证是根据合同条款开立的,其内容应该与双方订立的合同内容一致。在实际业务中,由于各种原因如工作疏忽、电文传输错误、贸易习惯不同或者进口商有意利用开证的主动权在信用证中加上对自己有利的条款(即“软条款”)等,往往造成信用证条款与合同条款的不符。为保证安全收汇,卖方必须在收到信用证后仔细、认真对信用证的所有文字、条款进行分析,逐字逐句检查,千万不能粗心大意。审证工作包括银行审核和受益人(即出口商)审证。

(一) 银行审证的主要内容

(1) 审核信用证内容是否符合我国的贸易政策,注意信用证上是否载有歧视性或错误的政治性条款。如有不符合我国对外政策和贸易规定的,应视具体情况予以退回,并要求改证。

(2) 审核开证行的资信情况。信用证是一种银行信用,开证行负第一付款人的责任。开证行所在国家的政治经济状况和开证行的背景、资信情况、经营作风等对安全收回货款十分重要。如果开证行支付能力差或商业信誉不好,原则上不应接受该行开立的信用证,除非该行所开立的信用证由另一家经常与我国有贸易往来的、资信情况较好的银行保兑。信用证中还应该有保证付款的说明,还要对索汇方式和索汇路线进行分析,如果认为不妥,也应要求开证方修改。

(3) 审核信用证的控制文件。出口方银行接到开证行的电子信用证以后,应核密押;接到普通信用证时应先核对印鉴(签字),如果没有问题,认定为真实的信用证,一般要打上“印鉴相符”等字样的戳记。

(二) 出口方审证的重点

信用证应以合同为依据开立,除非事前已征得卖方的同意,买方不得随意增减或改变其内容。但是,在实际业务中,信用证与合同常有不一致的情形发生。进口方和进口地银行在办理信用证的过程中,可能由于对出口国的具体政策和贸易习惯不了解,或者由于某种疏忽,或者因为电文传递的错误,或者在市场行情变化时为了自己的利益而故意在信用证上做文章,有意利用开证的主动权加列对其有利的条款,使开来的信用证在个别内容上与合同条款不一致,给卖方带来业务风险。为确保收汇安全和合同顺利执行,卖方收到通知行转寄来的信用证以后,应该根据合同中的有关条款对信用证进行认真审核。如需修改,直接向进口商提出或经由通知行提出,使信用证中的规定与原订合同保持一致。

出口方在审核信用证时应重点审核以下几点。

1. 信用证的性质

按照 UCP500 第 6 条和第 8 条,信用证分为可撤销和不可撤销两种。信用证上未列明可否撤销字样的,均为不可撤销信用证。因为可撤销信用证对受益人没有提供任何保障,有很大的风险,只有不可撤销信用证才能给予受益人以更大的付款保证,因此在UCP600 中明确规定:信用证指一项不可撤销的安排,无论其名称或描述如何,该项安排构成开证行对相符交单予以承付的确定承诺。也就是说,UCP600 删除了信用证"可撤销"的内容,从而可以更好地明确信用证的特征,保护受益人的利益。

2. 有无遵照现行信用证统一惯例的条文或保证支付条款

目前使用的有关信用证的统一惯例是从 2007 年 7 月 1 日开始正式实施的《跟单信用证统一惯例》国际商会第 600 号出版物(UCP600)。因此,来证应声明"本证是根据UCP600 开立"的字样,如果没有则不宜接受。有的信用证还列出保证付款条款的责任文句,例如"兹保证议付依本证条款开立的所有汇票"或"根据本信用证并按其所列条款开具之汇票向我行提示并交出本证规定之单据者,我行同意对其出票人、背书人及善意持有人履行承兑付款责任"等。

在具体业务中,有些国家的开证行为了减轻自己的责任,甚至为了欺骗受益人而在其所开立的信用证中对开证行付款责任方面加列某些"限制性"条款或"保留"条件的条款,这样不仅改变了银行首先付款的性质,甚至减轻或规避了银行保证付款的责任,给受益人带来极大的风险,受益人必须特别注意。

3. 信用证的类别

如按销售合同中规定是否是保兑信用证、即期或远期信用证(特别注意真远期和假远期信用证的区别)、能否转让等。如果来证是循环信用证,应审核循环次数、金额及循环方式是否与合同规定相符;若不相符,则应要求对方修改。

4. 对开证人、受益人信息的审查

在审证时要仔细核对开证人、收货人和受益人的名称和地址是否完全相符,以防止错发错运。如果发现错误,包括数字上的个别错误,都应及时改正,以避免制单议付时影响正常收汇。

5. 对信用证的装运期、有效期和到期地点的审查

信用证中规定的装运期必须与合同规定的时间完全一致,如规定"收到信用证后×天装运"。如国外来证晚,无法按期装运,应及时电请国外买方延展装运期限。出口商在审证时应注意装运期与信用证到期日的时间间隔必须合理,即到期日须晚于装运期,一般为15 天,以便装船后有充分时间进行制单、交单工作。在特殊情况下,如果来证规定了信用证的装运期而未规定有效期或只有有效期而无装运期时,或者有效期与装运期为同一天的,即所谓"双到期",应该注意审查。对于第一种情况,应该要求对方改证,请对方明确信用证的有效期。对于后两种情况,如果船、货均无问题,也可以考虑接受。但要注意信用证的有效期,要留有充分余地,应自动提前 10 天作为最后装运期,尽快发货,以保证在信用证有效期内制单结汇。

在实务中,如果信用证的到期地点为开证人所在地,出口商要把所有单据在信用证到期日前寄送到国外指定银行,有时难以控制,因此一般要求对方开立信用证的到期地点在中国。如果对方来证列明到期地点为开证行所在地,可要求修改。

有时,信用证上会列明一个交单期,即货物装运日后若干天内须向银行提交单据。出口商要审查交单期是否过短,如只有 2～3 天,则根据实际情况要求予以改为 7 天以上,否则无法在规定期限内交单。

6. 出口货物描述条款是否与合同相符

信用证上有关货物的品名、品质、规格、数量、包装、运输方式、保险、付款方式等内容要严格按照交易合同表述,不能有相互矛盾的词句出现。特别是要注意有无另外的特殊条款,应结合合同内容认真研究,做出能否接受或是否修改的决策。

7. 对信用证货币和金额的审查

信用证所使用的货币,一般为合同规定的可自由兑换的货币。如来自与我国订有支付协定的国家,使用货币应与支付协定规定相符。

对信用证金额,首先应该注意其与开证行的资金实力是否相当;其次,信用证金额必须与合同大小写金额保持一致,单价与总值要填写正确。

8. 装运条件

审核信用证中规定的装运港(地)和目的港(地)。装运港(地)应该是中国某港口或某地。对于目的港(地),在信用证中应标明清楚,并且与合同中的规定相一致。

另外,要审核有关转运与分批装运的规定是否符合合同规定。按惯例,当信用证中对转运或分批装运不作规定时,可解释为允许转运或允许分批装运。如信用证规定允许转运或分批装运,应注意证内对此有无特殊限制或要求,包括指定转运地点、船名或船公司,或限定第一批装运与第二批装运的间隔时间。有时信用证内加列许多特殊条款(special conditions),如指定船籍、船龄等条款,或不准在某个港口转船等,一般不应轻易接受;但若不影响我方利益,经咨询船运公司,也可酌情灵活掌握。

9. 对单据的要求

应弄清楚来证中要求受益人提供的各种单据及其他有关要求,包括对单据种类、份数、填写内容及文字说明等应进行严格的审查。如发现有不正常的规定,例如要求商业发票或产地证明须由国外第三者签证以及提单上的目的港后面加上指定码头等字样,或者我方难以办到的,应及时要求对方改证,否则会导致我方处于被动地位。还有的信用证要求将 1/3 提单直接寄客户,2/3 提单送银行议付,以方便买方提前提货。这种做法卖方面临的风险很大。因为如果一份正本提单直接寄给买方,等于买方没有付款就获得了货物的所有权,买方可以不去银行支付货款而直接凭手中的提单就可以去提走货物。如果以后他从银行收到的单据中发现有任何不符点就会拒付货款,银行对此也不会承担责任。应在信用证去掉此条款。

审核信用证时,还应注意证中有无不能履行的条款。如在出口地并无进口国的领事馆或进口地本身不能作为一个主权国家,却要求签发领事发票或领事签证时,应请其删除或改由商会代签。

10. 防范信用证软条款

软条款是指置受益人于不利地位的弹性条款,出口方在审核信用证时必须加以特别注意。

(1) 货物检验证明或货物收据由进口商或开证人授权的人出具和签署,其印鉴应由开证行证实方可议付或必须与开证行的档案记录相符等。这些条款对受益人来说极为不利,因为进口商或进口商授权人如果不来履行就不能出具检验证书或货运收据,这必然影响货物出运。即使进口商检验并出具了证书或货运收据,如果检验证书注明不符标准,或未经开证行证实与存档印鉴相符,也会造成单证不符。

(2) 国际贸易术语选择。如在 FOB 术语下,不规定买方的派船时间;或在 CFR 或 CIF 术语下,规定船公司、船名、装运期、目的港须取得开证申请人的同意。这是信用证中常见的软条款之一。前者使得买方可以根据自己的意图决定是否派船和派船时间,致使卖方无法主动完成交货,不能按时收汇。后者同样使得卖方在交货、收汇方面受控于买方。对此类条款,应采取删除或在合同中直接规定派船时间、船公司、船名、装运期、目的港等方法。

(3) 信用证生效条件,即在信用证中规定暂不生效条款,待某条件成熟时信用证方生效。比如来证注明"接到我方通知后方能生效"(subject to receipt of our advice to that effect),或者"该证在开证申请人领取进口许可证后生效"(this L/C is not operative until import license granted),或者"本证仅在受益人开立了等额回头信用证并经本证的开证申请人同意接受后才能生效",或者"本证需等货样由进口方确认后才生效"等。这种信用证变成了变相的可撤销信用证,使开证行的责任处于不稳定状态,从而对出口商极为不利。对于这样的信用证,原则上不能接受。但如果上述限制条文确实是由于进口国的某些规定或者其他客观原因造成的,受益人应在装货前与进口商协商规定一个通知信用证是否生效的最后期限。否则,由于疏忽或急于发运,在信用证未生效前已把货物装运出口,就会造成收汇困难等损失。

三、改证

改证是指在审证中,如果发现信用证的内容与合同规定有重大不符或对我方不利的交易条件,按照合同的规定及时通知对方修改信用证。受益人在收到开证行的修改通知确定无误后才能发货。对可改可不改的内容,可酌情处理。

改证时应注意以下问题。

(1) 凡是不符合我国对外贸易方针政策,影响合同执行和安全收汇的情况,以及信用证的修改涉及有关方面权利与义务的变更时,应在征得各方同意后,要求国外客户通过开证行对信用证进行修改。修改手续费一般由提出修改方承担。

(2) 对信用证中要求修改的内容,应该尽量做到一次性向开证申请人提出,应尽量避免由于我方考虑不周而多次提出修改要求,除非客观情况变化不得不再次提出改证。这样可以节省时间和费用。

(3) 对信用证中与合同内容不相符的地方,要具体内容具体分析。非修改不可的,应坚决要求改证;如果一些条款与合同或惯例不符,但经过努力可以办到的,对履行合同和安全收汇没有较大影响,可以不改,以示合作,减少双方的时间和费用。

(4) 信用证的修改应按照一定的程序进行,可由出口方提出,也可由进口方提出。出口商发现信用证有与合同不符的条款时,应立即通知买方向开证行申请修改该项条款,开证行接受申请后,以电报或邮递的方式告知原通知行,原通知行再将修改条款转告出口商。进口商主动修改信用证应征得受益人同意。如果开证申请人事先未征得受益人同意,单方面修改信用证,受益人有权拒绝接受。

(5) 对于改证通知书的内容,如果发现其中一部分内容不能接受,应该把改证通知书退回,待全部修改正确才能接受。受益人必须全部接受或全部不接受,不能接受其中一项或几项,而拒绝其他各项。

(6) 卖方应坚持在收到银行修改信用证通知后,认为修改内容可以接受才能办理装运,对外发货,以免发生货物装出后而修改通知书未到的情况,造成我方工作上的被动和经济上的损失。发货后应将修改通知书与原信用证合并在一起,用于议付货款。

第三节 出口检验、托运、投保与报关

一、出口检验

出口商品分法定检验出口商品和非法定检验出口商品。对列入《出入境检验检疫机构实施检验检疫的进出境商品目录》(又称《法检目录》)以及其他法律法规规定需要检验检疫的货物出口时,货物所有人或其他合法代理人在办理出口通关手续前,必须向口岸检验检疫机构报检。海关凭出入境检验检疫机构签发的"中华人民共和国检验检疫出境货物通关单"(以下简称"出境货物通关单")办理海关通关手续。2013 年 8 月 1 日国家质检总局和海关总署联合发文对《法定检验目录》进行了大规模的调减,对 1507 个海关商品编码项下的一般工业制成品不再实行出口商品检验。该项措施旨于加快企业通关放行速度、降低企业出口成本、促进外贸出口的平稳增长。

法定检验出口商品的发货人应当在国家质检总局规定的地点和期限内,持合同等必要的凭证和相关批准文件向出入境检验检疫机构报检。法定检验出口商品未经检验或者经检验不合格的,不准出口。外贸合同或信用证规定或申请人要求由商检机构检验出具商检证书的商品,可在备好货后向商检机构申请报验。出口商品经检验合格后,由商检部门出具检验证明书,该证明书是海关放行和交单议付的重要依据。此外,合同或信用证规定需要某商检机构证书的,一般应向该商检机构报验。

(一) 办理出口商品检验的主要步骤

1. 报检时间

出口方对应施检验的出口商品应按有关规定及时向出入境检验检疫机构报验。出境货物最迟应于报关或装运前 7 天报验,对于个别检验检疫周期较长的货物,应留有相应的检验检疫时间。需隔离检疫的出境动物在出境前 60 天预报,隔离前 7 天报检。有下列情况之一的应重新报检:①超过检验检疫有限期限的;②变更输入国家或地区,并又有不同检验检疫要求的;③改换包装或重新拼装的;④已撤销报检的。

2. 填写出境货物报检单

申请报检人必须按规定要求完整、准确、清晰地填写各项内容。其中未作说明的项目

按实际情况填写或"√",不得随意涂改。项目内容确实无法填写的以"＊＊＊"表示,不得留空。报检单位应加盖公章,并准确填写本单位在检验检疫机构登记的代码。需要签发外文证书的,有关项目应填打相应外文。出境货物报检单还应在当地商检机构规定的期限内及时填写,应附资料要齐整并与出境货物报检单一致。

出境货物报检单交商检部门,并经商检部门审查同意后,即完成了申请报检工作。

3. 受理检验和出证

出入境检验检疫机构根据出境货物报检单和商品的不同情况,并参阅合同副本或信用证副本等,或派员进行抽样,或直接派员对出口产品进行检验,检验的内容包括商品的质量、规格、重量、数量、包装以及是否符合安全卫生要求等。检验的依据是法律、行政法规规定的强制性标准或者其他必须执行的检验标准(如输入国政府法令、法规规定的标准)或对外贸易合同所约定的检验标准。

出口商品经出入境检验检疫机构检验或者经口岸出入境检验检疫机构查验不合格的,可以在出入境检验检疫机构的监督下进行技术处理,经重新检验合格的,办理签证和放行,即可报关出口。检验证书份数由申请报验单位根据需要而定,但一般为正本一份,副本四份。

对于商检机构检验合格发给检验证书或者放行单的出口商品,应当在商检机构规定的期限内装运出口,超过期限的应重新报验。

(二) 出口商品报检应提供的材料

(1) 外贸合同或销售确认书或订单。

(2) 以信用证结汇的应提供信用证、有关函电传真等。如信用证有修改的,要提供修改函电。

(3) 商业发票。

(4) 装箱单。

(5) 凡实施质量许可、卫生注册或需经审批的货物,应提供有关证明。

(6) 出境货物须经生产者或经营者检验合格并加附检验合格证或检测报告;申请重量鉴定的,应加附重量明细单或磅码单。

(7) 凭样品成交的货物,应提供经买卖双方确认的样品。

(8) 报检出境危险货物时,必须提供危险货物包装容器性能鉴定结果单和使用鉴定结果单。

(9) 申请原产地证明书和普惠制原产地证明书的,应提供商业发票等资料。

(10) 出境特殊物品的,根据法律法规规定应提供有关的审批文件。

对尚未成交或已对外成交但尚未收到信用证的出口商品,为了提前做好出口准备,出口单位可向当地商检机构申请预检,经预检的商品,在向商检机构办理换证放行手续时,应加附该商检机构签发的"出口商品预检结果单"正本。发货人委托其他单位代理报验时,应加附发货人的委托书(原件)。

凡属凭样品成交的出口商品,原则上应由出口单位在对外寄送样品前,申请商检机构签封样品,一式三份,客户、出口单位、商检机构各执一份备查。报验服装、皮鞋、工艺品、纺织品等商品,尚需提供文字表达不了的样卡、包卡或实物标样。

(三) 出口商品报检应注意的问题

(1) 本地生产的产品出口,认真如实填写《出口检验申请单》,提供有关资料,由发货人在当地向有关检验检疫机构报检。在外地生产的产品出口,发货人如果是外贸公司,应提供正本委托报检书和其他相关文件,委托外地生产企业代办检验,获得《出境货物换证凭单》。

(2) 根据规定,对出口商品卫生和安全进行检验。

(3) 商品检验后,应在检验证书或《出境货物换证凭单》规定的期限内出口,逾期需要重新报检。

(4) 法定检验商品,应在出口商品原产地报检。依合同或信用证报检的,应按合同或信用证规定的检验机构或双方同意的检验机构报检。

(5) 凡列入需检验的纺织品目录的纺织品,还需提供包装唛头、标牌、吊牌等实物,杜绝冒牌货。

(6) 仔细校对检验证书份数和内容,检验证书出证日期要早于提单日期。

(7) 危险货物运输包装要鉴定,出具《出境危险货物运输包装使用鉴定结果单》。

出口方在办理出口检验时,应注意与有关检验机构的配合,保证出口检验工作的顺利进行,以免耽误货物出口和合同的如期履行。出口方在审核信用证时,如发现对商检证书的内容、文种有特殊要求的或在信用证上外文品名与合同规定不完全一致等非原则性问题时,报验人应在申请单的备注栏注明,商检机构视情况决定能否受理;否则,应对外提出修改。在报验至取证期间,买卖双方凡有涉及商检内容的传真、函电等,报验人应及时向商检机构提供,以便按要求顺利检验和出证。如果需要修改检验证书,报检人应填写更改申请单,交附有关函电等证明单据,并交还证单,经审核同意后方可办理更改手续。

进出口商品的报检人对出入境检验检疫机构作出的检验结果有异议的,可以自收到检验结果之日起 15 日内,向出入境检验检疫机构申请复验。受理复验的出入境检验检疫机构或者国家质检总局应当自收到复验申请之日起 60 日内作出复验结论。

二、货物托运

在 CIF、CIP、CFR 和 CPT 条件下,托运或租船订舱是卖方的主要职责之一。托运是出口企业委托运输机构向承运人或其代理办理货物的运输业务。如果出口货物数量大,需要整船装运的,出口方必须对外办理租船手续;如果出口数量不大,只需办理订舱事宜即可。出口方要认真掌握好备货进度,至少应该在交货前两个星期就备妥货物,而一旦货物备妥,托运工作就应立即着手进行,这样有利于尽早结汇并可减少货物的仓储保管费用,保证按时装运。出口方的托运工作主要包括以下几点。

1. 妥善选择货运代理公司

随着现代物流业的快速发展,货主选择货物运输的渠道更方便和多样化。出口方可以与运输工具承运人(如船公司)直接打交道,也可以选择由专业化较强的货运服务机构为其提供"门到门"的运输一体化的中介服务。这大大方便了进出口商,也形成了成本低、效率高的货物供应链。但出口方在选择运输公司办理运输业务时,要特别注意选择信誉良好的货运代理公司。它不仅涉及货物的安全运送、货权的安全交接,也涉及贸易双方的长期合作关系。

2. 办理租船订舱手续

各进出口公司在信用证符合要求和已备好货的情况下(或基本备好货),应即着手向货运代理办理租船订舱手续。货运代理根据货主的具体要求按航线分类整理后,及时向船公司或其代理订舱。如果进出口公司自行办理租船订舱手续,则由进出口公司直接与外轮公司的代办公司办理有关手续。

进出口公司应根据合同或信用证中的有关规定,参照船公司每月发来的列明航线、船名、航次、国籍、抵港日期、截止收单期(即接受托运的最后日期)、受载日期、停挂港口名称以及该船的性质(集装箱船或是散货船,班轮或是租船)和装载量等的船期表,认真填好出口货物托运单或订舱委托书中的货物名称、件数、毛重、尺码、目的港、装运日期等栏目,并及时将托单送运输公司或货运代理公司,作为租船订舱的依据。托运单的填写内容要注意与信用证有关装运的条款内容一致。同时附交发票、装箱单、出口货物明细单、提货单(可凭以向指定的储存仓库或生产厂家提取货物)以及其他必要的证件(属于出口许可证管理的商品,要提供出口许可证;需有商检证书的,应提交商检证书;如属于危险商品,还需提交危险品准运证书、危险品说明书以及危险品包装证明书)。一般船公司或货代公司都有自己抬头的针对集装箱货、散装货等不同运输类型的固定格式的托运单。

3. 船公司或其代理签发装货单

运输代理公司收到托运单据以后,审核托运单,然后根据货主提供的订舱委托书缮制海运出口"托运单"一套(如散装货共 10 联,集装箱运输共 12 联);或将货主提供的托运单连同全套单据,在截止收单日期前送交船公司或船公司代理,作为订舱的依据。如果采用集装箱整箱方式运输,还要缮制场站收据。出口企业或货代公司应完全根据信用证的规定严格填写托运单,因为其中许多内容均会在提单上显示。除此之外,出口企业还应在托运单的备注栏中注明:

① 货物的存放点;

② 集装箱的尺寸;

③ 船公司的名称(如果信用证指定船公司运输时)。

有关船公司根据配载原则、货物性质、货运数量、装运港、目的港等情况,结合船期,安排船只和舱位,将托运单的配舱回单退回,然后由船公司据以签发场站收据或装货单(shipping order),俗称"下货纸",作为通知船方收货装运的凭证。装货单的作用主要是:

① 表示船公司承运该批货物。装货单一经签发,承运和托运双方均受约束。

② 海关凭此单查验货物。如果海关准予出口,即在装货单上加盖海关放行章。

③ 通知船方装货。装货单是船公司或其代理给船方的装货通知和指令。

4. 提货装船获取大副收据(场站收据)

预订的轮船到达装运港以后,按照港区进货通知并在规定的期限内,由进出口公司或运输公司将货物从出口方仓库运送至港区码头集中等待装船,经海关查验后放行,凭装货单装船。

如果是散货出口,货物报关手续办理后,货代到出口企业仓库提货,送码头装船。装船后,由船上大副签发大副收据(mate's receipt,M/R)。大副收据是船方收到货物的凭证。如果采用集装箱整箱方式出口,货代公司向船公司或船代领取集装箱设备交接单到指定堆场领取空箱,然后到委托单位储存地点装箱(或委托单位送货到货代仓库装箱)后,将集装箱货物连同集装箱装运单、设备交接单送到码头集装箱堆场或场站。码头将船公司或船代提供的装货清单及集装箱装箱单送海关供海关监管装船,由场站签发场站收据。场站收据是承运人接管货物的凭证。

5. 取得海运提单

装船完毕后,货代持大副收据或场站收据或电子托运单中"已放关,货物已装船,可放单"字样记录单,向船公司或其代理换取已装船提单,并向船公司交付运费。托运人在与货代结清运费等相关费用后,获取海运提单,以便在目的地及时提货。

6. 发装运通知

货物装船后,出口企业应该及时向国外进口方发出装运通知(shipping advice),以便进口方及时办理保险和报关接货的手续。特别是以 CFR 或 CPT 贸易术语成交的出口业务,货物装船后出口方必须立即通知进口商有关装船情况。如果未发或迟发装船通知,造成进口方漏保货物险,出口方应该承担相应的责任。

7. 特殊要求

如果为需要特种舱位(如冷藏舱、通风舱、油舱等)运输的货物,进出口公司应尽早通知船公司,以便及时安排舱位。

三、投保

凡是以 CIF 或 CIP 价格条件成交的出口合同,都由出口方办理投保手续;而在以 D 组贸易术语对外成交时,由于卖方自行承担风险,也必然要对出口运输货物办理保险。在我国,进出口货物运输最常用的保险条款是 CIC 中国保险条款。投保人办理保险时,要注意根据运输途中可能发生的风险,选择投保合适的险别。具体的保险程序如下。

1. 填写投保单,递交投保申请

投保人在确定投保险别与金额,而且货物已确定装运日期之后,即可向保险公司办理投保手续。按照保险公司仓至仓条款的保险责任范围,投保人一般应在货物从装运仓库运往码头或车站之前办妥投保手续。出口方首先要跟保险公司联系,填制投保单一式两份,一份由保险公司签署后交投保人作为接受承保的凭证;一份由保险公司留存,作为缮制、签发保险单(或保险凭证)的依据。保险单一经签发,保险契约即告成立。

在填写投保单时应注意以下事项:(1)投保申报情况必须属实;(2)投保险别、币值与其他条件必须和买卖合同、信用证上所列保险条件的要求相一致;(3)投保后发现投保项目有错漏,要及时向保险公司申请批改,如保险目的地变动、船名错误以及保险金额增减等。

在公司实际业务中,由于进出口公司业务多,与保险公司合作关系长,投保手续往往得以简化和变通。例如:

(1)如时间较紧,投保人直接以口头或电话向保险公司提出申请获允诺后保险合同

即生效,但仍需补送投保单。

(2) 业务量较大的外贸公司,为简化手续、节省时间,也可以发票、出口货物明细单或货物出运分析单、报关单或信用证的副本代替投保单。在这种情况下,须加注:①运输工具名称、航次、是否转船、提单号码;②开航日期;③运输方式;④投保险别;⑤投保金额;⑥赔款地点;⑦保单份数;⑧投保日期等保险所需资料。

(3) 预约投保。专门从事出口业务的外贸公司或长期出口货物的单位,可与保险公司签订预约保险合同(简称预保合同)。签订预保合同,进出口公司一般能获得优惠的保险条件和保险便利。凡属预约保单规定范围内的出口货物,一经起运,保险公司即自动按预约保单所订立的条件承保。被保险人应在每笔货物起运前,及时将起运通知书(包括货物名称、数量、保险金额、船名或其他运输工具名称、航程起讫地点、开航或起运日期等)送交保险公司。

2. 缴纳保险费

投保人按约定方式缴纳保险费是保险合同生效的条件。保险费率是由保险公司根据一定时期、不同种类的货物的赔付率,按不同险别和目的地确定的。保险费则根据保险费率表按保险金额计算。缴付保险费后,投保人即可取得保险单。签订有预保合同的企业,通常与保险公司按月结算保险费。

3. 取得保险单据

投保人缴完保险费用即可取得保险单。保险单据是保险人与被保险人之间的投保契约,是保险人给予被保险人的承保证明。在发生保险范围内的损失时,投保人可凭以向保险人要求赔偿。在 CIF 交货条件下,它又是卖方必须提供给买方的出口单据之一。保险单据作为议付单据之一,必须符合信用证的规定。因此,出口商在收到保险公司出具的保险单据以后,必须根据合同、信用证等单证进行逐项审核。

如发现投保项目有错漏,特别是涉及保险金额的增减、保险目的地变更、船名的错误等,投保人应向保险公司及时提出批改申请,由保险公司出立"批单"(endorsement)。保险单一经批改,保险公司即按批改后的内容承担责任。申请批改必须在保险人不知有任何损失事故发生的情况下,在货物到达目的地之前或货物发生损失以前提出。

4. 保险单的转让

和运输单据一样,保险单可以采用背书的方式转让给受让人。例如,在 CIF 合同中,一般均规定卖方有义务向买方提交保险单和提单等装运单据。在这种情况下,卖方取得保险单和提单后,通常是以背书方式把这些单据转让给买方,以履行其合同义务。

保险单据的转让无须取得保险人的同意,也无须通知保险人。即使在保险标的物发生损失之后,保险单仍可有效转让。保险单的受让人有权用自己的名义起诉,并有权在货物遭受承保范围内的损失时,以自己的名义向保险人要求赔偿。

四、出口报关

报关是指从事进出口贸易的有关当事人在货物、运输工具等进出境时向进出境地的海关申报、交验所规定的单据、证件,缴纳关税,申请海关查验放行的行为。按照《中华人民共和国海关法》(以下简称《海关法》)的规定,凡是进出口的货物和运输工具,必须经由设有海关的港口、车站、国际航空站进出,并向海关申报,经海关查验后方可放行。

(一) 申报

申报是指进出口货物的收发货人、受委托的报关企业,依照《海关法》以及有关法律、行政法规和规章的要求,在规定的时间、地点,采用电子数据报关单和纸质报关单形式,向海关报告实际进出口货物的情况,并接受海关审核的行为。目前,随着技术的不断发展和更新,主要以电子数据报关单形式向海关申报,在向未使用海关信息化管理系统作业的海关申报时,报关企业可以采用纸质报关单申报形式。

无纸通关是海关根据我国进出口量大增的实际情况,为便利进出口企业报关工作,加快通关速度,利用中国电子口岸及现代海关业务信息化管理系统功能,对企业联网申报的进出口货物报关电子数据进行无纸审核、验放处理的通关方式。A类以上管理级别的企业,只要经营规范,没有违规行为,即可向海关申请使用无纸通关方式办理进出口业务。主管地海关负责接收企业申请,提出初步审核意见,报海关通关管理部门审批,并负责组织申请企业、海关、中国电子口岸数据中心三方签订无纸通关协议书。申请人保证在报关单电子数据放行之日起 7 日内向海关提交或者由其代理人向海关提交纸质报关单、发票、装箱单、提单以及海关认为需要提交的其他单证。未按规定时限交单或经催交 7 天内仍未交单的企业,现场海关暂停该企业无纸通关业务。

1. 企业申报应出示的证明

(1) 申报单位在海关办理的"企业海关注册登记手册";

(2) 申报人员的报关员证;

(3) 申报单位和报关员盖章的"出口货物报关单"一式两份;

(4) 随附单证,如出口许可证或有关主管机关的批准文件、法定商检证书或出境货物通关单(如需法定商检)、合同、发票、装箱单、减免税证明、出口收汇核销单等海关认为必要的单据。

2. 出口报关具体程序

(1) 报关单位按报关单的格式和填写规范填写报关单,报关单的主要内容包括品名、规格、数量、唛头、件数、重量、合同价格、金额和运输工具名称等。报关单交预录入公司录入审核并打印(也可以自行印制),经报关人审核无误后通知预录入公司提交审单中心向海关正式申报。

(2) 海关在接受申报后,要对交验的各项报关单证进行全面、认真细致的审核。审核单证要求单证必须完备、齐整、清楚有效;单证所填内容必须真实可靠、准确无误;交验的各项单证之间内容必须相符;申报货物必须符合国家有关政策、法律规定。审单合格后,审单部门将报关单据移交查验部门。

(二) 查验

出口货物查验是指海关在接受申报并审核报关单证的基础上对出口货物进行实际核对检查。查验的目的是核对实际出口货物与报关单证所报内容是否相符,有无错报、漏报、瞒报、伪报等情况,验证申报审单环节提出的疑点,审查货物的出口是否合法,确定货物的物理性质和化学性质、成分、规格、用途等,以确定货物的适用税目和税率,并为海关统计归类和后续管理提供可靠资料。

海关查验货物,一般应在海关规定的时间和海关监督区内进行。为了加速验收,根据货物实际情况,海关有时也在船边等现场验收,如矿砂、粮食、原油、原木等散装货物,化肥、水泥、钢材、食糖等大宗货物和危险品,以方便外贸运输。在特殊情况下,经报关单位的申请,海关根据需要和可能,也可同意在海关监管场所以外的地方查验。在特殊情况下,出口货物的发货人及其代理人可以向海关申请提前或延迟查验。对出口鲜活商品、危险品、易腐或易变质货物,以及其他因特殊事由需要紧急验放的货物、物品,经出口货物发货人、物品所有人或其代理人申请,海关可优先安排查验。海关查验货物后,要填写一份验货记录。验货记录一般包括查验时间、地点,进出口货物的收发货人或其代理人名称,申报的货物情况,查验货物的运输包装情况(如运输工具名称、集装箱号、尺码和封号),货物的名称、规格型号等。

为了鼓励企业守法自律,提高海关管理效能,保障进出口贸易的安全与便利,海关根据企业遵守法律、行政法规、海关规章、相关廉政规定和经营管理状况,以及海关监管、统计记录等,设置 AA、A、B、C、D 五个管理类别,对有关企业进行评估、分类,并对企业的管理类别予以公开。海关总署按照守法便利原则,对适用不同管理类别的企业,制订相应的差别管理措施,其中 AA 类和 A 类企业适用相应的通关便利措施,B 类企业适用常规管理措施,C 类和 D 类企业适用严密监管措施。对 A 类企业,海关将实施"属地报关、口岸验放",优先选择作为海关便捷通关试点,优先派员到企业结合生产或装卸环节实施查验,业务现场优先办理货物申报、查验、放行手续,在进口货物起运后抵港前或出口货物运入海关监管场所前提前办理报关手续,优先安排在非工作时间和节假日办理加急通关手续,按规定实行银行保证金台账"空转"或不实行银行保证金台账制度,优先办理加工贸易备案、变更、报核等手续,优先办理报关注册登记手续,优先组织对报关员的报关业务培训和岗位考核等一系列通关便利措施。对 AA 类企业,除享受 A 类通关便利措施外,海关还将实行"担保验放",适用较低查验率,指派专人负责协调解决企业办理海关事务的疑难问题,专门组织对报关员的报关业务培训和岗位考核等通关便利措施。

从 2013 年 8 月 1 日起海关实施分类查验和查验分流两大新举措,以提高海关监管查验作业效能和口岸通关效率,引导企业守法自律。分类查验措施是指海关对经营单位为 AA 类且申报单位为 B 类(含 B 类)以上企业(以下简称"AA 类企业")的进出口货物,除特殊情况外,实施较低比例的随机抽查。对抽查中查获 AA 类企业存在涉嫌违法违规行为被海关立案调查的,海关将对该企业的进出口货物实施连续查验。海关主要通过稽查、核查等方式对 AA 类企业实施后续监管。查验分流措施是指进出海关特殊监管区域的货物,如保税港区、保税区、保税物流园区、出口加工区等,除法律法规另有规定外,不在口岸实施查验,对需查验的货物,均由海关特殊监管区域主管海关在区内实施查验。

(三) 纳税

征收出口关税能起到限制出口的作用,而通常出口国征收出口关税的目的,是为了减少本国资源性商品的出口,以及作为国家应对国际贸易环境变化调整本国贸易对策的一种手段。

出口货物经查验情况正常、应按章纳税的,必须在缴清税款或提供担保后,海关方可签章放行。根据我国《海关法》的规定,进出口货物的纳税义务人,应当自海关填发税款缴款书之日起 15 日内缴纳税款;逾期缴纳的,由海关征收滞纳金。

海关在征税前应核定货物的完税价格。新《海关法》采用国际通行的海关估价准则,明确规定进出口货物的完税价格以货物的成交价格为基础确定。成交价格不能确定时,完税价格由海关估定。

(四) 放行结关

放行是口岸海关监管现场作业的最后一个环节。口岸海关在接受进出口货物的申报后,经过审核报关单据、查验实际货物,并依法办理征收货物税费手续或减免税手续后,在托运单中的装货单一联上签印放行,海关的监管行为结束,发货人或其代理人必须凭此联才能装船发运。结关是指对经口岸放行后仍需继续实行管理的货物,海关在固定的期限内进行核查,对需要补证、补税货物作出处理直至完全结束海关监管的工作程序。

在货物放行后,出口方签领进出口货物报关单证明联,以备出口业务核销之用。对需出口退税的货物,发货人应在向海关申报出口时,增附一份浅黄色的出口退税专用报关单。出口企业应于海关放行货物之日起 15 日内(第 15 日为法定节假日时顺延)申领出口退税报关单。海关在报关单上加盖“验讫章”和已向税务机关备案的海关审核出口退税负责人的签章,并加贴防伪标签后,退还报关单位,由出口企业日后向当地税务机关办理出口退税手续。

第四节 制单结汇

制单结汇是指进出口公司按照合同和信用证的要求,在货物装船之后,及时正确地制备所需单据,在信用证规定的交单有效期内,持所需单据向议付行议付货款。

一、出口单据制作要求

在货物装箱托运以后,出口公司就应立即按合同或信用证要求,正确、完整、及时、简明、整洁地缮制各种单据。单据制作不仅是进出口业务的一项工作,也是收取货款必不可少的一个环节。在信用证业务中,由于其业务特性要求银行只管单据不管货物,只凭信用证不管买卖合同,单据的要求更加严格,要求业务人员准确、完整的制作各种单据,并及时送交银行,才能确保安全迅速收款。

1. 单据的正确性

信用证方式要求单据的正确性主要体现在单据表面的一致性,即单内一致,单单一致,单证一致。一方面,议付单据的内容首先要与信用证的有关规定一致,同时单单之间不能发生矛盾。“单证一致”不仅指单据的内容要与信用证一致,还包括单据提交的份数、提交的方式以及提交的时间也要与信用证的规定一致。另一方面,单据“表面相符”是指银行在审核与信用证有关的单据时无须调查实际交货的真实性和具体情况,只需审核单据表面上显示的内容与信用证条款的内容是否一致。

关于单证与合同一致的问题,虽然单据制作以信用证为依据,但业务人员还需注意双方的买卖合同。维护买卖双方的合同权益,恪守合同,是双方贸易关系得以巩固和发展的基础。信用证是买方(开证申请人)依照买卖合同及有关贸易惯例向银行申请开立的,是银行审核单据以决定是否付款的依据。因此,一般买方都会要求开证行在信用证中加列一些关于货物描述的条款,以便约束受益人单据上所列的货物与买卖双方在合同中约定的相一致。但是,信用证毕竟不能代替买卖合同,特别是对一些比较复杂的货物买卖,比如大型的成套设备,信用证中也不可能详细规定货物的具体规格型号、技术指标、单价以及包装情况等。对于这些内容,受益人在制单时可以按照合同的有关规定缮制,但必须注意,这些内容不能与信用证的规定相抵触。

2. 单据要求完整

单据的完整是指卖方所制作和提交的单据必须按信用证的规定齐全,不能短缺。提交单据的种类、每种单据的份数和每份单据的必要项目内容都必须完整。

3. 单据制作提交及时

制作单据必须及时,最好能在货物装运前,将除提单以外的有关单据制作好,送议付银行预先审核。这样有利于卖方给自己制单留下充足的时间来检查单据,提早发现不符点加以修改。如果发现信用证的问题,卖方才有时间在装运前请买方修改信用证。同时,货物出口所涉及的单据多达几十种,各种单据之间的关系又是错综复杂和相互联系的。出口货物的认证、商检、托运、报关和装运诸方面工作的进行都需要向有关部门提供一定的单据。比如,申领出口许可证、原产地证书都需要提供商业发票;向承运人订舱需要填制托运单;向保险公司办理保险需要提交保单;等等。延误单据制作的时间会影响到这些工作的正常进行。因此,议付单据的制作一定要及时,并且有机连接。

单据应该在信用证规定的交单日前或 UCP600 规定的交单期限内及时送交议付银行议付。业务人员应该注意信用证的最晚交单日期和信用证有效期,以免耽误安全收汇。

4. 单据制作要简明

单据制作不是越复杂越细越好。单据内容应该按照信用证和 UCP600 的规定以及该惯例所反映的国际标准银行实务来填写,力求简单明了,切勿加列信用证未规定的内容,以免弄巧成拙,给单证的相符和正确性带来问题。

5. 单证保持整洁

业务人员制单要注意单据布局美观、大方、整洁。所打制的内容字迹要清楚,单据表面保持干净,不能多处涂改。有个别更改的地方要加盖校对章。有些单据的主要内容部分不宜更改。

另外,单据制作应符合有关法规及商业惯例,符合有关国家的行政规定。特别是单据日期是制单容易疏忽和犯错的地方。比如:通常提单日期是确定各单据日期的关键,提单日不能超过 L/C 规定的装运期,也不得早于 L/C 的最早装运期;发票日期应在各单据日期之首;汇票日期应晚于提单、发票等其他单据日期,但不能晚于 L/C 的有效期;保险单的签发日应早于或等于提单日(一般早于提单两天),不能早于发票日期;商检证日期不晚于提单日期,但也不能过分早于提单日期,尤其是鲜货与容易变质的商品;装箱单日期应等于或迟于发票日期,但必须在提单日期之前;产地证不早于发票日期,不迟于提单日期;等等。

二、交单结汇

(一) 交单

交单是指出口商(信用证受益人)在信用证到期日前和交单期限内向银行提交信用证规定的全套单据。这些单据经银行审核无误,根据信用证条款规定的不同付汇方式,由银行办理结汇。出口商在交单时应注意三点:一是单据的种类和份数与信用证规定相符;二是单据内容正确,包括所用文字与信用证一致;三是交单时间必须在信用证规定的交单期和有效期之内。如果信用证没有规定交单期,银行将不接受自提单签发日起21天后提交的单据,但在任何情况下,单据的提交不得迟于信用证的有效期。

一般出口商的交单方式有两种:一种是两次交单或称预审交单,即在运输单据签发前,先将其他已备妥的单据交银行预审,发现问题及时更正,待货物装运后收到运输单据,可以当天议付并对外寄单;另一种是一次交单,即在全套单据备齐后一次性送交银行,此时货已发运。银行审单后若发现不符点需要退单修改,耗费时日,容易造成逾期交单而影响收汇安全。目前很多出口企业与银行密切配合,采用两次交单方式,加速安全收汇。

(二) 结汇

出口结汇是指议付银行将收到的外汇按当日人民币对外币现汇的市场买入价购入,结算成人民币支付给出口人。信用证的出口结汇方法一般有以下三种。

1. 收妥结汇

收妥结汇又称"先收后结",即出口地银行在审查出口企业交来的单据,认定单、证一致后,将单据寄往国外付款行索取货款,待收到国外付款行寄来的货款贷记出口地银行的通知时,才按当日外汇牌价,折合成人民币向受益人结汇,交付受益人。

2. 定期结汇

定期结汇是指出口地银行在审查出口企业交来的单据后,根据向国外付款行索偿的邮程远近,预先确定一个固定的结汇期限(如出口地银行审单无误后7～14天不等),到期不管是否收妥票款,都将票款金额折合成人民币交付外贸企业。

3. 出口押汇

出口押汇也称"买单结汇",即出口地银行在审单无误的情况下,按信用证的条款买入出口企业(受益人)的汇票和单据,按照票面金额扣除从议付日到估计收到票款之日的利息,将净数按议付当日牌价折合成人民币,付给出口企业。该结汇方式是议付行向信用证受益人提供资金融通,可加速出口方的资金周转,有利于扩大出口业务。这也是目前进出口企业普遍采用的结汇方式。

出口押汇是银行对出口商保留追索权的融资,如超过押汇期限,经银行向开证行催收交涉后仍未收回议付款项,银行有权向企业行使追索权,追索押汇金额、利息及银行费用。但银行如作为保兑行、付款行或承兑行时或开证行拒付是由于银行本身的过错而致(如单据寄错、电报误发),则银行不能行使追索权。

(三) 单证不符的处理

在实际业务中,由于主客观原因,单、证不符的情形往往难以避免。单据常见差错如下:

(1) 汇票大、小写金额打错。

(2) 汇票的付款人名称、地址打错。

(3) 发票的抬头人打错。

(4) 有关单据如汇票/发票/保险单等的币制名称不一致或不符合信用证的规定。

(5) 发票上的货物描述不符合信用证的规定。

(6) 多装或短装。

(7) 有关单据的类型不符合信用证要求。

(8) 单单之间商品名称/数量/件数/唛头/毛净重等不一致。

(9) 应提交的单据提交不全或份数不足。

(10) 未按信用证要求对有关单据如发票/产地证等进行认证。

(11) 漏签字或盖章。

(12) 汇票/运输提单/保险单据上未按要求进行背书。

(13) 逾期装运。

(14) 逾期交单等。

出口方应该与议付银行密切配合,尽量保证单证正确无误,单、证相符和单单相符。对待所交单据的不符点,企业一般有如下处理办法。

(1) 在单据未寄开证行前,可改正单据中的不符点。但要注意改单原则是谁出具的单据由谁修改,同时必须注意 L/C 议付期限。

(2) 如单据已寄,可在交单期限内第二次提交正确单据,修改不符点。

(3) 表提。受益人在提交单据时,主动向议付行书面提出单证不符点。议付行通常要求受益人出具担保书,如日后遭拒付,受益人自行承担后果。这种方式一般是单证不符情况不严重,或是实质不符,但事先已经开证人(进口商)确认接受。

(4) 电提。即在单证不符情况下,议付行先向国外开证行拍发电报或电传,列明单证不符点,征询开证行和开证申请人意见,待开证行复电同意,再将单据寄出。这种处理办法一般是实质不符,金额较大。如获开证行同意议付行即寄单,如不同意,受益人可采取措施处理货物。

(5) 改信用证项下托收。单据有严重不符点,或信用证有效期已过,受益人为及时取得货款,只能委托银行在向开证行寄单函中注明"信用证项下单据作托收处理",作为区别,称为"有证托收"。而一般的托收则称为"无证托收"。这时,信用证支付方式实际上由银行信用转为商业信用,因而对出口商有较大风险。由于申请人已因单证不符而不同意接受,故有证托收往往遭到拒付,是一种不得已而为之的方式。

总之,制单人员要熟悉掌握有关单据,当议付行通知单证不符时,凡是来得及并可以修改的,受益人应当立即直接修改这些不符点,使之与信用证相符,从而保证正常议付货款。无法做到单证一致或单单相符,或再行修改势必造成信用证有效期已过,受益人必须立即采取补救措施以期安全收取货款。

第五节　出口收汇核销与退税

一、出口收汇核销

根据我国现行的对外经济贸易政策和国家外汇管理局的有关规定,我国出口企业在办理货物装运出口以及制单结汇后,应及时办理出口收汇核销(verification of export proceeds)手续。

出口收汇核销制度是国家加强出口收汇管理,确保国家外汇收入,防止外汇外流的一项重要措施。出口核销是以出口货物的价值为标准,核对是否有相应的外汇收回国内的一种事后管理措施,即出口企业在货物报关出口后,向外汇管理部门报送银行出具的收汇证明以进行核对的程序。出口单位凭出口收汇核销单报关出口,收汇后到外汇局办理核销,再向税务机关申请出口退税。

我国的出口收汇核销制度从1991年1月1日开始实施,对监督企业出口收汇、防止逃漏外汇、保证本国的外汇收入、维护国际收支平衡发挥了积极作用。2001年,国家外汇管理局与海关总署开发了“中国电子口岸出口收汇系统”,在中国电子口岸的公共数据中心建立了出口收汇核销单、出口报关单的电子底账,实现了管理部门间电子信息的共享。2002年,国家外汇管理局又设计开发了“出口收汇核报系统”,从而进一步完善了出口收汇核销管理,有利于促进贸易便利化。2012年国家外汇管理局、海关总署和国家税务总局联合颁布《关于货物贸易外汇管理制度改革的公告》(国家外汇管理局公告2012年第1号),决定自2012年8月1日起在全国范围内实施货物贸易外汇管理制度改革,并相应调整出口报关流程、简化出口退税凭证。主要包括如下内容:

首先,全面改革货物贸易外汇管理方式,简化贸易进出口收付汇业务办理手续和程序。外汇管理局取消货物贸易外汇收支的逐笔核销,改为对企业货物流、资金流实施非现场总量核查,并对企业实行动态监测和分类管理。

其次,调整出口报关流程,取消出口收汇核销单,企业办理出口报关时不再提供核销单。

再者,自2012年8月1日起报关出口的货物,企业申报出口退税时不再提供出口收汇核销单;税务部门参考外汇管理局提供的企业出口收汇信息和分类情况,依据相关规定,审核企业出口退税。

该规定实施后,出口企业的核销工作大为简化,有利于降低交易成本,促进企业进出口业务的开展。目前企业出口收汇后,无须向外汇管理局进行核销报告,也无须到外汇管理局办理核销手续,但应将用于核销的报关单进行网上交单,由外汇管理局按月通过“出口收汇核报系统”对其出口报关数据和银行收汇数据按时间顺序自动总量核销。出口单位无须凭核销单退税联办理出口退税手续,由税务部门根据从“中国电子口岸”数据中心接收的电子数据和外汇管理局按月向税务部门提供的已核销清单办理退税手续。

二、出口退税

出口退税是指有出口经营权的企业和代理出口货物的企业,除另有规定外,可在货物报关出口并在企业财务账册做完销售账处理后,凭有关凭证按月报送税务机关批准退还或免征增值税和消费税。出口产品退税制度是一个国家税收的重要组成部分,它主要是通过退还出口产品国内已纳税款来平衡国内产品的税收负担,使本国产品以不含税成本进入国际市场,与国外产品在同等条件下竞争,从而增强竞争能力,扩大出口创汇。

我国从 1985 年开始对出口产品实行退税制度。1994 年国家相继出台《出口货物退(免)税管理办法》等有关退税的政策法规。为了加强管理,国家实行出口退税与出口收汇核销挂钩的政策,堵塞出口退税管理中的漏洞。退税率按照出口产品适用的税种、税目、税率的不同,根据国家税务部门公布的出口退税税目税率表执行。出口退税政策的实施,对增强中国出口产品的国际市场竞争力,扩大出口,增加就业,保证国际收支平衡,促进国民经济持续、快速、健康地发展发挥了重要作用。同时,对出口产品实行退税是国际贸易业务中的一种通行做法,也是符合 WTO 规则的。中国作为世界上最大的发展中国家,市场经济、税制建设正处在不断完善的时期,产业结构、地区结构不平衡,能源、环境问题逐步凸现,因此,国家按照不同时期的经济增长情况和问题,不断调整出口退税政策以达到调节和管理国家进出口活动的目的。

(一) 出口退税的两种办法

(1) 对外贸企业出口货物实行免税和退税的办法,即对出口货物销售环节免征增值税,对出口货物在前各个生产流通环节已缴纳增值税予以退税。

(2) 对生产企业自营或委托出口的货物实行免、抵、退税办法,对出口货物本道环节免征增值税,对出口货物所采购的原材料、包装物等所含的增值税允许抵减其内销货物的应缴税款,对未抵减完的部分再予以退税。

(二) 出口退税的程序

出口企业的出口退税全部实行计算机电子化管理,通过计算机申报、审核、审批。从 2003 年起启用了"口岸电子执法系统"出口退税子系统,对企业申报退税的报关单、外汇核销单等出口退税凭证,实现了与签发单证的政府机关信息对审的办法,确保了申报单据的真实性和准确性。具体出口退税办理流程如下:

1. 出口退税资格的认定

外贸企业应于商务管理部门办理从事进出口业务备案登记之日起 30 日内填写《出口货物退(免)税认定表》(一式三份),并携带以下资料到国税局进出口税收管理处办理认定登记(原件和复印件,审核后原件退回):

(1) 对外贸易经营者备案登记表或者代理出口协议;

(2) 自理报关单位报关注册登记证书;

(3) 外商投资企业需提供批准证书。

2．出口退税申报系统软件的下载、安装、启动与维护

系统软件可在当地国税局网站或中国出口退税咨询网[1]下载获取。

3．出口退税申报前准备事项

（1）外贸企业在取得增值税专用发票后，应当自开票之日起 30 日内办理认证手续；在货物报关出口之日起 90 日后第一个增值税纳税申报截止之日，收齐单证并办结退（免）税申报手续。

（2）外贸企业应及时登录"口岸电子执法系统"出口退税子系统，核查并准确地确认和提交出口货物报关单"证明联"电子数据。

（3）外贸企业提供的每一份出口货物报关单与对应的增值税专用发票的品名、数量、计量单位必须保持一致。

4．出口退税申报

（1）申报明细数据录入，生成申报数据并打印申报表。这是申报中最主要的工作，不仅量大而且易出错，必须细致认真。

（2）整理装订单证。按照出口明细表顺序逐票整理装订单证：增值税专用发票、出口报关单、出口发票、结汇水单或收账通知书，委托出口的还需要提供《代理出口货物证明》等国税局退税部门要求的单据和文件。装订封皮可到退税机关领取，并按税务机关的统一要求装订。

（3）上门申报退税。携带申报表（主要包括：汇总表三份、进货明细表一份、出口明细表一份）、申报单证和电子申报数据（U 盘）到申报大厅办理退（免）税申报。

（4）审核反馈处理。

（5）退税资料的返回。

外贸企业应主动及时关注退税进度，随时在申报大厅取回已审批的退税资料，并跟踪和查询所报的退税款是否退税。

5．税务机关审核

税务机关受理出口商的出口货物退（免）税申报后，应为出口商出具回执，并对出口货物退（免）税申报情况进行登记。税务机关应在规定的时间内，对申报凭证、资料的合法性、准确性进行审查，并核实申报数据之间的逻辑对应关系。税务机关重点审核以下事项：申报出口货物退（免）税的报表种类、内容及印章是否齐全、准确；提供的电子数据和出口货物退（免）税申报表是否一致；凭证是否有效，与出口货物退（免）税申报表明细内容是否一致等。

在对申报的出口货物退（免）税凭证、资料进行人工审核后，税务机关应当使用出口货物退（免）税电子化管理系统进行计算机审核，将出口商申报出口货物退（免）税提供的电子数据、凭证、资料与国家税务总局及有关部门传递的出口货物报关单、出口收汇核销单、代理出口证明、增值税专用发票、消费税税收（出口货物专用）缴款书等电子信息进行核对，看是否与其相符。

税务机关在审核中若发现不符合规定的申报凭证、资料，应通知出口商进行调整或重新申报；对在计算机审核中发现的疑点，应当严格按照有关规定处理。税务机关审核无

---

[1]　http//：www.taxrefund.com.cn.

误后审批,按照有关规定办理退库或调库手续,将退税款划拨出口企业。

出口企业在出口业务中应该注意对出口退税涉及的单证严格把控。特别是目前外贸企业大量代理生产企业出口,由于涉及生产企业数量大,规模不一,有些生产企业经营不良或信誉不好,甚至出于骗税目的找外贸企业代理出口,外贸企业在代理业务中应该加强对委托企业的调查,明确与委托企业的代理关系,杜绝出口骗税和走私行为,以维护国家和企业的经济利益。

以上是出口合同履行过程中的主要内容。出口合同履行关系到买卖双方各自权益的实现和贸易关系的维系和发展。因此,出口企业应该认真履行合同,有关业务人员应该提高责任心和业务操作能力,以保证出口合同的顺利履行。出口合同履行的主要工作可以通过图 13-1 所示的流程图清楚地了解和掌握。

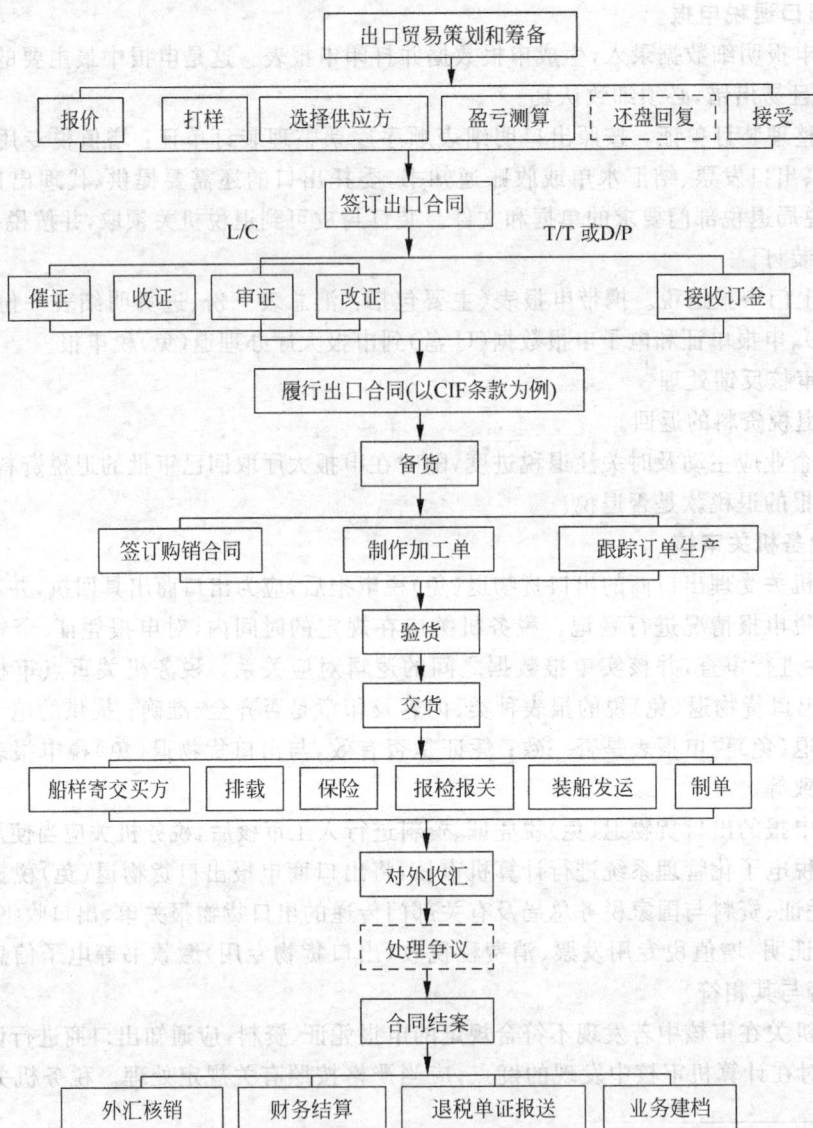

图 13-1　出口业务流程图

本章应知应会术语

1. performance of export contract　出口合同的履行
2. preparation of goods　备货
3. contact sheet　联系单
4. quality control　质量监控
5. urge L/C opening　催证
6. examination of L/C　审证
7. amendment of L/C　改证
8. export inspection form　出境货物报检单
9. consign for shipment　托运
10. shipping order　装货单
11. customs declaration for export　出口报关
12. customs clearance　结关
13. settlement of exchange　结汇
14. export bill purchased　出口押汇
15. tax refund for export　出口退税
16. verification of export proceeds　出口收汇核销

思 考 题

1. 出口合同履行工作主要包括哪些内容?
2. 业务人员在出口备货中应注意什么问题?
3. 你认为外贸企业和生产企业在备货中的工作异同点有哪些?
4. 为什么卖方一般需要向买方催开信用证?
5. 你如何理解出口方审核信用证的重要性?
6. 信用证主要需要审核什么内容?
7. 什么是信用证的软条款?试举例说明。
8. 修改信用证需要注意哪些问题?
9. 什么情况下,出口商品必须商检?
10. 本地产品和外地产品在出口检验方面有什么不同?如何办理?
11. 如何选择合适的货运代理公司?
12. 散货和集装箱货物在码头交接取单有何不同?
13. 什么是预约投保?它的好处主要在哪里?
14. 如何正确把握投保时间,维护买卖双方的利益?
15. 企业出口报关主要需要经过哪些程序?
16. 什么是报关企业分级管理?它的好处在哪里?

17. 制单的要求是什么？如何制作正确的单据？

18. 银行结汇的三种办法是什么？其主要内容和区别是什么？

19. 单据常见的不符点主要有哪些？

20. 如果单证不符,你如何处理不符点以保证安全收汇？

21. 什么是出口收汇核销？目前国家出口收汇核销有何变化？

22. 什么是出口退税？如何理解它对我国出口贸易的促进作用？

23. 申报出口退税所需单证主要有哪些？

24. 出口企业如何办理出口退税手续？

案例分析题

1. 我某公司与欧洲客户达成一笔圣诞节礼品的出口交易。合同规定以 CIF 为交货条件,交货期为 2000 年 12 月 1 日前,但合同未对买方开证时间予以规定。卖方于 2000 年 11 月上旬开始向买方催开 L/C,经多次催证,买方于 11 月 25 日将 L/C 开抵我方,由于收到 L/C 较迟,我方 12 月 5 日才将货物装运完毕。当我方向银行提交单据时,遭到银行以单证不符为由拒付。问：(1)银行的拒付是否有理？为什么？(2)此案例中,我方有哪些失误？

2. 中国一家企业出口货物一批,合同与 L/C 均规定为 CIF 条件。货物装运后,出口企业向船公司支付全额运费后取得了由船公司签发的已装船清洁提单,但制单人员在提单上漏打了 Freight Prepaid(运费预付)的字样,当时正遇市场价格下跌,开证行根据开证申请人的意见,以所交单据与信用证不符为由拒付货款。试分析此案。

财富箴言

1. There are two kinds of companies, those that work to try to charge more and those that work to charge less. We will be the second.

公司有两种：想多收费的和想少收费的。我们将成为后一种。

——杰夫·贝佐斯(Jeff Bezos,美国亚马逊公司首席执行官)

2. If enterprise is afoot, wealth accumulates whatever may be happening to thrift; and if enterprise is asleep, wealth decays, whatever thrift may be doing.

如果企业在发展前进,不论节俭与否,财富都在增加；如果企业停滞不前,就是再节俭,财富也在衰减。

——约翰·梅纳德·凯恩斯(John Maynard Keynes,英国经济学家)

第十四章

进口合同的履行

企业的国际货物贸易包括出口贸易和进口贸易两个部分。上一章,介绍了出口合同履行的一般步骤和注意事项。在学习进口业务过程中,可以参考出口贸易履行的很多业务知识要点,只不过买卖双方的角色互换了,应该从进口商的角度来注意业务的操作和风险的把握。出口贸易和进口贸易是企业贸易活动的两个基本内容,但进口合同的履行有其自身的特点,业务人员有必要了解进口合同在履行中需要把握的业务知识和问题关键点。

进口合同依法订立后,买卖双方必须严格按照贸易合同履行各自的义务。在进口贸易中我方作为买方必须贯彻重合同、守信用的原则,按照合同、有关的国际条约和国际惯例的规定,支付货物的价款和收取货物,同时,还要随时注意卖方履行合同的情况,督促卖方按合同规定履行其交货、交单和转移货物所有权的义务。

履行进口合同的环节和工作内容,主要取决于合同的类别及其所采取的支付条件。本章以 FOB 价格条件和信用证支付方式成交的进口合同为例,具体说明进口合同履行需要进行的业务流程和注意问题。按照这些条件成交的进口合同,履行程序一般包括开立信用证、租船订舱、通知船期和催装、装运、办理保险、审单付款、接货报关、提货检验、拨交货物和办理索赔等。

第一节　信用证的开立和修改

一、申请开立信用证

进口合同签订后,进口企业应在合同规定的期限内到经营外汇业务的银行填写信用证申请书,及时办理开证申请手续。

(一) 申请开证时间

信用证的开证时间应按合同规定办理。如合同规定在装运期前若干天开立并送达,进口方应按期向开证行提出申请并考虑到邮程的时间;如合同规定在卖方确定交货期后开证,进口方应在接到卖方通知后再向银行申请开证;如合同规定在卖方领到出口许可证、交付履约保证金或提供银行保函后向银行申请开证,则进口方应在收到相关通知后向银行申请开证。

如果合同未明确规定买方开立信用证的时间,只规定了装运期的起止日期,则应让受益人在装运期开始前收到信用证;如合同只规定最迟装运日期,则应在合理时间内开证,以使卖方有足够时间备妥货物并予按时出运。通常买方应在装运期前 30~45 天开证。

(二) 填写开证申请书

开证申请人在向开证行申请开立信用证时,应填写开证申请书,连同所需附件交开证行。开证申请书是银行开立信用证的依据,也是申请人和银行之间契约关系的法律证据。开证行收到申请书后,在审核进口人的资信等情况以后,按进口方的申请开立信用证。同时,进口商向开证银行交付一定比率的押金并支付开证手续费。

1. 开证的依据

买方开立的信用证以买卖双方签订的合同为依据,应该注意信用证的主要条款和要求与合同条款严格一致。例如信用证中品质、数量、价格、交货期、装货期、装货条件、装运单据等都要与合同中相应条款的规定相一致。因此,开证申请书应按照合同内容来填写,并具体列明相关贸易要求,不能使用"按××号合同规定"等类似的表达方式。因为信用证是一个自足文件,有其自身的完整性和独立性,不应参照或依附于其他契约文件,银行审单完全按照信用证的规定,而不会去参照双方的贸易合同。

2. 开证申请书的内容

开证申请书包括两个部分:第一部分是信用证的内容,包括受益人名称地址,信用证的性质、金额,汇票内容,货物描述,运输条件,所需单据种类份数,信用证的交单期、到期日和地点,信用证通知方式等。第二部分是申请人对开证银行的声明,其内容通常固定印制在开证申请书上,包括:承认遵守 UCP600 的规定;保证向银行支付信用证项下的货款、手续费、利息及其他费用;在申请人付款赎单前,单据及货物所有权属银行所有;开证行收下不符信用证规定的单据时申请人有权拒绝赎单;等等。

3. 填写开证申请书应注意的问题

(1) 信用证的种类。按照 UCP600 的规定,信用证是不可撤销的,信用证中无须注明,除非特别强调可撤销。在进口业务中,一般不宜开立可转让信用证,以防原来卖方将信用证转让给其他受益人。在此情况下,买方可能因第二受益人不可靠而造成意外损失。

(2) 信用证金额,即受益人可使用的最高限额。大小写金额要一致,除非确有必要,不宜在金额前加"约"(about)、"近似"(approximately)或类似词语,否则按 UCP600 规定将被解释为允许有不超过 10% 的增减幅度。

(3) 汇票的付款人和付款期限。汇票的付款人应为开证行或信用证指定的其他银行,而不能规定为开证申请人,否则,该汇票将被视作额外单据;汇票是即期还是远期,应严格按照合同规定。

(4) 信用证的有关条件规定必须单据化。即买方应该将对卖方的交货要求体现为信用证中的单据要求。开证申请书中必须明确说明据以付款、承兑或议付的单据的种类、文字内容及出具单据的机构等。UCP600 第 14 条第 h 款规定:如信用证载有某些条件,但并未规定表明符合该条件的单据,银行将视这些条件为未予规定而不予置理。因而,进口方在申请开证时,应将合同的有关规定转化成单据要求。

例如,合同中规定货物按不同规格包装,则信用证中应要求受益人提交装箱单。如采用海洋运输,一般应要求提供全套凭开证行或申请人指示并经发货人空白背书的已装船清洁提单。合同以 CFR 或 CIF 条件成交,信用证应要求受益人提交的清洁已装船提单上注明运费已付等。对集装箱运输、航空运输、铁路运输、邮包运输,则应在采用 FCA、CPT、CIP 等贸易术语的条件下方可受理,同时必须注明提交相应的运输单据。由于信用证是单据业务,银行不过问货物质量,因而可在信用证中要求对方提供双方认可的检验机构出具的装船前检验证明,并明确规定货物的数量和规格。如果受益人所交检验证明的结果和证内规定不符,银行即可拒付。

(5) 分批装运和转运。进口合同如规定不允许分批装运和转运的,应在信用证中明确注明不准分批装运、不准转运。如信用证对此不作规定的,将被视为允许分批装运和转运。

(6) 交单到期日和到期地点。UCP600 规定信用证必须规定一个交单到期日,所规定的承付或议付的到期日即交单到期日。可在某处兑付信用证的银行所在地即为交单地点。可在任何一家银行兑付的信用证的交单地点为任一银行的所在地。除规定的交单地点外,开证行所在地也是交单地点。到期地点一般为受益人所在地。

(7) 进口许可证号码。对于属于进口许可证管理的商品,信用证中应要求出口人在商业发票上记载进口许可证号码,以备进口通关时海关审单和验货。

(8) 其他要求。开证申请书的内容必须完整明确,为了防止混淆和误解,开证申请书中不应罗列过多的细节。

(三) 开立信用证的方式

在实际业务中,开证的方法一般有信开本和电开本两种。信开即以邮寄方式开证,分为平邮、航空挂号和特快专递等方式。电开即以电报、电传或 SWIFT 电文等电讯方式开证,分为全电开证、简电开证及引用旧证的套证方式。目前,银行大量采用 SWIFT 方式开立信用证。

二、信用证的修改

按照 UCP600 规定,信用证开出后未经开证行、保兑行(如果有的话)和受益人同意,不能随意修改和撤销。所以,进口商在申请开证时,务必认真按照合同条款开证。如发现信用证内容与开证申请书不符,或因情况发生变化或其他原因,需对信用证进行修改,应立即向开证行递交修改申请书,要求开证行办理修改信用证的手续。开出的信用证通知给卖方后,如果卖方经过审证后不同意信用证的部分内容,也会来函要求修改信用证中的某些条款。开证申请人对于受益人提出的改证要求,应区别情况同意或不同意。如同意修改,应及时通知开证行办理修改手续;如不同意修改,也应及时通知受益人,敦促其按原证条款履行装货和交单。

按照 UCP600 的规定,自发出信用证修改时起,开证行即不可撤销地受该修改的约束。受益人可以决定接受修改或拒绝修改,但应发出接受或拒绝修改的通知。在受益人告知通知修改的银行他接受修改之前,原信用证的条款对受益人仍具有约束力。如受益人未发出接受或拒绝的通知而其提交的单据与原信用证的条款相符,则视为受益人已拒绝了该修改；但若提交的单据与经修改的信用证条款相符，则视为受益人已发出接受该修改的通知，从那时起，该信用证已被修改。

　　进口企业对信用证的开立和修改应持慎重态度。在申请开立信用证时，应做到开证请书与合同相符，以避免不必要的修改，并避免不符条款被受益人利用而受损；在修改信用证时，亦应注意修改内容的正确与否，并应考虑到受益人有可能拒绝修改而仍按原证条款履行。

第二节　安排运输和保险

一、安排运输

　　在进口业务中，凡以 FOB 或 FCA 贸易术语成立的合同，应由进口方负责租船订舱工作或安排运输，订立运输合同，派运输工具到出口国口岸接运货物。

　　目前企业进口货物运输主要是通过海运。为了做好租船订舱和装运工作，进口方应注意了解有关的轮船公司的船源情况和运价动态，以便在需要租船订舱时，以合适的价格租到合适的船或订到合适的舱位。另外，应注意保持与卖方的联系，经常互通信息，了解货物完成情况，以便及时排载，完成货物的交接。

　　租船订舱的时间应按照合同规定，及时跟踪卖方备货情况，并应在货运公司规定的时间内提交订舱单，以保证及时排载。进口方应注意船货衔接，提醒出口商在合同规定的交货期前一定时间内，将预计货物备妥日期及货物的毛重、体积、预计装运日期等通知进口商，以便安排货运。进口商未能按时收到此项通知时，应及时发函或发电催促出口商，要求对方按合同规定提供具体情况。进口商接到上述通知后，应及时向货运公司填交进口订舱联系单，连同合同副本，委托货运公司代为安排船只或舱位。进口企业在办妥租船订舱手续，接到货运公司的配船通知后，应该及时向卖方发出装船指示（shipping instruction）。通知内容一般包括即将装载的船名、预计到达装运港的日期、装载数量以及装运地货代和船公司联系方式等，以便卖方备货和联系船公司及其代理准备装船事宜。卖方收到通知后应该确认，并通知买方。

　　对于一些机械仪器等商品，装运次数多但每批数量不大的，为简化手续，不必事前订舱，可事先委托发货人与进口商船代理直接联系，安排装运。对于一些特殊商品，如单件货物超高、超长、超重，或易燃易爆等危险品的装运，出口商应及时通告，以便进口商在办理运输时，将商品的详细情况通知给相关的船务公司，确保运输安全。

　　在进口业务中，国外供货商往往由于原料或劳动力成本上涨、出口许可证未及时获得、国际市场该商品价格上扬或无法按期安排生产等各种原因，不能或不愿按期交货。为了防止船货脱节和出现"船等货"的情况，进口企业应在合同中争取订立罚金条款等约束性条款，规定如果买方按卖方的通知及时派去合适的船只或已安排舱位，而因卖方未能及时装运货物所引起的后果应由卖方负全部责任。进口方还必须随时了解和掌握对方备货和装船前的准备工作情况，督促对方按期装运。对数量大或重要的、用户急需的物资进口，在交货期前一两个月就应发出函电催装，必要时也可请我驻外机构在当地了解、督促对方根据合同规定,按时、按质、按量履行交货义务,或派人员前往出口地点检验监督。对逾期未交货物者,如责任在卖方,进口商有权撤销合同并提出索赔。如仍需要该批货物者,则可同意对方延迟交货,但可同时提出索赔。

卖方装船后,应向买方发出货物已装船上的装船通知,以利买方接货,并按卖方提供的详细装船通知办理货物保险。装船通知应该包括:合同号、信用证号码、货名、数量、金额、船名及航次、起航日期、集装箱及封铅号等有关装运资料。

二、保险

以 FOB、CFR 或 FCA、CPT 术语成交的进口合同,由进口企业负责向保险公司办理货物的运输保险。由于保险直接涉及买方利益,所以买方一定要及时办理保险。

(一) 进口货物运输保险方式

我们在保险章节提到,货物运输保险主要有两种保险方式,即预约保险和逐笔投保。

进口企业和保险公司为了简化投保手续,防止因信息传递不及时或失误等原因发生来不及办理保险或漏保的情况,大多采用预约投保的方式。在实际操作中,进口业务比较频繁的企业,通常与保险公司签订海运、空运和陆运货物的预约保险合同,简称"预保合同"(open policy)。该合同对进口货物的投保险别、保险费率、适用的保险条款、赔付方法和承保货物的范围都作了具体的规定。根据预约保险合同,在预约保险合同规定范围内的货物,一经起运,保险公司对有关进口货物负自动承保的责任。对于海运货物,外贸公司接到外商的装运通知后,只需按要求填制预约保险启运通知书或"进口货物装货通知",将合同号、起口岸、船名、起运日期、航线、货物名称、数量、金额等必要内容一一列明,送保险公司,即可作为投保凭证,完成投保手续。对于空运和邮包运输的货物,也要根据预约保险合同的内容和承保范围,在收到供货商的装运通知后,立即填制"进口货物装货通知"送交保险公司投保。采用预约保险方式,保险费由保险公司每月计算一次向进口公司收取。

在没有与保险公司签订预约保险合同的情况下,对进口货物就需逐笔投保。外贸企业在接到卖方的发货通知后,应当立即填制投保单或装货通知单,向保险公司办理保险手续。保险公司接受承保后给公司签发一份正式保单作为双方之间保险合同的证明文件。

(二) 进口货运保险的责任起讫

对于进口货物,买卖双方的风险责任以装运港海轮船上为界。在货物装船前,物权和风险责任都属于出口商,货物装船后,由买方承担货物的风险责任。货物装船前,买方不具有保险利益,即使买方在此之前已向保险公司投保,保险公司也不承担保险责任。所以保险公司对进口方投保货物的海运货物保险的责任期限,一般是从货物在国外装运港装上海轮时起开始生效,到保险单据载明的国内目的地收货人仓库或储存处所为止。如未抵达上述仓库或储存处所,则以被保险货物在最后卸货港卸离海轮后 60 天为止。如不能在此期限内转运,可向保险公司申请延期,延期最多为 60 天。应当注意的是:散装货物以及木材、化肥、粮食等一些货物,保险责任均至卸货港的仓库或场地终止,并以货物卸离海轮 60 天为限,不实行国内转运期间保险责任的扩展。少数货物如新鲜果蔬、活牲畜于卸离海轮时,保险责任即告终止。

第三节 审单与付款

进口业务在国内外贸企业业务中绝大部分使用信用证方式结算货款。信用证的性质要求只要出口方提交的单据完全符合进口方开立的信用证的条款,开证行必须付款,进口方相应地必须付款赎单。作为进口方,为保证自身权益,必须认真做好审单工作,根据所开立的信用证条款认真审核出口方提交的单据。进口方应该配合银行做好审单付款的工作。

一、审单

在信用证付款方式下,国外发货人将货物交付装运后,即将汇票和/或各项单据提交开证行或保兑行(如有的话)或其他指定银行。银行收到国外寄来的单据后,必须合理审慎地审核信用证规定的一切单据,以确定其表面上是否符合信用证条款。进口商也必须对全套单据进行审核。银行审核单据的标准仅在于出口方提交的单据是否与信用证的条款一致,而与贸易合同无关。银行对任何单据的格式、完整性、准确性、真实性或法律效力,以及单据上规定的或附加的一般及/或特殊条件,一概不负责任;对于任何单据所代表的货物的描述、数量、重量、品质、状态、包装、交货、价值或存在,或货物的发货人、承运人、运输商、收货人或保险人或其他任何人的诚信行为或疏漏、清偿能力、履约能力或资信情况,也不负责任。出口商提交的单据不是信用证所规定的,银行将不予审核。如银行收到这类单据,银行应将它们退回交单人或转递而不需承担责任。如信用证中规定了某些条件但并未规定需提交与之相符的单据,银行将视为未规定这些条件而不予置理。

银行审核主要单据的基本要求如下。

1. 汇票

(1)信用证项下的汇票应按照信用证上的"出票条款"(drawn clause)列明开证行名称、信用证编号及开证日期作为缮制此汇票的依据。

(2)汇票的出票人应为受益人,即出口商;汇票的收款人必须与信用证相符,通常为议付银行;汇票付款人应为开证行或指定的付款行。若信用证未规定,应为开证行,不应以申请人为付款人。

(3)汇票的付款期限应符合信用证的规定,出票日期必须在信用证的有效期内,不应早于发票日期。

(4)汇票金额应与信用证规定相符,不得超过信用证规定,一般应为发票金额。大小写应一致,使用的货币也应符合信用证的要求。国外开来汇票,也可以只有小写。信用证金额如有 about(大约)字样时,汇票金额不得多于 10%。如单据内含有佣金或货款部分托收,则按信用证规定的发票金额的百分比开列。

2. 商业发票

(1)发票的签发人与受益人以及汇票的出票人应为同一人。除非信用证另有规定,否则发票的抬头应为信用证的开证申请人。

（2）发票上的商品描述,如商品名称、品质、单价、数量、重量及包装、价格条件、合同号码等描述,必须与信用证规定完全一致。

（3）发票上的价格条件(如 CIF、CFR、FOB)、装运唛头、数量、船名、起运港、启运日期、目的港等应与其他单据一致。

（4）发票必须记载出票条款、合同号码和发票日期。发票无须签字,除非信用证另有规定。

3．提单

（1）提单必须按信用证规定的份数全套提交。如信用证未规定份数,则一份也可算全套。提单应注明承运人名称,并经承运人或其代理人签名,或船长或其代理人签名。

（2）除非信用证有特别规定,提单应做成清洁已装船提单。提单上不得有任何说明货物表面或包装瑕疵的批注,并经船公司注明 Shipped on Board(已装船)字样才能生效。

（3）提单上的货名、唛头、数量、重量、船名等应与信用证一致,并与其他有关单据相符。货物描述可以用总称,但不能与发票货名相抵触。提单上的价格条款或有关运费的记载必须与信用证及其发票一致。如价格条件为 CIF 或 CFR,则应注明 Freight Prepaid（运费预付）。

（4）提单的签发日不得迟于信用证上规定的最迟装运日。

4．保险单

（1）保险单正本份数应符合信用证要求,全套正本应提交开证行。

（2）投保的险别必须是信用证所规定的,投保的币种必须与信用证币种相同,投保金额通常是发票金额的 110%。

（3）保险单上记载的船名、航线、转运港、卸货港、启运日期等内容必须与提单一致,投保货物名称、数量、唛头等内容应与提单、发票或其他单据一致。

（4）保险单的签发日期应早于提单日期,最晚不得迟于货运单据的签发日期。信用证要求提交保险单时不得用保险凭证代替。

5．产地证

（1）产地证应由信用证指定的出口地法定机构签署,用以证明所发货物确系在该出口地生产。

（2）货物的名称、品质、数量及价格等记述应与商业发票或其他有关单据一致。

（3）产地证的签发日期不得迟于装船日期。

6．检验证书

（1）检验证书应由信用证所规定的机构检验签发。

（2）检验项目及内容应符合信用证的要求。检验结果如有瑕疵者,可拒绝对外付款。

（3）检验日期不得迟于装运日期,但也不应距离装运日期过早。

7．装箱单、重量单

装箱单、重量单必须与商业发票一致,且不应与提单的内容有出入。

二、付款或拒付

开证行审单后,如果"单证一致、单单一致",就应该即期付款,或承兑或于信用证规定的到期日付款。但开证行在对外付款前要交进口企业复审。按我国的习惯，如果进口企业在 3 个工作日内没有提出异议，开证行即按信用证的规定对外付款。开证行对外付款是没有追索权的，所以进口企业对信用证项下的单据审核必须认真对待，以免给企业造成损失。开证行对外付款的同时，通知进口企业付款赎单。进口企业应该在付款赎单前认真审核单据，如果发现单证不符，有权拒绝赎单。

开证行审单中如果发现单据与信用证规定不符，应该在收到单据次日起 5 个银行工作日内，用电讯方式通知寄单银行，说明单据的所有不符点，并说明是否保留单据以待交单人处理或退还交单人。按 UCP600 规定，对于不符单据开证行有权拒付。实际业务中，开证行一般会就单据的不符点征求开证申请人意见，以确定是否拒付或接受。如果拒付，开证行必须用电信或其他快捷方式发出拒付通知。在通知发出后，可以在任何时候将单据退回交单人，在已事先垫付货款的情况下，其有权要求返还偿付的款项及利息。当然，在开证行知会进口商单据不符的详情，而进口商愿意接受不符单据的情况下，在进口商保证付款的前提下，开证行可以代为接受不符单据，对外付款。

对于远期信用证或因航程较短，货物先于单据到达，进口方可以下列两种方式先行提货：

（1）信托收据。在进口企业尚未清偿信用证项下汇票时（往往指远期汇票），可向银行开出信托收据，银行凭此将货运单据"借给"进口商，以利其及时提货，然后在汇票到期日偿还货款。

（2）担保提货。进口货物先于提单到达目的地，进口企业可请求银行出具保函，向运输公司申请不凭提单提取货物，如果承运人因此而蒙受损失，由银行承担赔偿责任。

第四节   进口报关

进口货物到货后，进口企业应到海关办理相关报关手续。所谓进口报关，是指进口货物的收货人或其代理人向海关交验有关单证，办理进口货物申报手续的法律行为。进口企业可以自行报关，也可以委托货运代理公司或报关行代理报关。

一、进口货物的申报

进口货物的申报是指进口货物的收货人、受委托的报关企业，依照《海关法》以及有关法律、行政法规和规章的要求，在规定的期限、地点，采用电子数据报关单或纸质报关单形式，向海关报告实际进口货物的情况，并接受海关审核的行为。

(一) 申报时间

进口货物的法定申报时限为自运输工具申报进境之日起 14 日内，超过 14 日期限未向海关申报的，海关按自 2005 年 6 月 1 日起施行的《中华人民共和国海关征收进口货物滞报金办法》的规定对其征收进口货物滞报金。滞报金由海关按日以进口货物的 CIF（或CIP）价格的 0.5‰征收。进口货物超过 3 个月未向海关申报的，由海关提取变卖，所得价款在扣除运输、装卸、存储等费用和税款后，尚有余款的，自货物变卖之日起 1 年内，经收货人申请予以发还。其中属于国家对进口有限制性规定,应当提交许可证件而不能提供的,不予发还。逾期无人申请或者不予发还的,上缴国库。进口转关运输货物的收货人、受委托的报关企业应当自运输工具申报进境之日起 14 日内,向进境地海关办理转关运输手续,有关货物应当自运抵指运地之日起 14 日内向指运地海关申报。超过规定时限未向海关申报的,海关按照《中华人民共和国海关征收进口货物滞报金办法》征收滞报金。

(二) 进口申报单证

进口货物申报应该填写一式两份"进口货物报关单",并随附相关单证,如:提货单、装货单或运单;发票;装箱单;货物进口许可证或配额证明;自动进口许可证明或关税配额证明;商检机构出具的货物通关证明或免检货物证明,以及海关认为有必要提供的进口合同、信用证、厂家发票、产地证明和其他文件等。货物实际进口前海关已对该货物作出预归类决定的,申报时企业还应向海关提交《预归类决定书》。

进口货物报关单一式五联,即海关作业联、海关留存联、企业留存联、海关核销联、证明联(进口付汇用)。填报的项目要正确、齐全,字迹要清楚、整洁、端正。进口商应如实申报进口货物的商品名称、税则号列(商品编号)、规格型号、价格、运保费、成交条件及其他费用、原产地、数量等。不可用铅笔或红墨水笔填写。已填报项目,凡有更改的,应在更改处加盖单位校对章。不同合同的货物或同一批货物中采用不同的贸易方式的,不能填报在同一份报关单上;一份合同中如有多种不同商品,应分别填报。一张报关单上一般不超过五项海关统计商品编号的货物。要做到单证相符及单货相符,即报关单填报项目要与合同、批文、发票、装箱单相符;报关单中所报内容要与实际进口货物相符。

进料加工贸易的进口在申报时,还需提交进料或来料加工手册,以便海关登记进料情况,监管保税原料的进口和成品加工出口情况。

报关员在报关时须出示报关员证,并在报关单上加盖 HS 报关员专用名章;否则,海关将不接受报关。海关接受进口货物的申报后,若非特殊原因,申报内容不得修改,报关单证不得撤销。

二、海关审单和货物查验

海关接受进口申报后,首先对各项单证予以签收,对报关单进行编号登记,并批注接受申报的日期;其次对进口企业所交的进口单证认真进行审核,如发现单证不符或不合格或缺失,应通知进口申报企业及时补充和更正。

根据我国《海关法》规定,进口货物除因特殊原因经海关总署批准的以外,都应当接受海关的查验。海关查验是指海关为了确定进出口货物申报人向海关申报的内容是否与进出口货物的真实情况相符,或者为了确定商品的归类、价格、原产地等,依法对进出口货物进行实际核查的执法行为。海关查验进口货物主要是海关在接受申报后,根据《中华人民共和国海关进出口货物查验管理办法》对进口货物进行实际的核对查验,以确定货物的物理性能或化学成分以及货物的数量、规格等是否与报关单证所列相一致。对进出口鲜活商品、危险品和易腐、易烂、易失效或易变质等不宜长期保存的货物,以及其他因特殊事由需要紧急验放的货物、物品,经进出口货物收发货人、物品所有人或其代理人申请,海关可优先安排查验。

海关查验货物应当在海关规定的时间和海关监管区内的仓库、场地进行。因货物易受温度、静电、粉尘等自然因素影响，不宜在海关监管区内实施查验，或者因其他特殊原因，需要在海关监管区外查验的，经进出口货物收发货人或其代理人书面申请，海关可以派员到海关监管区外实施查验。海关实施查验可以是彻底查验，也可以抽查。彻底查验是指逐件开拆包装、验核货物实际情况的查验方式。抽查是指按照一定比例有选择地对一票货物中的部分货物验核实际情况的查验方式。验关时，进口货物收货人或其代表应该到场并负责开拆包装。查验结束后，海关查验人员应当如实填写查验记录并签名。进口货物收货人或者其代理人应当对查验记录进行在场签名确认。查验记录作为报关单的随附单证由海关保存。

进口货物的收货人向海关申报前，因确定货物的品名、规格、型号、归类等原因，可以向海关提出查看货物或者提取货样的书面申请。海关审核同意的，派员到场实际监管。查看货物或提取货样时，海关开具取样记录和取样清单；提取货样的货物涉及动植物及其产品以及其他须依法提供检疫证明的，应当按照国家有关法律规定，在取得主管部门签发的书面批准证明后提取。

海关查验进口货物造成损坏时，进口货物的收货人或其代理人有权要求海关赔偿。赔偿金额根据货物的受损程度由收货人和海关共同协商确定。赔偿金额确定后，由海关发赔偿通知单。收货人收到通知单第三天起三个月内凭单向海关领取赔款，逾期海关不再赔偿。海关查验货物后交给货主时，如果货主没有提出异议，则视为货物完好无损，以后如果再发现货物损坏，海关不予负责。

三、征税

海关征税是国家中央财政收入的重要来源，是国家宏观经济调控的重要工具，也是世界贸易组织允许各缔约方保护其境内经济的一种手段。海关通过执行国家制定的关税政策对进出口货物、进出境物品征收关税，起到保护国内工农业生产、调整产业结构、组织财政收入和调节进出口贸易活动的作用。对准许进口的货物，除另有规定者外，由海关根据我国《海关进出口税则》和《关税条例》规定的税率，征收进口税。进口税包括在进口环节中由海关依法征收的关税、消费税、增值税等税费。

(一) 进口关税

进口关税是指一国海关以进境货物和物品为课税对象所征收的关税。从征税的主次程度可分为进口正税和进口附加税。进口正税是按海关税则法定进口税率征收的进口税。进口附加税是对进口货物除了征收正税以外另外征收的进口税。它一般具有临时性，主要包括反倾销税、反补贴税、保障措施关税、报复性关税等。

收货人或其代理人按照法律法规及海关要求如实、准确申报进口货物名称、规格型号、价格等成交条件，并对申报货物进行商品归类，确定相应的商品编码。海关根据《商品名称及编码协调制度》对进出口商品实施归类管理，并以此作为计税依据。

进口关税按照计征方法可分为从价税、从量税、复合税、滑准税等。

1. 从价税

从价税(ad valorem duty)即以货物价格为计税标准,其计税公式是

$$应纳税额＝完税价格×关税税率$$

海关征税的依据是货物的"完税价格"。通常情况下,进口货物的 CIF 价、出口货物的 FOB 价即可作为海关征税的依据价格。但对 CIF 价或 FOB 价明显低于同期货物进口价格,或买卖双方存在特殊经济关系影响了进口成交价格,或根据海关掌握的市场情况,海关有权规定"完税价格"。

2. 从量税

从量税(specific duty)即以货物的计量单位如重量、数量、容量等作为计税标准,其计税公式是

$$应纳税额＝货物数量×单位关税税额$$

我国目前征收从量税的进口商品主要包括冻鸡、石油原油、啤酒、胶卷等。

3. 复合税

复合税(compound duty)指在海关税则中,一个税目中的商品同时使用从价、从量两种计税标准,计税时按两种税率合并计征。其计税公式是

$$复合税应征税额＝从价部分的关税额＋从量部分的关税额＝货物完税价格×$$
$$从价税税率＋货物计量单位总额×从量税税率$$

我国目前征收复合税的进口商品主要包括录像机、放映机、摄像机、非家用型摄录一体机、部分数字照相机等。

4. 滑准税

滑准税(sliding duty)也称滑动税,指在海关税则中,对同一税目的商品按其价格高低而适用不同档次税率计征的一种关税。滑准税是一种关税税率随进口商品价格由高至低而由低至高来计征关税的方法,即进口商品价格越高,其关税税率越低;进口商品价格越低,则关税税率越高。目的是使该进口商品不论其进口价格高低,其税后价格保持在一个预定的价格标准上,以稳定进口国国内该商品的市场价格,免受国际市场影响。

(二) 进口环节海关代征税

进口货物、物品在办理海关手续放行后,进入国内流通领域,与国内货物同等对待,所以应缴纳应征的国内税。但为了简化进口货物、物品国内税的再次申报手续,这部分税依法由海关在进口环节代为征收,统称进口环节海关代征税。

目前,进口环节海关代征税(简称进口环节代征税)主要有增值税、消费税两种。

1. 增值税

以商品的生产、流通和劳务服务各个环节所创造的新增价值为课税对象的一种流转税。进口环节增值税是在货物、物品进口时,由海关依法向进口货物的法人或自然人征收的一种增值税。

进口环节增值税以组成价格作为计税价格,征税时不得抵扣任何税额。进口环节的增值税组成价格由关税完税价格加上关税税额组成,应征消费税的品种的增值税组成价格要另加上消费税税额。计算公式如下:

进口环节增值税应纳税额＝（完税价格＋实征关税税额＋实征消费税税额）×增值税税率

例题：某进出口公司进口一批货物，经海关审核其成交价格总额为 USD90 000.00 CIF 厦门。已知该批货物不征收进口消费税，关税税率为 20%，增值税率为 17%，外汇汇率为 1 美元＝6.30 元人民币。求该批进口货物应缴交的增值税额是多少？

解：应征关税税额＝完税价格×关税税率＝90 000×6.3×20%＝113 400（元）

应征增值税税额＝（完税价格＋关税税额）×增值税税率

＝（567 000＋113 400）×17%

＝115 668（元）

进口环节增值税税率的调整以及增值税的免税、减税项目由国务院规定，任何地区、部门均不得规定免税、减税项目。进口环节增值税的起征点为人民币 50 元，低于 50 元的免征。

2. 消费税

消费税是以消费品或消费行为的流转额作为课税对象而征收的一种流转税。我国开征消费税的目的是调节我国的消费结构，引导消费方向，确保国家财政收入，它是在对货物普遍征收增值税的基础上，选择少数消费品再予征收的税。

消费税的征收范围，仅限于少数消费品。应税消费品大体可分为以下四种类型：

（1）一些过度消费会对人的身体健康、社会秩序、生态环境等方面造成危害的特殊消费品，如烟、酒、酒精、鞭炮、焰火等；

（2）奢侈品、非生活必需品，如贵重首饰及珠宝玉石、化妆品等；

（3）高能耗的高档消费品，如小轿车、摩托车、汽车轮胎等；

（4）不可再生和替代的资源类消费品，如汽油、柴油等。

我国进口的应税消费品消费税采用从价、从量和复合计税的方法计征。消费税的税目、税率，依照《消费税暂行条例》所附的《消费税税目税率表》执行；消费税税目、税率的调整，由国务院决定。进口环节消费税的起征点为人民币 50 元，低于 50 元的免征。

从价计征进口环节消费税的计算公式为：

应纳税额＝［（完税价格＋实征关税税额）/（1－消费税税率）］×消费税税率

从量计征进口环节消费税的计算公式为：

应纳税额＝货物数量×单位消费税税额

征收税费环节的海关关员对报关单、随附单证及货物查验结果审核无误后，打印、签发各类税费专用缴款书。海关税款缴款书一式六联，第一联（收据）由银行收款签章后交缴款单位或者纳税义务人；第二联（付款凭证）由缴款单位开户银行作为付出凭证；第三联（收款凭证）由收款国库作为收入凭证；第四联（回执）由国库盖章后退回海关财务部门；第五联（报查）国库收款后，关税专用缴款书退回海关，海关代征税专用缴款书送当地税务机关；第六联（存根）由填发单位存查。纳税义务人收到税款缴款书后应当办理签收手续。

纳税义务人应当自海关填发税款缴款书之日起 15 日内向指定银行缴纳税款。逾期缴纳税款的，由海关自缴款期限届满之日起至缴清税款之日止，按日加收滞纳税款万分之五的滞纳金。缴款期限届满日遇星期六、星期日等休息日或者法定节假日的，应当顺延至休息日或者法定节假日之后的第一个工作日。国务院临时调整休息日与工作日的,海关应当按照调整后的情况计算缴款期限。

　　进口货物应按规定纳税的,必须在缴清税款或提供担保后,海关方可签章放行。

四、结关

　　结关又称放行,是指进口货物在办完向海关申报,接受查验,缴纳关税后,由海关在货运单据上签字或盖章放行,收货人或其代理人持海关签章放行的货运单据提取进口货物。海关在放行前,需再派专人将该票货物的全部单证及查验货物记录等进行全面的复核审查并签署认可,才在货运单上签章放行,交收货人或其代理人签收。放行意味着办完了海关手续,未经海关放行的进口货物,任何单位和个人不得提取或发运。对违反国家法律、行政法规的进口货物,海关不予放行。

　　2011年1月1日起实施的《中华人民共和国海关事务担保条例》规定,有以下情形之一的,当事人可以在办结海关手续前向海关申请提供担保,提前放行货物:进出口货物的商品归类、完税价格、原产地尚未确定的;有效报关单证尚未提供的;在纳税期限内税款尚未缴纳的;滞报金尚未缴纳的;其他海关手续尚未办结的。法律法规规定可以免于担保的除外。如果国家对进出境货物、物品有限制性规定,应该提供许可证件而不能提供的,以及法律法规规定不能担保的其他情形,海关不得办理担保放行。按此规定,进口公司如果因各种原因不能在报关时交验有关单证,或信誉优良的进口企业可以在进口关税款未交清之前,向海关申请担保放行。进口企业应提交保证金或保证函,申请海关先行放行货物,过后补齐报关单证,并及时在到期时缴纳税款。海关经审查同意后,在货运单据上签章放行,收货人提货后可以投入生产和使用,加快企业资金周转和运营效率。进口企业必须注意及时补办报关纳税手续。

第五节　进口货物接货与检验

　　进口企业通常委托货运代理公司办理接货业务,可以在合同或信用证中指定接货代理,此时出口商在填写提单时,在被通知人栏内应填上被指定的货运代理公司的名称和地址。

　　船只抵港后,船方按提单上的地址,将"准备卸货通知"(notice of readiness to discharge)寄交接货代理,接货代理应负责现场监卸。如果未在合同或信用证中明示接货代理,则也可由进口方在收到船方通知径直寄来的"准备卸货通知"后,自行监卸。在大多数情况下,仍可委托货运代理公司作为收货人的代表,现场监卸。监卸时如发现货损货差,应会同船方和港务当局,填制货损货差报告。

　　在国际货物买卖中,除另有约定外,卖方交货后,买方应有合理机会对货物进行检验,以确定货物是否符合规定。如发现卖方所交货物与规定不符,买方有权要求损害赔偿直至拒收货物并要求损害赔偿。因此,在买方有一个合理的机会对货物加以检验以前,不能认为买方已接受了货物。但是,如果买方表示已接受了货物,或在有合理机会对货物进行检验以后买方未表示拒收货物,或买方作出了与卖方的所有权相抵触的行为,就不能再拒收货物；但如果货物与合同或信用证规定不符，买方还可以要求以其他方式进行补救。因此，买方收到货物后，在合同规定的索赔期限内对货物进行检查是十分重要的。对进口商品进行检验不仅是为了让进口方行使合同规定其享有的权利，也是国家对部分进口商品必须进行检验的法律规定。

一、法定检验

所谓法定检验，是指依照国家法律，由授权的检验机构对法律规定必须检验的商品，按照法律规定的程序进行检验，经检验合格并签发证明书后才允许商品进口和出口。

根据自 2002 年 12 月 1 日起施行的《中华人民共和国进出口商品检验法实施条例》以及 2000 年 1 月 1 日起施行的《出入境检验检疫报检规定》，凡列入《法检目录》的进口商品，以及其他法律规定需要检验检疫的货物进口时，货物所有人或其合法代理人在办理进口通关手续前，必须向口岸检验检疫机构报检。

法定检验的进口商品应当在收货人报检时申报目的地检验。大宗散装商品、易腐烂变质商品、可用作原料的固体废物以及发生残损、短缺的商品，应当在卸货口岸检验。国家质检总局也可以根据便利对外贸易和进出口商品检验工作的需要，指定在其他地点检验。

法定检验的进口商品、实行验证管理的进口商品，海关凭口岸出入境检验检疫机构签发的"中华人民共和国检验检疫入境货物通知单"办理海关通关手续。入境货物通关单是我国出入境检验检疫管理制度中，对列入《法检目录》中属进境管理的商品在办理进口报关手续前，依照有关规定口岸检验检疫机构接受报检后签发的单据，同时也是进口报关的专用单据，是海关验放该类货物的重要依据之一。入境货物通关单实行"一批一证"制度，证面内容不得更改。

进口企业向出入境检验检疫机构报检时，应提交合同、发票、装箱单、提单等必要凭证和相关批准文件。品质检验的，应提供国外品质检验证书或质量保证书、产品使用说明书及有关标准和技术资料；凭样品成交的，须附加成交样品；以品级或公量计价结算的，应同时申请重量鉴定。其他特殊进口货物应提交相关入境许可文件。

二、非法定检验的进口商品检验

《法检目录》外不属法定检验的进口商品，到货后收货、用货单位应抓紧自行按规定验收，验收发现进口商品质量不合格或者残损短缺，需要由商检机构出证后对外索赔的，应及早向出入境检验检疫机构申请检验出证。进口商品在卸货时已发现残损的，应立即向口岸出入境检验检疫机构申请验残。

进口货物卸货后，货物可以在港口申请报验，也可以在用货单位所在地报验，但属下列情况之一的，进口企业应在卸货港口向商检机构报验：

① 属于法定检验的货物；

② 合同规定应在卸货港检验的；

③ 卸货时发现货损货差情况；

④ 货到检验合格后付款的；

⑤ 合同规定的索赔期限很短的货物。

如无上述情况,而用货单位不在港口的,可将货物转运至用货单位所在地,由其自选验收,验收中如发现问题,应及时请当地商检机构出具检验证明,以便在索赔有效期内对外提出索赔。

对于关系国计民生、价值较高的重要进口商品和大型的成套设备,进口企业应当与出口人在买卖合同中约定在出口国装运前进行预检验、监造或者监装以及保留最终检验和索赔权的条款。履行这些合同时,进口企业可以根据需要向商检机构申请,要求商检机构派出检验人员参加或组织实施装前预检、监造或监装。商检机构根据需要可以派出检验人员参加。

商检机构根据报检人的要求和有关买卖合同的规定,对进口商品进行检验、鉴定后,对外签发品质、数量、重量、包装、货载衡量、验残、海损鉴定等证书。进口商品检验不合格的,对外签发检验证书,供有关方面凭以向外进行索赔。入境货物需对外索赔出证的,应在索赔有效期前 20 天内向到货口岸或货物到达地的检验检疫机构报检。买卖合同规定须凭检验证书进行结算的商品,经商检机构检验后对外签发有关的检验证书,供买卖双方作为货款结算的依据。进口商品检验合格的,对内签发检验情况通知单,供收货、用货单位凭以调拨或使用该商品,此单仅限在国内使用。

三、进口报检手续

进口商品的一般报验工作流程包括报检、受理报检、计费、收费、入境口岸检疫处理(如需要)、缮制通关单、领取通关单、(联系)检验检疫、缮制证单、领取证单。

根据《出入境检验检疫报检规定》,对入境货物应在入境前或入境时向入境口岸、指定的或到达站的检验检疫机构办理报检手续。输入微生物、人体组织、生物制品、血液及其制品或种畜、禽及其精液、胚胎、受精卵的,应当在入境前 30 天报检。输入其他动物的,应当在入境前 15 天报检。输入植物、种子、种苗及其他繁殖材料的,应当在入境前 7 天报检。

进口货物的收货人在向商检机构申请对进口商品实施检验时,应按商检机构的要求,真实、准确地填写"入境货物报检单",一般同一买卖合同、同一国外发票、同一装运单据填写一份申请单,并提供与出入境检验检疫有关的单证资料,按规定交纳检验检疫费。检验申请单应书写工整、字迹清晰,不得涂改;报检日期按检验检疫机构受理报检日期填写。报检单必须加盖报检单位印章。

商检机构应当在国家商检部门统一规定的期限内检验完毕,并出具检验证单。对检验合格的进口商品,商检机构根据需要,可以加施商检标志或者封识。

货物检验合格后,应及时向用货单位办理拨交手续。如用货单位在卸货港所在地,则就近拨交货物;如用货单位不在卸货区,则委托货运代理将货物转运内地,并拨交给用货单位。进口公司如果不是用货单位,进口业务属于代理进口或贸易业务,应注意在货物交接中的货款风险。

第六节　进口付汇核销

按我国外汇管理规定,为了防止汇出外汇而不进口商品的逃汇行为发生,贸易进口项下的付汇需办理进口付汇核销手续。它是以付汇的金额为标准核对是否有相应货物进口到国内或有其他证明抵冲付汇的一种事后管理措施。我国外汇管理局在海关的配合和外汇指定银行的协助下,以跟"单"的方式对进口企业的进口付汇直至到货的全过程进行监管和核查。该制度对加强进口付汇监督管理,防止外汇流失起到了重要作用。随着我国经济不断强大,外汇储备不断增长,人民币地位不断提升,以及适应新经济环境和贸易发展的需要,国家对外汇核销和监管日益便利。

一、进口付汇核销业务流程

(1) 进口单位经商务部或其授权单位批准或备案取得进出口权,并取得中国电子口岸 IC 卡。

(2) 进口单位持有关材料向注册所在地外汇管理局申请办理列入"对外付汇进口单位名录"(以下简称"名录")。进口单位申请列入"名录"需提供的材料包括对外经贸主管部门的进出口经营权的批件、工商管理部门颁发的营业执照、技术监督部门颁发的企业代码证书、外汇登记证(外商投资企业)等。对于已经国家外汇管理局分支局核准开立经常项目外汇账户的企业,在申请办理"名录"时,无须再次提供进出口经营权备案登记表、工商营业执照及企业代码证书等资料,可直接凭"经常项目外汇业务核准件"企业留存联(第三联)和"名录"登记申请书办理。不再"名录"上的进口单位不得直接到外汇指定银行办理进口付汇。

(3) 外汇管理局审核无误后,为进口单位办理"名录"手续。

(4) 进口单位付汇或开立信用证前,判断是否需到外汇管理局办理"进口付汇备案表"手续。

进口付汇备案是外汇管理局依据有关法规要求企业在办理规定监督范围内付汇或开立信用证前向外汇管理局核销部门登记,外汇管理局凭以跟踪核销的事前备案业务。属于下列几种情况的企业需要办理进口付汇备案。

① 进口单位不在"名录"内的(备案类别为"不在名录");

② 到所在地外汇管理局管辖的市、县以外的外汇指定银行开证付汇的(备案类别为"异地付汇");

③ 进口单位已被列入"由外汇管理局审核真实性的进口单位名单"内的(备案类别为"真实性审查");

④ 其他采用特别方式的进口付汇(备案类别为"真实性审查")。

如不需要办理备案,进口单位持有关材料到外汇指定银行办理开证或购汇手续,包括填写进口付汇核销单、进口付汇备案表(如需)、进口合同、发票、正本进口货物报关单(货到付款方式)等。

(5) 进口单位在有关货物报关后 1 个月内到外汇管理局办理进口核销报审手续(货

到付款结算方式的进口付汇除外)。

办理报审时,进口单位应提交的材料包括正本进口货物报关单(如核销单上的结算方式为"货到付汇",企业可不提供该单据);进口付汇备案表(如核销单付汇原因为"正常付汇",企业可不提供该单据);贸易进口付汇到货核销表(一式两份,均为打印件并加盖公司章);贸易进口付汇核销单(如核销单上的结算方式为"货到付款",则报关单号栏不得为空);报关单核查系统 IC 卡;外汇管理局要求提供的其他凭证、文件;特殊情况下经核准付汇的提供有关核准件;结汇水单及收账通知单(如核销单付汇原因不为境外工程使用物资及转口贸易,企业可不提供)等。上述单据的内容必须清晰、完整、准确、真实。进口单位须备齐上述单据,一并交外汇管理局进口核销业务人员初审。初审人员对于未通过审核的单据,应在向企业报审人员明确不能报审的原因后退还进口单位。初审结束后,经办人员签字并转交复核人员复核。复核人员对于未通过审核的单据,应在向企业报审人员明确不能报审的原因后退还进口单位。复核无误,则复核员签字并将企业报审的全部单据及 IC 卡留存并留下企业名称、联系电话、联系人。外汇管理局工作人员通过中国电子口岸进口付汇子系统检验进口货物报关单真伪,如纸质报关单与系统中的报关单电子底账无误时,外汇管理局工作人员在到货核销表及进口报关单上加盖"已报审章",进口货物报关单、结汇水单及收账通知书、IC 卡退进口单位;如系统中无此笔报关单底账或与纸制报关单不一致,则要求企业说明情况,如是海关原因,需由企业到海关申请补录或修改,如核查后认定是伪造报关单,则将有关材料及情况转检查部门调查、处罚。

二、货到汇款项下贸易进口付汇自动核销管理

货到汇款是进口商在进口到货后再向出口商支付货款的结算方式。以前,货到汇款项下的进口,与信用证、托收等结算方式项下的进口一样,进口商在银行办理进口付汇手续后,必须在规定的时间内到外汇管理局办理进口付汇到货报审手续,外汇管理局对付汇、到货数据核对一致后予以核销。为了减少进口商往返银行和外汇管理局的成本和负担,国家外汇管理局发布了《货到汇款项下贸易进口付汇自动核销管理规定》,自 2004 年9 月 1 日起,对结算方式为"货到汇款"的进口付汇业务实行自动核销,即进口单位在银行办理货到汇款项下贸易进口付汇业务的同时,履行进口付汇申报及到货报审义务,不再需要人工到外汇管理局进行到货报审。外汇管理局通过与银行间的信息传递机制,获得进口付汇核销的监管信息,通过事后审核自动完成货到汇款项下贸易进口付汇核销工作。

货到汇款项下的进口付款自动核销得益于近年来外汇管理电子化建设的快速发展。随着"中国电子口岸"进口付汇子系统逐渐完善,银行在为进口商办理付汇手续时,能够通过电子系统核对纸质进口货物报关单与电子数据的一致性,从而保障进口付汇的真实性;外汇管理局也能够从银行获得有关纸质凭证和电子数据,事后对进口商的付汇和到货情况进行交叉核查。这就为货到汇款项下进口付汇实行自动核销提供了技术保障。

三、预付货款项下进口付汇核销管理

预付货款是国际贸易中一种常用的结算方式。成套设备进口一般要求进口方预付一定比例的定金,一些跨国公司母子公司和关联公司间的进口以及一些临时、应急性的采购也往往需要预付部分定金。近年来国内很多企业在日常国际结算中都采用了这一方式。为了推进贸易便利化、方便企业,国家外汇管理局对预付货款项下的售付汇审核手续进行了简化。

属于"名录"的进口单位或"由外汇管理局审核真实性进口单位名单"的进口单位办理预付货款项下购付汇时,预付货款金额在等值20万美元(含20万美元)以下的,可不出具经银行核对密押的对方银行出具的预付货款保函,凭进口合同、进口付汇核销单及形式发票等相关单证直接到外汇指定银行办理。预付货款金额在等值20万美元以上的,进口单位仍须出具预付货款保函,并凭进口合同、进口付汇核销单及形式发票等相关单证到外汇指定银行办理购付汇手续。

境内外商投资企业以预付货款方式向其境外总(母)公司或其境外总(母)公司在中国以外的国家和地区(含中国港、澳、台地区)设立的分公司、参股或控股的公司支付进口货款,可不出具预付货款保函,凭进口合同、进口付汇核销单、形式发票、外商投资企业外汇登记证或其他关联公司的证明等单证,直接到外汇指定银行办理购付汇手续。

境内中资集团公司以预付货款方式向其在中国以外的国家和地区(含中国港、澳、台地区)设立的分公司、参股或控股的公司支付进口货款,可不出具预付货款保函,凭进口合同、进口付汇核销单、形式发票、商务管理部门核发的海外投资企业批准证书或其他关联公司的证明,直接到外汇指定银行办理购付汇手续。

进口单位在办理进料加工贸易项下购付汇时,因进口料件集中报关暂时无法提供进口报关单的,可持进料加工合同、海关手册、加盖海关验讫章的贸易方式为"进料加工"的当期集中报关货物申报单(进口单位留存联)、提单、发票以及按期办理进口付汇核销手续的保证函等向所在地外汇管理局备案,凭所在地外汇管理局核发的"进口付汇备案表"及规定的购付汇凭证到外汇指定银行办理购付汇手续,并按规定办理进口付汇核销手续。

四、以托收结算的贸易进口付汇

以托收方式成交的进口合同,进口单位凭进口合同、付款通知单(D/A、D/P单)、跟单托收结算方式要求的有效商业单据、进口许可证或登记表、进口证明(或有)、进口付汇备案表(或有)以及委托代理协议(或有)到银行直接办理付汇手续。

五、以信用证结算的贸易进口付汇

以信用证方式成交的进口合同,进口单位凭进口合同、信用证开证申请书、信用证结算方式要求的有效商业单证、进口付汇备案表(或有)、进口许可证或登记表、进口证明(或有)以及委托代理协议(或有)到银行直接办理付汇手续。

六、进口外汇核销新变化

为进一步深化外汇管理体制改革,促进贸易便利化,国家外汇管理局、海关总署和国家税务总局自 2012 年 8 月 1 日起在全国实施货物贸易外汇管理制度改革。全国上线运行货物贸易外汇监测系统,停止使用贸易收付汇核查系统、贸易信贷登记管理系统、出口收结汇联网核查系统以及中国电子口岸-出口收汇系统。外汇指定银行和企业用户通过国家外汇管理局应用服务平台访问监测系统(企业登入 http://asone.safesvc.gov.cn/asone)。外汇管理局建立进出口货物流与收付汇资金流匹配的核查机制,对企业贸易外汇收支进行非现场总量核查和监测,对存在异常或可疑情况的企业进行现场核实调查,对金融机构办理贸易外汇收支业务的合规性与报送相关信息的及时性、完整性和准确性实施非现场和现场核查。外汇管理局定期或不定期对企业一定期限内的进出口数据和贸易外汇收支数据进行总量比对,核查企业贸易外汇收支的真实性及其与货物进出口的一致性。

外汇管理局对企业进行分类管理,根据非现场或现场核查结果,结合企业遵守外汇管理规定等情况,将企业分成 A、B、C 三类。外汇管理局在日常管理中发现企业存在违规行为,可随时降低其分类等级,将 A 类企业列入 B 类或 C 类,或将 B 类企业列入 C 类。对 B 类企业贸易外汇收支实施电子数据核查管理;对 C 类企业贸易外汇收支业务以及外汇管理局认定的其他业务,由外汇管理局实行事前逐笔登记管理,金融机构凭外汇管理局出具的登记证明为企业办理相关手续;在分类管理有效期内,对 A 类企业贸易外汇收支,适用便利化的管理措施。对 B、C 类企业的贸易外汇收支,在单证审核、业务类型及办理程序、结算方式等方面实施审慎监管。

针对进口付汇,不再按季度核查,但符合下列情况之一的进口业务,企业应当在货物进口之日起 30 天内,通过网上监测系统向所在地外汇管理局报送对应的预计付汇或进口日期等信息:

(1) 30 天以上(不含)的预付货款;

(2) 90 天以上(不含)的延期付款;

(3) 以 90 天以上(不含)远期信用证方式结算的贸易外汇收支;

(4) B、C 类企业在分类监管有效期内发生的预付货款,以及 30 天以上(不含)的延期付款;

(5) 单笔合同项下转口贸易收支日期间隔超过 90 天(不含)且先收后支项下收汇金额或先支后收项下付汇金额超过等值 50 万美元(不含)的业务。

以上是进口合同履行过程的主要环节和内容。进口合同签订后,买卖双方应该注意"重合同、守信用",及时履行各自的义务。在进口贸易中,我方作为买方,应该在自己恪守合同的同时,注意督促卖方认真履行合同,维护我方自身利益。进口企业在认真履行合同过程中,有关业务人员应注意经营风险,提高责任心和业务操作能力。进口合同履行的主要工作可以通过以下流程图来掌握和了解(见图 14-1)。

```
                        ┌──────────────────────┐
                        │   进口贸易策划和筹备    │
                        └──────────┬───────────┘
                     是            │
        ┌──────────────────┬──────────────────────┐
        │                  │  是否需要配额许可证    │
        │                  └──────────────────────┘
┌───────────────┐                  │  否
│ 申请配额许可证  │─────────────────┤
└───────────────┘                  │
        ┌──────────────────────────────────┐
        │  签订进口代理合同  或  制订自营方案  │
        └──────────────────┬───────────────┘
                ┌──────────────────┐
                │   选择合格供应商    │
                └─────────┬────────┘
                ┌──────────────────┐
                │   进口贸易磋商      │
                └─────────┬────────┘
        ┌───────┬────────┬────────┬────────┐
        │ 询盘  │  比价  │  还盘  │  接受  │
        └───────┴────────┴────────┴────────┘
        ┌──────────────────────────────────┐
        │  签订进口合同(以FOB条款为例)        │
        └──────────────────┬───────────────┘
                ┌──────────────────┐
                │   履行进口合同      │
                └─────────┬────────┘
┌────────────────┬────────┬────────┬────────┬────────┐
│开立信用证(或其他 │安排船接│办理保险│审单付款│报检报关│提货│
│支付方式)        │  货    │        │        │        │    │
└────────────────┴────────┴────┬───┴────────┴────────┘
                ┌──────────────────┐
                │   进口商品交付      │
                └─────────┬────────┘
        ┌──────────────┬──────────────┐
        │   用户验收    │   付款交割    │
        └──────────────┴──────┬───────┘
                ┌┄┄┄┄┄┄┄┄┄┄┄┄┄┄┄┐
                ┊    处理争议     ┊
                └┄┄┄┄┄┄┄┄┄┄┬┄┄┄┄┘
                ┌──────────────────┐
                │    合同结案        │
                └─────────┬────────┘
        ┌──────────────┬────────────┬────────────┐
        │ 进口外汇核销  │  财务结算   │  业务建档   │
        └──────────────┴────────────┴────────────┘
```

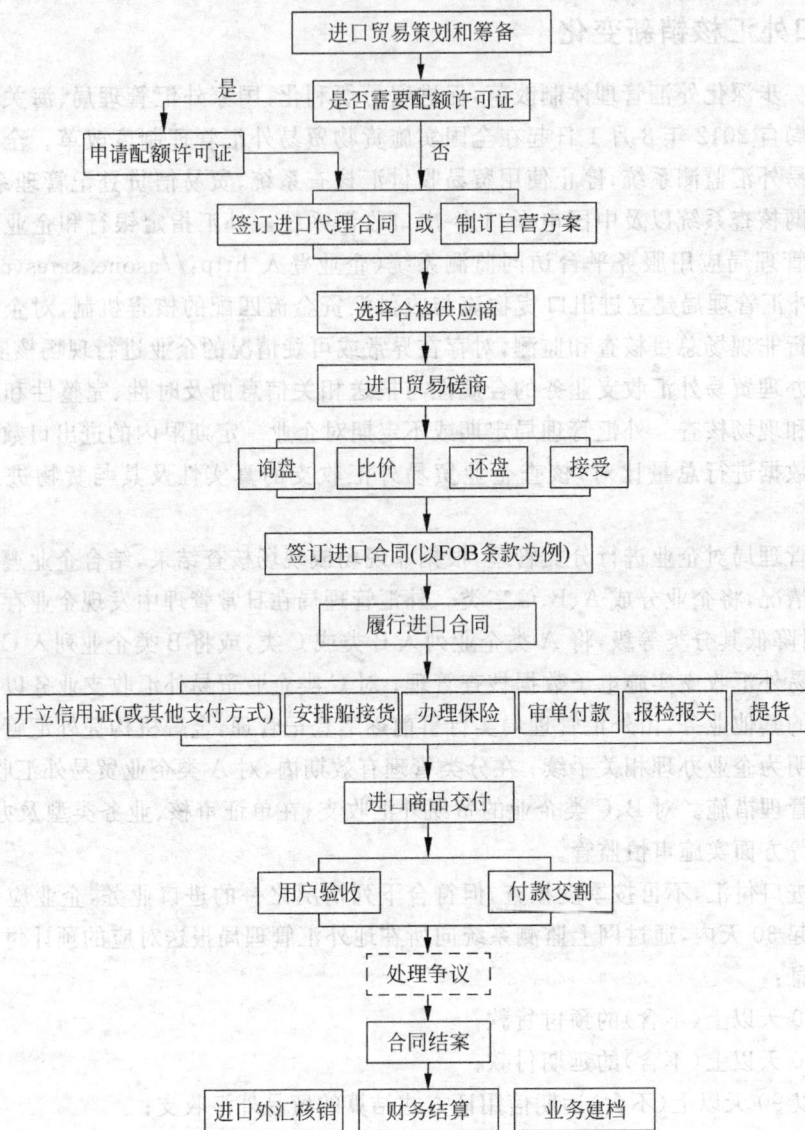

图 14-1　进口业务流程图

本章应知应会术语

1．customs declaration　报关
2．import duty　进口关税
3．import surcharges　进口附加税
4．ad valorem duty　从价税
5．specific duty　从量税
6．compound duty　复合税

7. sliding duty　滑准税

8. value-added tax　增值税

9. consumption tax　消费税

10. customs clearance　结关

11. notice of readiness to discharge　准备卸货通知

12. verification of import payment　进口付汇核销

思　考　题

1. 进口合同履行的基本程序是什么?

2. 进口方在开立信用证时应注意哪些问题?

3. 如何慎重修改信用证?

4. 在 FOB 条件下,进口商如何安排船运?

5. 进口保险一般有哪几种方式?

6. 进口审单应注意哪些问题?

7. 远期信用证或因航程较短,货物先于单据到达,进口方可以采取什么办法解决提货问题?

8. 进口货物报关的时限多长? 超过此期限会有什么后果?

9. 进口申报单证要注意哪些要求?

10. 海关查验货物的主要内容是什么?

11. 从价税、从量税、复合税、滑准税各自的主要含义是什么?

12. 进口关税和进口环节海关代征税的内容是什么? 有什么区别?

13. 进口方在什么情况下可以在办结海关手续前向海关申请先放行货物?

14. 什么是法定检验? 如何办理进口报检手续?

15. 什么是进口付汇核销? 目前进口外汇核销有什么新变化?

计　算　题

1. 某公司进口美国产机动混凝土搅拌车 10 辆,其成交价格每辆 100 000 美元 CIF 大连。计算应征关税税款和增值税税款。(已知 1 美元 = 6.3 元人民币。增值税率为 17%,确定适用最惠国税率:混凝土搅拌车归入税号 87054000,查得进口关税税率为 15%。)

2. 某公司进口轮胎一批,其成交价格为 CIF 广州 10 万美元。外汇折算率为 1 美元 = 人民币 6.30 元人民币。计算应征关税税款、消费税和增值税税款。

(确定适用最惠国税率:该轮胎归税号为 4011100090,查得进口关税税率为 10%,增值税税率是 17%,消费税税率是 30%。)

3. 某公司从美国进口录像机 15 台,经海关审定其成交价格为 2 250 美元/台,已知进口录像机,每台完税价格高于 2 000 美元时,每台征收 4 100 元从量税,另加关税税率 3%

的从价税。外汇折算率为 1 美元＝6.30 元人民币。计算该批录像机进口时的关税。

财 富 箴 言

1. If you are not genuinely pained by the risk involved in your strategic choices, it's not much of strategy.

如果你的战略抉择所带来的风险不能深深地刺痛你的话,就谈不上是什么战略。

——里德·黑斯廷斯(Reed Hastings,Netflix 公司 CEO)

2. The key is growth margins went in the right direction, unit volume increased quarter on quarter, and expenses came down.

关键在于增长方向正确,单位产能逐季增加,开支逐季下降。

——吉尔·阿梅里奥(Gil Amelio,美国商人,苹果公司前任 CEO)

第五篇

国际贸易其他方式

国际贸易方式是指营业地在不同国家或地区的当事人之间进行货物贸易所采取的做法和商品流通渠道。随着国际贸易的发展，贸易方式日益多样化。国际贸易的主要方式有逐笔售定、经销、代理、寄售、拍卖、招投标、期货交易、对销贸易和加工贸易等。本书的前面章节主要是介绍企业国际贸易业务中最常用的逐笔售定的贸易方式，即单独一笔进出口业务的操作。本篇论述的是除此以外的国际贸易其他方式。随着全球网络技术应用的快速普及，电子商务无论作为一种交易方式、传播媒介还是企业组织的进化，都在国际贸易的广度和深度方面取得了前所未有的发展，并渗透到当今社会的各个层面。在国际贸易领域，电子商务作为一种贸易操作方式，以其快速便捷的特有优势被广泛接受，其发展已经引起国际贸易成交方式的重大变革，已深刻影响传统贸易的操作方式。但笔者仅认为电子商务是新时期国际贸易操作手段的进步和变化，它广泛运用于国际贸易的各种方式，本身不单独作为一种国际贸易的方式来叙述。

第十五章

经销与代理

企业通过自己开拓国际市场,通过国际贸易的发展带动企业的不断发展,其过程是艰辛而复杂的。每一笔国际贸易业务在给企业带来利益的同时,是其背后繁杂的操作和经营风险。世界经济的不景气使企业业务单杂而小,企业经营困难重重。企业在经历自身对外拓展市场,有一定的客户积累以后,必须寻求更多的国际贸易方式帮助企业快速发展。经销和代理业务的发展就是其中行之有效的方式之一。企业产品打入国外市场后,往往会在当地寻找合适的经销商或代理商,利用他们的销售渠道、推销策略或提供的其他中介服务来达到在当地站稳脚跟并进一步扩大市场份额的目的。

第一节 经 销

一、经销的含义与分类

国际贸易中的经销(distribution)是指进口商(即经销商 distributor)与国外出口商(即供货商 supplier)达成协议,承担在规定的期限和地域内购销指定商品的义务的一种贸易做法。按照经销商权限的不同,经销方式分为两种:一种是独家经销(sole distribution),也称包销(exclusive sales)。它是指经销商在协议规定的期限和地域内,对指定的商品享有独家专营权的经销方式。另一种是一般经销,也称定销。在这种方式下,经销商不享有独家专营权,供货商可在同一时间、同一地区内,委派几家商号来经销同类商品。在国际贸易业务实践中,买卖双方更多采用独家经销的方式。

二、独家经销业务

独家经销业务中独家经销商与出口企业是买卖关系,即供货人是卖方,包销人是买方。双方通过订立独家经销协议确立对等的权利和义务。在这种关系下,出口企业即供货人按照协议规定向独家经销商即包销人供应指定的商品,包销人是以自己的名义买进商品,自行销售,自负盈亏,承担货价涨落及库存积压的风险。包销人在协议规定的区域内转售这些商品时,也是以自己的名义进行。接受转售商品的当地客户与外国供货人即出口企业之间不存在合同关系。

在出口业务中,企业以独家经销方式出口成交,比逐笔出口交易优势更大。逐笔分散成交,买卖双方合同履行完毕就相互不承担义务,没有长期的共同目标和利益。因此,在这种方式下,买方大都不会承担太多的推销广告宣传和承担太多的售后服务。卖方同样也不会花太多时间和费用培养和帮助买方。同时,逐笔售定的单边进口或出口的做法往往还容易造成在同一市场上因多头经营而导致的相互竞争和削价,最后损害买卖双方的利益。

　　独家经销方式买卖双方通过独家经销协议确定了一定期限内的稳定买卖关系。在规定期限内,在规定的区域经营和产品市场开发上,双方有共同的目标和一致的利益。独家经销商有了独家专营的权利,就有了推销的积极性,能从相对长的时间来计划产品销售,专心产品经营,提供必需的售后服务。出口企业也能因此做出一定时期的市场销售计划和推出一系列推销措施。但独家经销的方式也有其不足。出口企业在独家经销业务中应注意以下问题。

1. 慎重选择包销商

　　企业业务经验证明,如果包销商选择得当,他可以利用自己熟悉所在国或地区的消费习惯以及政府条令、法规等方面的便利,及时为供货商提供必要的信息,如市场供需情况、消费者对产品的反映等,以帮助其改进产品,做到适销对路,并且减少不必要的法律纠纷。然而,如果包销商选择不当,其经营能力较弱,或者信誉不佳,则会使供货人陷入困境。有些包销商在市场情况不利时,拒绝完成包销协议中规定的承购数额,或"包而不销",结果不仅不能使供货商通过包销方式达到扩大出口销售的目的,反而减少了出口销量,又失掉了其他客户。也有的包销商凭借自己多年来独家专营所形成的特殊地位,反过来制约供货商,如在价格以及其他条件上与其讨价还价,为自己谋取好处,却损伤了对方的利益。为了防止这类情况的发生,出口商在选择包销商时,必须认真进行资信调研,最好在企业原有客户中选择信誉好、有营销能力的包销商,以防后患。

2. 订好独家经销协议

　　独家经销协议是确定供货人和包销人之间的权利和义务的法律文件,协议规定的好坏,直接关系到业务的成败。在协议中应合理确定包销的商品种类,因为并非所有的商品都适合采用包销方式。对于一些市场潜力较大、出口方货源又有限的畅销商品就不宜采用包销方式,以免捆住手脚。对于包销商品的数量或金额,也应根据实际情况合理规定,不要过高或过低。包销任务过高,包销商可能完不成定额,会产生纠纷;任务过低,出口企业则达不到扩大出口的目的。另外,还应妥善地规定包销的区域和期限。双方合作初期,区域不宜过大,期限不宜过长。双方应通过合作,互相了解营销能力和信誉。以后随着双方合作的发展情况再逐步调整。关于其他条款,均可根据双方的共同意愿,作出合理明确的规定。

3. 注意在履行中对包销商的管理

　　选定包销商并签订包销合同后,出口企业要注意协议履行过程中对包销商的考察和管理。出口企业不仅应注意检查每笔交易的执行情况,还需要定期检查整个协议的完成情况,以便随时根据情况进行调整和采取适当的措施。包销商完成最低限额任务进展缓慢,并且责任在包销商时,应该及时督促并做侧面了解。需要中止协议的应该及时尽早通知,以免延误造成损失。如果是由于经营环境和市场形势变化,要注意调研,采取应变措施,帮助包销商履行好协议。对于包销业绩好、推销积极努力的包销商,出口企业如果有意扩大商品品种和包销区域范围,延长协议期限,应及早联系和准备。对包销商反馈的信息,特别是对产品质量、包装等销售建议,应认真及时研究考虑,可行的建议应该立即付诸实施。

三、独家经销协议的主要内容

独家经销协议是供货人和包销人之间订立的确立双方法律关系的契约。独家经销协议的内容可繁可简,这要由订约双方根据商品的特点、销售地区的情况以及双方当事人的意图加以决定。在实际业务中,许多独家经销协议只原则地规定双方当事人的权利和义务和一般交易条件,以后每批货的交付要依据经销协议订立具体买卖合同,明确价格、数量、交货期甚至支付方式等具体交易条件。通常,独家经销协议主要包括以下内容。

1. 包销商品的范围

在独家经销方式下,包销人经销的商品可以是供货人经营的全部商品,也可以是其中的一部分,这要根据包销人的经营能力、资信情况等来合理确定。在协议中要明确规定商品的范围,以及同一类商品的不同牌号和规格,以便于执行。

2. 独家经销的区域

独家经销区域即包销人行使独家经营权的地理范围。确定独家经销区域要考虑包销人的经营能力、经销网点的大小以及商品的性质等因素。独家经销区域的规定可以根据业务发展的具体情况,由双方协商加以调整。在独家经销协议中,规定了包销区域之后,供货人在该区域内就不能指定其他经销商经营同类商品,以维护包销人的专营权。

3. 包销数量或金额

在独家经销协议中通常都要规定包销人在一定期限内负责推销商品的数量或金额。该规定具有双重意义,它既规定了包销人应承购的数额,也规定了供货人应保证供应的数额,对协议双方具有同等的约束力。包销数额一般采用规定最低承购额的做法。而确定实际承购数额有各种不同的做法,一般以实际装运数为准。

4. 作价方法

包销的商品可以在规定的期限内一次作价,结算时以协议规定的固定价格为准。但这种做法由于市场行情的变化无常对交易双方都有一定的风险。所以,大多数包销协议是采用分批作价的方法,即在协议中只规定价格问题由双方签订具体合同或成交确认书时予以确定,也可以规定,价格由双方随时或定期(如按季度)根据市场情况加以商定。

5. 包销商的其他义务

在通常的独家经销协议中,往往还规定,包销人有义务为其所经营的商品做广告宣传工作,以促进销售;包销人承担市场调研的义务,即收集和报道当地市场的情况,供出口人在制定销售策略和改进产品质量时参考;在包销区域内如果发生侵犯供货人知识产权的问题,包销人要及时向供货人通报,并配合供货人采取必要的行动,维护其合法权益。

6. 协议期限和终止条款

在这一条款中,首先要规定协议的生效时间,一般采用签字生效的做法。协议期限可规定为一年或若干年。本条款中还往往要规定延期条款,其做法可以是经双方协商后延期,也可以规定在协议到期前若干天如没有提出终止的通知,则可以继续延长一期。

除了协议期限届满可以终止外,如遇到下列情况之一,也可以终止协议。

（1）任何一方有实质性的违约行为，并在接到另一方的要求纠正该违约行为的书面通知后的一段时间内，未能加以纠正。

（2）任何一方发生破产清理或公司改组等严重事项，另一方提出终止协议的书面通知。

（3）由于发生了人力不可抗拒的意外事故，造成协议落空，而且遭受事故的一方在一定的期限之后仍无法履行协议规定的义务，另一方发出终止协议的书面通知。

除上述主要内容外，独家经销协议还应规定不可抗力及仲裁条款等一般交易条件，其规定方法与一般买卖合同大致相同。

第二节　代　　理

一、代理的概念

代理（agency）是指代理人（agent）按照委托人（principal）的授权，代表委托人与第三人订立合同或从事其他法律行为，而由委托人直接负责由此所产生的权利和义务。我国《民法通则》第 63 条规定："代理人在代理权限内，以被代理人的名义实施民事法律行为，被代理人对代理人的代理行为承担民事责任。"国际贸易中的代理是以委托人为一方，接受委托的代理人为另一方达成协议，规定代理人在约定的时间和地区内，以委托人的名义与资金从事业务活动，并由委托人直接负责由此而产生的后果。

二、代理的类型

在国际贸易中有多种形式的代理，如银行代理、运输代理、保险代理、商业代理等。我国的出口企业通常在国外指定的代理一般是商业代理，即销售代理。它是指国内的出口企业与国外代理商达成协议，由国外代理商代为推销商品，在代理协议中规定代理的商品、代理期限和地区范围，及代理商负责代为推销商品的最低金额或数量，以及反馈市场信息等义务。

国际货物买卖中的代理按委托人授权范围的不同划分为以下几种。

（1）总代理（general agent），即委托人在指定地区的全权代表，他有权代表委托人从事一般商务活动和某些非商务性的事务。

（2）一般代理（agent）又称佣金代理（commission agent），指不享有附加代理权的代理。因此，在同一地区和期限内委托人可同时委派多个代理人代表委托人行为。

（3）独家代理（sole agent or exclusive agent），是在指定地区和期限内单独代表委托人行为，从事代理协议中规定的有关业务的代理人。委托人在该地区内，不得再委托其他代理人。这种进出口业务中常见的独家销售代理是本节介绍的主要内容。

三、独家代理的特点

独家代理是指出口企业与国外的独家代理商签订书面协议，在约定的期限和地区范围内，给予对方独家代理推销约定商品的权利，即专营权。在国际货物买卖中的独家代理是享有独家专营权的代理,代理商和进出口企业之间不是买卖关系,而是委托和被委托的关系。在代理业务中,独家代理商为出口企业寻访客户,进行交易磋商,由代理商以自己名义与第三方购货人订立合同。只有在特定情况下,根据协议规定由被授权代理商以出口企业名义代订销售合同。通常情况下代理商只是代表委托人招揽客户、接受订单、签订合同、代为处理委托人的货物、收受货款等,并从中收取协议规定的佣金,即代理商承担积极推销货物的义务和享有收取佣金的权利。在代理商和进出口企业之间,没有货物所有权的转移,代理商不承担经营风险,也不负担盈亏。

四、独家代理协议的主要内容

代理协议也称代理合同,它是用以明确委托人和代理人之间权利和义务的法律文件。独家代理协议是规定出口企业和独家代理商之间权利和义务的协议。国际贸易中的代理种类繁多,代理协议的形式和内容也各不相同。业务中常见的独家销售代理协议主要包括以下内容。

1. 代理的商品和区域

独家代理协议要明确规定代理商品的品名、规格以及代理权行使的地理范围。其规定方法与包销协议大体相同。

2. 代理人的权利与义务

这是代理协议的核心部分,一般应包括下述内容。

(1) 明确代理人的权利范围,是否有权代表委托人订立合同,或从事其他事务,以及明确其所享有的专营权。

(2) 规定代理人在一定时期内应推销商品的最低销售额,并说明核定方法,以及完不成定额的处理办法。

(3) 代理人应在代理权行使的范围内,保护委托人的合法权益。代理人在协议有效期内无权代理与委托人商品相竞争的商品,也无权代表协议地区内的其他相竞争的公司。对于在代理区域内发生的侵犯委托人的知识产权等不法行为,代理人有义务通知委托人,以便采取必要措施。另外,代理人还负有保守商业秘密的责任。

(4) 代理人应承担市场调研和广告宣传的义务。在独家代理协议中,往往规定代理人应定期或不定期地向委托人汇报有关代理区域的市场情况,对代理的商品进行广告宣传,并确定广告的内容及其形式。

3. 委托人的权利与义务

委托人的权利主要体现在对客户的订单有权接受,也有权拒绝。对于拒绝订单的理由,可以不作解释,代理人也不能要求佣金。对于代理人在授权范围内按委托人规定的条件与客户订立的合同,委托人应保证执行。但应注意,在国际贸易中不应轻易授予海外商人缔约权。因为不同国家的商人在商业习惯和价值观念上存在差异,有时代签合同容易就有关约定事项理解不一,造成履约困难和纠纷。但有时为了扩大国外生意,迅速抓住商机,也可授予外商缔约权。在这种情况下,为了降低风险,首先需要做好资信调查,另外,还可事先替代理商预备好委托缔约的买卖合同格式,设定代理缔结买卖合同金额的上限,了解代理商的日常经营活动等。

委托人有义务维护代理人的合法权益,保证按协议规定的条件向代理人支付佣金。在独家代理的情况下,委托人要尽力维护代理人的专营权。如由于委托人的责任给代理人造成损失,委托人应予以补偿。

4. 佣金的支付

佣金是代理人为委托人提供服务所获得的报酬。代理协议要规定在什么情况下代理人可以获得佣金。在独家代理的协议中,常常规定如委托人直接与代理区域内的客户签订买卖合同,代理人仍可获取佣金。协议中还要规定佣金率、佣金的计算基础、佣金的支付时间和方法等内容。

5. 商标保护、广告宣传和市场报道

代理商同包销商一样,按协议规定,有义务对推销货物的商标予以保护,并进行广告宣传和市场销售情况的报道。但对上述所支付的费用,有的规定由委托人支付;还有的规定由委托人与代理商共同分担。

除上述基本内容外,还可在协议中规定不可抗力条款、仲裁条款以及协议的期限和终止办法等条款。这些条款的规定办法与包销协议的做法大致相同。

本章应知应会术语

1. distribution　经销
2. distributor　经销商
3. supplier　供货商
4. sole distribution　独家经销
5. exclusive salcs　包销
6. sole agent or exclusive agent　独家代理
7. principal　委托人
8. general agent　总代理
9. agent　一般代理
10. commission agent　佣金代理

思 考 题

1. 什么是经销?它的主要分类有哪些?
2. 什么是独家经销?相比逐笔售定,它的优点在哪里?
3. 出口企业在独家经销业务中应注意什么问题?
4. 独家经销协议的主要内容包括哪些?
5. 什么是代理?它与经销的不同之处在哪里?
6. 什么是独家代理?其特点是什么?
7. 独家代理协议的主要内容包括哪些?

财 富 箴 言

1. One of the best ways to persuade others is with your ears—by listening to them.
说服别人的最好方法之一是用你的耳朵——听他们说些什么。

——迪恩·腊斯克(Dean Rusk,美国政治家)

2. We think that eliminating talent and then quickly rehiring talent is an expensive and risky proposition.
我们认为,淘汰人才,然后又马上重新聘用人才,是成本高昂而又冒险的主张。

——马克·赫德(Mark Hurd,惠普公司首席执行官)

第十六章

寄售与展卖

寄售与展卖是现场看货买卖的方式,作为国际贸易的一种方式为交易者提供了在现场看现货、按质论价的交易平台。

第一节 寄 售

一、寄售的概念及其性质

寄售(consignment)是一种委托代售的贸易方式,是寄售人(consignor)先将准备销售的货物运往国外寄售地,委托当地代销商(consignee)按照寄售协议规定的条件代为销售后,再由代销人向货主结算货款。寄售人是卖方,也称为委托人或货主,代销商也称为受托人。世界上许多国家和地区在推销手工艺品、轻纺产品、土特产品、易腐商品以及小型机械设备等时都会采用这种交易方式。

寄售是按双方签订的协议进行的,寄售人和代销人之间不是买卖关系,而是委托与受托关系。寄售协议属于行纪合同(或信托合同)性质。按照我国合同法的解释,行纪合同是指行纪人接受委托人的委托,以自己的名义,为委托人从事贸易活动,委托人支付报酬的合同。在寄售业务中的代销人属于行纪人,他也是一个赚取佣金的受托人,其权利和义务与代理人相似,但又有区别。最主要的区别是代理人在从事授权范围内的事务时,可以用委托人的名义,也可以用自己的名义,但代销人只能用自己的名义处理寄售合同中规定的事务,而且受托人同第三方从事的法律行为不能直接对委托人发生效力。由此可见,寄售既不同于包销,又与一般的代理业务有区别。

二、寄售方式的特点及利弊

(一) 寄售业务的特点

寄售业务与通常的逐笔销售相比,具有以下特点。

(1) 寄售人先将货物运至目的地市场(寄售地),然后经代销人在寄售地向当地买主销售。因此,它不同于逐笔售定方式那样在货物发运前已有买主,是典型的凭实物进行买卖的现货交易。

(2) 货物的所有权在寄售地出售之前仍属寄售人。寄售货物在售出之前,包括运输途中和到达寄售地后的一切费用和风险如运费、保险费、储存费、税收以及其他杂项费用,除非代销人失责或违反寄售协议规定,均由寄售人承担。万一代销人破产,寄售人仍可收回寄售商品。

（3）寄售人与代销人之间是委托代售关系，而非买卖关系。代销人只根据寄售人的指示处置货物。代销人在货主授权范围内，可以用自己的名义与当地客户直接签订买卖合同，收取货款并负责执行与买方订立的合同。如代销人与当地客户发生贸易纠纷，代销人可以是直接的申诉人或被诉人。

（4）代销人不承担市价涨落与商品滞销等经营风险，只收取佣金作为报酬。

（5）代销人在寄售人不执行寄售协议时，可以对寄售人的货物行使留置权，或将货物作为担保或抵押品。同时，代销人只负责货物的销售，如超过一定期限货物未能售出，有权将货物退回寄售人。

（6）寄售货物装运出口后，在到达寄售地前也可使用出售路货的办法，先行销售，即当货物尚在运输途中，如有条件即成交出售，出售不成则仍运至原定目的地。

(二) 寄售方式的优缺点

1. 寄售方式的优点

（1）通过寄售方式可以在当地市场出售现货，与实际用户建立关系，扩大贸易渠道，便于了解和适应当地市场需要，不断改进品质和包装。另外，寄售人还可根据市场供求情况，掌握有利的推销时机。

（2）代销人在寄售方式中不需垫付大量资金，也不承担商业风险，只需提供销售服务，就可获取佣金。因此，寄售方式有利于调动那些有推销能力、经营作风好，但资金不足的客户的积极性。

（3）寄售通常都是凭实物进行的现货买卖，买主可在交易现场按质论价，看货成交，付款后即可提货，大大节省了交易时间，减少了风险和费用，为买主提供了便利，对开辟新市场、推销新产品有一定作用。

2. 寄售方式的缺点（对寄售人而言）

（1）承担的贸易风险大。寄售人要承担货物售出前的一切风险，包括运输途中和到达目的地后的货物损失和灭失的风险，货物价格下跌和不能售出的风险。同时，如果代销人资信不佳，有意压价，寄售人就比较被动，而导致损失。

（2）资金周转期长、收汇不安全。寄售方式下，货物售出前的一切费用开支均由寄售人负担，而货款要等货物售出后才能收回，不利于其资金周转，占用资金时间长。此外，一旦代销人违反协议，也会给寄售人带来意料不到的损失。

三、寄售协议的主要内容

寄售协议是寄售人和代销人之间就双方的权利和义务以及寄售业务中的有关问题签订的法律文件。寄售协议中一般应包括下列内容：协议性质、寄售地区、寄售期限、寄售商品名称、规格、数量、运输、保险、商品检验、作价办法、佣金的支付、货款的收付，以及对未售出货物的处理办法等。在签订寄售协议时，要特别注意如下几个条款。

(一) 寄售商品的作价方法

1. 规定最低限价

代销人在不低于最低限价的前提下,可以任意出售货物,否则,必须事先征得寄售人同意。

2. 随行就市

代销人可在不低于当地市价的情况下出售寄售货物,寄售人不作限价。这种做法,代销人有较大的自主权。

3. 销售前征得寄售人同意

代销人在得到买主的递价后,立即征求寄售人意见,确认同意后,才能出售货物。也有的是规定一定时期的销售价格,由代销人据以对外成交。

4. 规定结算价格

货物售出后,双方依据协议中规定的价格进行结算。对于代销人实际出售货物的价格,寄售人不予干涉。这种做法,代销人须承担一定的风险。

(二) 佣金的支付

佣金是寄售人付给代销人作为其提供服务的报酬。除了采用结算价格方式以外,寄售人都应支付给代销人一定数量的佣金。佣金结算的基础一般是发票净售价,通常解释为用毛售价减有关费用(如已包括在售价之内),如销售税、货物税、增值税、关税、包装费、保险费、仓储费、商业和数量折扣、退货的货款和延期付款的利息等。关于佣金的支付时间和方法,代销人可在货物售出后从所得货款中直接扣除代垫费用和应得佣金,再将余款汇给寄售人;也可先由寄售人收取全部货款,再按协议规定计算出佣金汇给代销人。佣金多以汇付方式支付,也有的采用托收方式收取。

(三) 货款的收付

寄售方式下,货款多数是在货物售出后收回。寄售人和代销人之间通常采用记账的方法,定期或不定期地结算,由代销人将货款汇给寄售人,或者由寄售人用托收方式向代销人收款。为保证及时收汇,以利资金周转,在协议中应该规定汇付货款的方式和时间。为了保证收汇安全,有的当事人在协议中加订"保证收取货款条款",或者在协议之外另订"保证收取货款协议",由代销人提供一定的担保。双方也可以运用银行保函等银行业务来保证货款的收取和结算,如果代销人不履行协议规定的义务支付货款,由银行承担偿付一定金额的责任。

(四) 剩余商品的处理办法

由于寄售属于委托代售方式,寄售商品在未售出之前所有权归寄售人,所以,在寄售协议中通常都用明确的文字规定,在寄售期结束后,对未售出的剩余商品,代销人可以退给寄售人。当然,双方也可以作出其他约定,如有的规定剩余商品可作价卖给代销人,或者规定剩余商品自动转入下一个寄售期继续销售。

此外,寄售协议还应该规定货物的保险、各种费用负担等预防性条款,降低经营风险,减少双方纠纷。

第二节　展　　卖

一、展卖的含义及特性

展卖(fairs and sales)是利用展览会、博览会、展销会、交易会及其他会展形式,对商品实行展销结合,以展促销的一种贸易方式。由卖方选择合适的展览场地,把准备出售的样品、实物在展览会上展出。买方在展出的样品和实物中选择所需购买的商品。双方根据成交条件进行磋商,达成交易。

展卖可以采取各种不同的方式,我国企业可以到海外参展,利用国外举办的各种展卖会,来推销商品。还可以参加国内举办的展卖会,吸引各国客商和同行,在国内展会成交。卖方还可以将寄售和展卖方式结合起来进行。即在寄售协议中规定,代销人将寄售的商品在当地展卖。无论是哪一种做法,展卖作为一种商品推销方式,在国际贸易业务中经常使用,是企业推销商品,寻找国外客户的重要渠道。其基本特点是把商品的展览和推销有机地结合起来,边展边销,以销为主。展卖这种方式的优点主要表现在以下方面:

(1) 有利于宣传出口商品,扩大影响,招揽潜在买主,促进交易。

(2) 有利于建立和发展客户关系,扩大销售地区和范围。

(3) 有利于开展市场调研,听取消费者的意见,改进产品质量,增强出口竞争力。

二、展卖方式

企业在国际贸易中运用展卖方式可以有几种买卖方式,如通过签约把货物卖给国外客户,由客户在国外举办展览会,货款在展览会后结算;货主还可以与国外客户合作,展卖时货物所有权仍属于货主,由货主决定价格。货物参展出售后国外客户收取一定的佣金或手续费。展卖结束后,未售出的货物折价处理或委托国外客户寄售;货主自己携带展品参加展会,自己决定价格,自行参展售卖,达到推销和宣传产品的效果。企业参与展卖方式,主要通过参加国际或国内展览会两种形式。

(一) 国际博览会

国际博览会(International Fair)也称国际集市,是指在一定地点定期举办的,由一国或多国联合组办,邀请各国商人参加交易的贸易形式。参展商可以展出各种产品和技术,招揽国外客户签订贸易合同。这一方式不仅为买卖双方提供了交易方便,而且越来越多地作为产品介绍和广告推广,企业介绍新产品、新工艺和进行技术交流的重要方式。参加博览会的商人除进行现场交易外,还可通过这一机会同世界各国建立更广泛的商业关系。

国际博览会可分为综合性和专业性两种类型。前者一般规模较大,展出商品多种多样,参展商品多,参加国别和商人也多。比较著名的有莱比锡、布鲁塞尔、里昂、巴黎和蒙特利尔博览会等;后者对参展展品有一定的专业要求,通常只是某项或某类工业品等专业性商品参加展览和交易,如比较著名的纽伦堡玩具博览会、慕尼黑的体育用品博览会以及法兰克福的消费品博览会等,它们都是专业性很强的国际博览会。

目前,国内企业参加国际展览会已是常态。随着中国经济大规模地融入国际市场,中国企业参与国际展览的规模和速度飞速增长。与此同时,中国也在国际展览业中发挥重要的作用。中国于 1985 年 1 月在北京建成了自己的博览会——中国国际展览中心。同年 11 月,中国第一次作为东道主举办了亚洲及太平洋地区第四届国际贸易博览会,从此揭开了在此举办大型国际性博览会和展览会的序幕。近年来,频繁开展的在华和出国展览为加强中国与世界各国的贸易联系与经济交往发挥了重要作用。

(二) 中国进出口商品交易会

中国进出口商品交易会是中国目前历史最长、层次最高、规模最大、商品种类最全、到会采购商最多且分布国别地区最广、成交效果最好、信誉最佳的综合性国际贸易盛会。中国进出口商品交易会(China Import & Export Commodities Fair)的前身是中国出口商品交易会,又简称广交会(Canton Trade Fair),是中国各进出口公司联合举办的,邀请国外客户参加的一种集展览与交易相结合的商品展销会。我国于 1957 年春举办了首届广交会,以后每年春、秋两季各举办一次。2006 年秋,中国迎来了第 100 届广交会。半个世纪以来,中国利用广交会定期邀请国外客户来华集中谈判成交,根据"平等互利、互通有无"的对外贸易原则,以出口为主,进出结合,有买有卖,形式多样,极大地促进了中国对外贸易发展,加强了中国同世界各国的经济联系。根据形势的发展,中国政府在 2007 年将中国出口商品交易会更名为中国进出口商品交易会。广交会出口展区由 48 个交易团组成,来自全国两万多家资信良好、实力雄厚的外贸公司、生产企业、科研院所、外商投资/独资企业、私营企业参展。广交会以进出口贸易为主,贸易方式灵活多样,除传统的看样成交外,还举办网上交易会,开展多种形式的经济技术合作与交流,以及商检、保险、运输、广告、咨询等业务活动。来自世界各地的客商云集广州,互通商情,增进友谊。

广交会每年分两季举行。春季开展时间:每年 4 月 15 日至 5 月 5 日;秋季开展时间:每年 10 月 15 日至 11 月 4 日。每季广交会又分三期举行,每期都有不同的参展范围。

第一期:大型机械及设备、小型机械、自行车、摩托车、汽车配件、化工产品、五金、工具、车辆(户外)、工程机械(户外)、家用电器、电子消费品、电子电气产品、计算机及通信产品、照明产品、建筑及装饰材料、卫浴设备、进口展区。

第二期:餐厨用具、日用陶瓷、工艺陶瓷、家居装饰品、玻璃工艺品、家具、编织及藤铁工艺品、园林产品、铁石制品(户外)、家居用品、个人护理用具、浴室用品、钟表眼镜、玩具、礼品及赠品、节日用品、土特产品(第 109 届新编入)。

第三期:男女装、童装、内衣、运动服及休闲服、裘革皮羽绒及制品、服装饰物及配件、家用纺织品、纺织原料面料、地毯及挂毯、食品、医药及保健品、医疗器械、耗材、辅料、体育及旅游休闲用品、办公文具、鞋、箱包。

国内经营进出口业务的企业都普遍把参与广交会作为企业国际贸易业务活动的重要内容。很多企业产品推广都把广交会作为重要的平台。企业利用这一平台促销产品和技术,锻炼业务人员业务技能,开拓企业国际贸易渠道,对企业国际贸易业务发展意义重大。

国内的国际贸易展览会除了广交会最具代表性以外,其他相似的国际贸易展会还很多,如中国华东进出口商品交易会(简称华交会),中国昆明进出口商品交易会(简称昆交会),中国义乌小商品交易会等都是国内进出口企业普遍参与的国际贸易展会。

三、参与展卖方式对企业的作用

(1) 通过展会,出口商可以把一些品种、规格、花色复杂,需要看样成交的商品,如工艺品、纺织服装、玩具礼品、地毯和部分机械产品,直接与外商和用户见面,当面洽谈、看样,有利于买卖双方尽快成交。来会的各国客商和友好团体众多,为集中成交创造了有利条件。

(2) 通过展销,加强了与各国客户的广泛联系,便于了解国外市场动态,开展行情调研,直接了解客户需求,倾听客户对产品的意见;有利于出口企业改进产品和设计,更接近市场需求,有利企业产品促销。同时,还可以在展会上通过交流,学习其他国家或地区的产品设计和生产工艺的最新理念和方法,促进产品升级和质量提高。

(3) 通过展销,企业可以广泛地与不同国家和地区不同类型客户接触,相互了解,疏通贸易渠道,建立更多的贸易关系,扩大销售范围。同时通过相互磋商,熟悉客户的资信和经营作风。

(4) 通过展销,有利于企业树立品牌和企业形象。交易会采取当面洽商、看样成交的方式,企业可以利用展台宣传企业经营情况和实力,扩大影响。为企业国际贸易全方位合作创造良好形象和沟通交流平台。目前很多展览会在实物现场交易的同时,还开通网络交易平台,有利于企业迅速推广产品和企业形象,使企业更快融入全球贸易圈,助推企业国际化。

四、开展展卖业务应注意的问题

展卖是一种将产品宣传、推销和市场调研结合起来的贸易方式。基于对企业发展国际贸易业务的重要作用,企业纷纷参与国际贸易的展卖业务。企业参与国际贸易展览业务,费用较大,要筹备的事务繁杂,花费大量人力物力。为了进一步更有效地开展展卖业务,企业应注意下列问题。

(一) 选择适当的展卖商品

展卖这种交易方式并不是对所有商品都普遍适用的,它主要适合于一些品种规格复杂,用户对造型、设计要求严格,而且性能发展变化较快的商品,如机械、电子、轻工、化工、工艺、玩具、纺织产品等。企业参加展会,应该认真选择参展商品,要注意先进性、新颖性和多样性,要能反映企业最新设计和生产技术水平,以取得竞争优势和良好的参展效果。

(二) 选择良好的合作客户

企业如果与国外客户联合参展,应选择合适的客户作为合作伙伴。选择的客户必须具有一定的经营能力,对当地市场十分熟悉,并有较为广泛的业务联系或销售系统。通过客户开展宣传组织工作,扩大影响,联系各界人士,这对展卖的成功具有重要作用。在展会中,面对众多的洽谈客户,企业应该通过了解选择信誉良好的合作伙伴,以利双方贸易关系的扩大和贸易风险的防范。

(三) 选择合适的展出地点

企业面对众多的国际国内展览会,应该考虑选择一些知名的、有影响力的展览会。这些展会历史长,在国际贸易界影响大,容易吸引众多好的客户参加展会。知名展会组织规范,展会地点好,参加人数多,对参展企业扩大影响和成交机会意义重大。同时,参加展会,应注意选择一些交易比较集中、市场潜力较大、有发展前途的集散地进行展卖。企业参加展会还应考虑当地的各项设施,如展出场地、旅馆、通信、交通等基本设施所能提供的方便条件和这些服务的收费水平。这些都对参展的成功有重要影响。

(四) 选择适当的展卖时机

这对于一些销售季节性强的商品尤为重要。一般来说,应选择该商品的销售旺季或消费季节到来之前进行展卖。每次展出的时间不宜过长,以免耗费过大,影响经济效益。例如企业想推销圣诞礼品,应该选择圣诞节前一段时间提前参展,这样企业可能通过展会获取较多圣诞礼品订单,企业可以顺利安排生产,准时交货。当然,如果企业想把库存圣诞礼品在展会期间当场出售,可以选择更接近圣诞节的期间参展。

本章应知应会术语

1. consignment   寄售
2. consignor   寄售人
3. consignee   代销商
4. fairs and sales   展卖
5. international fair   国际博览会
6. Canton Trade Fair   广交会
7. China Import & Export Commodities Fair   中国进出口商品交易会

思 考 题

1. 什么是寄售业务? 它与代理业务有什么区别?
2. 寄售与逐笔售定有何不同? 它有何特点?
3. 寄售的优缺点有哪些?
4. 寄售人如何把握寄售风险?
5. 寄售协议的主要内容是什么?
6. 什么是展卖方式? 其优点是什么?
7. 展卖的两种方式是什么? 你认为企业应如何选择展卖的方式?

8. 国际展览会分哪两类？各自的特点是什么？

9. 如何理解广交会对国际贸易企业的作用？

10. 企业参与展卖方式应注意什么问题？

财 富 箴 言

1. You have to think carefully about where to apply people, time, energy and capital.

你必须仔细考虑，将人员、时间、能源和资本用在什么地方。

——米奇·斯拉普（Mitch Slape，沃尔玛国际业务开发高级副总裁）

2. The consumer isn't a moron; she is your wife. You insult her intelligence if you assume that a mere slogan and a few vapid adjectives will persuade her to buy anything.

消费者不是傻瓜，她是你的妻子。如果你以为仅凭一句口号和几个干巴巴的形容词就能说服她买你的东西的话，你就亵渎了她的智慧。

——大卫·奥格威（David Ogilvy，英国广告业名人）

第十七章

招投标与拍卖

第一节　招标与投标

招标和投标简称招投标,是国际贸易的传统方式。这种方式买卖双方不直接进行交易磋商,而是卖主之间的竞争。标的公开、竞争公开、成交迅速是这种贸易方式的特点。一些政府机构、市政部门和公用事业单位经常以投标方式采购物资、设备、勘探开发资源或招包工程项目,有些国家也用招标方式进口大宗商品。联合国、世界银行等国际机构贷款和援助项目以及各国之间政府贷款项目,通常也规定运用这些贷款采购物资、设备、发包工程时,必须采用国际竞争性招标方式。本章节主要介绍商品采购中的招投标。

一、招标和投标的含义与特点

招标(invitation to tender)是由招标人(采购方或工程业主)发出招标通告或招标单,说明需要采购的商品的品种、规格、数量和有关的交易条件,或发包工程项目的具体内容和要求条件,邀请投标人(卖方或工程承包商)在规定的时间和地点投标,并与所提条件对招标人最有利的投标人订约的一种行为。

投标(submission of tender)是投标人(卖方或承包商)应招标通告的邀请,根据招标人规定的要求和条件,在规定的期限和地点,以填投标单的形式向招标人发盘,争取中标以达成交易。投标是针对招标而来的后续行动,有招标才有投标,因此,招标与投标是一种贸易方式的两个方面。

招标是一般买方(或招标人)组织卖方(或承包商)竞卖的一种形式。由于它是通过许多投标人参加竞争而进行买卖的交易方式,所以对招标人来说,就能选择最有利的条件达成交易或兴建工程。招标的组织者主要是国家的某些部门或机构,也有一些大型的工商企业。

招投标在市场经济国家发展至今已有200多年的历史。在市场经济国家,采购招标形成的最初原因是政府和公共部门或政府指定的有关机构的采购开支主要来源于法人和公民的税赋和捐赠,因此必须以一种特别的采购方式来尽量节省开支,最大限度地透明和公开,并提高效率目标的实现。20世纪70年代以来,招标采购在国际贸易中的比例迅速提高,招投标制度应成为一种国际惯例,并形成一整套系统完善和为各国政府与企业共同遵守的国际规则。各国政府也加强和完善了本国相应的法律制度和规范体系,对促进各国间的贸易和经济合作发挥了重要作用。我国的招投标工作随着市场经济的发展日益与国际接轨。招投标立法在招标范围、招标方式、招标程序等方面充分借鉴国际惯例,并根据我国实际做了一些特殊规定。为了规范招投标工作,维护市场竞争秩序,1999 年 8 月 30 日全国人大会议通过了《中华人民共和国招标投标法》,并于 2000 年 1 月 1 日开始实行。我国招投标开始走上法制化轨道。

招投标方式与其他贸易方式相比,具有其明显的特点。

(1) 招标方式下,投标是按照招标人规定的时间、地点和条件进行报盘。这种报盘对投标人有法律约束。在公开招标情况下,投标具有全开放、透明度高的特点。严禁招标人和投标人就招投标的实质内容进行单独谈判。招投标活动完全置于公开的社会监督之下,可以防止不正当交易。而传统的贸易方式,价格本身和其磋商过程都属于商业机密,买卖双方没有义务向公众公开。

(2) 与其他贸易方式不同,双方交易前为防止投标人改标、撤标或中标不履行,招标人一般都要求投标人参与投标时要交纳保证金或提供银行保函或备用信用证。如投标人未中标,招标人退还投标人的保证金。投标人在投标过程中如有违约行为,招标人有权没收其投标保证金。

(3) 招标是一种竞争性采购方式。一般情况下,双方没有反复磋商的过程。投标人发出的投标书是一次性报盘。交易的主动权在招标人手中,投标人只能应邀一次性递价,并以合理的价格定标。投标人报价后能否同招标人达成交易完全取决于他递交的投标书有无竞争力。只有投标人的报价符合招标人的要求并有竞争力,招标人才与之成交。传统贸易方式合同的订立是经过买卖双方反复磋商达成的,任何一方都可以提出自己的交易条件,反复磋商谈判。而在投标时,投标人只能一次性投标,递标后不能修改。通过卖方(投标人)之间的竞卖,买方从中选择最优惠的价格获得所要采购的货物。

(4) 由于国际商品交易市场基本上是买方市场,因此在招投标买卖方式中买方进行招标较多。但也有个别情况是卖方急需资金,将自己拥有的市场紧缺商品以招标方式出售,获取最好的销售价格。

二、招投标的基本做法

随着经济全球化和各国国际分工的进一步发展,各国经济相互依赖关系日益加强,招标与投标在世界经济活动中的应用日益普遍。越来越多的国家将国际招标和投标看作改善本国进出口贸易的有效手段。世界各国进行的招标程序和条件基本相同,但由于各国的招标法令或传统习惯的不同,各国的招标程序和条件也有差异。通常招标是在招标人的所在国,按该国的有关法令和传统习惯进行的。但招标人也可在其他国家进行招标,这样就得遵照该国的有关法令和习惯办理。组织一次招标,需要有一个专门的招标机构,对招标的全过程进行全权管理。招标可以委托一个胜任的专业招标机构代办,也可以自行抽调一些人员,组织一个固定的或临时的机构,专责处理招标事务。一次具体的招标通常要经历招标、投标、评标、签订协议四个阶段。

(一) 招标

招标包括三项基本工作:发布招标通告、制定招标文件和对投标人进行资格预审。

1．招标通告

按进行方法的不同，招标可分为公开招标和非公开招标两种。

公开招标(open tender)又称竞争性招标，是由招标人在报刊、电子网络或其他媒体上刊登招标公告，吸引众多企业单位参与招标竞争，招标人从中择优选择中标单位的招标方式。按照竞争涉及的范围大小，公开招标又分为国际竞争性招标和国内竞争性招标。国际竞争性招标(international competitive tender)是指在世界范围内进行招标，国内外合格的投标商都可以投标。要求买主制作完整的英文标书，在国际上通过各种宣传媒介登招标公告。我国有关国际公开招标的提供大都刊登在《人民日报》上，有的也刊登在省、市一级的报纸上。有的招标通告还要根据规定在国外指定的刊物上刊登。此外，还向驻在国外的商务机构或驻在本国的有关外国商务机构发出招标通告的副本，以使国内外更多的厂商有机会参加投标。其特点是高效、经济、公平，是当今国际上采用最多、采购金额最大的一种方式。国内竞争性招标(national competitive tender)是指在国内进行招标，可用本国语言编写标书，只在国内媒体上登公告。通常用于合同金额较小、采购品种较分散、分批交货时间较长、劳动密集型、商品成本较低而运费较高、当地价格明显低于国际市场价格等的采购。

非公开招标(private tender)又称为有限竞争性招标(limited tender)或选择性招标(selective tender)或指名招标，即由招标单位选择一定数目的企业，向其发出投标邀请书，邀请他们参加招标竞争。通常选择 3～10 家竞标者为宜。通常是少数在这一行业享有盛誉并殷实可靠的公司或那些在过去业务交往中建立了良好关系的厂商得到招标通知。由于被邀请参加投标的企业有限，不仅可以节约招标费用，而且提高了每个投标者的中标机会。与公开招标相比，这种邀请招标的特点是：①不使用公开的公告形式，由招标人选择几家企业作为投标人，私下邀请；②接受邀请的单位才是合格的投标人；③邀请的投标人数量有限。基于这些特点，非公开招标因为不用刊登招标公告，投标有效期大大缩短，有利于采购那些价格波动较大的商品，可以降低投标风险和投标价格。

2．制定招标文件

招标必须事先制定好招标文件(bidding documents)或称标书。招标文件概括地说就是招标的贸易条件和技术条件，它是投标人编制投标书的依据，也是招标人与中标的投标人日后订约的基础。招标条件可由招标人独立制定，也可吸收专业化的咨询公司或工程建筑公司参加制定并汇编成册，投标人支付一定款项后即可索取。招标条件与一般买卖合同的贸易条件不同，它不是由买卖双方洽商决定，而是由招标人单方面制定的，一般来说，投标人没有讨价还价的余地。

3．对投标人进行资格预审

投标人的资信和能力是投标人能否胜任招标任务的基础，也是投资效益和安全的保证。因此，即使是公开招标也并不是任何企业单位均可参加投标的。特别是国际公开招标和一些国家较大项目的招标，都要对投标人进行资格预审(prequalification)。即投标人必须按照招标人的要求，在期限内提供能够反映其能力和资信的证明文件和资料。预审不合格者就不准参加投标。使用外国政府贷款和国际金融组织贷款的项目，一般还有合格货源国的限制。

(二) 投标

投标是指由卖方或承包人在指定的时间内,按照招标的要求和条件,报出价格和必要的其他条件,争取中标,达成交易的行为。参加投标的一方成为投标人。参加投标时必须做好以下工作。

1. 认真研究招标文件

投标人取得标书后,应当认真研究招标文件,针对招标人提出标购的商品、成套设备的规格质量要求、运输条件、保证金条款以及其他限制性条款,衡量自己的生产能力、技术条件以及生产管理经验能否胜任,是否能达到招标要求。投标人只有在确信有充分把握时方可进行投标。

2. 确定适当的价格

投标人要从质量、技术、交货期、服务、资信等多方面来衡量自身条件和考虑市场竞争情况,使投标作价既要有竞争性,又要留有余地。标价必须具有竞争性,也应保持有一定的利润。所以在决定标价前,投标人一定要掌握国际市场的价格水平,并估计其趋势,注意竞争者的情况并精确计算有关项目的成本费用。同时,必须注意投标是一个有效期较长的发盘,所以订定标价要留有余地。一旦报出,就不能随意撤回或撤销。否则,招标人有权没收投标保证金。

3. 提供投标保证金

为了防止投标人在投标后撤销投标,或中标后拒不签订合同,招标人通常都要求投标人在投标时提供投标保证金(bid bond)。投标保证金可以缴纳现金,也可以提供银行出具的保证书(L/G)或备用信用证(standby L/C)。保证金一般为总价的 3%~10%,未中标的可以在评标后退回。

4. 认真制作投标文件

投标书是投标人对招标人的一项不可撤销的发盘。其主要内容包括对招标条件的确认、商品或各个项目的有关指标和工程进度、技术说明和图纸、投标人应该承担的责任以及总价和单价分析表。投标人在决定投标后,就要根据招标文件的要求和规定填报有关表格。凡招标文件所规定的贸易条件和技术条件都不得更改或修正。所采用的术语要前后一致。招标文件必须按规定打印清楚。不管是独家投标,还是几家联合投标,投标名义人只能是一个。招标人一般不接受两个或两个以上并列厂商署名的投标。

5. 正确及时递送投标文件

投标文件必须在规定期限内送达招标人所规定的地址。凡是在规定期限以后收到的均属无效。投标文件可以密封挂号邮寄,也有派专人送达或经由当地代理人递交。投标文件包括投标书、投标保函或备用信用证、关于投标书中单项说明的附件及其他必要文件。

(三) 开标与评标

在投标期截止后,招标人即可将收到的投标文件进行启封和评估,从而选定对他最为有利的投标人,作为供货人或承包商。被选中的投标人就是这一招标活动的中标人。

1. 开标

开标(opening of tender)有公开开标和秘密开标之分。公开开标是按照招标人规定的时间地点,在投标人或其代理人出席的情况下,当众拆开密封的投标文件,宣读文件内容。秘密开标是指没有投标人参加,由招标人自行选定中标人。招标人可根据本身的需要和招标的内容,选择不同的开标方式。一般情况下,物资和劳务采购由于除所报的价格条件外,其他交易条件一般差别不大,而价格是区别投标优劣的主要标志,所以对这些商品的招标,大多采用公开开标的方式,可以根据最低标价选定中标人。承包工程等的招标除价格以外,其他交易条件往往对整个报价产生实质性影响,需要招标人对这些条件逐项分析比较,才能选定中标人。所以对一些较复杂的大型工程的承包项目的招标,往往采用秘密的开标方式。实际上,开标往往只是一种形式,对一次具体的招标没有实际意义。通常开标日只是把各投标人的投标内容记入正式记录或公布于众,并不当场评出中标人。

2. 评标

评标或审评标书就是招标人对投标书的贸易条件、技术条件及法律条件进行评审、比较,选出最佳投标人作为中标人。评标的基本原则是公正性、准确性和保密性,所以,一切投标的评议程序都是保密的。具体地说,评标要做以下三项工作。

(1) 审核投标文件内容是否符合招标条件的要求,包括招标文件的贸易条件和技术条件,计算是否正确,技术是否可行。

(2) 比较各投标人的交易条件。包括对各投标人的价格、质量、交货期等条件进行比较。大、中型工程项目或采购机器设备等大型招标项目,招标人还必须对大量的技术指标、施工安装、培训技术人员等条件以及其他服务项目逐项进行比较。

(3) 对中标候选人进行复审。在选定中标人时,可以分别挑选第一中标候选人及其他替代中标候选人。对初步选定的中标候选人必须进行最后的资格预审,审定其生产能力、信贷能力和履约能力。如经审核第一中标候选人确实可信,即为该次招标的中标人。否则依次以第二、第三中标候选人替补。如果招标人认为所有的投标都不理想,可以宣布招标失败。造成招标失败的原因主要有:参加投标人太少,缺乏竞争性;所有的投标书与招标要求不符;投标书报价与国际市场平均价格差距过大;等等。

此外,评标时也要防止投标人之间在表面竞争掩盖下的实际相互勾结,给招标人带来利益的损害。一旦出现不良结果,招标人同样可以拒绝接受所有投标,宣告招标失败,日后重新进行二次招标。

(四) 中标与签约

签订协议是一项招标与投标活动的最后阶段,即在评标确定中标人后,招标人以书面通知中标人,在规定的时间内到招标人所在地与招标人签订买卖协议或承包项目协议,并按规定缴付履约保证金。这些协议条款实际上与普通的商品买卖协议或承包项目的协议很少有或者完全没有区别。但有时也涉及运输方式或使用本国商船、本国劳工及工程项目的某些特殊条款。

在贷款项目下,协议签订后并不意味着交易最后达成。协议需递交贷款人审批。因此,协议中须加协议生效条款。招标人在协议签订后,需填写协议批准申报单及招标评估报告,连同协议一并报送贷款人,经贷款人同意后,协议方告生效。招标人据此通知供货人或承包商,交易最后达成。

第二节　拍　　卖

拍卖(auction)是一种具有悠久历史的交易方式,在今天的国际贸易中仍被采用。通过拍卖成交的商品通常是品质难以标准化,或难以久存,或按传统习惯以拍卖出售的商品。另外,在某些不动产和无形资产的交易中也常常采用拍卖方式。

一、拍卖的概念及特点

国际贸易中的拍卖是由经营拍卖业务的拍卖行接受货主的委托,在规定的时间和场所,按照一定的章程和规则,以公开叫价的方法,把货物卖给出价最高的买主的一种贸易方式。

国际货物的拍卖方式具有以下特点。

(1) 拍卖是在一定的机构内有组织地进行的。拍卖机构可以是由公司或协会组成的专业拍卖行,专门接受货主委托从事拍卖业务,也可以是大贸易公司内部设立的拍卖行,还可以是由货主临时组织的拍卖会。

(2) 拍卖具有自己独特的法律和规章。拍卖不同于一般的进出口交易。这不仅体现在交易磋商的程序和方式上,也表现在合同的成立和履行等问题上,许多国家的买卖法中对拍卖业务有专门的非同一般的规定。除此之外,各个拍卖行又订立了自己的章程和规则,供拍卖时采用。

(3) 拍卖是一种公开竞买的现货交易。拍卖采用事先看货、当场叫价、落槌成交的做法。拍卖开始前,买主可以查看货物,做到心中有数。拍卖开始后,买主当场出价、公开竞买,由拍卖主持人代表货主选择交易对象。成交后,买主即可付款提货。

二、拍卖的竞价方法

(一) 增价拍卖

增价拍卖也称英式拍卖,这是最常用的一种拍卖方式。拍卖时,由拍卖人(auctioneer)提出一批货物,宣布预定的最低价格,然后由竞买者(bidder)叫价,竞相加价,有时规定每次加价的金额幅度,直到拍卖人认为无人再出更高的价格时,则用击槌动作表示竞买结束,将这批商品卖给最后出价最高的人。如果竞买者的出价都低于拍卖人宣布的最低价格,或称价格极限,卖方有权撤回商品,拒绝出售。

(二) 减价拍卖

减价拍卖又称荷兰式拍卖(dutch auction),这种方式先由拍卖人喊出最高价格,然后逐渐喊低叫价,直到有某一竞买者认为已经低到可以接受的价格,表示买进为止。这种减价拍卖,成交迅速,经常用于拍卖鲜活商品。

(三) 密封递价拍卖

密封递价拍卖(sealed bids；closed bids)又称招标式拍卖。采用这种方法时,先由拍卖人公布每批商品的具体情况和拍卖条件等,然后由各买方在规定时间内将自己的出价密封递交拍卖人,以供拍卖人进行审查比较,决定将该货物卖给哪一个竞买者。这种方法不是公开竞买,与上述两种方式比较有如下特点:

① 拍卖人除了考虑价格条件外,有时还要考虑除价格以外的其他因素;

② 可以采取公开开标的方式,也可以采取不公开开标方式。有些国家的政府或海关在处理库存或罚没物资时往往采用这种拍卖方式。

(四) 网上拍卖

网上拍卖并不是一种全新的拍卖方式,而是以互联网作为媒介进行的拍卖活动。采用网上拍卖方式,竞买人不必亲临拍卖现场,只需在电脑前点击键盘,足不出户即可完成交易。网上拍卖首先要求竞买人按规定登记注册,并提供一定的保证金。具体操作形式也包括前面所提到的增价拍卖、减价拍卖和密封递价拍卖等方式。采用增价拍卖时,通常会预先设定拍卖截止时间,到时出价最高的人就成为买受人。

三、拍卖的一般程序

(一) 准备阶段

参加拍卖的货主与拍卖行订立委托拍卖合同,合同中一般要规定以下内容:

① 双方当事人的名称、地址;

② 拍卖的货物名称、规格、数量、质量;

③ 拍卖的时间、地点;

④ 拍卖品的交付时间、方式;

⑤ 佣金及其支付的方式、期限;

⑥ 价款的支付方式、期限;

⑦ 违约责任;

⑧ 其他事项。

参加拍卖的货主把货物运到拍卖地点,存入拍卖人指定的仓库。拍卖行将拍卖物集中后,对其价值高低、真伪情况、违禁与否等进行鉴定,再根据拍卖品本身的种类和品级进行必要的挑选、分类、分级、分批,并统一编号。

拍卖行负责编印拍卖目录。拍卖目录是拍卖行向竞买人所提供的有关即将举行的拍卖活动最详实的文字说明材料,是竞买人在拍卖前所能接受和信赖的指导工具。所有经过挑选分批待售的货物都要载入目录。

拍卖行在拍卖前一段时间要发布拍卖公告,公告的主要内容包括:

① 拍卖的时间、地点;

② 拍卖的标的;

③ 拍卖标的展示的时间、地点；

④ 参与竞买须办理的手续；

⑤ 其他事项。

买方在正式拍卖前可到存放拍卖商品的仓库查看货物，必要时可以抽取样品供分析测试，了解商品品质，以便拟定自己的出价标准。

(二) 正式拍卖

拍卖会在规定的时间和地点开始，并按照拍卖目录规定的先后顺序进行。

在拍卖会场中，买主一般按照事先登记的座位号，对号入座。在拍卖会主席台上就坐的主要有拍卖主持人和工作人员。拍卖主持人又称拍卖师，作为货主的受托人掌握拍卖业务的进行。

拍卖一般多采用由低到高的增价拍卖方式。增价拍卖可以由竞买人喊价，也可以由拍卖人喊价竞买人举牌应价。货主对于要拍卖的货物可以提出保留价(with a reserve)，也可以无保留(without reserve)。对于无保留价的，拍卖主持人在拍卖开始前要予以说明；对于有保留价的，竞买人的最高应价未达到保留价时，主持人要停止拍卖。

关于竞买人喊价后能否撤回的问题，不同国家的拍卖法规定有所不同。有的拍卖法规定，在拍卖主持人落槌之前，竞买人可以撤销出价，我国的拍卖法则规定："竞买人一经应价不得撤回。当其他竞买人有更高应价时，其应价即丧失约束力。"

荷兰作为出口鲜花的大国，在花卉交易中通常都采用减价拍卖方式，这种方式又称无声拍卖，即竞买人无须减价，只须在拍卖人由高到低的报价过程中，选择自己能接受的价格及时应价。应价以前采用打手势表示，现在多用按电钮的方式。

(三) 成交与付款交货

成交后，拍卖行的工作人员即交给买方一份成交确认书，由买方填写并签字，表明交易正式达成。

拍卖商品的货款，通常都以现汇支付，拍卖之前所交保证金可以抵作货款。货款付清后，买方凭拍卖行开出的栈单(warrant)或提货单(delivery order)到指定的仓库提货。提货必须在规定的期限内进行。在仓库交货前，拍卖人控制着货物，他有义务妥善保管货物。作为卖方的代理人，他享有要求货款的留置权，即在买方付清货款之前，他有权拒绝交货，除非拍卖条件中允许买方在提货后的一定期限内付清货款。

拍卖行为交易的达成提供了服务，收取一定的报酬作为佣金(commission)或经纪费(brokerage)。佣金的多少没有统一的规定。拍卖未成交的，拍卖行可以向委托人收取约定的费用；未作约定的，可向委托人收取为拍卖支出的合理费用。

拍卖会结束后，由拍卖行公布拍卖单，其内容主要包括售出商品的简要说明、成交价、拍卖前公布的基价与成交价的比较等。这些材料反映了拍卖商品的市场情况及国际市场价格，也是两次拍卖会的间隔期内商人进行交易、掌握价格的重要参考资料。未达成交易的竞拍人由拍卖行退还拍卖保证金。

采用拍卖方式，对卖方来说，可以通过买家的相互竞购，卖出较好的价格。同时拍卖是现货交易,买方付款提货,卖方收取货款较为安全,有利于卖方资金周转和打开销路。对买方来说,可以根据市场和自身情况,实地看货,购进满意的货物。但采用拍卖方式,交易过程要花较长时间。

四、拍卖业务中应注意的问题

(一) 公平交易问题

拍卖业务中的买卖双方须遵守公平竞争的原则,并遵照拍卖行的规章办事。拍卖业务中,有些货主为了卖高价,自己参与竞买或雇佣其他人参与竞买,哄抬价格,误导不明真相的竞买人。或者,竞买人为了自己单方面的利益,私下串通,压低价格。这些做法与招标投标业务中的串通投标相类似,均构成违法行为,违反了公平交易的原则,属于操纵市场、限制竞争的做法。我国《拍卖法》第 30 条明文规定:"委托人不得参与竞买,也不得委托他人代为竞买。"第 37 条又规定:"竞买人之间、竞买人与拍卖人不得恶意串通、损害他人利益。"

(二) 关于品质的责任问题

由于拍卖前允许买主查验货物,使买主对所要购买货物的实际品质心中有数,而后再按质论价,所以,一般来说,拍卖后很少发生索赔现象。而且,许多拍卖条件中都规定:"买方对货物过目或不过目,卖方对品质概不负责。"这一般是指货物的缺陷按通常的检查手段即可发现的,则由买主根据自己的业务水平和判断能力来决定出价标准。但对于有些货物存在的隐蔽的缺陷,即凭借一般的查验手段不能发现的质量问题,还是允许买主提出索赔的。

我国《拍卖法》中规定,"委托人应当向拍卖人说明拍卖标的的来源和瑕疵","拍卖人应当向竞买人说明拍卖标的的瑕疵","未说明拍卖标的的瑕疵,给买受人造成损害的,买受人有权要求拍卖人赔偿;属于委托人责任的,拍卖人有权向委托人追偿"。但同时又规定:"拍卖人、委托人在拍卖前声明不能保证拍卖标的的真伪或者品质的,不承担瑕疵担保责任。"

(三) 拍卖主持人的职责

拍卖主持人要有足够的业务知识,而且作为货主的受托人,有义务遵照他与货主之间达成的协议,谨慎行事。主持人有权按照自己的方式描述货物,以利于吸引买主,但他的描述应与所售的货物相符。根据英国标准拍卖条件的解释,拍卖主持人对货物的描述或声明,只是表示了单方面的意见,买主仍须依仗自己的判断行事。我国《拍卖法》还规定,"拍卖人接受委托后,未经委托人同意,不得委托其他拍卖人拍卖","委托人、买受人要求对其身份保密的,拍卖人应当为其保密","拍卖人及其工作人员不得以竞买人的身份参与自己组织的拍卖活动,并不得委托他人代为竞买"。

(四) 解决争议的方式

在拍卖进行过程中,如果发生争议,如究竟谁是出价最高者,一般由拍卖主持人决定。

但如果当事人一方不同意主持人意见,可到场外进行协商。协商不成,可将争议提交仲裁。仲裁裁决为最后裁决,双方必须遵守。

本章应知应会术语

1. invitation to tender　招标
2. submission of tender　投标
3. open tender　公开招标
4. international competitive tender　国际竞争性招标
5. national competitive tender　国内竞争性招标
6. private tender　非公开招标
7. limited tender　有限竞争性招标
8. selective tender　选择性招标
9. bidding documents　招标文件(标书)
10. prequalification　资格预审
11. bid bond　投标保证金
12. opening of tender　开标
13. auction　拍卖
14. auctioneer　拍卖人
15. bidder　竞买者
16. dutch auction　荷兰式拍卖
17. sealed bids(closed bids)　密封递价拍卖
18. warrant　栈单
19. delivery order　提货单

思　考　题

1. 什么叫招标?什么叫投标?
2. 招投标方式与其他贸易方式相比具有哪些特点?
3. 招投标工作的具体程序有哪些?
4. 组织一次招标,招标人要做哪些工作?
5. 参加投标,投标人应注意做好哪些工作?
6. 评标的主要工作有哪些?
7. 为什么一些国家的政府贷款项目或国际金融组织贷款项目都规定贷款使用人必须通过国际公开招标方式进行采购或兴建工程?
8. 什么是拍卖?其有哪些主要特点?
9. 拍卖竞价的主要方法有哪些?
10. 拍卖的基本程序是什么?

11. 拍卖对卖方的优点是什么？对拍卖商品的品质如何界定？

案例分析题

某国一政府机构为采购某种商品进行国际公开招标,招标文件规定投标截止期为 10 月 31 日。我国一家主要生产这类商品的工厂,在认真研究了招标文件后认为,根据自身条件完全能够达到招标文件规定的条件,为推销其产品,决定进行投标。同时,为争取中标,在投标书中所报价格极具竞争性。8 月初,该厂寄出投标书,并按照招标文件要求交纳了投标保证金 5 000 美元。之后不久,生产该商品的原料价格猛涨,倘若按投标书所报价格中标,工厂将蒙受极大损失。不得已只能电请招标人要求修改投标书的报价。招标人以招标文件明确规定,投标书一经送达不得撤销和修改为由加以拒绝,事后,原料市价涨势未减,眼看按投标书价格进行交易已不可能,于是被迫通知招标人撤销投标书,已交纳的保证金被招标人全数没收。据此情节,试分析我方在工作中存在哪些缺点,应当吸取哪些教训;以及除保证金损失外,还有些什么损失?

财 富 箴 言

1. You lay out a whole series of explicit assumptions about the economy, business planning, regulations. It helps reduce surprises.

你要对经济形势、商业策划、监管规定做出完整、清晰的设想,这有助于减少意外情况的发生。

——乔丹·韩塞尔(Jordan Hansell,美国 NetJets 公司总顾问)

2. Promotions win quarters. Innovation takes decades.

促销能让你领先几个季度;创新能让你领先几十年。

——罗伯特·麦克唐纳(Robert McDonald,宝洁公司首席执行官)

第十八章

期 货 交 易

一、商品期货交易的含义与特点

(一) 期货交易的概念

期货交易(futures transaction)是商品交换高度发展的产物,是一种在特定类型的固定市场,即期货市场(futures market)或称商品交易所(commodity exchange),按照严格的程序和规则,经过公开喊价的方式,买进或卖出某种商品期货合同的交易。它同现货交易相对应,不是一手交钱一手交货,而是先签订交易合同,等若干时间后才真正交割。

(二) 期货交易的发展和作用

商品期货交易已经存在了一百多年,是当今国际市场的重要组成部分。在国际贸易交往中,期货交易已发展成一些特定的大宗商品,尤其是初级农产品和矿产品的主要交易方式。如谷物、棉花、食糖、咖啡、可可、油料、活牲畜、木材、有色金属、原油,还有一些贵金属如金、银等。据统计,现在有 110 种农、矿和初级工业产品通过期货交易市场成交,在世界许多地方都形成了一些特定商品的期货交易中心,如伦敦的五金交易所,伦敦、新加坡的橡胶交易所,芝加哥的谷物交易所,纽约的食糖交易所等。此外,在利物浦、鹿特丹、汉堡、巴黎、米兰、加尔各答、卡拉奇、神户等城市都设有商品的期货交易中心。

期货交易对国际贸易发展的作用主要体现在以下几方面:

(1) 它为大宗初期产品交易提供了市场,便于交易双方寻找对手,活跃市场,促进经济发展。

(2) 期货市场给人们提供了了解世界某种产品供求关系的重要窗口,为做好经济预测和决策提供信息。

(3) 期货市场都是大宗初级产品交易市场,对该产品的市场行情有重要影响。另外,交易所的价格限额制度对保障交易者利益、稳定市场行情也有好处。

(4) 期货市场对减少交易双方的风险、防止欺诈和利用垄断方法破坏正常交易活动有重要作用。期货交易的发展和期货市场的出现,使国际贸易更加有秩序地发展。

(三) 期货交易的性质和特点

(1) 期货合同交易实际上只是"期货合同本身的买卖",不涉及真正的商品,故被称为"纸合同"或"纸面交易"。买卖双方达成期货交易合同后,并没有买进或卖出现货商品的需求,即并没有真正实现商品的转移。卖方不必到期交货,买方也不必到期提货。他们可以在交割期限届满之前,通过买进或卖出另一份与原期货交易合同的交货时间、数额相同、交易方向相反的新的期货合同来抵消原合同项下的义务,这种方法俗称对冲(offsetting/counteraction),而从先后两次交易的价格变化中获得利润或补齐差价。

(2) 期货合同只需交纳合同金额的 5%～10% 的保证金和佣金,无须全额支付。从期货合同达成到交割或"对冲"之前的这段时间内,如果交易的一方盈了利,他可以随时从交易所提取"赚头";如果亏了本,并且超过了保证金的数额,他就得随时补齐差额。

(3) 期货合同是交易所制定的标准期货合同,并且只能按照交易所规定的商品标准和种类进行交易。期货交易的交货期是按照交易所规定的交货期确定的,不同商品的交货期不同。买卖双方只需协商确定价格和交货期两项条款,以及合同份数。买进期货合同的一方称为"多头"(long),而卖出期货合同的一方称为"空头"(short)。在进行期货合同交易时,买卖双方不直接见面,而是通过经纪人来进行。

(4) 期货合同可以是即期,也可以是远期,即期和远期的价格不尽相同。即期可以随时交割,远期到期时必须交割或"对冲"。

(5) 很多期货市场都设立了清算制度或财力雄厚的清算所(clearing house),负责处理在商品交易所内达成的所有交易的结算和合同履行。买卖双方达成交易后,均需立即到期货市场清算所登记。登记后,买卖双方就不再存在合同责任关系,而是分别与清算所建立合同关系。清算所分别成为期货合同的卖方和买方。

二、期货交易与现货交易的区别

现货交易分为即期交货与远期交货,买卖双方可以任何方式、在任何地点和时间进行实物交割,卖方必须交付实际货物,买方必须接受实际货物,支付货款。期货交易是在现货交易的基础上发展起来的,在期货交易中,期货合同所代表的商品仅限于农副产品、金属等初级产品。期货交易与现货交易的主要区别如下。

1. 交易的标的物不同

现货交易买卖的是实际货物,而期货交易买卖的是期货交易所制定的标准期货合同。

2. 成交的时间和地点不同

在现货交易中,交易双方可以在任何时间和任何地点达成交易;而期货交易必须在期货交易所内,按交易所规定的开市时间进行交易。

3. 交易双方的法律关系不同

在现货交易中,买卖双方达成交易,就固定了双方的权利与义务,交易双方之间产生直接的货物买卖法律关系。而期货交易的双方并不相互见面,合同履行也无须双方直接接触。实际货物的交割、交易的清算和结算一律由清算所对交易双方负责。交易达成后,期货交易双方并不建立直接的法律关系。

4. 成交的形式不同

现货交易基本上是在封闭或半封闭的双边市场上私下达成的,合同条款是根据交易双方的磋商情况而订立的,其内容具有私密性,局外人无从知晓。而期货交易是在公开、多边的市场上,通过喊价或竞价的方式达成的。期货合同的条款是标准化的(交易数量、交割月份和价格由交易双方达成),而且达成交易的信息包括价值是对外公开的。

5. 履约方式不同

在现货交易中,无论是即期现货交易还是远期现货交易,交易双方都要履行买卖合同所规定的义务,即卖方按合同规定交付实际货物,买方按规定支付货款。而在期货交易中,双方成交的是期货合同,卖方可以按期货合同的规定履行实际交货的义务,买方也可以按期货合同的规定接受实际货物。但期货交易所都规定,履行期货合同不一定要通过实际交割货物来进行。只要在期货合同到期前,交易者做一笔方向相反、交割月份和数量相等的相同合同的期货交易,交易者就可解除实际履行合同的义务。这也就是期货市场上所称的对冲或平仓。

6. 交易的目的不同

在现货交易中,交易双方的目的是转移货物的所有权。从卖方讲,是出售货物,取得货款;从买方讲,是取得有一定经济价值的实际商品。而参加期货交易,有的是为了配合现货交易,利用期货交易转移价值变动的风险;有的是为了在期货市场上套取利润;有的是专门从事投机,目的是取得相应的投机利润。

三、期货交易的做法

期货交易根据性质不同可分为投机(speculation)和套期保值(hedging)。

(一) 投机

投机是期货交易者根据对行市的判断进行买空卖空,从中追逐两次交易的价差。买空俗称"做多头",指投机者预计某一期货商品上涨而预先买进期货,待价格上涨后再抛出,从中赚取低买高卖的差价;卖空俗称"做空头",指投机者预计某一期货商品下跌而预先卖出期货,待价格下跌后再补进"对冲",从中赚取高卖低买的差价。对冲又叫做"平仓",指交易者在期货合同到期之前做一笔方向相反、交割时间和数量相同的期货交易,以解除期货合同的义务。

这里的投机者并不含有贬义,英文为 Speculator,意思是预测者,就是指那些可以正确预测商品价格走势、利用自己的资金冒险、不断地买卖期货合同从价格差额中获得利润的人和企业。这种收益来自两个方面:一是以自己的资金承担价格变动的风险;二是正确预测价格的走势。作为投机者,不会只从一次买空卖空中得到好处,而是在多次买卖中,从不大的价差变化中,累积了较大的收益。表 18-1 为期货交易的一个实例。

表 18-1　期货交易举例

时间	期货交易
××××年 08 月××日	卖出 11 月份交货的某商品 1 万吨合同一份 成交单价:USD500/MT. 交易总值 500 万美元
××××年 11 月××日	买进 11 月份交货的该商品 1 万吨合同一份进行对冲 成交价格:USD450/MT. 交易总值 450 万美元
结果	获利 50 万美元(不计交易手续费、佣金、税金等)

(二) 套期保值

套期保值是指在卖出(或买入)实际货物(即现货)的同时,在期货交易所买入(或卖出)同等数量的期货。用以规避或减少因为价格在未来一定时段涨跌造成的损失。它是利用期货市场来转移价格风险,从而维持原定目标不变的交易方法。具体做法是企业主在卖出(或买入)远期现货商品的同时,在期货市场买入(或卖出)同等数量的期货,利用等量相反的买进或卖出,来减少因价格变动而造成的损失。其目的是保值,而不是投机。

套期保值有卖期保值(selling hedge)和买期保值(buying hedge)两种。

1. 卖期保值

卖期保值是指经营者买进一批日后交货的实物,为了避免在以后交货时该商品的价格下跌而遭受损失,则可在交易所内卖出与同一时期交货的同样数量的期货合同。这样,将来货物价格下跌,他可以从期货合同交易所获得的盈利来进行补偿。例如,某公司收购了 1 万吨食糖准备出口,但又担心食糖价格下跌,于是该公司就做了如表 18-2 所示的套期保值交易。

表 18-2   卖期保值举例

时间	现货市场	期货市场
××××年 08 月 10 日	购买现货食糖 1 万吨以备出口,价格:USD460/吨,计 460 万美元	卖出 12 月份食糖期货 10 份合同 1 万吨,价格:USD470/吨,计 470 万美元
××××年 10 月 10 日	出售现货食糖 1 万吨,价格:USD450/吨,计 450 万美元	买进 12 月份食糖期货 10 份合同 1 万吨,价格:USD460/吨,计 460 万美元
结果:持平	亏损 10 万美元	盈利 10 万美元

2. 买期保值

买期保值是指经营者卖出一笔日后交货的实物,为了避免在以后交货时该项商品的价格上涨而遭受损失,则可在交易所内买进同一时期交货的同样数量的期货合同。这样,将来货物价格上涨,他可以从期货交易的盈利补偿实务交易的损失。例如,某企业拟在 9 月进口一批钢材,为了预防到时候钢材价格上涨,于是,该公司就做了表 18-3 所示的套期保值交易。

表 18-3   买期保值举例

时间	现货市场	期货市场
××××年 04 月 12 日	钢材价格:USD280.00/吨	买进 10 月份钢材期货 10 份合同 1 000 吨,价格:USD290.00/吨,计 29 万美元
××××年 09 月 12 日	买入现货钢材 1 000 吨,价格:USD240.00/吨,计 24 万美元	卖出 10 月份钢材期货 10 份合同 1 000 吨,价格:USD250.00/吨,计 25 万美元
结果:持平	(理论上)盈利 4 万美元	亏损 4 万美元

从表 18-3 的交易中可以看出,该企业当初把市场行市的走势判断反了。他们原来以为到 9 月份钢材会涨价的,而结果反而下跌了。这样该企业如果 4 月不在期货市场上买进,而是等到 9 月份直接到市场上买进现货就可以少支付 4 万美元。但是,表中的"套期保值"是一种稳妥的思维和做法,交易者事先不需要预测市场行情,它的目的也不在于投机盈利,而是在于规避市场风险。

期货交易的这两类形式(投机和保值)是相互补充、相互适应的。如果否定了一类,另一类就不可能存在,因为二者在交易时都按交易所规则进行,不能自己有所变动。其区别在于,投机是经常性的买空卖空,间隔时间很短,它从较小的价差变化中取得收益;套期保值是间隔时间较长的期货合同买卖活动。套期保值之所以能取得保值效果就在于投机者甚多,随时都有期货合同可以买进卖出。如果没有这个条件,期货交易市场就不可能存在。

本章应知应会术语

1. futures transaction　期货交易
2. futures market　期货市场
3. Commodity exchange　商品交易所
4. offsetting/counteraction　对冲
5. long　多头
6. short　空头
7. clearing house　清算所
8. speculation　投机
9. hedging　套期保值
10. selling hedge　卖期保值
11. buying hedge　买期保值

思　考　题

1. 什么是期货交易?它对国际贸易的发展有何作用?
2. 期货交易的性质和特点有哪些?
3. 期货交易与现货交易有何不同点?
4. 期货交易的两种不同方式是什么?各自有什么特点?
5. 什么是空头、多头和对冲?试举例说明如何操作。
6. 什么是卖期保值和买期保值?试举例说明如何操作。

财　富　箴　言

1. For me, the execution needs to be competitive. It's about absolute clarity on strategy and what you want on operational performance.

对我来说,执行必须具有竞争力。这就是说,战略和运营绩效要绝对清晰。

——傅赛(Peter Voser,荷兰皇家壳牌公司 CEO)

2. I think the most important CEO task is defining the course that the business will take over the next five or so years.

我认为,首席执行官最重要的任务是确定未来五年左右时间里的业务走向。

——克里斯·科里根(Chris Corrigan,澳大利亚企业家)

第十九章

对 销 贸 易

一、对销贸易的含义和发展

对销贸易(counter trade)又称返销贸易、互抵贸易或反向贸易。对销贸易的形成历史悠久,但至今还没有一个统一的解释。一般认为,在互惠的前提下,由两个或两个以上的贸易方达成协议,将进口和出口相结合,以出口抵补或部分抵补进口的一系列贸易方式的总称。它表现为一方商品或劳务的出口必须以进口为条件,体现互惠的特点,即相互提供出口机会。在对销贸易方式下,一方从国外进口货物,不是用现汇支付,而是用相对的出口产品来支付。这种方式有利于每宗交易的外汇收支平衡或基本平衡,对外汇储备紧张的国家具有重要意义。对销贸易买卖的标的除有形的财产货物以外,也可以包括劳务、专有技术和工业产权等无形财产。

对销贸易来源于易货,历史悠久。在货币发明以前,古人通过物物交换即易货贸易获得自己所需要的产品。易货贸易在当代社会中的运用则主要是由于一些国家缺乏进口各种商品所需要的外汇。第二次世界大战以来,由于贸易保护主义政策的盛行,一些国家国际收支状况的恶化,对销贸易的发展极为迅速,已经成为国际贸易发展的一个鲜明特征。许多发展中国家为了在外汇短缺的情况下,维持进口、扩大出口、吸收外资、引进先进的技术,对发展对销贸易越来越重视,对销贸易实际为这些外汇短缺的发展中国家提供了进口融资手段,一些发展中国家甚至通过对销贸易抵偿其对外负债。发达国家的政府和企业也接受和运用对销贸易与发展中国家发展贸易,以便解决发展中国家外汇短缺与巨大市场潜力的矛盾。

历史上对销贸易对世界几个重要经济时期都发挥过重要作用,并使自身迅速发展。

(1) 20世纪六七十年代,东西方关系解冻,双方经济处于恢复时期,当时苏联和东欧各国外汇缺乏,而国内经济恢复和发展需要大量进口物资。对销贸易方式成为解决这一矛盾的有效途径。前苏联和东欧国家以能源和一些原材料出口,通过对销贸易得以进口西方国家大量的技术、设备、原材料和粮食等经济发展紧缺物资。

(2) 70年代末和80年代初,世界经济结构的调整带来全球贸易结构的变化。初级产品在世界市场需求大幅下降,价格大幅下跌。这给以初级产品出口收入为主要外汇来源的发展中国家带来沉重打击。同时,由于经济政策失误造成的发展中国家,特别是拉美国家严重的债务危机,这些国家对外支付能力严重不足。在这种情况下,发展中国家必须通过对销贸易来保证必需的进口,以维持经济的发展和稳定。因此,对销贸易为发展中国家度过严重危机起了积极的作用。

（3）近年来，随着经济全球化的不断发展和发达国家金融危机的蔓延，对销贸易成为一种全球战略工具被世界各国所利用。它在提升企业国际竞争力、摆脱贸易保护主义等方面发挥着重要作用。

我国在 1949 年至 80 年代中期，对苏联、东欧各国以及朝鲜、越南、蒙古以及某些发展中国家的贸易，长期在政府间签订贸易协定的基础上，以记账方式进行。80 年代后期开始才先后改为以现汇方式进行交易。50 年代至 70 年代初的相当长的时间内，推行易货贸易的主要目的是为打破某些西方国家对我国实施的"封锁禁运"政策，维护国家的资金和货物安全，带动某些商品的出口。1951 年我国政府曾先后颁布过《易货贸易管理暂行办法》及其实施细则。1978 年我国企业把补偿贸易作为利用外资的方式之一而开始采用。为了更好地开展补偿贸易，国务院继 1978 年颁发补偿贸易试行办法后，又于 1979 年 9 月颁布了《开展对外加工装配和中小型补偿贸易办法》。1981 年 7 月 8 日国家进出口管理委员会颁发了《关于执行〈开展对外加工装配和中小型补偿贸易办法〉的几项规定》，对补偿贸易的范围、项目的审批程序、在补偿贸易期间免交税利和外汇结算等问题作了明确而具体的规定。这些贸易方式对我国经济发展曾起到积极的促进作用。

二、对销贸易的基本形式

对等贸易可以运用在各种交易中，其基本形式可以归纳为以下几种：易货贸易（barter）、互购（counter purchase）、回购（buy-back）、抵销（offset）。

（一）易货贸易

易货贸易即物物交换。它是在买卖双方之间进行的货物或劳务等值或基本等值的直接交换，不涉及现金的收付。提供易货贸易，交易双方可以在不增加外汇支出的情况下，以商品或劳务换回本国所需的各种物资，从而促进本国经济的发展和改善本国的贸易和外汇收支平衡状态。

易货贸易的特点表现为：

（1）可以解决外汇收支能力差、外贸周转资金缺乏的问题，为贸易双方解决资金和支付问题。

（2）可以平衡贸易收支，特别是对国际收支恶化的发展中国家作用更明显。这些国家可以运用易货贸易的方式，以贸易对等的原则解决外汇支付问题，促进本国经济发展。

（3）近年来的贸易保护盛行，自由贸易环境差，通过易货贸易可以促进政府之间和企业之间贸易的发展，解决进出口贸易收支平衡问题。

战后，易货贸易方式为发展中国家政府间的双边清算协定（clearing agreement）所采用。参加清算协定的国家按照协定，在规定的时间内（通常为一年），彼此交换各自所需要的商品、物资或劳务，在每个年度末，协定国家对各自所交付货物的价值进行比较，差额部分以下一年度某一方向另一方提交更多的货物或根据规定支付现汇抵偿。清算协定是易货贸易的一种新形式。

(二) 互购

互购也被称为对购(reciprocal trade)或平行交易(parallel trade),是最简单、最常用的对销贸易形式。互购是一种现汇交易,是指一方向另一方出口商品和/或劳务的同时,承担以所得款项的一部分或全部向对方购买一定数量或金额商品和/或劳务的义务。在互购协定下,交易双方一般要签订两份相互联系又互相独立的合同。交易双方先签订第一份合同,约定由先进口国(往往是发展中国家)用现汇购买对方的货物(如机器设备等),再由先出口国(通常是发达国家)在该合同中承诺在一定时期内买回头货。这是基础合同或主合同,在合同中还具体规定出口方出口商品的质量、数量等有关内容。之后,双方还签订第二份合同,具体约定由先出口国用所得货款的一部分或全部从先进口国购买商定的回头货。合同中还规定出口方购买对销贸易商品的义务条款。互购方式下,回头货的商品与进口的商品无关。这两份合同由互购协定书联结起来。互购协定往往作为一揽子协定的一部分,并且常常与贷款协定、援助计划和部分现金支付方式相结合使用。

互购贸易中的两笔交易都用现汇支付。它与传统现汇交易的不同之处在于,先出口的一方在第一份合同中作出回购对方货物的承诺,从而把先后两笔不一定等值的现汇交易结合在一起。互购交易对于先出口的一方较为有利。一般先出口的一方不仅不需要垫付资金,还可以在收到货款至支付进口回头货货款的这段时间内,占用对方资金。而且其谈判地位较为有利。而先进口一方利用互购贸易有利于带动本国商品出口。但通常他需要先付出一笔资金。而且,先出口一方在合同中只是原则性承诺,交易有一定的不稳定性,先进口一方面临对方不履行的风险。

(三) 回购

回购,在我国又称为补偿贸易(compensation trade),这种做法多出于技术或设备的交易。它是在信贷基础上进行的,是指提供机器设备或交钥匙工厂(turn-key plant)的出口方,接受进口一方以该机器设备或工厂所生产的产品支付部分或全部价款的做法。按照回购协议,先进口国购进技术或设备,同时由先出口国向先进口国承诺购买一定数量或金额的、由该技术或设备直接制造或派生出来的产品,即通常所说的直接产品或有关产品,用以抵付所购买的技术或设备的货款。这也是回购和互购贸易的主要区别。

回购业务往往涉及的贸易金额较高、期限较长,因此不可避免地要涉及设备出口方向进口方提供融资,由设备进口国以赊购的方式或利用信贷购进技术或设备,然后向对方返销该技术或设备所生产出来的产品,所得货款分期偿还进口技术或设备的货款和利息,或偿还相关的贷款和利息。这是回购业务常出现的做法。有时双方也可通过协议,由机器或设备的出口方购买进口一方提供的其他产品。

我国采用的补偿贸易与回购业务相类似,但内涵更广、做法更灵活。它是指在信贷基础上进口设备,然后以回销产品和劳务所得价款分期偿还进口设备的价款和利息。补偿贸易的基本做法有以下几个。

1. 直接产品补偿

直接产品补偿即买方以进口设备生产出来的产品偿还供应商。这是典型的回购业务,多用于买方进口生产设备的补偿贸易。如进口采煤设备,以开采的煤炭偿还。但它要求生产出来的直接产品及质量必须是设备供应方需要的,在国际市场可销,否则不易被对方接受,有一定局限性。

2. 间接产品补偿

间接产品补偿即买方用与进口设备无直接关联的其他产品或劳务偿还供应商。这种做法其实等于互购业务。一般情况是买方进口的设备不生产有形产品,或生产的产品供应方不需要。如进口通信设备而以矿产品偿还。

3. 劳务补偿

这种做法多用于同来料加工和来件装配相结合的中小型补偿贸易。即双方根据协议,由对方代我方购进所需的技术和设备,货款对方垫付。我方按对方要求加工生产后,从应收的工缴费中分期扣还所欠货款和利息。

在企业业务实践中,上述三种方法可以结合使用,即进行综合补偿。还可以部分用直接产品或其他产品或劳务补偿,部分用现汇支付。

补偿贸易对设备进口方和供应方都有积极作用,主要表现在以下几方面。

(1) 对设备进口方来说,补偿贸易是一种较好的利用外资的形式。通过补偿贸易,设备进口方可以引进先进的技术和设备,提高本国本企业的生产能力,加快技术改造,提高产品质量水平,促进产品升级和更新,增加企业出口竞争力。通过对方回购,企业在扩大出口的同时,能获取稳定的出口市场和渠道。

(2) 对设备供应方来说,在目前市场竞争日益激烈的情况下,通过对产品回购的承诺,可以增加其设备出口竞争力,争取贸易伙伴。同时,他可以从回购的产品销售中获利。

补偿贸易是一种比较复杂的交易,涉及贸易、信贷和生产等方面活动。企业在从事补偿贸易业务时,也应该注意下列问题。

(1) 必须做好项目的可行性研究。进口的设备应是发展国民经济所必需的,有利于发挥一国资源和劳动力优势等有利条件或有利于增加外汇收入的,技术上要能控制污染没有公害的,而且是先进的,能为我所用的,同时要防止不必要的重复引进。

(2) 要选择信用好、经营能力强的客户对象,特别是具有推销补偿产品能力的客户。进口的设备、技术和劳务的价格要比较合理,信贷条件比较优惠。

(3) 要争取以制成品补偿。如果以原料补偿,则这种原料必须是资源丰富与自用有余的。要考虑补偿产品在世界市场的销售情况和出口前景,防止影响同类产品的正常出口。

(4) 注意核算贷款的成本和安排偿还期。既要考虑贷款利率的高低,又要考虑使用货币是软币还是硬币,还要考虑设备价格的高低。签约时要妥善规定返销产品的作价原则,明确返销的时间。返销金额应为技术设备的价款另加延付期的利息费用。

(5) 补偿贸易的支付方式,可以采用对开信用证、银行保函、汇付和托收等方式,但必须贯彻先收后付的原则。贷款有私人信贷、银行信贷以及出口信贷。出口信贷利率较低,带有政府补贴的性质,而且利率又是固定的,不受资金市场的影响。开展补偿贸易应尽可能直接利用设备出口国的出口信贷。

(6) 由于补偿贸易从确定商品价格至实际结算,往往需要一段较长时间。在此期间,如使用货币的汇率发生较大变化，就会给交易的一方带来损失。因此，在选用计价货币时，应选用币值相对比较稳定的货币为宜。必要时可在合同中订立外汇保值条款。

(四) 抵销

抵销是指一方在进口诸如国防、航空或宇航、计算机、信息交流等设备时，以先期向另一方或察看方提供的某种商品和/或劳务、资金等抵销一定比例进口价款的做法。抵销的方式可以是为生产该设备而提供的零部件、投入的资金、所转让的技术以及技术培训、项目研究开发等。抵销贸易是"二战"后，特别是 20 世纪 80 年代以来开始盛行并不断发展的一种贸易方式。它在发达国家之间，以及发达国家与发展中国家的军火交易或大型设备交易中常被采用。抵销贸易常见的方式有以下几个。

(1) 合作生产（co-production），即根据政府之间的协议，允许先进口国政府或生产商获取有关技术来生产全部或一部分设备出口国生产的军火等设备。先进口国购买的是标的设备的技术和设计，然后以返销在该设备中使用的零部件抵付进口货款。先进口方可以进口，也可以不进口有关设备。

(2) 许可生产（licensed production），先进口国购买标的设备的技术和设计，设备出口方允许对方参与全部或某些特殊部分的生产（有时，先进口方只被允许最后的组装），以所得款项抵付其进口货款。与合作生产的不同在于，许可生产是在设备出口方的某一公司与先进口国政府或生产商之间进行的，而不是政府之间的交易。意大利和英国经常采用这种抵销方式购买美国设计的直升飞机的生产许可。

(3) 分包商生产（sub-contractor production），即军火设备的零部件或某些组成部分在海外生产，不一定涉及许可或技术信息。

(4) 海外投资（overseas investment），在先进口国工业基础差、以返销商品来抵付进口设备价款的余地很小的情况下，设备出口方通常将出口设备货款用于当地投资。

(5) 技术转让（technology transfer），一般采取在海外研发，或对海外投资的附属机构或合资公司提供技术支持等方式。

按照返销商品的种类，抵销贸易还可以分为直接抵销（direct offset）和间接抵销（indirect offset）两种类型。在直接抵销的情况下，先出口的一方同意回购其出口产品中所使用的零部件或与该产品有关的产品。在间接抵销的情况下，先出口方同意从进口方购买与其出口产品不相关的产品，如原材料等。

三、对销贸易合同内容

对销贸易谈判一般经过三个阶段：首先是由准备签订对销贸易协议的谈判双方签订意向书（A letter of intent）；然后在此基础上，双方进一步订立谅解备忘录（memorandum of understanding），作为对销贸易协议的草案，双方在备忘录中确定开展对销贸易的必要条件、方法以及谈判规则等重要内容，为正式签订对销贸易协议做好必要的准备；最后谈判双方订立包含各项交易条件的对销贸易合同。对销贸易合同的基本条款如下：

(1) 对销贸易额度（countertrade quota），是指对销贸易合同价值的一定百分比，交易双方在此基础上确定必须提交的对销商品数量。对销贸易产品的质量、构成、市场竞争能力以及谈判双方讨价还价实力等因素影响着对销贸易额度的确定。

（2）对销贸易商品（countertrade goods），标明对销商品的来源和质量。这是对销贸易合同中的重要内容。买主可以向卖主提供特定的或若干种对销商品供其挑选。交易双方必须在对销合同中明确对销贸易商品的质量、价格、交货期限及地点、质量保证及质量控制等条款。

（3）联环条款（linkage clause）。如果买主无法向卖主提供对销贸易商品，或者买主不得依赖于其他企业提供对销贸易商品，则对销贸易就变得较为复杂，会产生许多难以克服的问题。对销贸易的交易双方应在合同中明确对销贸易商品与卖方提供商品之间的联环条款，以减少此类风险。

（4）对销贸易商品的销售区域（destination of the countertrade goods），对销贸易双方一般都在不损害本身原有的分销渠道、避免干扰本身原有的营销策略的基础上，在合同中明确对等贸易商品的销售区域。对等贸易的买主一般都坚持对销商品应当在卖方所在国销售，而卖主通常要求其有权在其国内市场和其他市场上销售。

（5）对销贸易义务的转让条款（assignment clause）。对销贸易中的卖主有时要求在对销贸易合同中规定其可以将对销贸易的义务转让给第三方的条款。该第三方（如贸易公司）一般对特定对销贸易商品和业务程序较为熟悉，对有效地在国际市场上销售对销贸易商品经验丰富，借助该第三方的力量，卖主可以减少本身的经营风险及成本，保证顺利履行本身的合同义务。

（6）罚金条款（penalty clause）和规避条款（escape clause）。罚金条款主要是为了维护对销贸易合同的法律严肃性而制定的。例如，在合同中规定，如果买主未能及时交付对销贸易商品或所提交的商品质量不符合合同规定，买方应当承担的责任和卖方应当享有的权利等。同时，对销贸易合同中还应规定一些规避条款。例如，在合同中规定，在对销合同签订以后，如果卖主向买主提出无法接受的有关对销贸易商品及市场的附加要求，买方对于不履约可以免责。此外，在合同中还应规定不可抗力免责条款等。

（7）合同的履行期限（period of execution），其长短取决于对销贸易商品的种类、数量、加工制造所需的时间以及该商品的市场经营情况、主销售合同的履行期、卖主吸纳对销贸易商品的能力等因素。

（8）合同义务完成确认条款（clear-cut clause），在合同中包括确认对销贸易合同义务已完成的相应条款。在允许有第三方参与的对销贸易中，最好在合同中规定卖方义务的转让原则及办法等。

（9）有条件转让账户（escrow account）条款。在采用互购方式时，在合同中订立有条件转让账户条款有利于保证互购协定的最终履行。例如，在合同中规定销售收入必须存放于某一国际银行的有条件转让账户，以待日后用于支付主销售合同金额。为了避免使有条件转让账户中的金额被用于其他用途，最好由卖方、买方及账户银行之间签订一个协定，详细规定凭单支取货款的方法。

（10）仲裁条款（arbitration clause），对销贸易合同应当明确交易双方必须遵守的有关合同的法律规范，以及预防和解决纠纷的办法，订好仲裁条款。

本章应知应会术语

1. counter trade　对销贸易
2. barter　易货贸易
3. counter purchase　互购
4. buy-back　回购
5. offset　抵销
6. clearing agreement　清算协定
7. reciprocal trade　对购
8. parallel trade　平行交易
9. compensation trade　补偿贸易
10. turn-key plant　交钥匙工厂
11. co-production　合作生产
12. licensed production　许可生产
13. sub-contractor production　分包商生产
14. overseas investment　海外投资
15. technology transfer　投资技术转让
16. direct offset　直接抵销
17. indirect offset　间接抵销
18. countertrade quota　对销贸易额度
19. countertrade goods　对销贸易商品
20. linkage clause　联环条款
21. escape clause　规避条款
22. clear-cut clause　完成确认条款
23. escrow account　转让账户

思 考 题

1. 何谓对销贸易？其基本形式有哪几种？
2. 对销贸易合同一般包括哪些基本内容？
3. 何谓补偿贸易？补偿贸易一般是如何进行的？
4. 补偿贸易对设备进口商和供应方有哪些好处？
5. 企业从事补偿贸易业务要注意哪些问题？
6. 比较补偿贸易中以间接产品补偿和以直接产品补偿两种补偿方法的利弊？
7. 抵销贸易有哪些方式？
8. 对销贸易谈判有几个阶段的内容？
9. 对销贸易合同条款的主要内容有哪些？

财 富 箴 言

1. Opportunities are usually disguised as hard work, so most people don't recognize them.

机遇通常被伪装成艰苦的工作,所以大多数人并不认得。

——安·兰德斯(Ann Landers,美国记者)

2. Great services start with people who deliver it.

优质服务来自提供服务的人。

——肯·切诺特(Ken Chenault,美国运通公司首席执行官)

第二十章

加 工 贸 易

加工贸易(processing trade)是国际上普遍采用的一种国际贸易方式。特别是在劳动力资源丰富、地理位置相对方便的国家或地区,加工贸易是对外贸易的重要方式,占有相对的比重。我国对外开放以后,加工贸易在沿海地区飞速发展,成为外商投资和对外贸易的重要形式。加入 WTO 以后,中国与世界经济日益融合,国际分工更加深入,对外贸易发展很快。越来越多的跨国公司把我国作为其产品的生产基地。而加工贸易方式在国内企业的国际贸易业务中已是重要的形式。加工贸易形式日益多样,规模日益扩大。目前加工贸易的规模已经占据中国对外贸易的半壁江山。因此,了解和学习加工贸易的内含和业务操作知识显得极其重要。

第一节 加工贸易的含义和基本形式

加工贸易是以加工为特征的、以商品为载体的劳务出口。我国的加工贸易通常指从境外保税进口全部或部分原辅材料、零部件、原器件、包装物料等,经过境内企业的加工或装配后,将制成品复出口的经营活动,包括来料加工(processing with customer's materials)和进料加工(processing with imported materials)两种基本形式。20 世纪 90 年代末开始我国企业逐步走出国门,到海外投资加工生产,开展境外加工贸易业务,这是加工贸易随我国经济发展、企业实力增强出现的加工贸易新形式。

根据 2004 年 2 月 26 日我国海关总署发布的《中华人民共和国海关对加工贸易货物监管办法》的规定,"加工贸易,是指经营企业进口全部或者部分原辅材料、零部件、元器件、包装物料(以下简称料件),经加工或者装配后,将制成品复出口的经营活动,包括来料加工和进料加工"。可见,加工贸易是以在一国境内加工为特征的、以商品为载体的进出口相结合的国际贸易业务方式。

加工贸易的基本形式主要包括来料加工和进料加工两种形式。在加工贸易业务中,其加工形式多种多样,常见的主要有来料加工、来件装配(assembling with supplied parts)、进料加工、境外加工贸易(processing trade in foreign countries)等。

第二节 来料加工贸易

一、来料加工的含义

广义的来料加工包括来料加工和来件装配两种形式。它是一种委托加工的贸易方式,通常是指国外客户作为委托方,提供材料辅料、零部件、原器件及/或包装物料,委托本国生产企业即加工业务承接方,以其厂房设备、技术和劳动力,按委托方要求的质量、规格、款式等,加工或装配成成品后交由委托方处置,由委托方在国外销售的经营活动。加工装配企业只提供劳务并收取约定的工缴费。

来料加工贸易不同于一般的进出口贸易。一般进出口贸易属于货物的买卖,而来料加工虽然有原材料、零部件的进口和成品的出口,但不属于货物买卖业务。因为来料加工业务中,委托方对其所提供的原材料、辅料、零部件、原器件或包装物料,以及加工装配成的成品始终具有所有权,在相关的进口和出口业务过程中没有发生所有权的转移。委托方自行承担原材料市场和成品销售市场的风险。而承接方只提供劳务,按约定收取工缴费(加工费)。因此,来料加工实际是一种劳务贸易,是以商品为载体的劳务出口,体现了加工成本高昂的国家利用人工成本低廉国家的生产能力,以降低成本、提高利润为目的,为其商务经营活动服务的经营策略。

二、来料加工业务的具体做法

来料加工业务因为从事的企业不同,可以有多种做法:一是外贸(工贸)企业直接对外承接业务,然后交由本企业加工装配生产;二是外贸企业对外承接来料来件加工装配业务,将国外提供的料、件委托国内工厂加工装配;三是接受加工装配的工厂参加对外谈判,对外交流技术,同外贸公司一起对外签订合同,工厂在生产和交货方面直接承担交货责任,外贸公司收取一定的手续费。

按加工企业生产用料是否全部由国外委托方提供,来料加工还可以分为全部来料来件的纯加工装配业务和部分来料来件加工业务,即部分原材料采用国产料件,国产料件按实际价值收取外汇。

三、来料加工合同的主要内容

加工、装配合同是明确规定委托方和承接方之间的权利、义务和责任的法律文件。对外加工、装配合同的订立程序与一般买卖合同相同,其条款与一般的进出口合同有相似之处,但也有其不同的内容。根据《中华人民共和国海关关于对外加工装配业务的管理规定》,签订的对外加工装配合同必须具体列明以下内容:外商提供的料、件、设备;我方加工成品的名称、规格、数量、包装、价格;进口料、件、设备和加工成品的交货日期、进出口岸、运输方式、支付方式、用料定额、损耗率、工缴费标准;合同有效期和违约、撤约、索赔、仲裁办法。另外,外商在我境内用外汇价购的料、件应按规定报经贸主管部门或有关外贸进出口总公司批准并在合同中注明。

来料加工合同需注意以下主要内容的制定。

1. 关于来料、来件的规定

来料加工业务委托方能否按时、按质、按量提供料、件,关系到承接加工方能否按时、按质、按量交付成品。因此,合同中应该明确来料、来件的品质要求并加强对来料、来件的验收保管,保证收进的料、件符合质量要求并防止散失受损。如果使用一部分承接方自有或在本国购置的料、件,则必须事先洽定质量标准及定价办法。为了保证加工装配生产业务有节奏地持续进行,料、件的及时均衡供应并保有一定的周转量是十分必要的。因此,在签订加工装配合同时,对来料、来件的时间和数量以及未能如期、如数到达的责任应作出具体明确的规定,写明具体处理办法和未按时提供料件造成承接加工方停工、生产中断的补救办法。对加工期长、装配量大的合同或协议,为了照顾对方的资金周转,可分期分批,但要规定分批分期的具体时间和数量。

2. 关于加工装配的成品的规定

按时、按质、按量地交付加工装配成品,是委托方的权利和期望,也是承接方的合同义务。合同应该对成品的质量规格以及交付时间、交付数量作出明确规定。

关于成品的质量,除了应在合同中作必要的文字说明以外,视交易需要,也可采取封样以确定实物标准,封样既可由双方会同加封,也可委托商检机构加封。为了保证产品质量,有的加工装配合同还可以加订技术条款,例如由委托方派技术人员传授必要的加工装配技术及检验产品质量的方法,或由承接方派出人员去对方所在地学习。

对于交货时间和数量应根据加工装配能力在合同中明确规定,但应以料、件能按时、按质、按量到达加工装配地点为前提。为防止可能产生的意外,在确定成品交付时间和数量条款时应留有适当余地。

3. 关于工缴费及其支付方式的规定

工缴费是涉及加工装配业务双方利益关系的核心问题。在核定工缴费时既要合理,又要有竞争性。所谓合理就是要与实际生产成本,包括按工时计算的工资、设备折旧、水电、运输、仓储、保险、利息及税费等支出相当。所谓有竞争性就是要以国际劳务价格,特别是邻近地区的工资水平为依据,还要考虑到我国当前的劳动生产率及其与国外的差距。同时,还要防止工缴费过低而打击我同类产品的正常出口。核定工缴费时还应考虑加工装配批量的大小和所使用货币的汇率趋势,必要时还应订定外汇保值条款。如果加工项目有发展前途,在项目开始初期工缴费可以低点,随着技术进步和质量提高,以后的加工合同再提高价格。

工缴费的支付方式大致可分为两种情况:一种是来料、来件与成品均不计价,加工装配以后由委托方支付工缴费。这种方式可考虑采用即期不可撤销信用证、即期付款交单托收或成品交付若干天前汇付(信汇、电汇或票汇)等方式;另一种是来料、来件与成品分别作价,其差额即为工缴费收入。这种方式必须坚持先收后付的原则,即在收妥成品出口货款以后,再支付进口料件价款,以避免收汇风险。具体收付可以考虑采用:

① 对开信用证方式,即来料来件用远期信用证,成品出口用即期信用证付款;

② 来料来件用承兑交单托收,成品出口用即期信用证或即期付款交单或汇付等方式。

进口料、件远期付款期限必须考虑生产、运输、单证流转、议付收汇等流程所需时间,并适当留有余地,以确保成品货款收取在先,料、件款项支付在后。此外,料、件进口与成品出口一般应使用同一种货币,避免发生汇兑差额和增加不必要的换算手续。

4. 关于耗料率与残次品率的规定

耗料率又称原材料消耗定额,是指每单位成品消耗原材料的数额。残次品率是指不合格产品在全部产品中的比率。双方必须商定一个合理的料、件消耗率和残次品率。这两项指标过低,承接方难以做到;过高则委托方势必增加成本,减少收入,同时他会把损耗转嫁给承接方,从而降低工缴费。所以,在订定这两个指标时,要深入调查研究,切实根据自己的生产能力和技术水平的实际情况确定。

5. 关于运输和保险的规定

来料加工业务涉及两段运输:原料的运进和成品运出。在合同中应明确规定由谁承担运输责任和费用。由于原料和成品所有权都属于委托方,所以运输的责任和费用一般由委托方承担。但在具体业务中,双方也可以相互协商,灵活掌握。

来料加工涉及的保险包括两段运输险和产品加工期间存仓的财产险。在对外加工装配业务中,料、件的进口与成品的出口都需要投保货物运输险。料、件进口后在整个加工装配过程直至成品装运出口这一阶段,也应投保财产综合险。从法律责任而言,由于料、件和除工缴费外的产品的所有权均属委托方,应由委托方负责办理保险并支付保险费。根据中国人民保险公司有关条例,开设来料加工一揽子综合险,保险公司承担两段运输和存仓财产险。其保险费比分段投保低 30%。在来料加工业务操作中,加工装配期间的财产综合险和成品出口运输险,由承接方办理较为方便易行。如能进一步将料、件进口运输险一并由承接方承办,投保一揽子综合险,则具有节约保险费、降低成本的作用,其支付的保险费也可随同工缴费向委托方收取。对这些问题双方应当在洽谈加工合同时加以协商考虑,并作出明确的规定。

此外,对某些产品的加工装配还要考虑加保产品责任险的问题。

6. 有关商标和专利等产权使用问题的规定

在加工贸易中国外委托方经常会要求国内承接方按特定的商标、外形设计和规格指标进行加工装配生产。为避免侵犯他人商标和专利等产权的问题,承接方应该要求委托方提供有关商标或专利的注册登记文件或其他足以证明其拥有合法使用权的证明文件,或在加工合同中注明承接方是按照委托方提供的图纸、配方及指定商标进行加工装配和包装,如果对第三方造成侵权,责任全部由委托方承担,承接方因此遭受的损失应由委托方负责赔偿。

此外,来料加工业务如涉及委托方提供设备和技术,以及需要提供技术培训和专家派遣,合同还应该订立相应条款,注明责任和费用等内容。除此之外,来料加工合同还应订立不可抗力和仲裁等条款。

四、来料加工贸易的办理程序

1. 来料、来件进口前的申报手续

承接方在来料、来件进口前,需向主管部门申报,办理开展加工贸易的申请,办理加工能力证明。经主管部门批准,方可进行。《加工贸易企业经营状况及生产能力证明》有效期为一年。申报手续包括:

(1) 备齐有关文件(加工装配合同和申报表)向主管部门办理报批手续。按规定加工装配申报表应填制一式四份并分别附有双方签署的合同副本。主管部门在报批表上盖上"合约已报备案"字样的图章并编上批准号码,然后留一份备查,三份退申报单位。

(2) 向海关申办免税手续,申领登记手册。外贸(工贸)企业或生产单位凭主管部门批准的报批表及加工装配合同一份,自批准之日起的一个月内送交所在地海关或分管的海关,申报办理免税手续。经审批确认后,即根据主管部门的批准号码由海关核发《加工装配和中小型补偿贸易进出口货物登记手册》(简称《登记手册》)。每份合同办理一份《登记手册》,以后进口海关即凭《登记手册》免税放行进出口料、件和成品。没有办理《登记手册》的,海关不予放行,并作无证到货处理。

2. 来料、来件进口时的报关手续

当来料、来件到达目的港口岸时,承接方应凭《登记手册》填写报关单一式三份,向进口地海关交验进口货物的发票、装箱单以及就报关需交验的其他有关单证(提单或航空、铁路到货通知)。报关手续必须在货到目的港之日起 14 日内办理进口手续。逾期申报要收取滞报金,货物报关后要及时提取。否则,港口、车站、机场要收取保管费。

3. 成品出口时的手续

(1) 当成品出口时须先向外运机构办理托运手续,订定舱位和出运日期。

(2) 向海关申报出口,填写来料加工出口报关单一式四份,一份由申报人留底,三份附发票、装箱托运单及《登记手册》向海关办理查验手续。在托运单及出口报关单上要写明料、件数额及工缴费金额。海关查验认可放行后方可装运出口。

(3) 货物出运后,按约定支付方式办理外汇结算事宜。

4. 核销手续

由于来料、来件和加工装配成品均属保税货物性质,因此自料、件进口至成品出口之日均属海关监管货物,未经海关同意,任何个人或单位均不能私自出售、转让或移作他用。因此,生产单位应在加工装配合同履行完毕后,在合同约定期限或最后一批出运后 1 个月内,持《登记手册》,按海关要求,填写好实际用料情况,办理核销结案手续。核销时应递交下列单证:

(1)《对外加工装配进出口货物登记手册》。

(2) 经海关签章的进出口货物报关单。

(3) 对外加工装配补偿贸易合同核销申请(结案表)。

(4) 对损耗率较高的产品,应提供详细的加工生产用料清单和加工工艺说明。

(5) 海关需要的其他有关材料。

在海关实地核查结案以前,对多余料、件或残次品,不得擅自处理。每份合同履行结束,确因承接方的生产工厂在生产过程中精打细算、技术革新而结余料、件的,海关可根据规定给予合同金额 2% 部分以免税优惠。而对客户多提供的料、件,或由于没有正常履约,造成料、件过剩而超出 2% 的,其超出部分须按海关规定交纳进口税、调节税和工商税后,方可作内销处理。根据海关规定,进口料、件必须加工、装配后全部出口。加工装配过程中产生的副次品不能继续出口的,须经海关核销确认,并将副、次品折成料、件计算在 2% 范围以内,超出部分同样要按进口料、件价,折成人民币纳税后才能作内销处理。

第三节　进料加工贸易

一、进料加工的含义

　　进料加工是指企业用自有外汇从国外购进原料,加工生产出成品再销往国外的贸易方式。企业进口原料的目的是为了出口,因此在我国又被称为"以进养出"。在进料加工业务中,本国经营企业与国外原材料、零部件供应商订立进口合同,以自有外汇在国际市场上购入国外的原材料、辅料、元器件或零部件,利用本国的技术、设备和劳力,按照自己的设计加工成成品后,自己再销往国外市场。本国的经营企业既要与国外客户订立原材料、零部件进口合同,又要与国外客户签订成品出口合同。两个合同均以货物所有权的转移为特征,是两笔既相关又不同的货物买卖。企业在实际操作时,由于原材料采购和成品出口是分别进行的,其具体做法和单边进口、单边出口无异。在进行进料加工贸易中,本国的经营企业自主性强,回旋余地大,一般有丰富的本产品经营经验和较强的市场行情判断力。有较强经营能力的企业,只要经营得法,对行情判断准确,一般会比单边的进出口贸易利润高。但企业必须注意原材料采购市场和成品销售市场的风险把控。

二、进料加工与来料加工的区别

　　进料加工和来料加工业务虽然均使用国外原材料、零部件,加工成品再出口到国外市场,都是"两头在外"的加工贸易方式,但两者有本质的区别。

　　1. 贸易双方的法律关系不同

　　在来料加工业务中,原材料的提供者和成品的接受者是同一家企业,交易双方不存在买卖关系,而是委托加工关系。来料加工业务虽然也包括进口原料和产品出口两个贸易过程,但这两个过程是同一笔贸易的两个方面,而不是两笔交易,该种加工贸易实质上属于劳务贸易范畴。而进料加工业务中,原材料进口和成品出口是两笔不同的交易,交易双方的关系是买卖关系。

　　2. 货物的所有权归属不同

　　在来料加工业务中,加工业务承接方对原材料、零部件不拥有所有权而只有使用权,即只能对来料来件进行加工和装配。原材料和零部件,以及加工后的成品归国外委托方所有。而在进料加工业务中,经营企业在对外支付后获得原材料、零部件的所有权。在对外成交和交付前,拥有对成品的所有权。

　　3. 经营方式不同

　　来料加工业务是一种低级的纯劳务贸易,加工方只能赚取加工费,产品从原料转化为成品过程中绝大部分的附加价值归国外委托方占有,但承接加工企业不负盈亏、不担经营风险,无须承担原材料的采购和成品的销售问题。原材料和零部件由国外委托方提供,成品也由委托方销售。而进料加工企业的经营目标是赚取成品销售的利润,必须自筹外汇购买原材料和零部件,自担风险、自负盈亏采购料件和销售成品。

三、进料加工贸易的做法

（1）先签订进料合同，加工出成品后再销售。这种做法的好处是企业可以选择合适的时机，以较低的价格进口料件。而且，一旦签订出口合同，企业可以尽快安排生产和交货。交货较有保证，交期较短。但这种做法企业必须随时掌握国际市场行情动向，保证生产出的产品适销对路，避免造成库存积压。采取这种做法的企业应该有经营本产品多年的行业经验，具有较强的行情判断力和产品营销能力。

（2）先签订出口合同，再根据买方要求从国外采购原材料，签订进口合同。在业务实践中，这种做法一般是由买家提供样品和订货意向，成品的卖方先与买方订立出口合同后，根据买方要求对外采购生产所需原材料，加工后完成出口合同。这种做法的优点在于成品销路有保障，加工方不需担心成品销路问题。但这种做法必须落实原料的采购，如果原材料提价、供应紧张，会影响企业经营利润和交货期。一般在原材料供应充足、价格稳定的情况下，企业运用这种办法比较安全。

（3）对口合同方式。加工企业在与国外客户签订进口原料合同的同时，与外商签订相应的成品出口合同。原料的提供者和成品的购买者可以是一家，也可以是不相关的两家。这两个合同相互独立。它的特点在于根据出口成品合同所需的原材料来确定进口合同，互相衔接，原料供应和成品销路都有保障。这是企业稳妥的加工贸易方法，风险易于把握，有利于企业稳健经营，因此企业大量采用此方法进行进料加工业务。

四、开展进料加工业务的意义

进料加工贸易在我国改革开放后获得了快速发展，特别是在沿海开放城市和特区开展非常普遍，成为我国对外贸易的重要形式。它对我国经济的重要意义表现为：

（1）有利于解决国内一些原材料紧缺的困难，充分利用国外资源，发展出口贸易。我国目前一些原材料在质量上达不到国外用户的要求，数量上不足，通过进口客户满意的原材料，有助于提高产品质量，生产出国外客商满意的产品，有利于增强出口竞争力，扩大出口。

（2）开展进料加工有助于企业根据国际市场需求，组织原材料进口和加工生产，有利于产销对路，避免盲目生产，减少库存积压，提高企业经济效益。

（3）进料加工使企业更深入地参与国际分工。企业可以利用我国劳动力资源丰富、劳动力价格相对低廉的优势，与国外质优的原材料资源和成熟的营销渠道相结合，将我国相对过剩的生产加工能力利用起来，促进我国对外经济和国际分工的发展。

（4）通过加工贸易的发展，企业引进国外先进技术和管理理念，有助于我国产业升级和产品质量的提高，有利于我国对外贸易在质的方面快速成长。

第四节　加工贸易与 OEM、ODM 方式

OEM 是 Original Equipment Manufacturing 的缩写，在我国俗称"定牌生产"、"贴牌生产"或"代工生产"。一般是指本国生产厂商按国外委托方设计好的或确认的商品图样、规格、零件、半成品或成品，以及国外委托方规定的加工程序、方法和质量标准，加工生产

产品,然后将生产的产品贴上委托方的品牌或商标,在国际市场上销售的做法。

ODM 是 Original Design Manufacturing 的缩写,在我国俗称"设计代工"或"原厂委托设计"。意指本国生产厂商自行设计、开发并生产产品,经国外品牌商的同意,以原样或经修改后,贴上其品牌或商标,并由国外品牌商买断销售国外市场的业务做法。

OEM、ODM 方式是跨国制造企业充分利用其品牌和营销渠道优势,减少生产投入和降低生产成本的重要战略之一。目前国内一般将 OEM、ODM 视为加工贸易在经济全球化背景下的新方式。采用此类做法的国外厂商一般为跨国企业,具有强大的品牌和渠道优势,信用度高。这些企业通过契约方式外包全部和部分生产制造业务。以此同时,这些企业在向生产加工企业提供生产技术的同时,对生产企业的生产能力和质量管理提出严格要求。它以品牌带动的加工生产方式,对加工企业要求更高,不仅能够帮助生产加工企业尽快熟悉国际市场,快速拓展海外市场,而且能够使加工企业扩大生产规模,提高生产能力和水平,从而带动本国产业升级。

这种通常所称的加工业务,即 OEM、ODM 方式下,国外生产商与国内生产商之间的法律关系表面看起来是一种委托加工方式,实质上却是一种有关特定商品依约生产和交付的买卖关系。产品生产加工过程中所需的原材料、零部件,一般由本国生产厂商依据国外生产厂商要求的质量标准,或者在本国市场,或者在国外市场上采购获得。该加工业务不一定是严格意义上的加工贸易业务。因此,与上文所述的加工贸易的基本形式存在一定的差异,我们在业务实践中应该注意区别。

第五节　境外加工贸易

在国外企业把中国作为其产品生产基地,在中国境内大规模投资设厂,发展加工贸易业务的同时,近些年,随着中国改革开放的不断深入,中国经济的日益发展和强大,越来越多的企业走出国门,到境外投资设厂,开展国际贸易业务。在境外的加工贸易是这些企业参与国际分工的重要形式。

一、境外加工贸易的含义及必要性

境外加工贸易是指我国企业在国外投资设厂,在以现有设备、技术在国外进行直接投资的同时,利用当地劳动力开展加工装配业务,以带动和扩大国内设备、技术、原材料、零部件和相关产品出口的一种国际经济合作形式。

开展境外加工贸易,是我国经济发展到一定水平,企业经过多年对外贸易业务积累了国际业务经验,深入参与国际分工,融入经济全球化的必然结果。它体现我国企业的国际化已经开始进入新的发展层次。企业的境外加工贸易业务开始发展,并日益成为一种趋势,其主要原因是:

(1) 国内经过改革开放多年的经济发展,总体经济实力增强,国际贸易规模已位居世界前列。国际贸易总量的扩大和产品价格的优势,对世界各市场的占有率不断提高,引起很多国家贸易保护政策的不断出台和贸易摩擦与纠纷的大量增加。特别是一些发达国家对我国的反倾销、反补贴立案调查案件大幅增加。国际贸易环境不断恶化,对我国出口贸易增长造成困难,其影响日益增大。开展境外投资和加工贸易,有利于企业绕开贸易壁垒,不仅可以带动相关设备、技术和原材料的出口,而且可以打开东道国和第三国市场,缓解贸易不平衡的矛盾,避免贸易摩擦和纠纷。特别是一些有配额数量限制和原产地政策限制的出口商品,企业通过在当地投资,发展加工贸易,有利于规避这些贸易保护限制。

(2) 近年来,随着国内经济发展和生活水平的提高,客观上在沿海等经济开放地区的劳动力成本已经大幅提高,很多地区甚至出现用工荒。我国的劳动力价格低廉的优势不断丧失。而我国内陆地区虽然劳动力价格相比沿海地区相对便宜,但这些地区普遍存在基础设施配套落后、交通不便等问题。以劳动密集型产品出口为主的我国企业,需要寻找生产要素更低廉的地区来增加自己产品的竞争力。因此,在境外劳动力低廉的一些国家投资设厂,通过加工贸易生产产品,进入国际市场,是企业发展的内在要求和必然。

(3) 我国一些传统的劳动密集型产业具有比较优势,技术和生产工艺相对成熟,向一些生产技术相对落后,但自然资源丰富、劳动力低廉的国家转移,具有成熟的条件。每个国家在国际分工的地位是随着自身经济发展而变化的。中国经济的发展必然将些低端的产业外移,产业水平不断得到提高。它有利于我国产业结构的调整和水平的提高,增强自身国际竞争力。

目前我国为了鼓励企业对外投资和发展境外加工贸易,也制定了一系列相应的鼓励和支持措施,主要包括资金支持、外汇管理、出口退税、金融服务和政策性保险等鼓励政策。相信随着我国经济的快速发展,企业境外加工贸易业务会越来越成熟。

二、开展境外加工贸易需注意的问题

结合近年来企业对外投资,开展境外加工贸易的经验和教训,在开展境外加工贸易时应该注意以下问题:

(1) 企业需要国际经营的人才配备。在境外开展加工贸易业务,远比在国内从事国际贸易业务复杂得多。企业应该培养一批有国际视野和国际经营经验的人才。这些人不仅要有本企业投资经营产品的专业知识和技术,还需要具备国际经贸知识、外语能力和国际营销经验。

(2) 企业必须了解投资市场和营销市场情况。企业要在当地从事加工贸易,必须认真调研,了解相关信息,特别是与投资和贸易有关的税收、法规、基础设施等环境的情况。在广泛深入调研当地情况的基础上,认真研究和分析,降低经营风险。

(3) 国家和行业组织应该制定具体措施,指导和帮助企业的境外业务。国家和行业组织应该切实关注国际形势的变化和各国政策的情况,指导和帮助企业做出最佳的投资方案。避免国内企业一窝蜂投资同一产品、同一市场,自相竞争。对一些国家政策的可能变化要提前预警,对出现的问题和纠纷要给予指导和帮助。

本章应知应会术语

1. processing trade　加工贸易
2. processing with customer's materials　来料加工

3. processing with imported materials 进料加工

4. assembling with supplied parts 来件装配

5. processing trade in foreign countries 境外加工贸易

6. OEM(Original Equipment Manufacturing) 定牌生产(贴牌生产或代工生产)

7. ODM(Original Design Manufacturing) 设计代工(原厂委托设计)

思 考 题

1. 加工贸易的含义和基本形式有哪些？

2. 来料加工的含义是什么？它与一般进出口贸易有何不同？

3. 来料加工业务的具体做法有哪些？

4. 企业在签订来料加工合同中要商定哪些主要内容？

5. 来料加工的工缴费的支付方式可分为哪两种？

6. 来料加工贸易的办理程序有哪些？

7. 进料加工的含义是什么？它与来料加工的区别在哪里？

8. 进料加工贸易的做法有哪些？各有什么利弊？

9. 我国开展进料加工业务的意义是什么？

10. 加工贸易与 OEM、ODM 方式有何不同？

11. 境外加工贸易的含义是什么？为什么说有其发展的必要性？

12. 企业在开展境外加工贸易中需注意哪些问题？

财 富 箴 言

1. The way you win as a company is thinking five, ten years out, and those companies who think one to two years will get into trouble.

企业成功的方法，是要思考未来五年甚至十年的发展道路。那些只考虑未来一两年的企业将会陷入困境。

——约翰·钱伯斯(John Chambers，思科公司 CEO)

2. The best way to be ready for the future is to invent it.

为未来做准备的最好办法就是塑造未来。

——约翰·斯卡利(John Sculley，百事和苹果公司前高管)

出口业务全套单据范例

附录1　销售确认书

SALES CONFIRMATION

To Messrs. SIMPSON TOY CO. , LTD.

158 EAST 43RD STREET，SUITE 1052，NEW YORK，

NY 10017，U. S. A.

S/C No. : HX-SIM-SC0330

Date：MARCH 30,2010

We hereby confirm having sold to you the following goods on terms and conditions as specified below：

Art. No.	Name of Commodity & Specifications	Quantity	Unit Price	Amount
	RADIO CONTROL CARS		CIF NEW YORK	
18812	1:24 R/C RACE CAR	1 296 PCS	US $ 17. 10	US $ 22 161. 60
18814	1:24 R/C SPORTS CAR	1 296 PCS	US $ 17. 10	US $ 22 161. 60
18817	1:18 R/C SEDAN	1 224 PCS	US $ 18. 60	US $ 22 766. 40
18819	1:18 R/C MONSTER TRUCK	1 224 PCS	US $ 18. 60	US $ 22 766. 40
			Total:	US $ 89 856. 00
Total Amount in Words: SAY US DOLLARS EIGHTY NINE THOUSAND EIGHT HUNDRED AND FIFTY SIX ONLY				

Packing：　18812/18814：　1 PC/BOX, 18 PCS/CARTON，72 CARTONS FOR EACH ART. NO.

18817/18819：　1 PC/BOX, 12 PCS/CARTON，102 CARTONS FOR EACH ART. NO.

18812 AND 18814 TO BE LOADED IN ONE CONTAINER

18817 AND 18819 TO BE LOADED IN ANOTHER CONTAINER

TOTAL 348 CARTONS IN TWO 20' CONTAINERS.

Shipment：FROM XIAMEN, CHINA TO NEW YORK，U. S. A. ON OR BEFORE MAY 31，2010

WITH PARTIAL SHIPMENTS AND TRANSSHIPMENT ALLOWED.

Payment：THE BUYER SHOULD OPEN THROUGH A BANK ACCEPTABLE TO THE SELLER AN IRREVOCABLE

LETTER OF CREDIT PAYABLE AT SIGHT FOR 100% OF THE CONTRACT VALUE

TO REACH THE SELLER BY APRIL 15 AND REMAIN VALID FOR NEGOTIATION IN

CHINA TILL THE 15th DAY AFTER THE DATE OF SHIPMENT.

Insurance: TO BE COVERED BY THE SELLER FOR 110% OF THE CIF VALUE AGAINST ALL RISKS AND WAR RISKS AS PER THE OCEAN MARINE CARGO CLAUSES OF PICC DATED 1/1/1981.

Confirmed by:

THE SELLER	**THE BUYER**
XIAMEN HUAXIN TRADING CO. , LTD.	SIMPSON TOY CO. ,LTD.
吴奇恩	
（signature）	（signature）

厦门华新贸易有限公司 地址：中国厦门湖滨南路 398 号宏达大厦 18 楼 邮编：361001

XIAMEN HUAXIN TRADING CO. ,LTD. 18TH FL. ,HONGDA BLDG,NO. 398 SOUTH HUBIN ROAD,XIAMEN 361001，CHINA

电话/Tel：86-592-5042589 传真/Fax.：86-592-5042588 www. HUAXIN. xm. cn

REMARKS：

1. The buyer shall have the covering letter of credit reach the Seller 45 days before shipment，failing which the Seller reserves the right to rescind without further notice，or to regard as still valid whole or any part of this contract not fulfilled by the Buyer，or to lodge a claim for losses thus sustained，if any.

2. In case of any discrepancy in quality/quantity，claim should be filed by the Buyer within 45 days after the arrival of the goods at port of destination；while for quantity discrepancy，claim should be filed by the Buyer within 15 days after the arrival of the goods at port of destination.

3. For transactions concluded on C. I. F. basis，it is understood that the insurance amount will be for 110% of the invoice value against the risks specified in the Sales Confirmation. If additional insurance amount or coverage required，the Buyer must have the consent of the seller before shipment，and the additional premium is to be borne by the Buyer.

4. The Seller shall not hold liable for non-delivery or delay in delivery of the entire lot or a portion of the goods hereunder by reason of natural disasters，war or other causes of Force Majeure. However，the Seller shall notify the Buyer as soon as possible and furnish the Buyer within 15 days by registered airmail with a certificate issued by the China Council for the Promotion of International Trade attesting such event(s).

5. All disputes arising out of the performance of，or relating to this contract，shall be settled through negotiation. In case no settlement can be reached through negotiation，the case shall then be submitted to the China International Economic and Trade Arbitration Commission for arbitration in accordance with its arbitral rules. The arbitration shall take place in XIAMEN. The arbitral award is final and binding upon both parties.

6. The Buyer is requested to sign and return one copy of this contract immediately after receipt of the same. Objection，if any，should be raised by the Buyer within 3 working days，otherwise it is understood that the Buyer has accepted the terms and conditions of this contract.

7. Special conditions：（These shall prevail over all printed terms in case of any conflict.）

附录2　信　用　证

2010 APR11 02:29:18
MT S700

LOGICAL TERMINAL PI05
PAGE 00001

ISSUE OF A DOCUMENTARY CREDIT

FUNC SWPR3
UMR 14635414

MSGACK DWS765I AUTH OK, KEY B6852DT5E5896814, BKCHCNBJ BOFAUS3N RECORD

BASIC HEADER	F	01	BKCHCNBJA300	2514	96851
APPLICATION HEADER	O	700	6814 BOFAUS3N 6323 938214 3268 560805 2514	N	

```
                                *  BANK OF AMERICA
                                *  100 WEST 33RD STREET
                                *  NEW YORK, NY 10001
```

USER HEADER	SERVICE CODE	103:
	BANK. PRIORITY	113:
	MSG USER REF.	108:
	INFO. FROM CI	115:
SEQUENCE OF TOTAL	*27:	1/1
FORM OF DOC. CREDIT	*40A:	IRREVOCABLE
APPLICABLE RULES	40E:	UCP600
DOC. CREDIT NUMBER	*20:	834LC43690341
DATE OF ISSUE	31C:	10 0410
EXPIRY	*31D:	DATE 10 0615PLACE NEGOTIATING BANK'S COUNTER
APPLICANT	*50:	SIMPSON TOY CO., LTD.
		158 EAST 43RD STREET, SUITE 1052, NEW YORK,
		NY 10017, U.S.A.
BENEFICIARY	*59:	XIAMEN HUAXIN TRADING CO., LTD.
		18TH FL., HONGDA BLDG, NO. 398 SOUTH HUBIN ROAD,
		XIAMEN 361001, CHINA
AMOUNT	*32B:	CURRENCY USD AMOUNT 89 826.00
MAX. CREDIT AMOUNT	39B:	NOT EXCEEDING
AVAILABLE WITH/BY	*41A:	ANY BANK IN U.S.A.
		BY NEGOTIATION
DRAFT AT	42C:	AT 30 DAYS AFTER SIGHT FOR FULL INVOICE VALUE
DRAWEE	42A:	BANK OF AMERICA
		100 WEST 33RD STREET
		NEW YORK, NY 10001
PARTIAL SHIPMENTS	43P:	ALLOWED
TRANSSHIPMENT	43T:	ALLOWED
LOADING IN CHARGE	44E:	XIAMEN
FOR TRANSPORT TO...	44F:	NEW YORK
LATEST DATE OF SHIP.	44C:	10 0531
DESCRIPT. OF GOODS	45A:	

5040 PCS OF RADIO CONTROL CARS

AS PER CONTRACT NO. HX-SIM-SC0330

SHIPPING TERMS: CIF NEW YORK

SHIPPING MARKS: SIMPSON TOY/HX-SIM-SC0330/NEW YORK/C. NO. 1-UP

DOCUMENTS REQUIRED　　46A:

1. SIGNED COMMERCIAL INVOICE IN TRIPLICATE SHOWING VALUE IN U. S. DOLLARS AND INDICATE FOB VALUE, FREIGHT AND INSURANCE PREMIUM SEPERATELY.

2. SIGNED PACKING LIST IN TRIPLICATE INDICATING DIMENSIONS, GROSS WEIGHT AND NET WEIGHT OF EACH CARTON.

3. CERTIFICATE OF ORIGIN ISSUED AND SIGNED BY CHAMBER OF COMMERCE IN 1 ORIGINAL AND 2 COPIES.

4. FULL SET OF 3/3 ORIGINAL CLEAN ON BOARD BILLS OF LADING PLUS 3 NONNEGOTIABLE COPIES CONSIGNED TO APPLICANT MARKED 'FREIGHT PREPAID' AND NOTIFY APPLICANT WITH FULL NAME AND ADDRESS.

5. INSURANCE POLICY OR CERTIFICATE IN DUPLICATE, ENDORSED IN BLANK FOR 120 PCT OF THE INVOICE VALUE, STIPULATING THAT CLAIMS ARE PAYABLE IN THE CURRENCY OF THE DRAFT AND ALSO INDICATING A CLAIM SETTLING AGENT IN USA, INSURANCE MUST INCLUDE: ALL RISKS AND WAR RISKS AS PER THE RELEVANT OCEAN MARINE CARGO CLAUSES OF PICC DATED 1/1/1981.

DETAILS OF CHARGES　　71B: ALL BANKING CHARGES AND COMMISSIONS OUTSIDE OUR BANK ARE FOR THE BENEFICIARY'S ACCOUNT.

PRESENTATION PERIOD　　48 : DOCUMENTS ARE TO BE PRESENTED WITHIN 5 DAYS AFTER SHIPMENT DATE BUT ALWAYS WITHIN LC VALIDITY

CONFIRMATION　　*49 : WITHOUT

ADDITIONAL COND.　　47B :

1. DRAFT SHOULD BEAR A CLAUSE 'DRAWN UNDER BANK OF AMERICA LC NO. 834LC43690341 DATED 2010 0410. '

2. WE SHALL MAKE PAYMENT ONLY AFTER THE GOODS HAVE PASSED THE INSPECTON AT THE PORT OF DESTINATION.

3. BENEFICIARY SHALL FAX TO APPLICANT (FAX NR. 212 986-0333) WITHIN TWO WORKING DAYS AFTER SHIPMENT INDICATING:

+ DESCRIPTION OF GOODS, QUANTITY AND VALUE OF THE GOODS

+ DATE OF SHIPMENT

+ PORT OF LOADING AND PORT OF DISCHARGING

+VESSEL'S NAME AND VOYAGE NO.

+ B/L NUMBER

BENEFICIARY'S CERTIFICATE TO THIS EFFECT IS REQUIRED.

4 . ALL DOCUMENTS MUST BEAR OUR NAME AND LC NO.

INSTRUCTIONS TO THE PAYING/ACCEPTING/NEGOTIATING BANK　　78 :

T. T. REIMBURSEMENT IS NOT ACCEPTABLE.

IN REIMBURSEMENT, NEGOTIATING BANK MUST DISPATCH ALL DOCUMENTS BY REGISTERED AIRMAIL OR AIR COURIER TO US IN ONE LOT.

A DISCREPANCY FEE OF USD 110. 00 WILL BE DEDUCTED FROM THE PROCEEDS IF DOCUMENTS ARE PRESENTED WITH DISCREPANCY (IES) AND ACCEPTANCE OF SUCH DISCREPANT DOCUMENTS WILL NOT IN ANY WAY ALTER THE TERMS AND CONDITIONS OF THIS CREDIT.

附录3　信用证修改电稿

```
2010 ARP16 5:50:07                                            LOGICAL TERMINAL PI05
MT S707          AMENDMENT TO A DOCUMENTARY CREDIT                   PAGE 00001
                                                                    FUNC SWPR3
                                                                    UMR 19255629
```

MSGACK DWS765I AUTH OK, KEY B8375DT8G4802853, BKCHCNBJ BOFAUS3N RECORD

BASIC HEADER   F 01 BKCHCNBJA300 2514 96851

APPLICATION HEADER   O 700 6814 BOFAUS3N 6323 938214 3268 560805 2514   N

                                    * BANK OF AMERICA
                                    * 100 WEST 33RD STREET
                                    * NEW YORK，NY 10001

USER HEADER   SERVICE CODE   103：
                               BANK. PRIORITY   113：
                               MSG USER REF.   108：
                               INFO. FROM CI   115：

SENDER'S REFERENCE   * 20： 834LC43690341
RECEIVER'S REFERENCE   * 21： NONREF
NUMBER OF AMENDMENT   26E：1
DATE OF AMENDMENT   30： 10 0415
DATE OF ISSUE   31C： 10 0410
BENEFICIARY   * 59 ： XIAMEN HUAXIN TRADING CO. ,LTD.
                                    18TH FL.，HONGDA BLDG, NO. 398 SOUTH HUBIN ROAD,
                                    XIAMEN 361001, CHINA
INCREASE OF DOC CREDIT AMOUNT   * 32B：USD 30. 00
NEW DOCUMENTARY
CREDIT AMOUNT AFTER AMENDMENT   * 34B：USD 89 856. 00
NARRATIVE   79 ：
＋＋ UNDER FIELD * 41A
      AMEND "ANY BANK IN USA" TO "ANY BANK IN CHINA"
＋＋ UNDER FIELD * 42C
      AMEND TO READ：AT SIGHT FOR FULL INVOICE VALUE
＋＋ UNDER FIELD 46A
      AMEND "FULL SET OF 3/3 ORIGINAL CLEAN ON BOARD BILLS OF LADING ... CONSIGNED
      TO APPLICANT ... " TO "... CONSIGNED TO ORDER OF SHIPPER AND BLANK ENDORSED ..."
＋＋ UNDER FIELD 46A
      AMEND "INSURANCE POLICY OR CERTIFICATE... FOR 120 PCT OF THE INVOICE VALUE ..."
      TO "...FOR 110 PCT OF THE INVOICE VALUE ..."
＋＋ UNDER FIELD 48
      AMEMD TO READ：DOCUMENTS ARE TO BE PRESENTED WITHIN 15 DAYS AFTER
      SHIPMENT DATE BUT ALWAYS WITHIN LC VALIDITY
＋＋ UNDER FIELD 47B
      DELETE THE CLAUSE "WE SHALL MAKE PAYMENT ONLY AFTER THE GOODS HAVE PASSED
      THE INSPECTION AT THE PORT OF DESTINATION. "
ALL OTHER TERMS AND CONDITIONS REMAIN UNCHANGED
SEND. TO REC. INFO. 72 ：/PHONBEN/

附录4 汇 票

BILL OF EXCHANGE

No. **HX-SIM-INV0516**

For **US $ 89,856.00**

    (amount in figure)

XIAMEN JUN. 2, 2010

    (place and date of issue)

At   **＊＊＊＊** sight of this FIRST Bill of exchange (SECOND being unpaid)

pay to the Order of **BANK OF CHINA, XIAMEN BRANCH**

the Sum of **SAY U. S. DOLLARS EIGHTY NINE THOUSAND EIGHT HUNDRED AND**

FIFTY SIX ONLY

    (amount in words)

Value received for   **5040PCS**   of   **RADIO CONTROL CARS**

    (quantity)   (name of commodity)

Drawn under **BANK OF AMERICA**

L/C No. **834LC43690341**   Dated **APR. 10 2010**

To： **BANK OF AMERICA**   For and on behalf of

    100 WEST 33RD STREET   **XIAMEN HUAXIN TRADING CO. ,LTD.**

    NEW YORK，NY 10001

    (Authorized Signature)

附录 5　发　　票

COMMERCIAL INVOICE

TO： SIMPSON TOY CO．，LTD.　　　　　　　INV. NO. ： HX-SIM-INV0516
158 EAST 43RD STREET，SUITE 1052，NEW YORK　　INV. DATE： MAY 16，2010
NY 10017，U. S. A.　　　　　　　　　　　　S/C NO. ： HX-SIM-SC0330

FROM： XIAMEN　　　TO： "NEW YORK　　　　　　SHIPPED BY：

MARKS & NOS.	DESCRIPTION OF GOODS	QUANTITY	UNIT PRICE	AMOUNT	
	5040PCS OF RADIO CONTROL CARS				
	AS PER CONTRACT NO. HX-SIM-SC0330	SHIPPING TERMS：		CIF NEW YORK	
SIMPSON TOY	18812 1:24 R/C RACE CAR	1 296 PCS	US $ 17. 10	US $ 22 161. 60	
HX-SIM-SC0330	18814 1:24 R/C SPORTS CAR	1 296 PCS	US $ 17. 10	US $ 22 161. 60	
NEW YORK	18817 1:18 R/C SEDAN	1 224 PCS	US $ 18. 60	US $ 22 766. 40	
C. NO. 1-348	18819 1:18 R/C MONSTER TRUCK	1 224 PCS	US $ 18. 60	US $ 22 766. 40	
		5 040 PCS		US $ 89 856. 00	

TOTAL AMOUNT IN WORDS： SAY U. S. DOLLARS EIGHTY NINE THOUSAND EIGHT HUNDRED AND
　　　　　　　　　　　　FIFTY SIX ONLY

TOTAL G. W. /TOTAL N. W. ： 3 922. 800 KGS　/　3 338. 400 KGS

TOTAL PACKAGES： 348 CTNS

FOB VALUE： US $ 83 460. 63　　　L/C ISSUING BANK： BANK OF AMERICA
FREIGHT： US $ 6 000. 00　　　　　L/C NO. ： 834LC43690341
INSURANCE PREMIUM： US $ 395. 37

厦门华新贸易有限公司
XIAMEN HUAXIN TRADING CO. ,LTD.

(STGNATURE)

厦门华新贸易有限公司 地址：中国厦门湖滨南路 398 号宏达大厦 18 楼　邮编：361001
XIAMEN HUAXIN TRADING CO. ,LTD. 18TH FL. ,HONGDA BLDG,NO.
398 SOUTH HUBIN ROAD,XIAMEN 361001, CHINA
电话/Tel：86-592-5042589 传真/Fax. ：86-592-5042588 www. HUAXIN. xm. cn

附录 6 装 箱 单

PACKING LIST

TO： SIMPSON TOY CO. , LTD.　　　　　　　　　　　INV. NO. ： HX-SIM-INV0516

158 EAST 43RD STREET, SUITE 1052, NEW YORK,　　DATE： MAY 16, 2010

NY 10017, U. S. A.

FROM： XIAMEN	TO： NEW YORK		SHIPPED BY： XIN QING DAO/0095				
C/NO.	DESCRIPTION OF GOODS	PKG.	QTY	G. W.	N. W.	MEAS.	
	RADIO CONTROL CARS						
1-72	18812	72CTNS	1 296 PCS	972. 000 KGS	792. 000 KGS	12. 468 CBM	
73-144	18814	72CTNS	1 296 PCS	972. 000 KGS	792. 000 KGS	12. 468 CBM	
145-246	18817	102CTNS	1 224 PCS	989. 400 KGS	877. 200 KGS	12. 481 CBM	
247-348	18819	102CTNS	1 224 PCS	989. 400 KGS	877. 200 KGS	12. 481 CBM	
	TOTAL： 348CTNS		5 040 PCS	3 922. 800 KGS	3 338. 400 KGS	49. 898 CBM	

TOTAL PACKAGES IN WORDS：SAY THREE HUNERED AND FORTY EIGHT CARTONS ONLY

MARKS & NOS.　　SIMPSON TOY　　　　　L/C ISSUING BANK：BANK OF AMERICA

　　　　　　　　HX-SIM-SC0330　　　　　L/C NO. ：834LC43690341

　　　　　　　　NEW YORK

　　　　　　　　C. NO. 1 - 348

	DIMENSIONS	GROSS WEIGHT	NET WEIGHT	OF EACH CARTON
18812	78×30×74cm	13. 5 KGS	11 KGS	
18814	78×30×74cm	13. 5 KGS	11 KGS	
18817	61×59×34cm	9. 7 KGS	8. 6 KGS	
18819	61×59×34cm	9. 7 KGS	8. 6 KGS	

　　　　　　　　　　　　　　　　　　　　厦门华新贸易有限公司

　　　　　　　　　　　　　　　　XIAMEN HUAXIN TRADING CO. , LTD.

　　　　　　　　　　　　　　　　　　　　吴奇恩

　　　　　　　　　　　　　　　　　　　　(SIGNATURE)

厦门华新贸易有限公司 地址：中国厦门湖滨南路 398 号宏达大厦 18 楼 邮编：361001

XIAMEN HUAXIN TRADING CO. , LTD. 18TH FL. , HONGDA BLDG, NO. 398

SOUTH HUBIN ROAD, XIAMEN 361001, CHINA

电话/Tel：86-592-5042589 传真/Fax. ：86-592-5042588 www. HUAXIN. xm. cn

附录 7 原 产 地 证

ORIGINAL

1. Exporter XIAMEN HUAXIN TRADING CO. ,LTD. 18TH FL. , HONGDA BLDG, NO. 398 SOUTH HUBIN ROAD, XIAMEN 361001,CHINA	Certificate No. C09/034856/M201 **CERTIFICATE OF ORIGIN** **OF** **THE PEOPLE'S REPUBLIC OF CHINA**		
2. Consignee SIMPSON TOY CO. , LTD. 158 RAST 43RD STREET, SUTTE 1052, NEW YORK, NY 10017,U. S. A.			
3. Means of transport and route **FROM XIAMEN TO NEW YORK** **BY SEA**	5. For certifying authority use only		
4. Country/region of destination **U. S. A.**			

6. Marks and numbers	7. Number and kind of packages; description of goods	8. H. S. Code	9. Quantity	10. Number and date of invoices
SIMPSON TOY **HX-SIM-INV0516** **HX-SIM-SC0330** **C. NO. 1-348**	**348（THREE HUNDRED AND FORTY EIGHT）** **CARTONS OF RADIO CONTROL CARS** **＊＊＊＊＊＊＊＊＊＊＊＊＊＊＊＊＊＊＊＊＊＊＊＊＊＊＊＊＊＊＊** **L/C ISSUING BANK：BANK OF AMERICA** **I/C NO. ：834LC43690341**	**9503008200**	**5 040PCS**	**HX-SIM-** **INV0516** **MAY 16,2010**

11. Declaration by the exporter The undersigned hereby declares that the above details and statements are correct; that all the goods were produced in China and that they comply with the Rules of Origin of the People's Republic of China. XIAMEN MAY 23 2010 吴奇恩 Place and date. signature and stamp of authorized signatory	12. Certification It is hereby certified that the declaration by the exporter is correct. XIAMEN MAY 26 2010 张强 Place and date. signature and stamp of certifying authority

附录 8　提　单

BILL OF LADING

1) SHIPPER XIAMEN HUAXIN TRADING CO. ,LTD. 18TH FL. , HONGDA BLDG, NO. 398 SOUTH HUBIN ROAD, XIAMEN 361001, CHINA	10) B/L NO. SHANYK285201 CARRIER **COSCO** 中国远洋运输(集团)总公司 **CHINA OCEAN SHIPPING（GROUP）CO.**
2) CONSIGNEE TO ORDER OF SHIPPER	
3) NOTIFY PARTY SIMPSON TOY CO. , LTD 158 EAST 43RD STREET, SUITE 1052, NEW YORK, NY 10017, U. S. A.	ORIGINAL Port-to-Port or Combined Transport BILL OF LADING

4) PRE-CARRIAGE BY	5) PLACE OF RECEIPT
6) OCEAN VESSELVOY. NO. XIN QING DAO/0095	7) PORT OF LOADING XIAMEN
8) PORT OF DISCHARGE NEW YORK	9) PLACE OF DELIVERY

11) MARKS	12) NOS. & KINDS OF PKGS.	13) DESCRIPTION OF GOODS	14) G. W. (kg)	15) MEAS (m3)
SIMPSON TOY HX-SIM-SC0330 NEW YORK C. NO. 1 - 348 CCLU2937567/ 8375321 CCLU2937568/ 8375322	348CTNS	RADIO CONTROL CARS FREIGHT PREPAID　CY TO CY L/C ISSUING BANK: BANK OF AMERICA L/C NO. : 834LC43690341	3 922. 80KGS	49. 898CBM

16) TOTAL NUMBER OF CONTAINERS OR PACKAGES(IN WORDS)	SAY TWO TWENTY FEET CONTAINERS ONLY				
FREIGHT & CHARGES	REVENUE TONS	RATE	PER	PREPAID	COLLECT
PREPAID AT	PAYABLE AT		17) PLACE AND DATE OF ISSUE XIAMEN　　MAY 28,2010		
TOTAL PREPAID	18) NUMBER OF ORIGINAL B(S)L THREE		21) 中国外轮代理公司厦门分公司 CHIINA OCEAN SHIPPING AGENCY, XIAMEN BRANCH 章建国 FOR THE CARRIER NAMED ABOVE		
LOADING ON BOARD THE VESSEL					
19) DATE MAY 28,2010	20) BY				

附录 9　保　险　单

中国人民保险公司

THE PEOPLE'S INSURANCE COMPANY OF CHINA 总公司设于北京　　　一九四九年创立

Head office：BEIJING　　　　　Established in 1949

保　险　单　　保险单号次

INSURANCE POLICY　　POLICY NO. **PYIE200959602849582401**

中国人民保险公司（以下简称本公司）

THIS POLICY OF INSURANCE WITNESSES THAT THE PEOPLE'S INSURANCE

COMPANY OF CHINA (HEREINAFTER CALLED "THE COMPANY")

根据

AT THE REQUEST OF　**XIAMEN HUAXIN TRADING CO. ，LTD.**

（以下简称被保险人）的要求，由被保险人向本公司缴付约

(HEREINAFTER CALLED " THE INSURED ")AND IN CONSIDERATION OF THE AGREED PREMIUM PAID

TO THE COMPANY BY THE

定的保险，按照本保险单承保险别和背面所载条款下列

INSURED UNDERTAKES TO INSURE THE UNDERMENTIONED GOODS IN TRANSPORTATION SUBJECT

TO THE CONDITIONS OF THIS POLICY

特款承保下述货物运输保险，特立本保险单

AS PER THE CLAUSES PRINTED OVERLEAF AND OTHER SPECIAL CLAUSES ATTACHED HEREON

标记 MARKS § NOS	包装及数量 QUANTITY	保险货物项目 DESCRIPTION OF GOODS	保险金额 AMOUNT INSURED
SIMPSON TOY HX-SIM-SC0330 NEW YORK C. NO. 1 - 348"	348 CTNS	RADIO CONTROL CARS L/C ISSUING BANK：BANK OF AMERICA L/C NO. ：834LC43690341	US $ 98 842. 00

总保险金额：

TOTAL AMOUNT INSURED：**SAY U. S. DOLLARS NINETY EIGHT THOUSAND EIGHT HUNDRED AND**

FORTY TWO ONLY

保费　　　　　　费率　　　　　装载运输工具

PREMIUM　**AS ARRANGED**　RATE　**AS ARRANGED**　PER CONVEYANCE SS.　**XIN QING DAO/0095**

开航日期　　　　　　　　自　　　　　　　　至

SLG. ON OR ABT. **AS PER BILL OF LADING**　FROM　**XIAMEN, CHINA**　TO　**NEW YORK, U. S. A.**

承保险别：

CONDITIONS

　　　ALL RISKS AND WAR RISKS

　　　AS PER THE RELEVANT OCEAN MARINE CARGO

　　　CLAUSES OF PICC DATED 01/01/1981.

所保货物,如遇出险,本公司凭本保险单及其他有关证件给付赔款。

CLAIMS, IF ANY, PAYABLE ON SURRENDER OF THIS POLICY TOGETHER WITH OTHER RELEVANT DOCUMENTS

所保货物,如发生本保险单项下负责赔偿的损失或事故,

IN THE EVENT OF ACCIDENT WHEREBY LOSS OR DAMAGE MAY RESULT IN A CLAIM UNDER THIS POLICY IMMEDIATE NOTICE 应立即通知本公司下述代理人查勘。

APPLYING FOR SURVEY MUST BE GIVEN TO THE COMPANY'S AGENT AS MENTIONED HEREUNDER:

中国人民保险公司厦门分公司

赔款偿付地点 THE PEOPLE'S INSURANCE CO. OF CHINA

CLAIM PAYABLE AT/IN U. S. A. IN USD XIAMEN BRANCH

出单日期

DATE May 25th, 2010

地址:中国厦门市湖滨北路 68 号 TEL:0592-5316228

Address: 68 North Hubin Road Xiamen, China. General Manager

附录10 报 检 单

中华人民共和国出入境检验检疫
出境货物报检单

报检单位(加盖公章):厦门华新贸易有限公司　　　　　　　　　　　　　　* 编 号_____

报检单位登记号:**3100916301**　联系人:黄萍　电话:0592-5042589　报检日期:2010 年 05 月 18 日

发货人	(中文)	厦门华新贸易有限公司					
	(外文)	XIAMEN HUAXIN TRADING CO. ,LTD.					
收货人	(中文)	* * *					
	(外文)	SIMPSON TOY CO. , LTD					

货物名称(中/外文)	H. S. 编码	产地	数/重量	货物总值	包装种类及数量
遥控车	9503008200	厦门市	5 040 辆	89 856.00 美元	348 纸箱

运输工具名称号码	船舶	贸易方式	一般贸易	货物存放地点	* * *
合同号	HX-SIM-SC0330	信用证号	834LC43690341	用途	* * *
发货日期	* * *	输往国家(地区)	美国	许可证/审批号	* * *
启运地	厦门	到达口岸	纽约	生产单位注册号	* * *

集装箱规格、数量及号码	海运 20 尺普通箱 2 个

合同、信用证订立的检验 检疫条款或特殊要求	标记及号码	随附单据(划"√"或补填)
* * *	SIMPSON TOY HX-SIM-SC0330 NEW YORK C. NO. 1 -348	合同　　　　包装性能结果单 信用证　　　许可/审批文件 √ 发票 换证凭单 √ 装箱单 厂检单

需要证单名称(划"√"或补填)		* 检验检疫费
品质证书 __正__副　　植物检疫证书 __正__副 重量证书 __正__副　　熏蒸/消毒证书 __正__副 数量证书 __正__副　　出境货物换证凭单 __正__副 兽医卫生证书 __正__副　√ 出境货物通关单 _1_正 _2_副 健康证书 __正__副 卫生证书 __正__副 动物卫生证书 __正__副		总金额 (人民币元) 计费人 收费人

报检人郑重声明 　1. 本人被授权报验 　2. 上列填写内容正确属实,货物无伪造或冒用他人的厂名、标志、认证标志,并承担货物质量责任。 　　　　　　　　　　签名:　_黄萍_	领取证单
	日期
	签名

注:有"*"号栏由出入境检验检疫机关填写

◆国家出入境检验检疫局制

[1-2(2005.01.01)]

附录 11 报 关 单

中华人民共和国海关出口货物报关单

预录入编号： 51489214　　　　　　　　　　　　海关编号： 221820 100 5248 54301

出口口岸 厦门海关		备案号	出口日期	申报日期 2010-05-26	
经营单位 厦门华新贸易有限公司		运输方式 江海运输	运输工具名称 XIN QING DAO/0095	提运单号 SHANYK285201	
发货单位 厦门华新贸易有限公司		贸易方式 一般贸易	征免性质 一般征税	结汇方式 信用证	
许可证号	运抵国(地区) 美国		指运港 纽约	境内货源地 厦门	
批准文号 054983694	成交方式 CIF	运费 总价 6 000.00 美元	保费 总价 395.37 美元	杂费	
合同协议号 HX-SIM-SC0330	件数 348	包装种类 纸箱	毛重(千克) 3 922.8	净重(千克) 3 338.4	
集装箱号 CCLU2937567/20/2300 CCLU2937568/20/2300	随附单据 出境货物通关单：310294583969301			生产厂家	
标记唛码及备注 SIMPSON TOY HX-SIM-SC0330 NEW YORK C. NO. 1 -348					

项号	商品编号	商品名称、规格型号	数量及单位	最终目的国(地区)	单价	总价	币制	征免
01	9503008200	遥控车 RADIO CONTROL CARS	5 040 套 3 338.4 千克	美国	17.828 6	89 856.00	USD	照章征税

税费征收情况

录入员　　　　　录入单位	兹声明以上申报无讹并承担法律责任	海关审单批注及放行日期(签章)	
报关员 　　3123562834892301 　　报关员　　杨宏超		审单　　　　　　　　　　审价	
单位地址 厦门市湖滨南路 398 号宏达大厦 18 楼	申报单位(签章)	征税　　　　　　　　　　统计	
邮编　　电话 361001　0592-5042589	填制日期 2010-05-26	查验　　　　　　　　　　放行	

参考文献

〔1〕黎孝先. 国际贸易实务[M].第 5 版.北京：对外经济贸易大学出版社,2012.

〔2〕吴百福,徐晓薇. 进出口贸易实务教程[M].第 6 版. 上海：上海人民出版社,2011.

〔3〕莫莎. 国际贸易实务[M].大连：东北财经大学出版社,2008.

〔4〕冷柏军. 国际贸易实务[M].北京：中国人民大学出版社,2012.

〔5〕国际商会中国国家委员会. 国际贸易术语解释通则 2010[M].北京：中国民主法治出版社,2011.

〔6〕田运银. 国际贸易实务精讲[M].第 5 版.北京：中国海关出版社,2012.

〔7〕陈岩. 国际贸易实务[M]. 北京：清华大学出版社,2008.

〔8〕黄海东,孙玉红. 国际货物运输保险[M]. 北京：清华大学出版社,2012.

〔9〕吴富定. 保险原理与实务[M]. 北京：中国财政经济出版社,2010.

〔10〕郭建军. 国际货物贸易实务教程[M]. 北京：科学出版社,2005.

〔11〕韩玉军. 国际贸易实务[M]. 北京：中国人民大学出版社,2007.

〔12〕李昭华,潘晓春. 国际贸易实务[M].第 2 版.北京：北京大学出版社,2012.

〔13〕鲁丹萍. 国际贸易实务[M]. 上海：上海交通大学出版社,2011.

〔14〕项义军. 国际货物贸易操作实务[M]. 北京：科学出版社,2012.

〔15〕林孝成. 国际结算实务[M]. 北京：高等教育出版社,2008.

〔16〕梁琦. 国际结算[M]. 北京：高等教育出版社,2009.

〔17〕祝卫,程洁,谈英. 出口贸易模拟操作教程[M].第 3 版.上海：上海人民出版社,2008.

〔18〕张兵. 进出口报关实务[M]. 北京：清华大学出版社,2010.

〔19〕黄锡光,吴宝康. 国际贸易实务(双语)[M]. 上海：复旦大学出版社,2007.

〔20〕孟祥年. 国际贸易实务操作教程[M]. 北京：对外经济贸易大学出版社,2005.